Martin Seeliger
Soziologie des Gangstarap

HipHop Studies

Herausgegeben von
Marc Dietrich | Martin Seeliger

Seit den 1970er Jahren in den USA hat sich HipHop global zur einflussreichsten Szene und Jugendkultur entwickelt. Zu tun hat dies mit ihrer besonderen Zugänglichkeit (durch die Etablierung von Internet und Social Media sogar noch verstärkt), ihrem interaktiven Charakter (Prinzip der Inklusion und Gemeinschaft einerseits, identitätsstiftende Distinktion andererseits) sowie der kompetitiven Orientierung (Akeur*innen können sich mit relativ wenig Ressourcen mehr oder wenig spielerisch miteinander messen). Diese Aspekte sind zunehmend zum Gegenstand sozial- und kulturwissenschaftlicher Reflexion geworden. Nach der Etablierung der HipHop-Forschung im deutschsprachigen Raum (späte 1990er Jahre) zeichnet sich die Konsolidierung eines Forschungszweiges ab zu dessen Institutionalisierung die Reihe beitragen und dabei möglichst hochwertige Buch-Publikationen präsentieren möchte: Aus einer interdisziplinären Perspektive (vom Blickpunkt der Sozialen Arbeit und Pädagogik über die Soziologie und Geschlechterforschung bis hin zur Kultur- und Musikwissenschaft) stehen eine ganze Reihe von Fragen und Themen im Fokus. Zu ihnen zählen u. a.: Rap und soziale Ungleichheit, politische Implikationen der HipHop-Bildwelten, ethnische Segregation, mediale (Krisen-)Diskurse um (migrantische) Männlichkeit und Geschlecht generell, Glokalität, Sozialisationsaspekte, kulturelle Präfigurationen und Analogien im Fundus symbolischer Repräsentationen der (Populär-)Kultur.

Dr. Marc Dietrich arbeitet als Wissenschaftlicher Mitarbeiter im DFG-Projekt „Musikvideos, Szenemedien und Social Media – zur Aushandlung von Rassismus im deutschsprachigen HipHop“ an der Hochschule Magdeburg-Stendal. Zu seinen Arbeitsschwerpunkten zählen (digitale) Jugendkultur, Kultursoziologe, Cultural Studies und (visuelle) qualitative Methoden.

Dr. Martin Seeliger arbeitet als wissenschaftlicher Mitarbeiter an der Wirtschafts- und Sozialwissenschaftlichen Fakultät der Universität Hamburg. Zu seinen Arbeitsschwerpunkten zählen, Arbeits-, Wirtschafts- und Politische Soziologie sowie Cultural Studies.

Martin Seeliger

Soziologie des Gangstarap

Popkultur als Ausdruck sozialer Konflikte

2., durchgesehene Auflage

Der Autor

PD Dr. Martin Seeliger leitet die Abteilung 'Wandel der Arbeitsgesellschaft' am Institut für Arbeit und Wirtschaft in Bremen. Seine Arbeitsschwerpunkte liegen in der Politischen Soziologie, den Arbeitsbeziehungen sowie den Cultural Studies.

Dieses Buch ist erhältlich als:
ISBN 978-3-7799-7016-3 Print
ISBN 978-3-7799-7017-0 E-Book (PDF)

2., durchgesehene Auflage 2022

Herstellung und Satz: Ulrike Poppel
Druck und Bindung: Beltz Grafische Betriebe, Bad Langensalza
Printed in Germany

Weitere Informationen zu unseren Autor_innen und Titeln finden Sie unter: www.beltz.de

„Ohne Unterdrückung und ohne Rassismus kein Blues."

Franz Fanon

Inhalt

Kapitel 1
Einleitung

Am 15. Januar 2019 wurde Arafat Abou-Chaker in Berlin festgenommen, weil er geplant haben sollte, Anna-Maria Ferchichi – die Ehefrau des Gangstarappers Bushido – sowie die Kinder des Paares zu entführen. Die Verhaftung des Deutsch-Libanesen markiert einen Höhepunkt in der fast 15-jährigen Freundschaft und Geschäftsbeziehung zwischen dem „Rüpelrapper" (Leber 2014) und dem ‚Clanchef' (Fröhlich 2019). Nachdem Letzterer dem Erstgenannten geholfen hatte, frühzeitig aus seinem Vertrag beim Label Aggro Berlin entlassen zu werden, um in den folgenden Jahren über die gemeinsame Plattenfirma ‚Ersguter-Junge' das Genre des deutschen Gangstaraps zu prägen wie kein anderer Rapper, waren in den Jahren ab 2010 immer mehr Gerüchte in Umlauf geraten, denen zufolge sich Bushido bei den Abou Chakers mit Vertreter*innen der organisierten Kriminalität eingelassen hatte.

In der deutschen Popkulturgeschichte, soviel lässt sich schon heute sagen, wird die Austragung der Streitigkeiten zwischen Arafat und Bushido (sowie deren Familien) als eigenes Kapitel eingehen. Und das nicht zu Unrecht, denn die deutsche Öffentlichkeit hasste und liebte Bushido und seine andauernden Querelen mit anderen Rappern, der Polizei, dem Bauamt, Serkan Tören, den Homosexuellenverbänden und vielen anderen. Dass die Deutschen etwa 75 Jahre später nun endlich ihren eigenen Frank Sinatra – der US-amerikanische Sänger hatte nicht nur beste Kontakte ins Mobster-Milieu, sondern auch eine 2.000 Seiten dicke F.B.I-Akte – haben sollten, erregte die Gemüter nicht nur unter Fans und Medienverter*innen.

Polarisiert hatte der Berliner Rapper über seine gesamte Karriere hinweg. Das war mal witzig, etwa als er sich via Twitter über den Service einer Postfiliale in Berlin-Lichterfelde beschwerte („In der Postfiliale Hindenburgdamm 1 12203 Berlin herrschen unfassbare Zustände. Service und Freundlichkeit liegen im Minusbereich!!!"), mal skurril – etwa als er gemeinsam mit dem FDP-Politiker Rainer Brüderle im Jahr 2010 von einem bekannten Männermagazin mit dem GQ-Award ausgezeichnet wurde, und mal geschmacklos und volksverhetzend, etwa als er in dem Song ‚Das Leben ist hart' die Zeile „Ihr Tunten werdet vergast" gerappt hatte.

Wie problematisch die Konstellation ist, bringt Ende 2011 – also mitten auf dem Höhepunkt von Bushidos Karriere – Ulf Poschardt (2011) auf den Punkt: „Wenn die Deutschen eine ausdifferenzierte und bunte Gesellschaft wollen, müssen sie sich daran gewöhnen, dass nicht alle Milieus von Anfang an sprechen, denken und fühlen wie das Reihenhauskind nebenan." Gangstarap, das lässt sich bis hierhin festhalten, ist ein Phänomen der pluralen Gesellschaft und lebt von ihrer kulturellen Heterogenität, ihren Konflikten und Überbrückungsleistungen. Und von eben dieser Konstellation handelt auch das vorliegende Buch. Was genau ist nun Gangstarap?

Gangstarap[1] ist ein Subgenre des Rap, das Mitte der 1980er Jahre in den USA entstand und um die Jahrtausendwende auch in Deutschland an Popularität gewann. Gangstarap ist kontrovers. Die Verherrlichung von Gewalt, Materialismus und Misogynie gehören genauso zum Kanon des Genres wie Ungleichheits- und Sozialkritik. Auch wenn meines Wissens immer noch keine gesicherten Daten zu der Frage vorliegen, wer genau eigentlich Gangstarap hört und was die Musik für ihre unterschiedlichen Rezipient*innenkreise bedeutet, lässt sich sagen, dass die im Gangstarap erzählten Geschichten Ausdruck, Bindemittel und Konfliktstoff pluraler Gesellschaften sind – irgendwo zwischen Klassenpolitik von Unten und Neoliberalismus, (post-)migrantischer Identitätsbehauptung und Gruselgeschichten über das Scheitern der multikulturellen Gesellschaft.

In seiner Untersuchung der Resonanzbeziehungen in der spätmodernen Gesellschaft gelangt der Jenaer Philosoph und Soziologe Hartmut Rosa (2016: 374) zu der Einschätzung, die „transformative Kraft“ von Popmusik habe in den vergangenen Jahrzehnten signifikant nachgelassen. Die Popkultur, so Rosa (ebd.) weiter, sei „überwiegend unpolitisch geworden, sie versteht sich kaum mehr als Avantgarde, sondern versucht eher in variierenden Retrowellen den Geist vergangener Tage (des Punk, des Rockabilly, der Flowerpower, etc.) wiederzubeleben.“

Das ist eine starke These, aber völlig falsch ist sie meines Erachtens nicht – tatsächlich reüssieren von den erfolgreichsten Vertreter*innen der deutschen Kulturindustrie wie etwa Helene Fischer, die Scorpions oder Scooter der größte Teil ästhetisch wie inhaltlich in altbekannten Formaten. Gleichzeitig, und bereits hier können wir Rosa fünf Jahre später widersprechen, finden sich mit Musikgruppen wie Frei.Wild (rechts, oder zumindest patriotisch; vgl. Seeliger 2017) oder auch Feine Sahne Fischfilet (ebenfalls heimatverbunden, weltanschaulich aber linksgerichtet, vgl. Jung 2020) eine wachsende Zahl an Musikern[2], die aktuelle politische Entwicklungen künstlerisch aufgreifen.

Einen ähnlichen – wenn auch weniger explizit vorgetragenen – politischen Charakter, so will ich in diesem Buch argumentieren, weisen auch die Bildwelten des Gangstarap auf. Worin dieser besteht, darüber scheiden sich unter den Ken-

1 Mit der Schreibweise ‚Gangstarap‘ (anstatt Gangsterrap) verwende ich in diesem Text eine emische Selbstbezeichnung aus dem sprachlichen Repertoire der HipHop-Kultur (vgl. Kapitel 2).

2 Tatsächlich handelt es sich meist um Männer. Im Folgenden möchte ich – aus geschlechterpolitischen Gründen – außer, wenn es um Rapper geht – alle möglichen Schreibweisen in zufälliger Reihenfolge verwenden.

ner*innen der Materie die Geister: So erkennt der ehemalige Labelbetreiber und Journalist Marcus Staiger (2017: 9) in den kulturellen Repräsentationen des Genres einen Kampf um Anerkennung und den „verzweifelte[n] Versuch, über Kohle gesellschaftliche Teilhabe und Beachtung zu erlangen und zwar auf Biegen und Brechen – ‚wenn nicht mit Rap, dann mit der Pumpgun'". Weniger progressiv schätzt das Genre die Rapperin und Kulturwissenschaftlerin Sookee (2006: 33) ein: „Wenn sich jemand sozialkritisch äußert, dann fast nur noch in der Form, dass seine/ihre Kindheit im Ghetto hart gewesen sei, was ihn/sie dazu autorisiert, anderen vor die Fresse zu kloppen." Und für den Feuilletonisten Jens Balzer (2019: 46) ist „Gangsta-Rap in den Nuller-Jahren gewissermaßen ein Ghetto und ein Laboratorium der politischen Inkorrektheit von rechts".

Mit dem Anspruch auf Differenzierung, so möchte ich behaupten, bezeichnen all diese Positionen charakteristische Aspekte des Genres. Innerhalb eines, wie Scharenberg (2001: 245) in seinem auch zwanzig Jahre nach der Veröffentlichung hochaktuellen Beitrag formuliert, von „Widersprüchlichkeiten gespickten Spannungsfeldes von Kommerzialisierung und Gegenkultur" treffen seine Vertreter Äußerungen, deren Sinngehalt zwischen – mal scheinbarer[3], mal autoritärer und mal emanzipatorischer – Rebellion und Zustimmung, zwischen ‚Affirmation und Empowerment' (Seeliger 2013) changieren.

Entgegen einer unter Beobachter*innen verbreiteten Formel ist (Gangsta-) Rap hierbei nicht Spiegel der Gesellschaft. Das hat, um im Bild zu bleiben, zwei Gründe: Zum einen lässt sich die Gesellschaft nicht ‚von innen' spiegeln. Rap steht aber nicht außerhalb, geschweige denn wie ein Spiegel, in dem man sich spiegelt, gegenüber der Gesellschaft, sondern ist selbst ein gesellschaftliches Phänomen. Als soziale Konstruktion hängt er davon ab, wie die Gesellschaft beschaffen ist und wirkt auf eben diese Beschaffenheit zurück. Beide existieren nicht unabhängig voneinander, sondern beeinflussen einander durch Kritik, Bestätigung, Satire und so weiter. Hieraus folgt dann der zweite Kritikpunkt: Anders als ein (funktionstüchtiger) Spiegel hat Rap keine akkurat reflektierende Oberfläche. Die Darstellungen des Genres sind verzerrt und folgen individuellen Motiven der Sprecher genauso wie einer kulturindustriellen Konstruktionslogik. Sie finden im Rahmen einer gesellschaftlichen Ordnung statt, die sich durch soziale (Deutungs-)Kämpfe und – mal mehr und mal weniger tragfähige – Kompromisse reproduziert. Rap ist also kein Spiegel der Gesellschaft, sondern – allerhöchstens – *ein Zerrspiegel in der Gesellschaft*.

Um dem besonderen Charakter von Gangstarap als politischem Pop-Phänomen Rechnung zu tragen, kombiniere ich im Buch verschiedene konzeptionelle

3 Diedrich Diederichsen (2014: XIII) spricht in diesem Zusammenhang von der „freudige[n] und daher ermutigende[n], freundliche[n} Verneinung des Bestehenden zugunsten der Umstehenden".

Elemente zu einem theoretischen Rahmen. Die Frage, wie Popkultur bei der Rezipientin Konformismus und Einwilligung in ein Gesellschaftssystem voller Ungerechtigkeiten erzeugt, übernehme ich aus dem Repertoire der Kritischen Theorie der Frankfurter Schule. Die Befunde der Cultural Studies Birminghamer Prägung will ich gleichzeitig hinzuziehen, um uns für Momente von Abweichung und Gegenmacht in den Bildwelten der Popkultur zu sensibilisieren. Diese Kombination von Blickwinkeln soll uns für die soziale Konstruktion und Wirkungsweise von Kategorien sozialer Ordnungsbildung in den Symbolwelten des Gangstarap öffnen. Anschließend an die seit etwa drei Jahrzehnten währende Intersektionalitäts-Debatte wähle ich hier die Wechselwirkungen zwischen Klasse, Ethnizität, Geschlecht und Körper zum Ausgangspunkt der Analyse. Im Schnittpunkt bestimmter Ausprägungen dieser Kategorien, so möchte ich argumentieren, konstituiert sich die symbolische Substanz gängiger Gangstarap-Images.

Der Begriff ‚Gangstarap' bezieht sich im Rahmen dieses Buches vordergründig auf deutschen Gangstarap. Diese Fokussierung erfolgt im Einklang mit einem Literaturstand, dessen Beiträge die nationalspezifische Adaption von HipHop-Kultur untersuchen (vgl. etwa Bock et al. 2007). Aus einer intersektionalen, durch die Kritische Theorie sowie die Cultural Studies beeinflussten Perspektive auf den Zusammenhang zwischen Popkultur und Gesellschaft in Deutschland möchte ich im vorliegenden Buch vier Argumente zur Bedeutung von Gangstarap entwickeln:

Erstens ist Gangstarap Ausdruck eines Kampfes um Anerkennung in der postmigrantischen Gesellschaft der Bundesrepublik Deutschland.[4] Auf dem Feld der Populärkultur, und hier nicht zuletzt im Gangstarap, lassen sich die Geschehnisse im Genre als identitäre Suchbewegungen eines Kollektivs interpretieren. Wer gehört dazu, wer nicht und warum? Indem Rapperinnen und Rapper ihre biografische Prägung als Migranten(kinder) zum Thema machen, tragen sie zur Politisierung der deutschen Migrationsgeschichte und damit auch zu aktuellen politischen Auseinandersetzungen bei. Den wichtigsten Bezugsrahmen zur symbolischen Konstruktion der genretypischen Images stellt hierbei ein Krisendiskurs um migrantische Delinquenz sowie die Debatten um ethnische Ungleichheit.

Gangstarap ist *zweitens* ein Ausdruck des neoliberalen Kapitalismus irgendwo zwischen der häufig kompensatorischen Artikulation von Phantasien des sozialen Aufstiegs gegen Widerstände und Prekarisierungskritik. Während Gangstarapper soziale Ungleichheit – wie einen Mangel an Vermögen, Bildung, aber auch Diskriminierungserfahrungen und die Privilegien bessergestellter Bevölkerungsteile – häufig zum Ausgangspunkt ihrer (Selbst-)Darstellungen ma-

4 Zum Begriff der postmigrantischen Gesellschaft siehe Foroutan (2019) sowie die Ausführungen in Kapitel 4.

chen, fällt die politische Einordnung entsprechender Diskrepanzen im Genre äußert unterschiedlich aus.

Das *dritte* Argument bezieht sich auf die Repräsentation gesellschaftlicher Konflikte in der Geschlechterdimension des Genres. Zum einen lässt sich die Inszenierung der Gangstarapper als Versuch der Aktualisierung von Images hegemonialer Männlichkeit verstehen. Als zentralen Topos setzen die Rapper gängigen Konzeptionen wie der weißen Managermännlichkeit den Idealtypus einer migrantischen Aufsteigermännlichkeit entgegen. Wie ich anschließend zeigen möchte, ist auch diese Idealkonzeption umkämpft. Mit dem zunehmenden Auftreten weiblicher Charaktere, so die weitere Argumentation, erfährt das Genre derzeit eine grundsätzliche Transformation. Am Beispiel der Figur Schwesta Ewa zeige ich vor diesem Hintergrund, mit welchen – gesellschaftlichen wie genreimmanenten – Widersprüchen sich weibliches Empowerment im deutschen Gangstarap arrangieren muss.

Viertens möchte ich schließlich vorschlagen, Gangstarap – unter Bezug auf ein theoretisches Konzept aus den Science and Technology Studies (vgl. Star/Griesemer 1989) – als ein ‚Boundary Object' oder auch ‚Grenzobjekt' pluraler Gesellschaften zu begreifen. Während Gangstarap einerseits sozial voraussetzungsreich ist und eine Menge an gesellschaftspolitischen Implikationen birgt, ist es gleichzeitig lose genug definiert, um ein breites Spektrum an Projektionen und Interpretationen plausibel erscheinen zu lassen. Einer heterogenen Gesellschaft, die sich durch die Perspektivenvielfalt ihrer zahlreichen und diversen Milieus auszeichnet, bieten die Bildwelten des Genres Anschlussmöglichkeiten zur Kommunikation und Reflexion.

Diese vier Argumente möchte ich in den folgenden acht Kapiteln darlegen. Kapitel zwei stellt den Forschungsstand zu HipHop-Kultur und Gangstarap mit Blick auf die zu erarbeitenden Punkte dar. Kapitel drei steckt den theoretischen Rahmen ab. Kapitel vier behandelt Gangstarap vor dem Hintergrund der deutschen Migrationsgeschichte. Kapitel fünf und sechs nehmen Gangstarap aus einer klassenpolitischen Perspektive in den Blick – einmal als Prekarisierungskritik (Kap. 5) und einmal als Ausdruck einer neoliberalen Erfolgskultur sowie den Versuch der Aktualisierung des Ideals hegemonialer Männlichkeit (Kap. 6). Kapitel sieben beschäftigt sich mit der Möglichkeit weiblichen Empowerments im deutschen Gangstarap. Kapitel acht analysiert Formen der Darstellung des Genres im Rahmen des deutschsprachigen Feuilletons. Kapitel neun fasst die Befunde des Buches mit Blick auf weitere mögliche Forschungsfragen zusammen.

Dieses Buch, und hierin liegt sicher eine seiner Schwachstellen, ist kein Buch über die Digitalisierung des Gangstarap. Den Aufstieg der Streaming-Dienste oder auch die Bedeutung des sogenannten ‚Rap-Journalismus', der sich – nicht erst seit die Print-Ausgabe des Juice Magazins Ende 2019 eingestellt wurde – heute vor allem im Internet findet, stehen nicht im Zentrum des Erkenntnisinteresses. Für das Projekt, den Wandel deutschen Gangstaraps von der Straßenkultur zum Mainstream-Phänomen[5] historisch zu erklären, muss der Forschungspfad notwendigerweise über die Transmitter-Rolle der Text- und vor allem der Interviewformate führen, die Plattformen wie Rap.de, Backspin.tv oder auch 16-Bars und TV-Straßensound in den letzten 15 Jahren etabliert haben.[6]

Das vorliegende Buch ist keine primär historisch-deskriptive Arbeit, die die Entwicklung des Gangstarap minutiös etwa als Globalisierungsgeschichte oder Bottom-Up-Bewegung aus dem Schaffen lokaler Künstler rekonstruieren würde. Diese historische Entwicklung von Gangstarap in Deutschland haben andere (siehe etwa Loh/Verlan (2015) oder Szillus (2012) bereits wesentlich besser herausgearbeitet als ich das leisten könnte. Angesichts der fortschreitenden Ausdifferenzierung des Genres würde ein entsprechendes Unterfangen heute vermutlich ein eigenes, vor allem explorativ orientiertes Buchprojekt erfordern. Der methodologische Ansatz dieses Textes folgt dem (kritikwürdigen) Prinzip einer ‚Geschichte der großen Männer (und einer großen Frau)', insofern, als sich die Konstruktion und vermutete Wirkung der Gangstarap-Images an den zentralen Vertretern des Genres orientiert.

Der Text ist schließlich kein Buch über Rezeptionsforschung und auch nicht, oder zumindest nicht im engeren Sinne, über Produktionsdynamiken. Wie bereits oben erwähnt, liegen Anfang 2020 belastbare Daten über die Rezeptionsformen deutschen Gangstaraps weder über die Verbreitung innerhalb der Bevölkerung, noch mit Blick auf die subjektive Verarbeitung vor. Gleichzeitig haben wir eigentlich auch keinerlei Daten der Wirkungs- und Rezeptionsforschung. Weder wissen wir, wer Gangstarap hört noch wie er aufgenommen und verarbeitet wird und diese Lücke wird auch das vorliegende Buch nicht schließen.[7]

---

5 Insofern als man denn überhaupt von ihm sprechen kann: Gerade Mainstream-Phänomenen begegnet man ja auf der Straße.

6 Der spezifischen Rolle des Rap-Journalismus möchte ich in zukünftigen Projekten genauer auf den Grund gehen.

7 Als irgendwo im Grenzland von Sach- und Fachliteratur angesiedelter Text lässt das vorliegende Buch unterschiedliche Lesarten zu. Soziologisch interessierte Leser*innen können den Text ohne Befürchtungen von vorn bis hinten lesen und den Argumentationsgang vor dem Hintergrund des Forschungsstandes und unter den im theoretischen Rahmen arrangierten Aspekten nachvollziehen. Für diejenigen Leser_innen hingegen, die sich weniger für soziologische Fachdebatten und Theorien interessieren, habe ich die einzelnen empirischen Kapitel sowie den Schlussteil so konzipiert, dass sie sich auch als einzelne Teile erschließen.

Kapitel 2
HipHop und Gangstarap

Geschichte und Forschungsstand

2.1 Einleitung

HipHop ist im Jahr 2022 die bedeutendste (weil am weitesten verbreitete und einflussreichste) Jugendkultur der Welt. Dass die Aneignung dieser Kultur und ihrer Elemente „in ihrer Reichweite und Nachhaltigkeit einmalig" ist, ergibt sich aus Sicht des Hamburger Kulturwissenschaftlers Jannis Androutsopoulos (2003: 12) aus vier wesentlichen Merkmalen: HipHop ist erstens eine zugängliche Kultur und ohne großen Aufwand zu praktizieren. HipHop ist zweitens eine interaktive Kultur und beruht – wenn auch nicht exklusiv – auf den Prinzipien der Inklusion und Gemeinschaft. Als künstlerische Kultur ermöglicht es HipHop kreativen Akteuren drittens, mit begrenzten Ressourcen einen distinktiven Output zu erzielen. Und als kompetitive Kultur schafft HipHop viertens einen Raum, in dem Akteure sich (mal mehr und mal weniger spielerisch) miteinander messen können.

Ziehen wir diese Aspekte genauer in Betracht, wird deutlich, dass die erfolgreiche kulturindustrielle Vermarktung von HipHop als übergeordneter Kulturform im Allgemeinen – und Rap als eine ihrer Ausprägungen im Besonderen – im Rückblick keine besonders große Überraschung darstellt. In keiner anderen popkulturellen Sparte ist es bislang besser gelungen, soziale und kulturelle Gegensätze – etwa zwischen arm und reich, schwarz und weiß oder auch einen sozialrebellischen Gestus und einen konsumistischen Konformismus – eindrücklicher zu inszenieren und zu vermarkten. In diesem Kapitel möchte ich die Geschichte der HipHop-Kultur mit Blick auf die gesellschaftspolitischen Implikationen von deutschem Gangstarap, skizzieren.

2.2 Zur Entstehung von HipHop in den USA

HipHop entstand im Kontext der Vereinigten Staaten der 1970er Jahre als Ausdrucksform der schwarzen (und lateinamerikanischen) Minderheit. Nachdem die

Bürgerrechtsbewegung im vorherigen Jahrzehnt über die Politisierung weiter Teile (nicht nur) der schwarzen US-Bürger zwar eine formale Gleichstellung bewirken konnte, zeichneten sich die Vereinigten Staaten durch einen Fortbestand ökonomischer Verteilungsdiskrepanzen aus. Besonders deutlich spiegelte sich diese Ungleichheit in den Mustern städtischer Segregation.

Seine Entstehung in der New Yorker Bronx zeigt HipHops besonderen Charakter einer Straßenkultur. Ein Mangel an Freizeitangeboten (wie Jugendclubs oder Sportvereine) sowie die Tatsache, dass der Zutritt zu den meisten der Tanzlokale in den USA zu dieser Zeit erst ab einem Mindestalter von 21 Jahren zulässig war, veranlassten die häufig noch jugendlichen Pioniere dazu, eigene Veranstaltungen zu organisieren – die sogenannten ‚Block Partys'.

Die Block Partys waren Zusammenkünfte, bei denen vor allem Jugendliche und junge Erwachsene aus der Nachbarschaft gemeinsam feierten und zu Songs aus den Genres der damals vor allem unter der schwarzen Bevölkerung beliebten Soul- und Funkmusik tanzten. Seinen elementaren Ursprung findet HipHop hier durch einen kulturellen Entrepreneur, der unter seinem Künstlernamen ‚Kool DJ Herc' in die Geschichte einging. Indem er die Beats populärer Songs nicht einfach von Anfang bis Ende abspielen ließ, sondern bestimmte Teile der Songs gezielt wiederholte und mit anderen Songs mischte – eine Technik, die später als ‚Beatjuggling' bekannt werden sollte – legte Kool DJ Herc (und kurz darauf auch andere Pioniere wie Afrika Bambaata oder Grandmaster Flash) den Grundstein des DJings als erstem Element der HipHop-Kultur.

Als Stimme dieser neuen Kultur etablierten die Masters of Ceremony (kurz und besser bekannt als ‚MCs') den Rap aus Ankündigungen und Animationseinlagen, die sie zwischen den Songs und Mixes der DJs zum Besten gaben. Die Block Partys stellten für die Bewohner der Bronx also nicht nur ein gemeinschaftliches Erlebnis dar, sondern waren auch Laboratorien einer neuen, anfangs unkommerziellen Ausdrucksform. „Der dauerhafte, mehrdimensionale Ausschluss der schwarzen Unterschichten und ihre Einhegung in den innerstädtischen Gettos", so Scharenberg (2001: 246), bildeten den „Humus für die Entstehung der HipHop-Kultur".

Den kommerziellen Durchbruch erlebte Rap als populärstes Element von HipHop Anfang der 1980er Jahre mit dem Song ‚Rapper's Delight' der Sugarhill Gang. Während Rap vor allem zu Anfang als Partymusik bekannt war, thematisierte die Gruppe in ihren Texten politische Themen vom Blickpunkt der schwarzen Minderheit. Diese Tendenz zeigt sich zu einem frühen Zeitpunkt im Text von ‚The Message' – einem Song von Grandmaster Flash & The Furious Five. Dort heißt es:

„Broken glass everywhere
People pissin' on the stairs, you know they just don't care

I can't take the smell, can't take the noise
Got no money to move out, I guess I got no choice
Rats in the front room, roaches in the back
Junkies in the alley with a baseball bat
I tried to get away but I couldn't get far
'Cause a man with a tow truck repossessed my car"[8]

Angesichts seiner sozialkritischen Implikationen hat Jan Kage (2002: 62) Hip-Hop-Musik als eine „Strategie der Gegenöffentlichkeit" bezeichnet, die es „einer unterprivilegierten, minoritären Gruppe ermöglicht, die eigene Stimme zu erheben und die Dinge so darzustellen, wie sie aus ihrer Sicht tatsächlich sind". Die Berechtigung dieser Sichtweise betonte seit 1988 vor allem die US-amerikanische Gruppe ‚Public Enemy'. Mit ihren Alben ‚It takes a nation of Millions to Hold us Back' und ‚Fear of a Black Planet' prägten die New Yorker Rapper einen Stil, der später als Polit- oder auch Conscious-Rap bekannt werden sollte (vgl. hierzu die umfangreiche Ausarbeitung bei Dietrich 2015: 178–228).

Aber bezeichnender Weise markiert das Jahr 1988 noch einen weiteren Wendepunkt in der Geschichte des Rap – die Veröffentlichung des Albums ‚Straight outta Compton' der Gruppe N.W.A. (‚Niggaz with Attitude') aus Los Angeles. Mit ihrer Schilderung von Gewalt, Drogenhandel, Polizeibrutalität und einem allgemein verwahrlosten Lebensstil sollten die vier Kalifornier die nationale (und internationale) Öffentlichkeit im Laufe der kommenden Jahre unterhalten und provozieren – und dies, wie Kage (2002: 79) beschreibt, nicht ohne Erfolg:

> „Die Platten verkaufen sich millionenfach – nicht nur bei Ghettobewohnern, sondern insbesondere auch bei weißen Collegekids, die vor den Stereoanlagen ihrer Dormitories vom aufregenden Leben der schwarzen Desperados träumten, zugleich mussten sich die Rapper immer wieder vor Gericht verteidigen."

Die Erfindung des ‚Gangstarap' als eigenem Stil wird zwar allgemein dem Rapper Schoolly-D aus Philadelphia zugeschrieben. Seine wesentliche Prägung gewinnt das Genre in der Entstehungszeit jedoch durch N.W.A. Die Darstellungen der Sprecher sind hierbei keineswegs frei erfunden, sondern korrespondieren mit realen Erfahrungen. „Das Bild des Gangsters", so Menrath (2002: 93), „steht für die Probleme der Straße". Die Gefährdungssituation und ein Mangel an Lebensqualität in den Armenquartieren werden im Gangstarap jedoch nicht in erster Linie

8 Die Lebenswirklichkeit in den US-amerikanischen Armenquartieren steht hierbei in unmittelbarem Zusammenhang mit der neoliberalen Wende in der Wirtschafts- und Sozialpolitik, die in den Vereinigten Staaten zu dieser Zeit unter der Präsidentschaft von Ronald Reagan ihre Wirkung zu entfalten begann.

kritisiert. Auf eine lakonische oder auch glorifizierende Art und Weise schildern N.W.A. das Leben in Compton, ‚ihrem' Stadtteil im Süden von Los Angeles.[9] So beschreibt beispielsweise auch der N.W.A.-Rapper ‚Eazy-E' in einem Song ‚Boyz in the Hood'[10], wie ein normaler Tagesablauf für ihn und seine Freunde aussehen könnte.

„Woke up quick at about noon
Just thought that I had to be in Compton soon
I gotta get drunk before the day begins
Before my mother starts bitchin' about my friends
About to go and damn near went blind
Young niggaz at the pad throwin' up gang signs
Ran in the house and grabbed my clip
With the Mac-10 on the side of my hip
Bailed outside and pointed my weapon
Just as I thought, the fools kept steppin'
Jumped in the fo' hit the juice on my ride
I got front back and side to side
Then I let the Alpine play
Bumpin' new shit by NWA
It was "Gangsta Gangsta" at the top of the list
Then I played my own shit, it went somethin' like this"

Dass sein sozialer Umgang bei seiner Mutter einen Unmut hervorruft, nimmt der junge Sprecher zum Anlass, sich gleich morgens mit Alkohol zu berauschen und bald darauf das Haus zu verlassen. Als er draußen ist, kann er sich der Bedrohungen durch Mitglieder einer verfeindeten Gang nur erwehren, indem er seine Maschinenpistole zieht.[11] Nachdem die Situation bereinigt ist, dreht Eazy-E die Anlage seines Autos auf, um auf der Fahrt nach Compton laut Rapmusik zu hören – natürlich von seiner eigenen Gruppe N.W.A.

Was hier beschrieben wird, ist eine typische Selbstdarstellung von Gangstarappern. Die Gefahren aus dem Umfeld der ‚hood' werden bagatellisiert und Zuschreibungen einer konservativen Mehrheitsgesellschaft – hier versinnbildlicht durch die Mutter – als trivial dargestellt. Der Gangstarapper erscheint abgeklärt und den Herausforderungen gewachsen („Keine Ahnung, warum meine Mutter sich so aufgeregt hat…").

---

9 Zur Entwicklung von Gangstarap in Los Angeles siehe Kelley (1994).

10 Die abgeänderte Schreibweise – ‚z' an Stelle von ‚s' – stellt ein subkulturelles Distinktionsmerkmal der HipHop-Vertreter dar.

11 Die Mac-10 ist aus leichten Blechteilen gepresst und lässt sich daher gut mit einer Hand führen, während man mit der anderen beispielsweise ein Fahrzeug steuert.

Seine gesellschaftspolitische Bedeutung entfaltete US-amerikanischer Gangstarap erstmalig in vollem Umfang im Rahmen eines Krisendiskurses um Straßenkriminalität und Polizeigewalt in den frühen 1990er Jahren. Nachdem Polizisten vom Los Angeles Police Department im Jahr 1991 den schwarzen Bürger Rodney King beim Versuch einer Festnahme beinahe zu Tode geprügelt hatten, kam es im April des folgenden Jahres zur Verhandlung des Falles vor Gericht. Der Freispruch der Amtsträger provozierte einen Unmut unter der Bevölkerung, welcher sich in Form mehrtägiger Ausschreitungen in den Vierteln von South Central, Compton und Watts entlud und die Aufmerksamkeit der nationalen Medien über Wochen hinweg auf sich zog.[12]

Mit diesen Darstellungen korrespondierten im kollektiven Bewusstsein nun auch die Äußerungen der Gangstarapper. Die Los Angeles Uprisings plausibilisierten die Bildwelten des US-Gangstarap für eine breite US-amerikanische Öffentlichkeit. Anstatt diese Geschichte – in Form der Auseinandersetzung zwischen Death Row und Bad Boy Entertainment, anhand der Bedeutung des ehemaligen Dealers 50Cent bis hin zur Verurteilung des Gangmitglieds SixNine im Jahr 2019 weiter zu erzählen (siehe hierzu im Allgemeinen etwa Kage (2002)) – wollen wir uns im Folgenden der Entwicklung in Deutschland zuwenden.

2.3 Zur Entwicklung von HipHop und (Gangsta-)Rap in Deutschland

Die Geschichte von HipHop in Deutschland ist in den letzten Jahrzehnten durch eine Reihe von Beiträgen aufgearbeitet worden und kann – zumindest für den Zeitrahmen seit den 1990ern – als gut dokumentiert angesehen werden.[13] In den zahlreichen Publikationen zur HipHop-Geschichte finden sich unterschiedliche Formen und Ansätze. Eine chronologische Darstellung wählen etwa Loh und Verlan (2006, 2015) in ihren Studien zu 25, beziehungsweise 35 Jahren HipHop in Deutschland oder auch Saied (2012). Gleichzeitig lässt sich die Historie von HipHop aber auch als Geschichte einzelner Künstler erzählen (einen entsprechenden Ansatz findet man bei Seeliger 2017a). Eine weitere Variante stellt die Rekonstruktion der Entwicklungsverläufe lokaler Ausprägungen der HipHop-Kultur dar (siehe hierzu etwa Kaya 2015f). Angesichts der recht guten Informa-

12 Trotz (oder auch: wegen) des Einsatzes von 5.000 Polizeibeamten, 1.000 County Sheriffs, 950 County Marshals, 2.323 Offiziere der Highway Patrol, und über 10.000 Soldaten (vgl. Kreye 1993: 28) kam es hier zu 53 registrierten Todesfällen.

13 Für die Frühphase der Adaption von HipHop-Kultur aus dem US-amerikanischen Kontext liegen unglücklicherweise wenig Audio-, geschweige denn Film-Dokumente vor, sondern sie ist vor allem im Wege der Oral History übermittelt. Am besten dokumentiert findet sich diese Frühphase von HipHop in Deutschland bei Loh und Verlan (2015).

tionslage dient der folgende Abschnitt einer knappen Skizzierung der Herausbildung und Konsolidierung von Rap als Teil von HipHop in Deutschland.

Seinen Weg über den Atlantik findet Rap im Laufe der 1980er Jahre zum einen über die Radiosender der britischen und US-amerikanischen Streitkräfte, die die Musik in den deutschen Empfangsraum übertrugen. Eine wichtige Bedeutung kommt hier außerdem einer Reihe von Dokumentarfilmen zu.[14] Nachdem Hiphop-Kultur in Form von Breakdance-Gruppen und vereinzelten Versuchen im Umfeld lokaler Cliquen[15] erste Sichtbarkeit im öffentlichen Raum erlangen konnte, finden sich Rap-Elemente im deutschsprachigen Mainstream im Song ‚Der Kommissar', den der österreichische Künstler Falco 1982 veröffentlichte.[16]

Im Laufe der 1980er Jahre entwickelte sich deutschsprachiger Rap – getragen von Gruppen wie ‚Advanced Chemistry' aus Heidelberg oder ‚Too Strong' aus Dortmund – vornehmlich im Milieu einer Subkultur. Eine kommerzielle Konsolidierung des Genres begann schließlich im Laufe der 1990er Jahre. Nachdem die Fantastischen Vier mit ‚4 gewinnt' (1992) und ‚Lauschgift' (1995) erst 750.000 und dann 500.000 Einheiten absetzen konnten, gelang es der Dortmunder Gruppe Tic Tac Toe mit ‚Tic Tac Toe' (1996) und ‚Klappe die 2te' (1997) über eine Million Alben zu verkaufen. Als meistverkauftes Deutschrap-Album ließ sich ‚Stadtaffe' von Peter Fox (2008) 1,3 Millionen Mal absetzen.

Seitdem hat Rapmusik – sowohl im deutschsprachigen Raum als auch international – eine Entwicklung durchlaufen, die sich durch (aufmerksamkeits-)ökonomische Höhen und Tiefen genauso auszeichnet, wie durch einen Prozess stetiger Ausdifferenzierung, den auch Stephan Szillus (2012: 89) beschreibt:

> „Während HipHop-Traditionalisten auch in Deutschland die Bewahrung eines Formats und seiner gelernten Geschichten einfordern, drängen seit Jahren neue Figuren in die Szene, die neue Geschichten mitbringen und HipHop primär als freie Kunst begreifen, in der zunächst einmal alles erlaubt ist."[17]

Das erfolgreichste Album aus dem Umfeld des Gangstarap ist Kollegahs ‚King' von 2014 mit 300.000 Einheiten. Danach folgen Bushidos ‚Von der Skyline zum

---

14 Hierbei handelt es sich um ‚Wild Style!' (Regie: Charlie Ahearn, 1982), Beat Street (Regie: Stan Lathan, 1982) und Style Wars (Regie: Tony Silver, 1982).

15 Bemerkenswert erscheint, dass hier nicht auf Deutsch, sondern gemäß der elterlichen Herkunft etwa in türkischer, jugoslawischer oder auch italienischer Sprache geschrieben wurde, vgl. Loh (2005).

16 Bereits zwei Jahre vorher hatten im Fernsehen Thomas Gottschalk, Frank Laufenberg, Manfred Sexauer unter dem Pseudonym ‚GLS United' im Zweiten Deutschen eine satirische (oder zumindest komödiantische) Adaption des typischen frühen Rap-Sounds inszeniert.

17 Für eine ausführliche journalistische Darstellung – ebenfalls vom Blickpunkt der Oral History – siehe Wehn/Bortot (2019)

Bordstein zurück' von (2006) und ‚Sieben' (2007) sowie das ‚Zuhältertape' von Kollegah (2015), ‚Palmen aus Plastik' von RAF Camora und Bonez MC (2016) und der ‚Sampler 4' von der 187 Straßenbande (2017).[18] Bei den Gesamtverkäufen liegen die Berliner Rapper Sido und Bushido im Jahr 2019 mit 1,4 Millionen Alben gleichauf.

In Deutschland wurde Gangstarap Mitte der 1990er Jahre relativ spät adaptiert. Die langsame Herausbildung und dann immer rasantere Entwicklung des Genres lässt sich mit Loh und Güngör (2017: 214) in drei Abschnitte einteilen. In einer ersten „Inkubationsphase" zwischen 1990 und 2000 vollzieht sich eine (anfangs sehr langsame) Etablierung und Adaption der zentralen Topoi. Die Entwicklung verläuft wohl vor allem deswegen so langsam, weil die Images und Geschichten aus der Bronx oder dem südlichen Los Angeles sich von den deutschen Lebenswirklichkeiten unterscheiden. Weniger Schusswaffen, (vorerst) keine Crackepidemien und ein – bis zur zweiten Schröder-Regierung – einigermaßen integratives Sozialsystem ließen den Alltag in den deutschen Armenquartieren weniger schlimm erscheinen als in den Vereinigten Staaten.

Als erster deutsche Gangstarapper gilt der Berliner Charnel (bürgerlich: Anthony Taylor). Seinen Hintergrund im Milieu jugendlicher Banden- und Straßenkriminalität thematisierte Charnell auf eine wegbereitende Weise (später auch im Rahmen der Crew ‚Shok Muzik', die Mitte der 0er Jahre als Konkurrenzprojekt zu Aggro Berlin aufgebaut wurde). Eine andere Schlüsselrolle in dieser frühen Zeit kommt den Frankfurter Musikern Moses Pelham und Thomas Hoffmann zu. In Abgrenzung zum als verweichlicht und anbiedernd empfundenen Mainstream-Rap gründeten die beiden mit dem ‚Rödelheim Hartreim Projekt' den ersten kommerziell erfolgreichen Rap Act – ihr Debutalbum ‚Direkt aus Rödelheim' (1994) verkaufte bis heute ca. 160.000 Exemplare – mit harten, provozierenden Texten. Aus Frankfurt stammt mit dem deutsch-kurdischen Rapper ‚Azad' eine weitere zentrale Figur.[19]

Als wegbereitende Instanz wirkte in dieser Phase schließlich das Berliner Independent-Label ‚Royal Bunker'. Angeleitet von Marcus Staiger, dem späteren Betreiber der Plattform rap.de, entwickelte sich hier aus einer kleinen Szene lokaler Musiker eine einflussreiche Schule des Battle- und Straßenrap. „In erster Linie", so Kaya (2015: 109), „ging es dabei um den Battle-Rap, in dem der Rapper seinen ‚Gegner' in Form von homophoben, sexistischen und sehr aggressiven

---

18 Unter den Alben, von denen sich über eine Million verkauften, findet sich im Deutschrap derweil kein Gangstarapalbum.

19 Einen öffentlichkeitswirksamen Beitrag zur Glaubwürdigkeit der Genrevertreter leistete Moses Pelham, indem er dem deutschen Moderator Stefan Raab – nach zahlreichen im Rahmen seiner TV-Show ‚Vivasion' ausgestrahlten Provokationen – die Nase brach. Auch Azad verprügelte auf dem Stuttgarter ‚Hiphop Open' den Berliner Rapper Sido, nachdem dieser auf der Bühne seine Mutter beleidigt hatte.

Texten beleidigte und sich selbst als besonders überlegen darstellte." Aus dieser Umgebung sollten in den folgenden Jahren die zeitweise einflussreichsten Künstler ‚Sido', ‚Kool Savas', ‚Kay One', aber auch jenseits des Gangstarap bekannte Musiker, wie die Berliner Gruppe ‚K.I.Z.' hervorgehen.

In dieser ersten Phase etablierten sich im Feld des Gangstarap also ein solides Netzwerk von Künstlern, basale Distributionsstrukturen und nicht zuletzt ein (noch relativ kleiner) Kreis an Hörerinnen und Fans. Die Bildwelten des Genres gewannen ästhetische Konturen, die zwar dem US-amerikanischen Entstehungskontext entlehnt, aber über die Schilderungen der Sprecher aus dem Erfahrungsraum deutscher Großstädte übermittelt wurden.

Eine zweite Phase der „Gestaltung und Kommerzialisierung" begann, so Loh und Güngör (ebd.) im Jahr 2001. Die Gründung des Labels Aggro Berlin markiert die Festsetzung von deutschem Gangstarap im Zentrum der populären Musikkultur. Um ein möglichst breites Marktsegment abzudecken, konstruierten die Labelbetreiber Eric Remberg (Künstlername: Specter), Jens Ihlenfeld (Künstlername: Spaiche) und Halil Efe, die allesamt einen Hintergrund in der HipHop-Szene haben, drei stereotype Charaktere. Sido – „einen Slacker und Kiffer aus prekären sozialen Verhältnissen, ein explizites Sinnbild für die ‚Null-Bock-Reaktion'" (Szillus 2012: 52). B-Tight mit dem „Image des sexsüchtigen, arbeitsscheuen und gesellschaftlich nutzlosen ‚Negers'" (ebd.) sowie Bushido nach dem „Klischee-Kleinkriminellen türkisch-arabischer Herkunft" (ebd.). Besonders der im Jahr 2003 veröffentlichte Song ‚Mein Block', in dem Sido auf reißerische Weise vom Leben im Märkischen Viertel Berlins berichtet, ebnete dem Label den Weg in den Mainstream (vgl. Kap. 5.1.).

In den folgenden Jahren waren es vor allem zwei Auseinandersetzungen, die das Geschehen im symbolischen Kosmos des deutschen Gangstarap prägten. Zwischen vertraglichen Angelegenheiten und persönlichen Kränkungen beschäftigten der Zwist zwischen den Rappern ‚Eko Fresh' und ‚Kool Savas' und der Streit zwischen Bushido und Aggro Berlin in Deutschland in den folgenden Jahren ein Millionenpublikum. Es war dieser spezifische Plot-Charakter, der die Entwicklungen im Feld des Gangstarap – ähnlich einer Telenovela – zugänglich und anschlussfähig gestaltete – und so Massenkompatibilität und Verwertbarkeit erhöhte. Als bestimmende Rapper können in diesem Zeitfenster Bushido, Sido und der aus dem rheinland-pfälzischen Pirmasens nach Berlin zugezogene deutsch-palästinensische Rapper Massiv gelten, der mit seinem Song ‚Wenn der Mond in mein Ghetto kracht' im Jahr 2007 die Berliner Hegemonie im deutschen Gangstarap bestätigte.

Den Beginn einer dritten Phase des Umbruchs, der Regionalisierung und der künstlerischen Erneuerung markiert für Loh und Güngör das Jahr 2009. Für den Übergang waren zunächst zwei Aspekte von zentraler Bedeutung. Zum einen entwickelten Künstler wie die nordrhein-westfälischen Rapper Manuellsen oder Xatar den Sound der Musik und den Rapstil weiter, in dem sie neue Elemente (teilweise auch aus anderen Musikgenres hinzufügten). Neben einer ästhetischen Weiterentwicklung entspann sich weiterhin eine Debatte um die Authentizität der Darstellung. Besonders deutlich zeigte sich diese in der aggressiven Kritik, die der Stuttgarter Gangstarapper ‚Bözemann' im Jahr 2006 in einer Spiegel-TV-Reportage an seinem Berliner Kollegen Massiv äußerte. Da Massiv als Zugezogener die Härten des Berliner Straßenlebens gar nicht wirklich erfahren habe, hätte er auch keine Berechtigung, hiervon breitenwirksam zu berichten. Mit allerlei aggressiven Prognosen („Der erste tote deutsche Rapper…") und Drohungen gelang es Bözemann nicht nur, die Aufmerksamkeit der deutschen HipHop-Szene sowie Teilen der Öffentlichkeit nach Baden-Württemberg zu lenken. Er feuerte damit auch eine Diskussion an, die die Vertreter des Genres (wie etwa auch die Kölner Rapper der La Honda Boys in ihrer frühen Kritik an der Unaufrichtigkeit Bushidos) bis heute beschäftigt – die sogenannte Realness-Debatte.

Als besonders kredibel galt in den folgenden Jahren der Offenbacher Haftbefehl. Doch jenseits seiner als authentisch wahrgenommenen Performance entwickelte der deutsch-kurdische Rapper Gangstarap künstlerisch weiter. Die Mischung deutscher und verschiedener anderer Sprachen im Slang des Frankfurter Kleinkriminellenmilieus übertrug Haftbefehl in einen assoziativen, teilweise dadaistisch geprägten Rapstil und begeisterte neben hunderttausenden deutscher Rapfans auch zahlreiche Vertreter*innen des Feuilletons (vgl. Kap. 8.3.).

Weitere Ausdifferenzierung und Popularisierung erfuhr der deutsche Gangstarap in dieser Zeit durch die Rapper Kollegah und Farid Bang, die – einerseits durch die Kultivierung eines besonders schnellen Rapstils und andererseits durch die Verwendung elaborierter Metaphoriken – ihren Beitrag zur ästhetischen Entwicklung des Genres leisteten. Ähnlich einflussreich zeigten sich außerdem die Hamburger Rapper der 187-Straßenbande, indem sie – nicht zuletzt über die Nutzung sozialer Medien – einen besonders authentischen Eindruck vom Leben im Eckstehermilieu der Hamburger Stadtteile St. Pauli und Sternschanze vermittelten. Eine weitere zentrale Figur dieser Phase findet sich schließlich im Charakter der ‚Schwesta Ewa', die in ihren Raps auf eindrückliche Weise von ihren Erfahrungen im Frankfurter Rotlichtmilieu berichtet (vgl. Kap. 7).

Nicht nur angesichts populärer Ereignisse wie dem Skandal um die ECHO-Verleihung oder der Auseinandersetzung um die Verstrickung des Rappers Bushido in den Kosmos organisierter Kriminalität (vgl. Kap. 8.4) stellt sich die Frage nach der gesellschaftlichen Bedeutung von deutschem Gangstarap im Jahr 2020 mit neuer Virulenz. Lässt sich – aufbauend auf das von Loh und Güngör vorgeschlagene Etappenmodell – hier möglicherweise der Eintritt in eine neue Phase konstatieren? Anschließend an eine Darstellung des Forschungsstandes und der Erläuterung der theoretischen Analyseprämissen soll diese Frage in den vier Kapiteln zur Entwicklung des Genres untersucht werden.

2.4 Stand der Forschung

Im Folgenden wollen wir uns mit der Literatur zu HipHop-Kultur im Allgemeinen und deutschem Gangstarap im Besonderen beschäftigen. Anschließend an Murray Forman (2007: 18) lässt sich HipHop als „gelebte Kultur" verstehen, welche „aktiv und prozesshaft hervorgebracht wird und sich selbst an historischen Scheidepunkten neu erfindet." Diese Entwicklung und Ausdifferenzierung wurde in den letzten vier Jahrzehnten durch eine mittlerweile kaum noch zu überschauende Menge an populären und wissenschaftlichen Arbeiten reflektiert (vgl. Menrath 2002: 6).[20] Während populäre Textsorten hier vor allem die Musik und ihre unmittelbaren Entstehungskontexte thematisieren, widmet sich der „wohl populärste[n] und einflussreichste[n] Lyrikform der Gegenwart" (Wolbring 2015: 11) im Zusammenhang der HipHop-Kultur ein transdisziplinäres Konglomerat aus Arbeiten der Geistes-, Kultur- und Sozialwissenschaft (vgl. Huq 2007).

Ihren Anfang nahm die historische Auseinandersetzung mit HipHop und Rap in den USA. Als erste wesentliche Veröffentlichung kann hier das Buch ‚Rap Attack' von David Toop (1984) gelten. Entstehung und Entfaltung der neuen Kulturformen von den späten 1970er Jahren bis in die frühen 1990er sind ebenfalls gut dokumentiert (siehe exemplarisch Rose (1994) und Fernando (1994)). In der Tradition der US-amerikanischen Bürgerrechtsbewegung schreibend folgt ein Großteil der HipHop-ForscherInnen einer standpunkttheoretischen Begründungslogik. Dies liegt nicht zuletzt daran, dass eine Reihe von autobiografischen (Chuck D 1998) oder auch (laien-)historischer Vorschläge zur Chronologie und Geschichte von HipHop und Rap von beteiligten Fürsprechern der HipHop-Kultur verfasst wurden (siehe etwa Upski 2004). Der US-amerikanische Diskurs speist sich weiterhin zu wesentlichen Teilen aus dem intellektuellen Umfeld der African American Studies, wie dies der von Forman und Neal (2004) vorgelegte umfangreiche HipHop-Reader auf eindrückliche Weise dokumentiert. Neben einer substanzialistisch-explorativen Beschreibung der zahlreichen Symbole und Praktiken richtet sich das Erkenntnisinteresse dieser Arbeiten vor allem auf die HipHop-Kultur als Projektionsfläche individueller Selbstverwirklichung und

20 Zu den populären Textsorten zählen historisch vor allem die seit den 1980er Jahren in den USA und seit den 1990er Jahren auch in Deutschland erhältlichen Print-Magazine. Mit der privaten Internetnutzung verlagert sich dieses Genre in zunehmendem Maße in den digitalen Raum, beispielsweise in Form unkommerzieller Blogs, aber auch kommerzieller Netzwerke wie etwa ‚HipHop.de', ‚TV Straßensound', Backspin oder ‚Rap.de'. Gleichzeitig finden sich hier auch (auto-)biografische Texte von Rappern (vgl. exemplarisch Sido 2006) und anderen Szenebeteiligten (Salomo 2019) sowie (investigativ-)journalistische Arbeiten zu spezifischen Aspekten (siehe Westhoff 2017). Besonders erwähnenswert erscheint der Portrait-Band von Juri Sternburg (2020).

kollektiver Identifikation für unterschiedliche gesellschaftliche Gruppen (1), ihre Hybridität im Verhältnis von Wandlungsfähigkeit und Konsistenz (2), sowie ihren politischen Charakter zwischen Subversion und Provokation (3) (vgl. Bock et al. 2007: 12).

Eine entsprechende politische Färbung findet sich auch in großen Teilen des deutschen (Forschungs-)Diskurses. Am deutlichsten zeigt sich dies vielleicht in den Arbeiten von Hannes Loh, Murat Güngor und Sascha Verlan (vgl. Loh/Güngör 2002, Loh/Verlan 2006, 2015). Mit ihren Büchern leisten die drei einen differenzierten, aber auch tendenziösen (weil ungleichheitskritischen) Beitrag zur historischen Rekonstruktion und Deutung von HipHop und Rap in Deutschland. Aber auch im Wissenschaftsbereich leitet die Frage nach der „Eigentümerschaft" (Forman 2007: 21) von HipHop (oder besser: der Deutungsmacht über ihn) Forscherinnen und Forscher an. So schließen etwa Bock et al. (2007: 12), „dass die HipHop-Forschung als ‚lebendige Forschung' verstanden und konzipiert werden muss, in der neben WissenschaftlerInnen auch HipHop-Praktikerinnen einen festen Platz haben." Die Schaffung „produktiver Allianzen" (Forman 2007: 33) soll hierbei einerseits dazu dienen, den Gegenstand handhabbarer zu gestalten: Kontakte in die Szene können hier den Zugang zum Feld genauso erleichtern wie eine aus persönlichen Vorlieben gespeiste Expertise und/oder habituelle Nähe zu ihren Mitgliedern, welche akademischen Vertretern die Möglichkeit einer reflexiven Auseinandersetzung häufig pauschal absprechen (vgl. Androutsopolous 2003: 10). Ein anderes (politischeres) Motiv folgt gleichzeitig aus dem Wunsch nach einer parteiischen Berichterstattung. Angesichts der Tatsache, dass die Kulturformen HipHop und Rap – zumindest historisch – im sozialstrukturellen Spektrum gesellschaftlich Randständiger entstanden sind, soll die HipHop-Forschung aus dieser Sicht einen Legitimationsbedarf gegenüber der Mehrheitsgesellschaft decken helfen. Vor diesem Hintergrund ist auch die mitunter ins positiv verklärte Interpretation hiphop-kultureller Formen durch seine intellektuellen (und auch journalistischen) Beobachter zu verstehen.

Im Folgenden möchte ich mich der sozial- und kulturwissenschaftlichen Auseinandersetzung mit HipHop (und hier vor allem Rap und insbesondere Gangstarap) im deutschen Sprachraum widmen. Anschließend an die Entstehung von HipHop als ‚Straßenkultur' will ich seine grenzüberschreitende Verbreitung und Hybridisierung als ‚glokale Kulturform' (Robertson 1992) anhand der verfügbaren Forschungsliteratur rekonstruieren. Die folgenden Abschnitte widmen sich dann der Darstellung der künstlerischen Eigenheiten von Rap im Allgemeinen und dem (deutschen) Gangstarap samt seinen gesellschaftspolitischen Implikationen.

2.5 HipHop als Straßenkultur

Sowohl im Rahmen seines US-amerikanischen Entstehungskontextes als auch im globalen Maßstab kann HipHop als „jene Kulturpraxis eingeschätzt werden, die von allen ‚schwarzen Kulturstilen‘ am meisten Aufmerksamkeit und mediale Sichtbarkeit erhalten hat“ (Rose 2008: 36 f.). Bemerkenswert erscheint dies vor allen Dingen deshalb, weil das Genre Stimmen vom Rande der Gesellschaft Ausdruck verliehen hat, die vorher keinen Eingang in den popkulturellen Mainstream finden konnten. Während etwa die auch von schwarzen Promi-Aktivisten (wie beispielsweise Jimi Hendrix oder Cassius Clay/Muhammad Ali) unterstützte Bewegung gegen den Vietnam-Krieg – ihrer teilweise subversiven Tendenz zum Trotz – mit der Entmilitarisierung politischer Konflikte ein als allgemein progressiv geltendes Ziel verfolgte, ließen sich entsprechende Positivtendenzen in den Anfängen der HipHop-Kultur (zumindest oberflächlich) nicht erkennen.

Angesichts der durch Drogen, Gangs, Prostitution und Gewalt geprägten Lebenssituation in den großstädtischen Armenvierteln der USA Ende der 1970er Jahre bezeichnet Weinfeld (2000: 255) HipHop als „Kultur der Ausgestoßenen, eine Kultur der Straße, das heißt eine *städtische* Volkskultur, die aber nicht von einer Elite für eine Elite, das heißt von ‚Ausgebildeten‘ für ‚Gebildete‘ geschaffen wurde.“ Während also Graffiti die urbanen Bildwelten prägten und Breakdance als spielerische Adaption gewalttätiger Auseinandersetzungen zwischen lokalen Straßengangs fungierte, überführten Rapper und DJs entsprechende und verwandte Narrative in eine musikalische Form.[21]

Folgerichtig stellt „das Ghetto“ anschließend an Klein und Friedrich (2003: 22) „die wichtigste Bildfigur des HipHop“ dar, welche sich – versinnbildlicht durch brennende Mülleimer, asphaltierte Basketballplätze und verdreckte Alleys – in Videos, auf Plattencovern oder Künstlerfotos wiederfindet. Die (Selbst-) Stilisierung des Rappers als „Kämpfer im feindlichen Dschungel der nachindustriellen Megastadt“ (ebd.: 23) verweist hierbei auf einen (historisch) zentralen Bestandteil der HipHop-Kultur: ihre männlich konnotierte Härte (vgl. Kapitel 6.).

In der offenen Thematisierung prekärer Lebenslagen sozial Marginalisierter erkennt Scharenberg (2001: 248) einen „ghettozentrischen“ Perspektivwechsel populärer Kulturproduktion.[22] Ein alternatives Agenda-Setting ermögliche so „die provokative Konfrontation mit den Werten und Lebenswelten der Mittel-

21 Zum spezifischen Zusammenhang von HipHop-Symbolik und Stadt am Beispiel von Sidos ‚Mein Block‘ siehe den hervorragenden Text von Janitzki (2012).

22 Für eine frühe und weitsichtige Perspektive siehe in diesem Zusammenhang den Artikel von Mikos (2003).

schichten und den Angriff auf den ‚amerikanischen Traum', das heißt auf das vermeintlich universalistische Aufklärungsideal und protektive ‚Face-Work' der Dominanten" (ebd.). Ganz in diesem Sinne erkennt auch Büsser (2007: 22) in den frühen Formen der HipHop-Kultur eine Kritik der „weißen Pophegemonie".

Etwa vier Jahrzehnte nach HipHops Entstehung stellt sich die Frage nach der ‚ghettozentrischen Rahmung' heute unter neuen Vorzeichen. Die Tatsache, dass HipHop als im internationalen Rahmen verbreitete Kulturform längst nicht mehr vorwiegend durch schwarze Künstler und Hörer geprägt ist, und auch der Umstand, dass es sich bei den dort inszenierten Geschichten und Plots keineswegs mehr nur noch um ‚tales from the hood' handelt, bringen etwa Schröer (2009: 62) zu der Frage, „inwiefern im Kontext der HipHop-Szene tatsächlich (noch) von einer ‚Kultur der Straße' beziehungsweise ‚Straßenkultur' gesprochen werden kann."

Eine Tendenz zur Digitalisierung der Straßenkultur HipHop zeigt sich hier vor allem im Bereich der Rap-Musik. Entsprechende „Eckpunkte eines kulturellen Wandels" beschreibt auch Dietrich (2016: 16 ff.): Zum Aufnehmen von Songs braucht der geneigte Musiker nicht mehr als einen Computer mit entsprechender Software und auch die Breitenwahrnehmung von Rapmusik hat sich mittlerweile schwerpunktmäßig in den Online-Bereich verlagert. Der anhaltende Rekurs auf die Vergangenheit als Straßenkultur lässt sich, so argumentieren die im Folgenden vorzustellenden Beiträge, als Bezug auf einen Ursprungsmythos verstehen, welchem für die HipHop-Kultur eine konstitutive Bedeutung zukommt. Bevor wir uns der Verbreitung von HipHop als glokaler Kulturform zuwenden, widmen wir uns im nächsten Abschnitt einigen grundlegenden Aspekten HipHop-kultureller Praktiken.

2.6 Praktiken und Topoi von Rap als Kunstform

Dieser Abschnitt befasst sich hauptsächlich mit den substanziellen Ausprägungen und Funktionsweisen von Rapmusik. Das englische Verb ‚to rap' bedeutet ursprünglich schlagen, klopfen oder pochen. Sein Bezug auf den Sprechgesang speist sich hierbei aus unterschiedlichen Quellen. Wie der Blues ist auch Rapmusik beeinflusst vom Muster der Gesänge afroamerikanischer Sklaven. Einen weiteren Vorläufer stellen, so Kage (2002: 41), die stimmungsvoll und rhythmisch vorgetragene Songankündigungen jamaikanische Radio-DJs dar – eine Praxis, die sich im Laufe der 1950er Jahre auch in den USA verbreitete. Gereimte Sprachspiele aus dem US-amerikanischen Ecksteher- und Gefängnismilieu, die zum Zeitvertreib und untermalt durch „Klatschen oder stimmliche Ausrufe" (Elflein 2015: 176) geschaffen wurden, stellen schließlich einen dritten historischen Vorläufer dar.

Rapsongs, die je nach Urheberschaft allein oder auch in der Gruppe vorgetragen werden können, bestehen in der Regel aus Strophen (Verses) und Refrains

(Hooks). Traditionell entstand HipHop Musik durch das Samplen von Platten mit Hilfe zweier Plattenspieler.[23] Mittlerweile ist es aber auch üblich, die Musik zu programmieren oder von einzelnen Musikern, beziehungsweise einer Band einspielen zu lassen. Klassisch (das heißt für seinen Entstehungszeitraum und in der Konsolidierungsphase) lassen sich mit Menrath – und teilweise analog zur Typologie von Pimp-, Party-, Polit- und Gangstarap von Klein und Friedrich (2003) – drei typische Textsorten unterscheiden. Während ‚Boasting Raps' (engl. ‚to boast': prahlen, angeben) sich um „das Preisen der eigenen Vorzüge" (Menrath 2002: 60) der Sprecherperson drehen, erzählen sog ‚Toasting Raps' – benannt nach besagten rhythmischen Ankündigungen von Songs im jamaikanischen Radio – das Erzählen von Geschichten. Drittens dienen sogenannte Teaching Raps dem Transport (politischer oder sonstig moralisch gefärbter) Botschaften (vgl. ebd.).[24]

Zum besseren Verständnis der zahlreichen Bezüge, die im Zustandekommen von Rap als Symbolsystem und Kulturpraxis wirksam werden, schlägt Stankovic (2007: 93) die Unterscheidung zweier Ebenen vor. Ihm zufolge zeichnet sich das *Musikgenre* Rap (unter anderem) durch kraftvolle Rhythmen, minimalistische Arrangements, eine häufige Nutzung der Sampling-Technik, deklamierend vorgetragene Textpassagen sowie die Abwesenheit harmonischer Spannung innerhalb der Songs aus. Als *konnotative Merkmale* benennt er weiterhin den Modus einer polemischen Kritik sozialer Wirklichkeit, eine starke Verbundenheit mit dem lokalen Entstehungskontext, sowie (ethnisch bedingte) Ausgrenzungserfahrungen, Hedonismus und Sexismus als gesellschaftspolitische Implikationen der über das Genre transportierten Bildwelten.

Die stilistische Entwicklung von Rap folgt hierbei einem zumeist inkrementellen Entwicklungsmuster zwischen Tradition und Innovation. Zwar haben manche Neuerungen – wie zum Beispiel der sich zum festen Stilelement verstetigende Autotune- und Cloudrap-Trend oder die Kultivierung alternativer Männlicheitskonzepte im Weirdo Rap (vgl. Szillus 2016) der letzten Jahre – auch immer wieder radikale Veränderungen angestoßen. Im Großen und Ganzen basiert die Weiterentwicklung des Genres – ebenfalls ganz im Sinne der von Klein und Friedrich (2003) bemühten Topologie des Ursprungsmythos – aber auf der graduellen Variation von Bestehendem.

---

23 Zum Phänomen des Sampling siehe George (2004) sowie Turntableism siehe Poschard (1997: 179).

24 Angesichts der starken Ausdifferenzierung des Genres im Laufe der letzten vier Jahrzehnte muss diese Unterscheidung in ihrer Schlichtheit als überholt erscheinen. Mit dem Battle-Rap (warum haben Klein und Friedrich den eigentlich nicht berücksichtigt?) oder den zahlreichen Liebesliedern, die wir im Genre des Sprechgesangs (auch schon seit den frühen 1980er Jahren) finden können, ließen sich hier zumindest zwei weitere typische Formen benennen und vermutlich ließen sich leicht noch weitere finden.

Ein weiteres zentrales Element von Rap als Ausdrucksform ist die Standpunktgebundenheit des Sprechaktes. Im Rap (wie auch in den anderen drei Kerndisziplinen des HipHop – Breakdance, DJing, Graffiti) wird „der einzelne Künstler als Innovationspunkt aufgefaßt" (Menrath 2002: 75). Die offensive Selbstinszenierung geht hier oftmals einher mit der dramaturgisch überhöhten Darstellung der eigenen Qualitäten (im Guten wie im Schlechten) und bietet so eine leicht zugängliche Projektionsfläche für Zuschauerinnen und Zuschauer.

Ein weiteres zentrales Bezugselement von Rap und HipHop stellt in diesem Zusammenhang die Frage nach der ‚Realness' oder auch Authentizität dar. Die Erwartung, aufrichtig zu sein, stammt hierbei aus der Entstehungszeit des Gangstarap-Genres in den USA der 1980er Jahre und markiert die Verbindung der Rap-Musik zum kriminellen Milieu. Im Widerspruch zur Erwartung, sich beständig als wortgewandter und stilistisch versierter Sprecher zu profilieren, steht die Erwartung nach Authentizität insofern, als spielerische Übertreibungen hier als Kokette-rie und Unaufrichtigkeit ausgelegt werden können. Die Norm der Authentizität (oder im Jargon auch des ‚Real Keepens' einiger ‚Realkeeper') stellt damit einen wesentlichen Raum der Auseinandersetzungen im Genre und in der Szene dar. Der Streit um die legitime Sprecherposition dient hier, mit Menrath (2002: 96), nicht zuletzt dem „Bewahren eines (kulturellen) Identitätsgefühls" – einem Gefühl, das sich vor allem auch gut vermarkten lässt. Und genau hierin liegt ein wichtiges Spannungsverhältnis. Ist ein Sprecher nun real? Oder gibt er nur vor, ‚real' zu sein, – ist er also ‚fake' – weil er nur den ‚Fame' oder das Geld (oder beides) sucht?[25]

Die holistische Bezugsdynamik, die sich hier zeigt, umfasst im Rap (und vor allem im Gangstarap) die gesamte Inszenierung der Sprecherinnen und Sprecher. Besonders im Zeitalter der Digitalisierung, in dem Rapper prinzipiell ihren gesamten Alltag über die sozialen Medien verbreiten können, entsteht in den Inszenierungen der HipHop-Welt „ein intertextuelles Referenzsystem, das permanent auf den kulturellen Kontext und die eigenen Praktiken verweist" (Mikos 2003: 73). Die dort inszenierten Praktiken können von alltäglichen Dingen wie einem Café-Aufenthalt (Manuellsen) über satirische ‚Hood Reports' (Money Boy) bis hin zur Verherrlichung von Rauschgiftkonsum (Bonez MC) reichen. Die vielleicht imposanteste (Selbst-)Inszenierung dieser Art gelang dem Bonner Rapper Xatar, der seinen Überfall auf einen Goldtransporter, bei dem er gemeinsam mit Komplizen Schmuck und Zahngold im Wert von 1,7 Millionen erbeutete, sowie die anschließende Flucht und den hieraus resultierenden Gefängnisaufenthalt zum integralen Bestandteil seiner Selbstdarstellung verwendete. Realer geht es für einen Gangstarapper wohl kaum.[26]

25 Für eine empirische Untersuchung der Rezeption von Starinszenierungen durch Jugendliche und junge Erwachsene am Beispiel von Eminem siehe Schuegraf (2007).

26 Und insofern erscheint es wohl auch übertrieben, wenn Mikos (2003: 73) sein Argument

Ganz im Sinne der von Xatar inszenierten Erzählung kann als weiteres Schlüsselelement von Rap als Pop-Genre sein Plot-Charakter gelten. Biografische Werdegänge individueller Rapper stehen hier genau wie die zahlreichen Freund- und Feindschaften innerhalb der Szene (sowie über die Szene hinaus) im Fokus und fungieren als narrativer Rohstoff sukzessiver Erzählstränge. Dieser Plot-Charakter wird vor allem durch die Digitalisierung verstärkt, die (zumindest die online dort übertragenen) Geschehnisse leicht zugänglich macht.

Ein weiteres prägendes Moment erfährt HipHop-Kultur durch die gesellschaftliche (Re-)Strukturierung der Geschlechterverhältnisse. Eine starke Tendenz zum Androzentrismus der Hiphop-Kultur unterstellen im Prinzip alle Beiträge zum Thema. Die HipHop-Kultur wird hier von Klein und Friedrich (2003: 24) als „Männerwelt, von Männern – für Männer" porträtiert. HipHop, so schließen die beiden (ebd.) „ist nicht nur quantitativ von Männern dominiert, er reproduziert einen Männlichkeitskult und eine traditionelle Geschlechterhierarchie, in der Frauen Männern untergeordnet sind." Entsprechende Tendenzen weisen – in noch stärkerer Form als die anderen Subgenres und Spielarten (mit Ausnahme des Pimp- oder Porno-Rap) – die Bildwelten des Gangstarap auf. Eine Tendenz zur Misogynie, die sich als „abwertende Abgrenzung von Weiblichkeit" (Goßmann 2010: 98) äußert[27], prägt die (symbolischen) Männlichkeitskonstruktionen in diesem Bereich genauso wie eine Positionierung der Gangstarapsprecher im Wettstreit um die legitime Vertreterschaft hegemonialer Männlichkeit (vgl. Seeliger 2013, 2014; 2014a; Knüttel/Seeliger 2010).

Anhand der empirischen Perspektive auf Prozesse einer ‚Doing Rap Masculinity' gelangt Süß angesichts einer historischen „Ambivalenz und Pluralisierung von Männlichkeiten seit Anbeginn in der Geschichte des deutschsprachigen Rap" (2020: 230) demgegenüber zu einer differenzierteren Sichtweise:

> „Tatsächlich ist die deutschsprachige Rap-Szene ein von vielen verschiedenen, mehr oder weniger ‚unbeugsamen' Akteurinnen und Akteuren bevölkertes ‚Dorf', dessen ‚Einwohnerinnen und Einwohner' nicht gänzlich in der Genrefigur des hypermaskulinen Gangsta-Rappers aufgehen und deren Habitus sich nicht zwangsläufig entlang von Härte und Coolness herausbildet oder entsprechend vergeschlechtlichte Handlungslogiken affirmiert" (ebd.).

---

so weit zuspitzt, dass er „eine Art selbstreferentielles und selbstreflexives Universum des HipHop" proklamiert. Irgendeine ‚Welt da draußen' muss es natürlich schon geben. Wen sollte man sonst überfallen und wer sollte einen verhaften?

27 So plagt den Gangstarapper laut Kage (2002: 79) eine „fast paranoide Angst, dass es die Frauen nur auf sein Geld abgesehen haben."

Gleichzeitig erkennt Strube (2007: 153) mit Blick auf die Bedeutung von Weiblichkeit im symbolischen Kosmos des Mainstream-Rap „deutliche sexistische und homophobe Tendenzen."[28] Diese Einschätzung wird von Sahin (2019: 52) bestätigt, der zufolge Frauen (und Homosexuelle) „im männlich dominierten Rap größtenteils degradiert oder gehasst" werden. Eine entsprechende Kritik der Produktionsverhältnisse im Feld der HipHop-Kultur findet sich bei Sahin ebenfalls.[29]

Als „eines der gängigsten, wenn nicht das gängigste Frauenbild im HipHop" identifiziert Kimiko Leibnitz (2012) das Weiblichkeitskonzept der Bitch. Die Zuschreibung animalischer Wesenszüge – das Wort ‚Bitch' bezeichnet im Englischen auch eine Hündin – kann das Spektrum der Bedeutungen nicht ausfüllen. Indem sich Rapperinnen und weibliche Rapfans den Begriff der Bitch offensiv aneignen und als Selbstbezeichnung verwenden, könne die misogyne Konnotation – so etwa Sahin (2019) – die Muster ihrer semantischen Prägung neu arrangieren.

Als mögliches Beispiel eines solchen Umdeutungsprozesses haben eine Reihe von Arbeiten in den letzten Jahren den Fall der Frankfurter Rapperin ‚Schwesta Ewa' untersucht. Während Goßmann und Seeliger (2014) ihre offensive Selbstinszenierung als Ursache männlicher Verunsicherung untersucht haben, interpretieren Bifulco und Reuter (2017) ihr Auftreten als deutliches Zeichen weiblichen Empowerments.

2.7 HipHop als glokale, hybride Kulturform

Eine grundlegende Ambivalenz der HipHop-Kultur findet sich in ihrem widersprüchlichen Zeitlichkeitsbezug. Während in allen Teilbereichen eine Wettbewerbslogik (vgl. Abschnitt 3.6) vorherrscht, die eine beständige Dynamik in der Entwicklung neuer Variationen und Stile bedingt, gehört mit Süß (2019: 24) gesprochen, „der ‚back in the days'-Topos geradezu zum diskursiven Kanon". Wie Klein und Friedrich in ihrer wegweisenden Studie herausarbeiten, zeigt sich dieses ambivalente Grundmotiv vor allem in der internationalen Verbreitung der HipHop-Kultur.

In der Tradition von Marx und Engels (1959: 466), die im Kommunistischen Manifest die Herausbildung des Weltmarktes als eine „allseitige Abhängigkeit

28 Für eine umfangreiche Darstellung des Themenkomplexes siehe den Band von Schischmanjan und Wünsch (2007).

29 „Frauen nehmen in den männlich dominierten Strukturen des Musikbusiness – wie in der mehrheitsgesellschaftlichen Industrie sicherlich auch – fast immer nur bestimmte Abhängigkeitsrollen ein. Assistentin vom Plattenboss zum Beispiel oder von A&Rs, diejenigen, die sich in Plattenfirmen um den Artist & sein Repertoire kümmern" (ebd.: 63).

der Nationen voneinander" in der „materiellen, so auch in der geistigen Produktion" proklamiert[30] hatten, formulierten eine Reihe von Sozialwissenschaftlern im Laufe der 1990er Jahre eine sogenannte starke Globalisierungs- und oder auch Konvergenz-These. Topoi wie die der McDonaldisierung (Ritzer 1993), Coca-Kolonialisierung (Howes 1996) oder auch der McWorldisierung (Barber 1993) zeugen von der Kritik an einem US-amerikanischen Kulturimperialismus. Gerade mit Blick auf die Verbreitung der HipHop-Kultur dürfte diese – wenn auch recht undifferenziert und im Gestus der elitistischen Konsumkritik (vgl. Hecken 2010) vorgebrachte – These einen guten Teil der Verbreitungsdynamik erfassen. Wie zahlreiche Quellen (etwa: Loh/Verlan 2015) belegen, waren es vor allem die zu Zeiten des Kalten Krieges in den NATO-Staaten stationierten Streitkräfte, durch die Rapmusik ihren Weg nach Übersee fand.

Gegenüber der starken Homogenisierungsthese verwiesen – vor allem im Feld der Transnationalisierungsforschung (vgl. Pries/Seeliger 2012) – eine Reihe von Beiträgen auf die „Prozesse der Kreolisierung, Hybridisierung und Synkretisierung" (Wimmer 2005: 86) grenzüberschreitende Kulturelemente. Die spezifische Dynamik der Diffusion kultureller Formen im Verhältnis globaler Verbreitung und lokaler Aneignung hat Robertson (1992) mit dem Begriff der *Glokalisierung* bezeichnet. Im globalen Maßstab zirkulierende Phänomene nehmen aus dieser Perspektive je nach Kontext der lokalen Adaption spezifische Ausprägungen an (vgl. auch Pries 2008, Kap. 5.5). Als eine derart glokalisierte Kulturform verstehen Klein und Friedrich (2003) nun auch HipHop.

Anschließend an den polnischen Anthropologen Bronislaw Malinowski (1986) bezeichnen sie die (imaginierte) Szenerie der Entstehungsphase der späten 1970er Jahre als „Ursprungsmythos" der HipHop-Kultur. Diese „Ursprungserzählung des ‚schwarzen HipHop'" entfaltet für die beiden (2003: 62) „den Charakter einer mythischen Erzählung, nicht nur weil sie die mit ‚schwarzem HipHop' verbundenen Regeln als normative Vorgaben eines authentisch wirkenden HipHop vorstellt, sondern auch, weil sie die Erzählfigur ‚schwarzer Rapper' als Bewertungsmaßstab für den mittlerweile globalisierten HipHop etabliert."

Lokale Ausprägungen von HipHop stellen demnach spezifische Re-Interpretationen dieser global zirkulierenden Symbolsysteme dar und machen die Kultur des HipHop zu einer genuin hybriden – von einer Weltliteratur im Marx-Engels'schen Sinne kann also keine Rede sein. Die vielfältigen Ausprägungen nationaler Adaptionen zeigt im deutschen Sprachraum vor allem eine von Jannis

30 In Gänze heißt es dort: „An die Stelle der alten lokalen und nationalen Selbstgenügsamkeit und Abgeschlossenheit tritt ein allseitiger Verkehr, eine allseitige Abhängigkeit der Nationen voneinander. Und wie in der materiellen, so auch in der geistigen Produktion. Die geistigen Erzeugnisse der einzelnen Nationen werden Gemeingut. Die nationale Einseitigkeit und Beschränktheit wird mehr und mehr unmöglich, und aus den vielen nationalen und lokalen Literaturen bildet sich eine Weltliteratur" (Engels/Marx 1959: 466.).

Androutsopoulos (2003a) unter dem Titel ‚HipHop – Globale Kultur – lokale Praktiken' herausgegebene Publikation.[31]

Jenseits der Verbreitung über eine international operierende Kulturindustrie hängt HipHop gleichzeitig in einer zweiten Weise mit der Globalisierung zusammen. Wie eine Vielzahl von Studien zeigen, weist die lokale Adaption hiphopkultureller Elemente – sowohl historisch als auch heute – eine starke migrantische Prägung auf. Für den deutschen Sprachraum zeigen dies – neben den erwähnten historischen Untersuchungen von Loh/Güngör und Loh/Verlan – eine Reihe empirischer Studien aus dem Feld der Kultur- und Migrationssoziologie. So zeigt etwa Bennett (2003) die kulturelle Bedeutung von Rap-Musik für die kollektive Identifikation ethnischer Minderheiten in Frankfurt am Main. Als eine „lokale Ressource" (ebd.: 27) diene HipHop den Jugendlichen als Mittel zu Ausdruck und Selbstverwirklichung in einer teilweise fremden Umgebung.[32]

Die empirisch anspruchsvollsten und meines Erachtens wohl substanziellsten Untersuchungen zum Zusammenhang von Rap und Migration in Deutschland haben Ayla Güler Saied (2012) und Verda Kaya (2015) vorgelegt. Auf Grundlage von Interviews und ethnografischer Datenerhebung rekonstruieren beide die Adaption von HipHop und ihre migrantische Prägung. Das international vergleichende, aber auch transnationale Forschungsdesign von Kaya (ebd.) zeigt die teilweise recht weit entwickelte Methodologie der HipHop-Studies. Demgegenüber erlaubt der interessante Ansatz der Biografieforschung es Saied, einzelne Künstler in ihrer Entwicklung genauer zu verfolgen. Eine Zentralstellung erfährt in beiden Untersuchungen die soziale Konstruktion ethnischer Differenz in Zusammenhang mit der materiellen sozialen Ungleichheit der Aufnahmegesellschaften.[33] Weitere Arbeiten zum Zusammenhang von (Gangsta-)Rap und Migration habe ich selbst – etwa im Lichte der Theorie Stuart Halls (Seeliger 2017), vom Blickpunkt der Literatursoziologie auf die Autobiografien von Gangstarappern (2017a) oder auch hinsichtlich der Frage klassenpolitischer Mobilisierung und Ethnizität (Lütten/Seeliger 2017) – vorgelegt. Rap (mit Güngör und Loh (2017: 219) steht vom Blickpunkt dieser Arbeiten „für eine hybride, indirekte Form der Selbstermächtigung". Die konkreten Ausprägungen des Subgenres wollen wir nun im Spiegel der Forschung genauer betrachten.

---

31 Siehe exemplarisch für zahlreiche weitere Fallstudien lokaler Aneignung Friese (2012).

32 Die Entwicklung der Frankfurter Szene beleuchten ebenfalls Güngör und Loh (2004f). Für eine empirische Untersuchung des Szenehandelns einer italienischen Breakdance-Gruppe aus Mannheim siehe Birken-Silverman (2003). Eine weitere bemerkenswerte Studie stellt die Ethnografie von Moritz Ege (2013) dar, der die Modepraktiken junger Berliner Männer aus dem Milieu der migrantischen Unterschicht untersucht.

33 Analog hierzu untersucht auch Kimminich (2007) die Entwicklung der französischen „Hip-Hop-Bewegung" (ebd.: 59) in den prekären Lebenswelten der Pariser Vorstädte.

2.8 (Deutscher) Gangstarap als Subgenre von Rap und HipHop

Seit seiner Einführung in den frühen 1980er Jahren hat deutscher Rap eine breite Ausdifferenzierung erfahren. Als „eine Art umbrella term für eine nahezu unüberschaubare Anzahl an Strömungen" (Dietrich 2016: 7) bezeichnet der Oberbegriff Rap eine große Vielfalt von Subgenres, welche wiederum unterschiedliche Ausprägungen annehmen können. Unter all diesen Genres stellt Gangstarap sowohl kommerziell und aufmerksamkeitsökonomisch das erfolgreichste dar. Mit Goßmann (2010: 89) lässt sich das Genre als Spielart von Rapmusik verstehen, „die oft durch die Glorifizierung von Gewalt und Kriminalität gekennzeichnet ist, wobei die Grenze zwischen Realität und Fiktion meistens nicht erkennbar ist".[34]

Die Bezeichnung Gangstarap ist hierbei nicht ganz unumstritten. So etabliert sich im deutschen Sprachraum – wohl nicht zuletzt bedingt durch die Entstehung des populären Online-Magazins ‚TV Straßensound' – der Begriff des Straßenraps. Der Topos der Namensgebung korrespondiert hier mit einer allgemeinen kulturellen Konnotation des Begriffs. „Die Härte der Straße, die massive Körperlichkeit und aggressive Sprache wird zugespitzt in Szene gesetzt, jeder bürgerliche, aber auch politisch korrekte Anstand gezielt mit Füßen getreten, um so eine zentrale Botschaft an die Privilegierten zu senden" (Lill 2011: 10).

Der Versuch einer genaueren Bestimmung und Abgrenzung zwischen Gangsta- und Straßenrap müsste im ersten Fall den vorwiegend künstlerischen Charakter betonen. Während der Topos des Gangstas eher einem abstrakten Verweis im Sinne des ‚Boasting' dient (so inszenierte sich der Rapper Kollegah etwa zu Beginn seiner Karriere als Zuhälter, obwohl es als relativ eindeutig erschien, dass er keiner war), verweist das Bild der ‚Straße' auf die reale (Halb-)Welt der Klein- und Schwerkriminalität urbaner Eckstehermilieus. Die Zuordnung fällt hierbei oftmals weder leicht noch eindeutig aus: „Ob ein Song oder ein Künstler als Gangsta-Rap(per) zu kategorisieren ist, liegt in vielen Fällen im Auge des Betrachters und ist damit auch von dessen Sozialisation und Perspektive abhängig" (Szillus 2012: 41).

Während sich Gangstarap Mitte der 1980er Jahre als Genre etablierte, führen Leibnitz und Dietrich (2012: 338) die Konnotation der Gangstafigur kulturhistorisch auf den Mobfilm der 1930er Jahre zurück. Eine wesentliche Parallele stellt hier die tendenziöse Inszenierung einer devianten Existenz dar. „Verklärt und romantisiert", so Wilke (2009: 168), werde dort, „das Leben auf der Straße in af-

34 Die Betätigungsfelder des Gangsta(rapper)s lassen sich hierbei auch noch weiter fassen. So fügt Sahin (2019: 52) hier außerdem die Prostitution hinzu und Kage (2002: 79) verweist auf Gang-Aktivitäten, von denen Genrevertreter zumindest berichten, oder ihnen sogar nachgehen.

roamerikanischen Ghettos thematisiert." Gleichzeitig finden sich in den Bildwelten des Genres immer wieder auch Anflüge von Melancholie. Der Gangstarapper leide, so Kage (2002: 79) an einem „schweren Herzen": „Er hat viel einstecken müssen und nimmt die Dinge, wie sie sind. Der Gangsta ist ein harter Mann, der für seine und die Ehre seiner Gangbrüder einsteht. Stets muss er darauf bedacht sein, dass sein Territorium nicht verletzt wird und dass er nicht übervorteilt wird. Angesichts der widersprüchlichen, häufig melodramatischen Züge, die diese Inszenierungen bisweilen annehmen, lasse sich Gangstap auch als „ambivalente Subjektkultur" (Seeliger/Dietrich 2013) und die Vertreter des Genres mit Fröhlich und Röder (2017: 138) „als Virtuosen der Selbstthematisierung" betrachten.[35]

Mit Blick auf den Inszenierungscharakter von Rap im Allgemeinen und Gangstarap im Besonderen proklamieren Klein und Friedrich (2003a: 86) einen „Zusammenhang zwischen HipHop und Stadt". Als ein „theatrales Mittel, um lokale Identität herzustellen und den Glauben an Authentizität zu befördern" (Göngür/Loh 2003: 87). dient den Gangstarappern hierbei eine klischeebeladene Darstellung des Alltags in benachteiligten Quartieren wie wir sie traditionell in zahlreichen (Gangsta-)Rapsongs- und -videos erkennen können. „Drogen, Gewalt, Konflikte, krumme Geschäfte sowie wahl- und emotionslose Sexualkontakte", so schließt Lena Janitzki (2012: 297) unter Bezug auf Sidos ‚Mein Block', „scheinen den Tagesablauf der Bewohner [...] zu bestimmen."

Indem die Rapper ihre (vermeintliche) Lebensrealität auf reißerische, teilweise geradezu boulevardeske Art in Szene setzen, schließen sie an hegemoniale (Stigmatisierungs-)Diskurse über unredliche Lebensstile der Unterschicht an. Der Block dient hier einerseits als Projektionsfläche bürgerlicher Ressentiments. Gleichzeitig – und keineswegs im Gegensatz hierzu – funktioniert der Bericht vom ‚wilden' Leben am Rande der Gesellschaft in Form einer „Negatividealisierung" (ebd.). Eine spielerische Unverbindlichkeit vermuten Fröhlich und Röder (2017: 148) hierbei sowohl bei den Autoren als auch bei den ZuschauerInnen. „Karikaturhafte Darstellungen einer kriminellen Biografie oder kriminalisierter Akteure bestätigen das Klischee", für Rezipienten, „die ihrerseits ambivalente Positionen einnehmen können und die die genretypischen Selbstbilder teils mittragen, teils durchschauen."

35 Für eine frühe Auseinandersetzung mit den Bildwelten des Gangstarap vom Blickpunkt der (deutschen) Kultursoziologie siehe den ausführlichen Text von Kleiner und Nieland (2007), die sich mit der Selbstinszenierung des Labels ‚Shok Muzik' in Abgrenzung zu Aggro Berlin befassen.

2.9 Politische Implikationen des Gangstarap

Welche Implikationen lassen sich in den Bildwelten des Gangstaraps (und damit auch in ihrer gesellschaftlichen Wirksamkeit) erkennen? In der vorliegenden Forschungsliteratur[36] zum Thema haben praktisch alle Autorinnen und Autoren der HipHop-Kultur – und dies sicherlich nicht zu Unrecht – ein genuin politisches Moment unterstellt. Dieses ergibt sich, so schreibt exemplarisch Süß (2020: 227) vor allem aus seinem spezifischen Inszenierungs- und Artikulationscharakter:

> „HipHop gilt als Kultur der Stimmlosen, der Unbeachteten und sozial und kulturell Marginalisierten. Das Bemalen von Zügen als fahrende Leinwände [Graffiti], die artistischen, Rhythmus geleiteten Bewegungen [Breakdance], das Verpacken unterhaltsamer und provokanter Geschichten zum Breakbeat [Rap und DJing]: Alle ‚Elemente' des HipHop hatten letztendlich dieselbe Funktion und sollten dieselbe Botschaft vermitteln: Wir sind hier und wir möchten, dass ihr uns wahrnehmt!"[37]

Mit Menrath (2002: 129) lassen sich entsprechende ästhetische Repräsentationen auch als Form einer „performative[n] Identitätspolitik nach ‚draußen'" interpretieren. Indem sich HipHopper (tatsächlich wie ursprungsmythisch von der Bronx aus) öffentlichen Raum (im territorialen wie auch im medialen Sinne) angeeignet haben, gelang es ihnen, die Lebenswirklichkeit gesellschaftlich Marginalisierter ins kollektive Bewusstsein zu rücken. Ganz in diesem Sinne erkennt Scharenberg (2001: 247) in der HipHop-Kultur besonders in ihrer Frühphase einen „symbolischen Angriff auf die dominanzkulturelle Hegemonie".

Zur Frage nach der gesellschaftlichen Wirkungsrichtung dieser politischen Potenziale finden sich im vorliegenden Forschungsstand optimistische und pessimistische Positionen. Das wohl am weitesten verbreitete Begründungsmuster schließt hierbei (im positiven Sinne) an die auch durch Menrath herausgestellte Dimension der Repräsentationspolitik an. Indem Rapper mit ihren Texten „Klageschriften und Beschwerdehefte" füllten, bringen sie laut Hüser (2003: 182 f.) „Verzweiflung und Verbitterung zum Ausdruck, schimpfen auf Staat und Verwaltung, wehren sich gegen Ausgrenzung und Ungleichbehandlung, monieren gesellschaftliche und politische Missstände." Zu einer ähnlichen Einschätzung gelangt auch Weinfeld (2000: 253) mit seiner Beschreibung von HipHop-Kultur

36 Wesentliche Publikationen sind für den deutschen Sprachraum in den Bänden von Dietrich und Seeliger (2012; 2017) zusammengefasst. Für einen Überblick siehe Seeliger/Dietrich (2012; 2017).

37 Zum politischen Charakter von Rap in Deutschland siehe Seeliger (2016), sowie Winter und Schiefer (2016) für einen postkolonialen Kontext in Mali und Sookee/Groß (2014) als Beispiel für eine politische Intervention von HipHop-Aktivistinnen in einer wissenschaftlichen Debatte.

als „eine ursprünglich von den Ausgeschlossenen stammende *kritische* Reflexion über die psychischen, sozialen und ökologischen Mißstände in einer sich nun global durchsetzenden Welt- und Gesellschaftsordnung, gekennzeichnet durch Phänomene wie gnadenlosem Sozialabbau, Zwangsmigration und aggressivem Wettbewerb."

Es erscheint auffällig, wie hoch die Erwartungen sind, die aus einer solchen Perspektive an die politischen Potenziale und Auswirkungen ausfallen (mal ehrlich – HipHop als kritische Reflexion über ökologische Missstände??). Ähnliche Positionen finden sich jedoch in weiten Teilen des sozial- und kulturwissenschaftlichen Forschungsstandes.

In seiner komparatistischen Studie zu ‚Raplightenment' proklamiert der Literaturwissenschaftler Philipp Hannes Marquart (2015) eine Kontinuität zwischen Lyrik der Aufklärung und modernen Rap-Texten. Als „Ästhetik des Widerstandes" (2015: 59) beweist Rapmusik laut Marquart (ebd.: 257), „dass Prozesse des Aufklärens nicht zum Erliegen gekommen sind":

> „Die zentralen aufklärerischen Grundbedürfnisse, Wissen gegen Widerstände in absolutistisch organisierten Gesellschaften zu sammeln, herzustellen und weiter zu verteilen sowie dialogische Reaktionsmuster im Hinblick auf Erkenntnisprozesse in der Öffentlichkeit und somit innerhalb des politischen Systems zu verankern, also eine große und programmatische Wertschätzung der Methoden ‚Enzyklopädismus' und ‚Dialogizität', können dabei für zwei zeitlich entfernte Geisteskulturen aussagekräftig behauptet werden" (ebd.: 16).

Zu ähnlichen Schlüssen gelangen – ebenfalls aus einer Perspektive, die Rap-Lyrik mit den theoretischen und politischen Prämissen philosophischer Erkenntnistheorie und Kritik kontrastiert – in ihrer Text-Collage auch Manemann und Brock (2018). Analog zum Schicksal des Sokrates, der als intellektueller Unruhestifter die Voraussetzungen menschlicher Normalitätsimplikationen so lange in Frage stellte, bis man ihn wegen Verderbens der Jugend einen Becher mit Gift trinken ließ, stilisieren die beiden auch die Figur des Rappers zum Protagonisten eines kritisch-progressiven Agenda-Settings (vgl. ebd.: 68, 16).[38]

Demgegenüber findet sich in der Forschungsliteratur auch eine skeptische Position. In denjenigen Äußerungsformen, die für die eben skizzierten optimis-

38 Beide Bücher liegen hierbei nicht grundsätzlich falsch, unterliegen aber einem Fehlschluss, der sich – szientistisch gewendet – auch als ‚positive bias' beschreiben ließen. Weil die Autoren die politisch-emanzipatorischen Potenziale der HipHop-Kultur schätzen, wollen sie sie herausarbeiten, indem sie Fälle untersuchen, deren Analyse entsprechende Tendenzen aufweisen. Da sie es jedoch gleichzeitig versäumen, diese Fälle ins Verhältnis zu anderen Fällen (und vor allem der Häufigkeit ihres Auftretens) zu setzen, wird so ein falscher Gesamteindruck erzeugt.

tischen Beiträge den politischen Charakter von (Gangsta-)Rap bezeichnen, erkennt Behrens (2004: 15) lediglich die (kulturindustriell-ökonomisch ambitionierte) Strategie einer „Vermarktung des Rebellischen". Getrieben durch narzisstische Geltungswünsche und zwischenmenschliche Ressentiments richtet sich die Rebellion hier jedoch nicht gegen die politische Ordnung als solche. „Das Rebellische", so Behrens (ebd.), bliebe „indessen diffus, Homophobie, Sexismus und Antisemitismus gehören fast zum Programm." Gangstarap, so schließt der Autor in einem weiteren skeptischen Text, stellt für ihn damit nicht mehr als „ein Zerfallsprodukt der Kulturindustrie" (Behrens 2017: 287) dar.

Eine ähnliche Kritik findet sich auch bei Bock et al. (2007: 319), die in Rap-Texten ebenfalls eine Form des Aufbegehrens erkennen. Die dort dargestellten Widerständigkeiten hätten ihnen zufolge jedoch gemeinsam, „dass sie nicht regionale, ökonomische, geschlechts- und Sexualitätsbedingte, kulturelle und soziale Marginalisierungen und Herrschaftsverhältnisse aktiv zu überwinden trachten, sondern HipHop wird dabei eher als Kompensations- und Lebenshilfe genutzt, diese Marginalisierungen ertragen zu können" (ebd.).

Schließlich verweist Jakob Baier in seinen Arbeiten zu Kollegah und anderen deutschen Rappern auf eine Häufung verschwörungstheoretischer Bezüge in den Inszenierungen des Gangstarap, welche die Muster gruppenbezogener Menschenfeindlichkeit und hier vor allem des Antisemitismus aufweisen (vgl. Baier 2019; 2020).

Beide Tendenzen habe ich in meiner eigenen Arbeit zu deutschem Gangstarap als Popkulturform „zwischen Affirmation und Empowerment" (Seeliger 2013) als gleichwertig wirksame Bestimmungsmomente des Genres identifiziert. Jenseits einer klaren politischen Botschaft lassen sich die Bildwelten des Genres als Ausdruck sozialer Konflikte in der patriarchalen Postmigrationsgesellschaft des neoliberalen Zeitalters interpretieren. Und genau hierhin besteht das Anliegen des vorliegenden Buches. In den folgenden Kapiteln wollen wir daher vier thematische Kernbereiche von deutschem Gangstarap hinsichtlich ihrer ambivalenten politischen Implikationen untersuchen.

Zum einen handelt es sich hierbei um die Debatte über die multikulturelle Gesellschaft. Anschließend an Stuart Hall (2000) und andere Vertreter der Cultural Studies (vgl. Kapitel 3.3) lassen sich die symbolischen Repräsentationen der Populärkultur auch als kollektive Reflexionsanstrengungen interpretieren. Indem pluralisierte Gesellschaften sich dort Geschichten über sich selbst erzählen, finden die Menschen heraus, wer sie sind (beziehungsweise zu sein glauben) und wer sie gern (nicht) sein wollen. Dieser Prozess der Aushandlung von Bedeutungen lässt sich auch als kollektive (oder besser: kollektivierende) Identitäts- und Repräsentationspolitik begreifen. Optimistisch gewendet wird Rap in dieser Hinsicht „vor allem als Medium benutzt, um Themen im Zusammenhang mit Rassismus und der Frage der nationalen Identität auszudrücken" (Bennett 2003: 26).

Indem Gangstarapper ihre Erfahrungen subjektiver Ausgrenzung und Stigmatisierung vor einem breiten Publikum in Szene setzen, können sie Menschen, die sich in einer ähnlichen Situation wähnen, zum einen eine kollektive (Gegen-)Identität anbieten. Über die so erlangte Reichweite kann es weiterhin gelingen, Aufmerksamkeit zu erzeugen und die gesellschaftspolitische Auseinandersetzung zu beeinflussen. Für Güngör und Loh (2017: 219) wirkt deutscher Gangstarap somit als „eine hybride, indirekte Form der Selbstermächtigung".[39]

Angesichts der häufig stereotypen und provozierenden (Selbst- und Fremd-) Darstellung der Gangstarapper muss die sozial integrative Wirkung zumindest mit Blick auf die Gesamtgesellschaft angezweifelt werden. Ich selbst (2017: 38) habe in der Auseinandersetzung mit den Autobiografien deutscher Gangstarapper – anschließend an Spivak (1995) – die dort dargestellten Narrative als „epistemische Gegenmacht" beschrieben. Die Kultivierung entsprechender Gegenidentitäten affirmiert jedoch die gesellschaftliche Randständigkeit der Sprecher (und derjenigen, die sich mit ihnen identifizieren) und geht so einher mit einer Affirmation bestehender Herrschafts- und Exklusionsverhältnisse.

Kapitalistische Gesellschaften lassen sich anschließend an Luc Boltanski und Ève Chiapello (2003) als „absurde Systeme" begreifen. Während Lohnabhängige ohne Produktionsmittel keinem autonomen Erwerbsleben nachgehen können, sind Kapitalisten dazu gezwungen, Kapital jenseits des individuellen Konsumverhaltens zu akkumulieren. Diese Ordnung ist sowohl unter Aspekten der gesellschaftlichen Arbeitsteilung als auch hinsichtlich der hier herrschenden Ungleichheitsverhältnisse hochgradig begründungsbedürftig. In der neoliberalen Gesellschaft der Spätmoderne wird dieser Bedarf zu einem wesentlichen Teil auf dem Feld der Populärkultur gedeckt.[40]

Gleichzeitig stellen – und dies ebenfalls im Sinne der Cultural Studies – die Bildwelten des Pop auch einen möglichen Ort der Kritik kapitalistischer Verhältnisse dar. Am Beispiel von Songs der Rapper GZUZ, Nate57 und Megaloh haben John Lütten und ich die klassenpolitischen Implikationen von deutschem Gangstarap aufgezeigt. Darin, wie die Sprecher ihre Erwerbstätigkeit und ihre beruflichen Perspektiven schildern, erkennen wir (2017: 89) viele Motive, die sich auch im Feld der arbeitssoziologischen Prekaritätsforschung finden:

> „Erfahrungen von Unsicherheit und Ausgrenzung, instabile soziale oder geschlechtliche Identitäten, Gerechtigkeitsansprüche und Oben-Unten-Wahrnehmungen', ge-

39 Für Kaya (2015: 254) spiegelt sich diese auch in der offensiven Aneignung des vormals als Schimpfwort verwendeten Begriffes ‚Kanak' durch migrantische Jugendliche.

40 Mit Blick auf das Genre des Gangstarap schreibt Strick (2005: 116) dementsprechend: „Die charakteristische Formel des Gangstas – ‚do or die' – steht für eine sozialdarwinistische Gesellschaftsordnung, in der es einzig auf das Überleben des stärkeren und autonomeren Individuums ankommt".

> scheiterte Anpassungsleistungen, Entkoppelung und Devianz, veränderte Wertestrukturen, ethnische Stigmatisierung, Absagen an die Mehrheitsgesellschaft sowie die Wahrnehmung der eigenen Lebenswelt als System dauernder Bewährungsproben sind nur einige Themen, die hier künstlerisch verhandelt werden.“

Demgegenüber erkennen kritische Autoren wie etwa Bendel und Röper (2017: 128) das „neoliberale Paradoxon“ deutschen Gangstaraps in der Fetischisierung von Werten wie „Materialismus, Individualismus, Konkurrenzaffinität, Entrepreneurmentalität und Leistungsgerechtigkeit“.[41] Zu einem ähnlichen Eindruck gelangt Menden (2008), wenn er den „Reiz von Gangstarap“ darin erkennt, „dass das Genre die Ghettoexistenz zu spiegeln scheint, zugleich aber auch das Gefühl vermittelt, Musik sei ein möglicher Ausweg aus diesem Leben“. Die ostentative Inszenierung erwerbsbiografischen Erfolgs erscheint aus dieser Perspektive als Überkompensation von Exklusions- und Stigmatisierungserfahrungen und – mittelbar – als symbolische Legitimation bestehender Ungleichheitsverhältnisse.

Diskussionen haben die im Feld des Gangstarap vermittelten Images auch mit Blick auf das Geschlechterverhältnis nach sich gezogen. In der wissenschaftlichen Forschung vertreten Gangstarapper gegenüber einer liberalen Position in ihren Inszenierungen „reaktionäre Konzepte von Ehre, Männlichkeit und Familie“ (Güngör/Loh 2017: 207). Die symbolische Profilierung vollzieht sich hierbei typischerweise in Relation sowohl zu anderen Männern als auch zu Frauen. Diesen Umstand beschreibt auf anschauliche Weise auch Malte Goßmann (2012: 99):

> „Der junge Mann, der wegen seines (arabischen) Migrationshintergrunds und seiner sozialen Herkunft nicht an einer hegemonialen Männlichkeit teilhaben darf, realisiert seinen männlichen Drang nach Herrschaft, die Libido Dominandi, durch die Dominanz gegenüber Weiblichkeit und nicht-hegemonialen Männlichkeiten sowie mit Hilfe (der Beschreibung von) körperlicher Gewalt.“

Eine differenziertere Perspektive fordert demgegenüber Heidi Süß (2019: 239), der zufolge eine „Reduktion auf den hypermaskulinen Ghetto-Gangsta“ – wie sie von Goßmann (2012) oder auch Seeliger (2013) vorgenommen wird – könne „der Komplexität und Vielgestaltigkeit von Männlichkeiten im deutschsprachigen Rap“ nicht entsprechen. Dass sich die gegenwärtige Szene, so Süß (ebd: 230) weiter, „durch eine nie dagewesene geschlechtliche Vielfalt auszeichnet“, zeigt auch die Popularität von Figuren wie die der Rapperin und ehemaligen Prostitu-

41 Siehe hierzu auch Ernsing (2017).

ierten ‚Schwesta Ewa', die neue Konzepte von Weiblichkeit als legitimem Gegenpart von Männlichkeit etablieren helfen.

Schließlich, so möchte ich im Abschlusskapitel des Buchs argumentieren, stellt Gangstarap ein ‚Grenzobjekt' (oder mit Star und Griesemer 1989: ‚Boundary Object') pluralisierter Gesellschaften dar. Unter einem Grenzobjekt verstehen die beiden einen Gegenstand, der verschiedene Gruppen miteinander verbindet, obwohl (oder auch: weil) sie verschiedene Bezüge zu ihm haben. Um als Grenzobjekt fungieren zu können, muss ein solcher Gegenstand eine Struktur aufweisen, die stark genug ist, um ihn für die beteiligten Parteien als solchen identifizierbar werden zu lassen. Gleichzeitig muss diese Struktur aber auch ausreichend unbestimmt sein, um den Parteien zu erlauben, ihre jeweiligen Verständnisse auf ihn zu projizieren.

In der in diversen Hinsichten pluralisierten Gesellschaft stellt das Genre des Gangstarap ein solches Grenzobjekt dar, indem es Kommunikation über Milieugrenzen ermöglicht. Die Frage, wie diese Überbrückungsleistung sich politisch auswirkt, wird im Forschungsstand (wie auch in der gesellschaftlichen Debatte insgesamt) sehr unterschiedlich beantwortet.

Indem Gangstarapper die Prinzipien der spätmodernen Wettbewerbsgesellschaft noch weiter vulgarisieren, erschrecke, so Lill (2011: 12), „der distinguierte Neoliberalismus vor seiner eigenen Fratze." Gleichzeitig erkenne er hieraus resultierende Anzeichen für eine die Gesellschaft (im Zuge einer Exklusion nach unten) spaltenden Folgedynamik:

> „Es ist nicht zuletzt die Angst vor Figuren wie dem Charts und Bestsellerlisten stürmenden Berliner Rapper „Bushido", mit seinem offen zur Schau gestellten Nihilismus und seinen brutalen Macho-Allüren, die die bildungsbürgerlichen Eltern [...] auf die Schulbarrikaden treibt, um ‚ihre' Gymnasien vor dem befürchteten Ansturm bildungsferner Kinder aus Familien mit türkischer oder arabischer Herkunft zu verteidigen" (ebd.: 11).

Ein wesentlicher Teil der tagespolitischen Debatte um die Rolle und Bedeutung von Gangstarap dreht sich um die Frage nach seinem Gehalt sozialer Ressentiments. So erkennt etwa der ZEIT-Journalist Jens Balzer (2019) dem in weiten Teilen mit sexistischen und homophoben Schimpfwörtern durchsetzten Genre am Beispiel des Albums ‚Jung, Brutal, Gutaussehend 3' der Rapper Kollegah und Farid Bang den Kunstcharakter ab. Weder handele es sich hierbei um „einen – wie auch immer ironisch gebrochenen oder sonstwie kodifizierten Battle Rap mit einer ‚uneigentlichen' Sprache noch um eine Provokation, sondern lediglich um ‚hate speech', um eindimensionale Hassreden" (ebd.: 30). Als „ein Ghetto und ein Laboratorium der politischen Inkorrektheit von rechts" (ebd.: 46) bediene Gangstarap die Muster einer populistischen Rhetorik von Parteien aus dem autoritären Spektrum. Dass hier bereits möglich erscheint, „was anderswo noch verboten erscheint", liege „wesentlich auch daran, dass es sich bei den Akteuren zum weit überwiegenden Teil um Männer mit Migrationshintergrund handelt" (ebd.).[42]

In eine ähnliche Richtung, allerdings wesentlich differenzierter, argumentiert Jakob Baier, der die verschwörungstheoretischen und antisemitischen Implikationen der Texte des Rappers Kollegah als antiaufklärerisch kritisiert. In diesen Songs findet Baier (2019: 112) „zahlreiche Referenzen auf religiöse und verschwörungsideologische Mythen [...], welche die Frage nach seiner weltanschaulichen Sozialisation aufwerfen" (vgl. auch Baier 2020).

Solche Einwände sind grundsätzlich sehr ernst zu nehmen, werfen sie doch die Frage nach den kollektiven Vernunftpotenzialen demokratischer Gesellschaften auf. Ein reflektierter Umgang mit popkulturellen Formen setzt eine politische Öffentlichkeit voraus, die entsprechende Inhalte reflektieren kann. Die Thematisierung von Gangstarap als Thema im deutschen Feuilleton beschäftigt auch Benjamin Burkhart (2017). Während die „bekennende Vorliebe für das Genre in ‚bildungsbürgerlichen' Kreisen tendenziell auf Ressentiments stoßen mag, und auch wenn Gangsta-Rap in der mehrheitsgesellschaftlichen Wahrnehmung womöglich noch immer als Medium sozial Benachteiligter gilt" reiche „die Faszination für den Gegenstand weit über szeneinterne Kreise hinaus" (ebd.: 173). Offen bleibt hierbei jedoch die Frage, inwiefern die Bildwelten des Genres hierbei als Begründung kollektiver Distinktionsmomente oder milieuübergreifender Identifikation und kollektiven Lernens dargestellt (geschweige denn verstanden) werden.

In allen vier hier vorgestellten Bereichen – das heißt als Ausdruck von Anerkennungskonflikten in der Postmigrations-Gesellschaft (1), als Strategie zur Bewältigung neoliberal-kapitalistischer Herrschaft am Arbeitsmarkt (2), als Restrukturierung der Geschlechterverhältnisse in Form eines Kampfes um die legitime Vertreterschaft hegemonialer Männlichkeit sowie das Empowerment neuer weiblicher Sprecherinnen (3) sowie als Grenzobjekt pluralisierter Gesellschaften (4) – weist das Genre des deutschen Gangstarap im Spiegel der Forschung extreme Ambivalenzen und Uneindeutigkeiten auf. Anhand der Analyse ausgewählter Beispiele widmet sich das vorliegende Buch einer genaueren Untersuchung eben dieser Ambivalenzen. Im folgenden Kapitel entwickle ich hierzu einen theoretischen Rahmen.

42 Bemerkenswerterweise bedient sich Balzer hier selbst eines rechtspopulistischen Argumentationsmusters.

Kapitel 3
Theoretischer Rahmen

3.1 Einleitung

Relativ einfach formuliert umfasst eine Theorie ein Bündel von Aspekten, unter denen man einen Forschungsgegenstand definiert und analysiert (vgl. Seeliger et al. 2021). Der Gegenstand des vorliegenden Buches ist das Verhältnis zwischen Popkultur und Gesellschaft oder, genauer, zwischen der deutschen Gesellschaft und den symbolischen Formen des deutschen Gangstaraps. Für die Notwendigkeit einer soziologischen Auseinandersetzung mit diesem Gegenstand haben Marc Dietrich und ich (2012a: 23) drei Gründe benannt, die auch heute noch gültig sind.

Erstens stellt Gangstarap einen Ort der symbolischen Auseinandersetzung zwischen unterschiedlichen Bevölkerungsgruppen dar und bildet somit auch gesellschaftliche Konfliktlinien ab. Zweitens dienen die Bildwelten des Genres den Menschen als Pool von Identifikationsangeboten, der vor allem – aber nicht nur – für Jugendliche eine sinnstiftende Wirkung erfüllt. Und drittens erlaubt die Analyse von Gangstarapimages Rückschlüsse auf die allgemeine zeitgenössische Kultur (wie beispielsweise mit Blick auf Muster hegemonialer Männlichkeit, neoliberale Subjektentwürfe oder Anerkennungsordnungen).

Um das Potenzial eines entsprechenden Forschungsansatzes auszuschöpfen, analysiere ich in den empirischen Kapiteln die symbolische Konstruktion der Sozialfigur des Gangstarappers in der neoliberalen Postmigrationsgesellschaft der Spätmoderne (was genau das bedeuten soll heißt, können die Leser_innen in den folgenden Abschnitten erfahren). (Gangsta-)Rap ist hier – entgegen einem weit verbreiteten Bonmot und Vorurteil – nicht Spiegel, sondern *in* der Gesellschaft. Vom Blickpunkt einer reflexiven Soziologie werde ich im Folgenden also diejenige gesellschaftliche Konstellation beschreiben, in der Gangstarap seine spezifische Bedeutung gewinnt. Gleichzeitig – und hierin besteht ein weiteres Anliegen des vorliegenden Textes – möchte ich aber ebenfalls zeigen, wie die symbolischen Formen des Gangstarap dazu beitragen, eben jene Konstellation zu reproduzieren und zu verändern.

Bevor dies geschehen kann, aber nun zur theoretischen Rahmung: Den Ausgangspunkt markiert hier die Kritik der Kulturindustrie, wie sie von Max Horkheimer und Theodor W. Adorno entwickelt wurde (Kap. 3.2). Einen Kontrapunkt zu diesem Ansatz möchte ich unter Bezug auf einige Arbeiten aus dem Umfeld der Cultural Studies setzen, die gegenüber der These eines Verblendungszusammenhangs die Dynamiken subjektiver Kulturadaption fokussieren

(Kap. 3.3.). Eine intersektionale Perspektive auf die symbolische Konstruktion der Bildwelten des Gangstaraps unter Bezug auf die Kategorien Geschlecht, Klasse, Ethnizität und Körper/Geschlecht möchte ich in Kapitel 3.4. begründen und dann im nächsten Abschnitt (Kap. 3.5.) auf die Theorie hegemonialer Männlichkeit hin zuspitzen. Ein weiteres Unterkapitel widmet sich der Frage, wie die Populärkultur mit dem neoliberalen Kapitalismus der Spätmoderne zusammenhängt (Kap. 3.6). Ein synthetisches Zwischenfazit fasst die Befunde mit Blick auf das weitere Verfahren zusammen (Kap. 3.7).

3.2 Kritische Theorie der Kulturindustrie

> *„Vergnügtsein heißt Einverstandensein"*
> *(Horkheimer/Adorno 1988: 153)*

Um die Bildwelten des Gangstarap-Genres als Verlaufsmuster gesellschaftlicher Konfliktlinien verstehen zu können, beginnen wir unsere Akquise theoretischen Rohstoffs im Los Angeles des 20. Jahrhunderts. Als inhaltliche Protagonisten fungieren hierbei jedoch nicht die zu Beginn der 1990er Jahre das Genre (mit-) begründenden N.W.A. (siehe Kap. 2.2). Stattdessen leitet das hier zu Grunde gelegte Verständnis von Populärkultur eine theoretische Rahmung an, die ebenfalls von der gesellschaftlichen Randständigkeit ihrer Vertreter geprägt ist – die Kritische Theorie der Frankfurter Schule.

In Auseinandersetzung mit der Philosophie der Aufklärung und des Deutschen Idealismus, aber stark beeinflusst durch die Lehren des Historischen Materialismus und der Psychoanalyse, besteht das zentrale Anliegen dieser Theorierichtung darin, die Chance und die Notwendigkeit gesellschaftlicher Veränderung herzuleiten (Behrens 2010). Diese begründeten ihre Vertreter, indem sie darauf verwiesen, dass in der bürgerlich-kapitalistischen Gesellschaft der Moderne und besonders unter Bedingungen der industriellen Massenproduktion des Fordismus ab den 1920er Jahren sowohl die intellektuellen als auch die wirtschaftlichen Kapazitäten der Gesellschaft es prinzipiell ermöglichten, eine soziale Ordnung jenseits von ungerechtfertigter Herrschaft und Ausbeutung zu organisieren (siehe hierzu auch Marcuse 2004).

Einen wesentlichen Einschnitt in der Theoriebildung stellt für die Kritische Theorie das Aufkommen des deutschen Faschismus in den 1930er Jahren dar. Angesichts der großen Hoffnungen, die Chronisten der Menschheitsgeschichte in der Moderne auf die Potenziale kollektiver Vernunft für die Begründung und Struktur einer öffentlichen Ordnung gesetzt hatten, bedeuteten die Entwicklungen in Deutschland und Österreich für die Kritischen Theoretiker einen Grund zum fundamentalen Zweifel an diesem Potenzial. Den ‚Zivilisationsbruch' des Holocaust nehmen in der ‚Dialektik der Aufklärung' – dem vielleicht wichtigsten (oder zumindest: bekanntesten) Werk der Kritischen Theorie – Max Horkheimer und Theodor W. Adorno zum Ausgangspunkt ihrer Kritik moderner Gesellschaften.[43]

Trotz ihres bürgerlichen Hintergrundes waren die beiden als Marxisten nicht nur der politischen Linken zugehörig. Jenseits aller weltanschaulichen Momente war den beiden ihre Opposition zum Nationalsozialismus als Söhne jüdischer Abstammung – wie vielen Repräsentanten des Spektrums der Kritischen Theorie (vgl. Wiggershaus 2001) – gewissermaßen in die Wiege gelegt. Als „Schlüssel-Thema" des Buches benennt Heinz Steinert (2007: 18), einer seiner profiliertesten Kenner, „die Vernunft und ihre Zurichtung" im Prozess gesellschaftlicher Modernisierung.

Was bereits im Untertitel des Kapitels (‚Aufklärung als Massenbetrug') anklingt, arbeiten die beiden im Text in ausführlicher – wenn auch sprachlich und argumentativ nicht immer ganz zugänglicher – Form heraus. Hatte die Aufklärung seit jeher das Ziel einer ‚Entzauberung der Welt' (Weber), die Auflösung ideologischer Mythen und das Prinzip verfolgt „Einbildung durch Wissen zu stürzen" (Horkheimer/Adorno 1988: 9), wird der ‚Ausgang aus der selbstverschuldeten Unmündigkeit' (Kant) im Modernisierungsprozess durch immer neue Herrschaftsmittel verstellt. Anstatt wahrhaft vernünftige Umgangsformen zu etablieren, so der Eindruck der beiden Exilanten, nutzen die Menschen ihre technisch-administrativen Fähigkeiten nicht nur zur Rationalisierung des Produktionssystems einer ihrem eigenen Wesen entfremdeten Massengesellschaft. Indem die Nationalsozialisten und ihre Gewährsleute die Effizienz der fordistischen Logistik mit der Verwaltungseffizienz der preußischen Bürokratie kombinierten, um einen Völkermord an Juden, Sinti und Roma, Homosexuellen und anderen zu organisieren, führten sie die Prinzipien der Moderne nicht nur ad absurdum, sondern – wie Horkheimer und Adorno sagen würden – konsequent zu Ende (deswegen ja: *Dialektik* der Aufklärung).[44]

---

43 Ursprünglich als Widmung zum fünfzigsten Geburtstag ihres Freundes und Kollegen Friedrich Pollock geplant, erschien im Jahr 1947 eine erste Auflage des Buches, welches von Adorno hauptsächlich unter Bezug auf Notizen verfasst wurde, die seine Frau Grethel im kalifornischen Exil von Gesprächen zwischen ihm selbst und seinem Freund Max Horkheimer aufgezeichnet hatte (vgl. Habermas 1985: 130). Als späterer Direktor des Frankfurter Instituts für Sozialforschung verhinderte Max Horkheimer bis in die 1960er Jahre hinein eine offizielle Neuauflage (die Inhalte erschienen ihm für den zeithistorischen Kontext als schlicht zu radikal), so dass der Text bis zum Ende der 1960er Jahre lediglich in Form von Raubdrucken erhältlich war.

44 Eine entsprechend pessimistische Einschätzung verbindet Horkheimer 1946 in einem Brief an Heinz Maus mit einer programmatischen Setzung: „Diese Arbeit, wie einige andere, die wir während dieser Jahre des Schreckens geschrieben haben, ist nicht sehr zukunftsfreudig. Nach unserer Überzeugung dient heute die Theorie dem Menschen besser, wenn sie es wagt, der Gefahr seiner Liquidierung ins Auge zu sehen, als ein krampfhaftes Vertrauen zu

In ihrer skeptischen Distanz gegenüber der Erwartung irgendwelcher humanistischer Zwangsläufigkeiten des gesellschaftlichen Fortschritts scheren Horkheimer und Adorno, wie dies Dubiel (1992: 87) bemerkt, „so behutsam wie entschieden aus der theoretischen Tradition des historischen Materialismus aus." Eine wesentliche Kontinuität zum Marxismus findet sich in „ihrem schwärzesten Buch" (Habermas 1985: 130) jedoch in der Konzeptionierung der Politik als bloßem Überbauphänomen. An die Stelle einer kollektiven Deliberation, wie sie bereits in zeitgenössischen – mangels faschistischer Erfahrungen allerdings optimistischer gestimmten (vgl. Dewey 1927) – Demokratietheorien angelegt war, tritt mit der Kulturindustrie ein Herrschaftsmodus jenseits einer solchen Legitimation auf.

Mit dem Konzept der Kulturindustrie, das – wie dies Steinert (2007: 130) bemerkt – längst als Markenbegriff der Kritischen Theorie etabliert ist – widmen sich die Autoren einem Komplex der Erstellung und Verbreitung kultureller Güter, das heißt einem Konglomerat aus Medienunternehmen und freischaffenden Künstlerinnen und Künstlern.[45] Im kalifornischen Exil stellte den Showcase dieses Komplexes auf der damaligen Höhe seiner Entwicklung die nur wenige Kilometer von ihrer Residenz gelegene Hollywood-Branche dar.

Was die beiden aus der Zeit des faschistischen Aufstiegs aus Europa an Medienformaten kannten, fanden Horkheimer und Adorno (1988: 6) hier nun auf die Spitze getrieben als „Regression der Aufklärung an der Ideologie, die in Film und Radio ihren maßgebenden Ausdruck findet". Unter Bedingungen ihrer marktlogischen Produktion stellt Kultur aus Sicht der beiden (ebd.: 170) insofern eine „paradoxe Ware" dar, als sie eigentlich gar keinen Gebrauchswert mehr entfalte – so substanzlos und „blind" ginge sie „im Gebrauch auf" (ebd.) und „verschmilz[e]" schließlich „mit der Reklame". Eine „Heroisierung des Durchschnittlichen" (ebd.: 165) gehöre in der Massenkultur des fordistischen Produktionsmodells der 1940er Jahre zum guten Ton. „Die höchstbezahlen Stars", (ebd.: 165) so klagen die beiden weiter, glichen „Werbebildern für ungenannte Markenartikel."

So wenig die Abneigung in diesen kritischen (oder auch: polemischen) Worten verborgen bleibt, so ernst ist es den beiden mit ihrer Gesellschaftsdiagnose, in die sie ihre Einschätzungen zur Kulturindustrie eingliedern. Kultur heute schlage „alles mit Ähnlichkeit" (ebd.: 128). Film, Radio, Magazine machen ein System aus: „Jede Sparte ist einstimmig in sich und alle zusammen. Die ästheti-

---

nähren, das in seiner Unwahrheit den Zerfall eher noch beschleunigt als ihn aufhält" (zitiert nach Acikgöz 2014: 107).

45 Insofern man hier mit Horkheimer und vor allem Adorno, dessen strenge Auffassung zu dieser Frage sich etwa bei Steinert (2003) diskutiert findet – überhaupt von Kunst sprechen kann.

schen Manifestationen noch der politischen Gegensätze verkünden gleichermaßen das Lob des stählernen Rhythmus" (ebd.).

Im Übergang zur Massengesellschaft des 20. Jahrhunderts würden so nicht nur die standardisierte serielle Herstellungsweise des fordistischen Produktionsmodells auf das Feld der Unterhaltungsbranche übertragen. Gleichzeitig ermögliche die seichte und anspruchslose Qualität der Kulturprodukte für die zum Großteil tayloristisch-entfremdet arbeitenden Lohnabhängigen eine möglichst voraussetzungslose Reproduktion der eigenen Arbeitskraft.

Im Ergebnis münde der „Schematismus des Verfahrens" (ebd. 131) der Kulturproduktion in der Hervorbringung allgemeingültiger Bedürfnisse. Eine Chance auf individuelle Verwirklichung bestehe unter diesen Umständen nicht. Der Affirmation des Bestehenden gehe seine symbolische Überhöhung im Zuge von Werbung, Werbung und nochmals Werbung voraus.[46]

In der politischen (weil gesellschaftsstrukturierenden) Konsequenz würden auf diese Weise mit den Kapitalverhältnissen auch die gesellschaftliche Ordnung insgesamt legitimiert: „Verschwiegen wird dabei, daß der Boden, auf dem die Technik Macht über die Gesellschaft gewinnt, die Macht der ökonomisch Stärksten über die Gesellschaft ist" (ebd.: 129). Die „massenkommunikativ zugerichtete Erfahrung" (Dubiel 1992: 90) erfüllt eine Wirkung objektiver Affirmation also über die Herbeiführung einer subjektiven Kompensation: „Die ursprüngliche Affinität aber von Geschäft und Amusement zeigt sich in dessen eigenem Sinn: der Apologie der Gesellschaft" (Horkheimer/Adorno 1988: 153).[47]

Wir fassen zusammen: Um den Zivilisationsbruch des deutschen Faschismus als Pathologie gesellschaftlicher Entwicklung im fordistischen Kapitalismus zu erklären, machen Horkheimer und Adorno die These stark, dass die Idee einer kollektiv-rationalen Selbstbestimmung, wie sie sich in der Aufklärungsphilosophie findet, nicht viel mehr als eine charmante Zuschreibung unbeschwerter Modernisierungsoptimisten darstellt. Im Gesellschaftsbild der beiden wirkt die Kulturindustrie damit als ideologische Legitimationsinstanz einer instrumentellen Vernunft (Horkheimer 1967) konformistischer und autoritären Charaktere (Adorno 1950) in einer ‚verwalteten Welt' (Adorno 1980). Eine positive Utopie lässt sich, nicht zuletzt mangels einer klaren anthropologischen Fundierung im Werk der beiden, nicht erkennen. Die Kritische Theorie, so Bröckling (2017: 48), „weiß zwar nicht, was der Mensch ist, aber umso mehr, was ihn daran hindert, einer zu sein." Eine entsprechende Fokussierung auf diejenigen Institutionen, die Entde-

46 „Daß der Unterschied der Chrysler- von der General-Motors-Serie im Grunde illusionär ist", so polemisieren die beiden (ebd.: 131) weiter, „weiß schon jedes Kind, das sich für den Unterschied begeistert."

47 Ähnlich pessimistisch bemerkt Adorno (1980: 259) in der ‚Minima Moralia', dass die Integration der Gesellschaft „die Subjekte immer ausschließlicher als Teilmomente im Zusammenhang der materiellen Produktion bestimmt."

ckung wahrer Bedürfnisse verhindern, begründet die theoretische Perspektive auf die Kulturindustrie.

Diese Kulturindustrie, die Horkheimer und Adorno schon in den 1940er Jahren als Charakteristikum der fordistischen Gesellschaftsformation betrachtet haben, hat sich seitdem „mit den riesigen Medienkonzernen in globale Dimensionen" (Deppe: 2010) entwickelt. „Sex, Pop und Geld", so ließe sich mit Steenblock (2004: 87) resümieren, „ergeben das Dreigestirn des alltäglich bunteren Zivilisationskarnevals". Übertragen wir die von Horkheimer und Adorno erarbeiteten Ansichten und Hypothesen auf den Gegenstandsbereich des deutschen Gangstarap, finden sich eine Reihe von Anknüpfungspunkten. So scheint etwa der sich in den Bildwelten des Genres spiegelnde Materialismus tatsächlich die ungebrochene Fetischisierung des Konsums als erstrebenswerteste Maxime eines gelungenen Lebens zu vermitteln. Armut ist hier vor allem materielle Armut und durch individuellen Aufstieg zu kompensieren. Auch die Festschreibung kapitalistisch-patriarchaler Dominanzverhältnisse erscheint aus dieser Perspektive als unhintergehbar. Die symbolische Ordnung des Gangstarap reflektiert, affirmiert und verselbständlicht bloß, was ohnehin schon ist. Etwaige emanzipatorische Impulse auf dem Feld der Populärkultur sind aus dieser Sicht also nicht zu erwarten. Eine anders gelagerte Perspektive wollen wir im Folgenden unter Bezug auf das Forschungsfeld der Cultural Studies in Betracht ziehen.

3.3 Popkultur als konflikthafte Repräsentation – Die theoretische Perspektive der Cultural Studies

Während die Kritische Theorie unter dem Eindruck des Faschismus eine allzu skeptische Perspektive auf die Bedeutung der Kultur im fordistischen Kapitalismus entwickelt hat, findet sich eine differenzierte – allerdings nicht weniger kritische – Sicht bei einer theoretischen Schule, die ebenfalls stark durch die Biografien ihrer Vertreter geprägt ist. Raymond Williams – als Sohn eines walisischen Eisenbahners geboren –, Richard Hoggart – aus einer Kesselflickerfamilie stammend und bei seiner Großmutter in Nordengland aufgewachsen – und schließlich Stuart Hall als Stipendiat aus der ehemaligen britischen Kolonie Jamaika begannen ab den späten 1950er Jahren die akademische und politische Debatte zu beeinflussen (siehe hierzu auch Hall 2020).

Eine intellektuelle und politische Neuorientierung der akademischen Linken erfolgte zu dieser Zeit nicht zuletzt angesichts der sowjetischen Intervention gegen den ungarischen Volksaufstand des Jahres 1956. Doch auch angesichts der neuen, liberalen Entwicklungen auf dem Feld der Kultur stellte der Stalinismus für mehr und mehr zeitgenössische Beobachter eine überkommene Ideologie dar. Angesichts dieser Entwicklungen, und nicht zuletzt auch durch ihre „Erfahrung des Übergangs von der Herkunftskultur zur akademischen Kultur" (Lindner 2000: 33), rücken die Repräsentanten der frühen Cultural Studies die Bedeutung von Kultur ins Zentrum ihres Interesses. Vor diesem Hintergrund war es die „Konfrontation mit der Kultur der englischen Oberklasse“, so Marchart (2008: 29), welche „ihnen ihre eigene soziale Identität“ ins Bewusstsein rufen, und „den Blick für die Kultur der eigenen Klasse“ schärfen konnte.[48] Mit der Gründung des Center for Contemporary Cultural Studies mit Hoggart als Direktor und Hall als seinem Assistenten gelang den Protagonisten der jungen Disziplin zu Beginn der 1960er Jahre eine Konsolidierung im Kontext der Neuen Linken und der Britischen Akademie.[49]

Im Sinne ihres marxistischen Erbes ist den Cultural Studies bis heute eine (vielleicht nicht flächendeckend wirksame, aber doch weit verbreitete) kapitalismuskritische Haltung gemein. In Abgrenzung zum klassischen Marxismus, der Kultur als Überbauphänomen und Instanz zur Affirmation bestehender Kapitalverhältnisse behandelt hat, widmen sich die Cultural Studies der Auseinandersetzung mit dem „Vorurteil“ (Maase 2019: 16), „dass kapitalistische Populärkultur grundsätzlich – und nicht nur in konkret belegbaren Fällen – ein Instrument zur Stabilisierung einer ‚falschen‘ Gesellschaft sei.“ Doch durch was genau zeichnet sich diese Populärkultur nun aus?

Die Verwendung des Begriffs ‚Pop‘ findet ihren Anfang in der Mitte der 1950er Jahre – allerdings nicht in Bezug auf Pop-Musik, sondern um ein Genre der bildenden Kunst zu bezeichnen. In Abgrenzung zu Arbeiten aus der bildenden oder abstrakten Kunst porträtierten Kulturschaffende wie Andy Warhol oder Richard Hamilton im Feld der Pop-Art Gegenstände des alltäglichen Bedarfs und Gebrauchs. Diese „Ästhetisierung des Gewöhnlichen“ (vgl. Seeliger 2010) verändert gegenüber anderen Genres das Muster der Begründung künstlerischer Wertigkeit. Im Zentrum steht in der Pop-Art nicht mehr die Einzigartigkeit ihrer Werke, sondern genau deren Serialität. Sowohl ihre Gegenstände (so etwa Warhols ‚Campbell-Dose‘), als auch der Akt ihrer Anfertigung werden als allgemein zugänglich, teilweise geradezu banal und wiederholbar inszeniert (vgl. Büsser 2000: 113). So prägte die Ästhetik des Pop die Alltagskultur der Massengesellschaft der zweiten Hälfte des 20. Jahrhunderts (vgl. Hecken 2006).

Wie dies bereits Horkheimer und Adorno in ihren Thesen zur Kulturindustrie beschrieben hatten, stellte den sozioökonomischen Rahmen dieser Entwicklungen das fordistische Produktionsregime westlicher Industriegesellschaften

48 Als weiterer, vor allem in der Frühphase einflussreicher Vertreter des Forschungsfeldes, gilt außerdem der Historiker E. P. Thompson, der mit seinem Buch ‚The Making of the English Working Class 1987‘ im Jahr 1963 einen Meilenstein der Arbeitergeschichte als ‚Bottom-Up-Perspektive‘ auf Prozesse klassenpolitischer Mobilisierung vorlegte.

49 Einen wichtigen Bezugsrahmen stellte hierbei das erstmals 1960 erschienene Journal ‚New Left Review‘ dar, in dem seitdem immer wieder richtungsweisende Theorie- und Debattenbeiträge erscheinen.

der Nachkriegszeit dar. Während Horkheimer und Adorno in der Schlichtheit der Massenkultur jedoch eine ästhetische Entsprechung der Monotonie entfremdeter Fließbandarbeit erkannten, wie sie ohne Frage das Erwerbsleben von Millionen Lohnabhängigen im Nachkriegskapitalismus geprägt hatte, vernachlässigten sie gleichzeitig den Zugewinn an Autonomie und Lebensqualität, den die technische Rationalisierung nun erstmalig auch für breitere gesellschaftliche Schichten erschloss.

Hatten die Deutschen nach den schmerzlichen Niederlagen in zwei Weltkriegen und der kollektiven Verantwortung für den Tod von Millionen auf den Schlachtfeldern und in den Konzentrationslagern die Restitution ihrer Wirtschaft nach dem Zweiten Weltkrieg als ihr „Lieblingskind" (Mitscherlich/Mitscherlich 2007: 19) auserkoren, eröffnete die Entwicklung der fordistischen Produktivkräfte hier neue Perspektiven jenseits des Erwerbslebens. Nachdem die durchschnittliche Arbeitszeit Mitte der 1950er Jahre mit knapp 49 Stunden pro Woche an sechs Werktagen einen Höchststand erreicht hatte, konnte sie in der ‚Sozialen Marktwirtschaft' der Trente Glorieuses bis zum Ende der 1960er Jahre auf 44 Stunden und dann bis zur Mitte des Jahrzehnts auf 40 Stunden reduziert werden (Schildt/Siegfried 2009: 184). Der Mobilisierungsslogan ‚Samstags gehört Vati mir', mit dem der Deutsche Gewerkschaftsbund ab Mitte der 1950er Jahre für die Verkürzung der allgemein festgelegten Wochenarbeitszeit mobilisierten, markiert hier eine Aufwertung des Privaten in der entstehenden bundesrepublikanischen Wohlstandsgesellschaft. Die durch die Gewerkschaften tarifpolitisch erstrittene Massenkaufkraft veränderte auch das Konsumverhalten, „in dem sich die Gewichte zwischen zwingend Benötigtem und frei Disponiblem merklich verschoben" (ebd. 184).[50] Der Einzug popkultureller Formen ins Zentrum der Alltagskultur ist vor allem vor diesem Hintergrund zu verstehen.

Die Quelle dieser popkulturellen Entwicklung lag allerdings weder in Deutschland, noch – abgesehen vielleicht von London und Manchester – in Europa, sondern in den USA. Nach Ende des Zweiten Weltkriegs entwickelte sich – ebenfalls auf der materiellen Basis des fordistischen Produktionsregimes – eine liberale, teilweise rebellische Kultur, die eine Abweichung von bürgerlichen Normen der Lebensführung propagierte. Sowohl im Film (‚Denn sie wissen nicht, was sie tun'), als auch in der Literatur (‚Der Fänger im Roggen') sowie in der Mode (man denke an den Petty Coat) prägten die neuen Ausdrucksformen Ästhetik und Lebensgefühl einer ganzen Generation. Doch vor allem im Bereich der Musik wurde in den USA der Nachkriegszeit mit den ästhetischen Formen der Popmusik eine globale Kultur begründet.

---

50 So bemerkt auch Reckwitz (2017: 101) in seiner wegweisenden Arbeit zur Kultur der Spätmoderne: „Mit dem Konsum weitet sich jenseits von bürgerlicher Kunst und Bildung das Feld dessen, was Kultur sein kann [...], deutlich aus."

Hier hatten vor allem schwarze Musiker wie der 1932 in Macon, Georgia geborene Richard Wayne Penniman (besser bekannt als ‚Little Richard') stilistische Elemente aus den Bereichen des Blues, des Gospel und des Bebop Jazz zu einer neuen Form der Musik assembliert – dem sogenannte Rock'n'Roll.[51] Hedonistisch, körperbetont und (zumindest im zeitlichen Kontext) aggressiv im Klang versinnbildlichte dieses Genre ein Lebensgefühl, das besonders für die junge Generation eine große Attraktivität ausstrahlen konnte. In seinem Song ‚Rip it up' singt Little Richard – in gewohnter phonetischer Manier des Standard Rock'n'Roll-Patterns – die folgenden Zeilen:

> „Well, it's Saturday night and I just got paid, Fool about my money, don't try to save. My heart says, go go, Have a time 'Cause it's Saturday night, and I'm feelin' fine".

Der sich hier abzeichnende Topos dürfte routinierte Popkonsumenten der Gegenwart nicht überraschen: Ein junger Mann hat sich über die Arbeitswoche unter (mehr oder weniger intensiven) Anstrengungen verdingt und kündigt nun voller Vorfreude an, im Rahmen seiner Freizeitgestaltung zum angenehmen Teil der Erwerbswoche übergehen zu wollen – dem Essen, Trinken, Tanzen und so weiter (Geld wird hierbei nicht gespart).

Seiner Entstehung gemäß ist Rock'n'Roll als dem Jazz und Blues entstammender Musikstil genuin der schwarzen Kultur zuzuordnen. Verbreitet wurden die kulturellen Formen des Rock'n'Roll jedoch im strahlenden Glanz eines Lastwagenfahrers und Country-Sängers aus Mississippi. Als US-amerikanischer GI, der von 1958 bis 1960 bei einem US-Panzerbattalion in Hessen stationiert gewesen war, lieh Elvis Aaron Presley der vor allem zu Beginn häufig als anstößig wahrgenommenen Kulturform ein Gesicht, das dem Rock'n'Roll den Weg in den gesellschaftlichen Mainstream eröffnen (oder zumindest: erleichtern) konnte.[52]

Doch auch mit einem weißen Protagonisten an der Spitze entwickelt sich die globale Verbreitung des Pop in den folgenden Jahren zum Gegenstand eines Kulturkampfes westlicher Industriegesellschaften. Evidenz hierfür liefert beispielsweise der damalige CDU-Bundespräsident Dr. Heinrich Lübke anlässlich der Jahrhundertfeier des Deutschen Sängerbundes im Jahr 1962: „Keine Musikkultur

51 Die Bedeutung von Little Richard für die Geschichte des Pop wird, wie dies auch Kirby (2010) moniert, oftmals unterschätzt – oder zumindest im Rahmen einschlägiger Veröffentlichungen nicht thematisiert.

52 Als sogenanntes ‚Whitewashing' hat das Umdeuten von Kulturelementen, die originär aus nicht-weißen (weil etwa latein- oder afroamerikanischen) Kontexten stammen, im Kontext kulturindustrieller Vermarktungsstrategien eine große Tradition (kritisch: Gabriel 1998).

wird auf Dauer gesund bleiben, wenn sie nicht aus den ursprünglichen Quellen des Volkstums gespeist ist" (Zitat nach Prieberg 1991: 32).[53]

Doch ob nun gesund oder nicht – in den folgenden Jahren gingen „Wohlstand, Übersteigung national-kultureller Grenzen, Bewegungsfreiheit, individuelle Wahlmöglichkeiten [...] in das Bild einer Popkultur ein, die dem liberalen Beobachter überhaupt nicht mehr bedrohlich erscheint" (Hecken 2009: 116). Gemeinsam mit den Errungenschaften der Studenten- und der Frauenbewegung (vgl. Lenz 2008), sowie unter der Ägide der sozial-liberalen Koalition gegen Ende der 1960er Jahre, markiert die Entwicklung der Popkultur einen Wendepunkt in der bundesdeutschen Geschichte. Ihre weitere Ausdifferenzierung – zwischen Fortentwicklung und Redundanz –, ihr Lob und ihre Kritik – zwischen Selbstreferenzialität und Einflussreichtum –, können hier nicht weiter ausgeführt werden.[54] Stattdessen wollen wir uns im Folgenden erneut der sozial- und kulturwissenschaftlichen Theoretisierung eben dieser Entwicklungen zuwenden.

Was genau ist also das Populäre an der Populärkultur? Ganz allgemein ist, mit Hecken (2006: 84) gesprochen, das Populäre das, „was viele beachten". Aus diesem Grund überträgt sich im Feld der Unterhaltungsindustrie ökonomischer Wettbewerbsdruck in Konkurrenz um Aufmerksamkeit: Charts, Polls, Umfragen, Verkaufszahlen, Quoten, Download-, Zuhörer- und Besucherzahlen müssen in regelmäßigem Turnus aufs Neue ermittelt werden. Verstehen wir das Populäre also – im allgemeinsten Sinne – als Erhebung dessen, was viel beachtet wird, erscheint es, angelehnt an Hecken (ebd.), als „inhaltlich nicht festgelegt".

Vom (hier eingenommenen) Blickpunkt der Cultural Studies gewinnt das Populäre eine stärkere Substanz. Anschließend an Steenblock (2004: 88) wollen wir – was da in der Inszenierung und Rezeption von Songs, Tänzen, Filmen, Comics, Comedy-Shows, Fanpages, Theater-Performances, der Mode, Zeitschrifteninterviews, Homestory-Reportagen und so weiter und so fort – geschieht, verstehen als eine „Fülle kollektiv erschaffener und beständig veränderter Projektionsfelder menschlicher Wünsche und Phantasien, Sinnbedürfnisse und Gefühle". Sowohl auf der Angebots- als auch auf der Nachfrage-Seite unterliegt die Produktion dieser Darstellungen und Eindrücke einem Aushandlungscharakter (Wimmer 2005). „Hinter den sprachlichen und kompositorischen Strukturen", so Wicke (2011: 8), steht in der Produktion „ein komplexer, interaktiver kultureller Prozess mit vielfältigen, oft nur flüchtigen und wieder vergänglichen Realitätsbezügen." Künstlerisches (und auch wirtschaftliches) Han-

53 Hinweise auf historische Vorläufer entsprechender Konflikte finden sich übrigens bereits in Platons ‚Politeia', wenn er schreibt: „Ja, Gesetzlosigkeit dringt leicht in die Musik ein, ohne dass man es gewahr wird. – Freilich sie scheint dort bloß Spiel zu sein & ohne üble Wirkung zu bleiben" (Platon 1949: 119).

54 Siehe hierzu etwa Mrozek (2019), mit Blick auf den Einfluss sozialer Bewegungen auf den ‚Geist des Kapitalismus' etwa auch Reichhardt (2014) und generell auch Hecken (2007).

deln im Feld der Unterhaltungsindustrie basiert auf der beständigen Aneignung und Verarbeitung imaginierter oder realer Elemente der alltäglichen Lebenswelt.[55]

Doch auch auf der Rezipient*innenseite erfolgt die ‚Wirklichwerdung' der Popkultur als Projektionsfläche im Wege einer (mehr oder weniger) kreativen Aneignung. Die praktischen Nutzungsmuster beschreibt Geimer (2010: 218) als Prozesse einer „ästhetischen Mimesis". Indem sie reale Tendenzen und Wünsche des alltäglichen Lebens aufgreifen und (wie im Falle der romantischen Liebe im Disney-Film oder der heroischen Integrität des Superhelden) überspitzen, entfalten Popprodukte für ihre Rezipienten ein starkes Identifikationspotenzial. Im Moment der Rezeption, so Geimer, könnte eine ästhetische Erfahrung unter Bedingungen weitgehender „Reaktionsentbundenheit" (Maase 2019: 127) erfolgen: „In der ästhetischen Erfahrung", so Geimer (2010: 218) könnten „sich habituelle Strukturen verändern, ohne dass eine alltagspragmatisch unmittelbar relevante Krise stattfinden und also ein subjektiv erlebtes Scheitern von fundamentalen Handlungsroutinen vorliegen muss."

Um die Weiten der texanischen Prärie kennenzulernen, muss die Rezipientin also genauso wenig in die USA auswandern, wie sie eine Jedi-Ausbildung benötigt, um Laserschwerter kraft ihrer Gedanken aus dem Schnee aufzuheben oder einen unliebsamen Verehrer cool auflaufen zu lassen (wie dies zum Beispiel Lisa ‚Left Eye' Lopes im Song ‚No Scrubs' getan hat). Mit seinen oftmals polarisierenden und überzeichneten Motiven erfüllt Gangstarap die Anforderungen an ein popmusikalisches Genre also mit Bravour. Helden, Bösewichte und der Kampf ums Überleben zwischen Ghetto und Penthouse, sexuellen Ausschweifungen, Geld, dicke Autos, Parties im Rausch und Verfolgungsjagden mit der Polizei – in der Projektion auf den Star darf man seine sexuelle Identität genauso ausprobieren, wie man sich gegenüber seinem Chef abreagieren kann. In der Phantasie geht alles![56] Und alles nimmt dort seinen Ausgangspunkt (vgl. Beckert 2018). Und vor allem dafür ist sie da, die Popkultur.

Welche Resonanz haben diese essenziellen Momente der Popkultur nun im Feld der Sozialwissenschaft hervorgerufen? Angesichts ihrer sinn- und identi-

---

55 Die materiellen und logistischen Produktionsstrukturen der Unterhaltungsindustrie stehen nicht im Zentrum der Argumentation dieses Buches. Siehe hierzu etwa Lutter (2013) oder Gebesmair (2008).

56 Zugegebenermaßen – und darin liegt eine ihrer zentralen Paradoxien – scheint in der phantastischen Popkultur aber vieles auch nicht zu gehen (zumindest insofern, als es praktisch nicht passiert). Die normierende, teilweise standardisierende Wirkung popkultureller Repräsentationen offenbart sich in stereotypen Darstellungen, die Akteure in ihren Ideen und Ausdrucksformen in erster Linie limitieren. Wenn beispielsweise Percy Sledge in ‚When a Man loves a Woman' beschreibt, was im genannten Fall alles eintritt (oder auch nicht eintritt), entsteht möglicherweise ein im besten Sinne performativer Handlungsdruck auf alle liebenden Männer (oder auch: Frauen), die sich in der Erzählung wiederfinden.

tätsstiftenden Wirkung muss die „stiefmütterliche Behandlung popkultureller Themen durch die Politikwissenschaft" (Malang 2016: 16) genauso überraschen wie die Bagatellisierung popkultureller Einflüsse auf die gesellschaftliche Ordnung, wie sie seit Langem im Feld der politischen Soziologie praktiziert wird.[57]

Demgegenüber etablieren die Cultural Studies einen Kulturbegriff, der Herrschaftsverhältnisse und ihnen zu Grunde liegende Auseinandersetzungen zum Ausgangspunkt der Analyse gesellschaftlicher Ordnung nimmt. „Macht und Konflikt", so Marchart (2008: 16) bestimmen aus dieser Perspektive „also die Welt der Kultur." Die Analyse popkultureller Bilderrepertoires folgt in diesem Sinne also keinem Selbstzweck – ihr Ziel besteht vielmehr im schlussfolgernden Rückbezug der Befunde auf die sozialen Verhältnisse im Rahmen historischer Gesellschaftsformationen.

Angesichts ihres marxistischen Hintergrundes überrascht es nicht, dass besonders die Gründergeneration der Cultural Studies die kapitalistische Wirtschafts- und Gesellschaftsordnung zum Referenzrahmen ihrer Untersuchungen gemacht hat. „Das Wesen des Kulturellen und der kulturellen Formen in unserer kapitalistischen Gesellschaft", so fasst Paul Willis in seiner wegweisenden Studie ‚Learning to Labour' (Deutsch: ‚Spaß am Widerstand'; Ders. 2013: 269) zusammen, „besteht darin, zur kreativen, ungewissen und mit Spannungen aufgeladenen gesellschaftlichen Reproduktion der jeweiligen Verhältnisse beizutragen."

Der (Pop-)Kultur als Dimension des Sozialen schreibt Willis in diesem Zusammenhang drei distinktive Merkmale zu. Zum einen, so Willis (ebd.: 270) „gründet sich das elementare Material des Kulturellen auf einer Vielfalt symbolischer Systeme und Artikulationen." Mit seiner Vieldeutigkeit begründet die symbolische Dimension des Kulturellen dessen interpretative Plastizität und damit auch ihr politisches Potenzial. Die (Nicht-)Ausschöpfung dieses Potenzials erfolgt, so Willis (ebd.) weiter „durch reale Formen der kulturellen Produktion" [...] welche „mit der materiellen Produktion durchaus vergleichbar sind." Anders als Horkheimer und Adorno erklärt Willis – und mit ihm auch die übrigen Vertreter der Cultural Studies (vgl. etwa Hall 1980) – die Kulturproduktion nicht bereits auf der Angebotsseite abgeschlossen. Als „Basis und Triebkraft dieser Produktion" erkennt Willis (2013: 270) stattdessen auch „die informelle Gruppe und ihre auf dieser Ebene vorhandenen kollektiven Energien."

Kreative Potenziale entstehen aus dieser Perspektive in Momenten situativer Aneignung. In diesem Zusammenhang ist in der Rezeptionsforschung beispielsweise von „Lesarten" als Interpretationsweisen die Rede, welche – je nach Kon-

57 So kommen die wesentlichen Veröffentlichungen aus diesem Bereich zum gesellschaftlichen Wandel der letzten zehn Jahre weitgehend ohne Referenzen an die symbolischen Repräsentationen der Populärkultur aus (siehe exemplarisch für diese Leerstelle Heitmeyer 2018, Streeck 2013 oder Nachtwey 2016).

text – bestimmte Aspekte vorgeben, unter denen ein Kulturprodukt in den Augen der Betrachterin seine Bedeutung gewinnt. So entscheidet sich beispielsweise die Frage, ob das Wort ‚schwul' eine Beleidigung, eine wertfreie Zuschreibung oder eine stolze Selbstreferenz bezeichnet im Moment der Äußerung und Rezeption unter Bezug auf die subjektive Haltung der Beteiligten (vgl. Butler 1991).

Ganz in diesem Sinne besorgen kulturelle Formen laut Willis (2013: 271) drittens „das Material und stellen den unmittelbaren Kontext, womit beziehungsweise worin Subjektivität konstruiert und Identität bestätigt wird."[58] Die politische Dimension der Popkultur entfaltet sich demnach im Wege ihrer sinn- und identitätsstiftenden Wirkung. Während sie zum einen als Hintergrund fungiert, vor dem Menschen erproben, wer sie sind und wer sie sein wollen, bietet sie ihnen zweitens den Rohstoff zur gesellschaftlichen Konstruktion eben dieser Selbstkonzepte in der sozialen Praxis. Identität ist damit, in den Worten Stuart Halls (1994: 74) „immer auch eine Erzählung, eine Art der Repräsentation."

Um den politischen Charakter solcher Repräsentationen im Verhältnis zur gesellschaftlichen Ordnung zu bestimmen, bedienen sich Vertreterinnen der Cultural Studies im Fundus der marxistischen Kultur- und Politiktheorie Antonio Gramscis, oder genauer – an seinem Konzept der Hegemonie. Am Beispiel des italienischen Risorgimento – einer politischen Bewegung zur nationalen Einigung Italiens im 19. Jahrhunderts – beschreibt der unter Mussolini ab 1927 in Apulien inhaftierte Gramsci die Dynamiken politischer Herrschaft im Verhältnis materieller Gegebenheiten und symbolischer Ordnungen. Dass die italienische Landbevölkerung unter Bedingungen gesellschaftlicher Modernisierung nicht bereit war, eine revolutionäre Politik der Enteignung von Großgrundbesitzern zu unterstützen, fasst Gramsci in seiner historischen Auseinandersetzung als ideologisches Problem. Politische Präferenzbildung erfolge im Lichte der öffentlichen Debatte aus Gramscis Sicht im Wechselspiel der Zivilgesellschaft mit den Institutionen politischer Kommunikation – also der Presse, den Parteien oder auch den später von Habermas (1990) in seiner Geschichte vom Strukturwandel der Öffentlichkeit bemühten Kaffeehauszirkeln.

Unter vielfältigen Bezügen auf Denker so unterschiedlich wie Henri Bergson und Nicolo Machiavelli leistete Gramsci in den sogenannten ‚Gefängnisheften'[59] eine der wichtigsten Erweiterungen marxistischer Theorie im 20. Jahrhundert. Im Zentrum dieser Überlegungen steht für Gramsci der Begriff der Hegemonie. Anders als in der „statisch-bipolare Unterscheidung von ‚herrschender' und ‚be-

58 Parallelen zur pragmatistischen Sozialtheorie oder den drei Prämissen des Symbolischen Interaktionismus (Blumer 1969) sind keinesfalls zufällig – beide Ansätze gründen auf einer handlungstheoretischen ethnografischen Methodologie, welche die kreativen Potenziale (Joas 1996; 1999) eigenständiger und/oder widerständiger Akteure zum Ausgangspunkt ihrer Handlungs- und Politiktheorie macht.

59 Ab 1929 verfasste er diese tatsächlich als Inhaftierter im Gefängnis (vgl. Anderson 2018a).

herrschafter' ,Kultur und Ideologie'" (Maasen 2019: 55)", wie sie im marxistischen Denken bis dahin weithin üblich gewesen war, erfährt der (traditionell bereits in der Antike gebräuchliche) Hegemoniebegriff in den Gefängnisheften laut Perry Anderson (2018: 36) – einem der profiliertesten Gramsci-Kenner und außerdem eine der zentralen Figuren im Umfeld des ,New Left Review' – „zwei miteinander konfligierende Bedeutungserweiterungen". Indem er „die Herbeiführung der Zustimmung der Beherrschten" mit der Anwendung von „Zwang zur Durchsetzung dieser Herrschaft" (ebd.) in Verbindung brachte, gelang es Gramsci, den widersprüchlichen Charakter gesellschaftlicher Dominanz- und Subordinationsbeziehungen im Verhältnis von materieller Basis und symbolischer Repräsentation theoretisch zu erfassen.[60]

Den „Kern des Begriffs" der Hegemonie fasst Meuser (2010: 101) vor diesem Hintergrund wie folgt zusammen: „Der über Ideologien und kulturelle Deutungsmuster erzeugten Einwilligung in Verhältnisse, welche die eigene Unterlegenheit festschreiben, kommt mindestens soviel, wenn nicht mehr Gewicht zu als einer Erzwingung der Unterordnung durch Androhung oder gar Anwendung von Gewalt." Indem Popkultur also über die in ihre repräsentierten Images vermittelt wird, transportiert sie – mit Hall (2014: 110) gesprochen, „jene praktischen Ideologien, die die Lebensbedingungen für die Massen verständlich machen". Im Sinne von Horkheimer und Adorno würde die Kulturindustrie „in Standards und Stereotypen" (Behrens 2004: 4) kulturelle Hegemonie produzieren.

Gegenüber der negativen Anthropologie der Kritischen Theorie will ich unter Bezug auf die Cultural Studies au die Möglichkeit popkulturell vermittelter Gegenmacht hinweisen. Als Ort spielerischen Ausdruck und (potenziell) kreativer Interpretation der eigenen Identität bietet die Popkultur sowohl für Produzentinnen als auch Rezipientinnen die Möglichkeit, gesellschaftliche Verhältnisse zu reflektieren und zu hinterfragen. Mit seinen auf Grenzüberschreitungen und Normverletzungen ausgerichteten Programmatik eignet sich das Genre des Gangstarap potenziell ausgezeichnet zur Erprobung solcher abweichender, oder sogar widerständiger Identitäten. Die politischen Auseinandersetzungen um kulturelle Hegemonie im Gramscianischen Sinne, so möchte ich im Folgenden argumentieren, spiegeln sich im Genre des Gangstarap wie in keinem anderen. Mit Blick auf den stereotypen Charakter des Gangstarap, der als Mann mit Migrations- und ohne Bildungshintergrund bekannt ist, rücken wie selbstverständlich verschiedene ,Achsen der Ungleichheit' (Klinger et al. 2007) in den Blick, entlang

60 Ähnlich definiert auch Hall (1994c: 121) Hegemonie als „Zustand ,völliger sozialer Autorität', die ein bestimmtes Klassenbündnis [...] durch eine Verbindung von ,Zwang' und ,Zustimmung' über die gesamte Gesellschaftsformation und die beherrschten Klassen erringt".

derer die symbolische Konstruktion der Bildwelten des Genres häufig erfolgt. Mit der intersektionalen Perspektive stellt der folgende Absatz ein Konzept zur Entschlüsselung der Konstruktionsmodi vor.

3.4 Zur Analyse multidimensionaler Ungleichheiten – die intersektionale Perspektive

Soziale Konflikte, so haben wir bis hierhin erfahren, prägen also die Bildwelten der Populärkultur. Dies mag im Falle explizit politischer Popkultur – wie etwa den von Bono und Bob Geldorf zur Bekämpfung des Welthungers organisierten Live-8-Konzerten (vgl. Seeliger 2010) oder der #metoo-Debatte – deutlicher zu erkennen sein als in der weitgehenden Unsichtbarkeit transsexueller Schauspielerinnen und Schauspieler. Gemeinsam ist diesen Konflikten jedoch ihre repräsentative Wirkung als Relationen sozialer Ungleichheit. Diese liegt, in Anlehnung an Kreckel (2004: 21), „überall dort vor, wo die Möglichkeiten des Zuganges zu allgemein verfügbaren und erstrebenswerten sozialen Gütern und/oder zu sozialen Positionen, die mit ungleichen Macht- und/oder Interaktionsmöglichkeiten ausgestattet sind, dauerhafte Einschränkungen erfahren und dadurch die Lebenschancen der betroffenen Individuen, Gruppen oder Gesellschaften beeinträchtigt beziehungsweise begünstigt werden."[61]

Diese Definition ist sehr breit. Wie in den Beispielen angeklungen, finden sich Relationen sozialer Ungleichheit in der Verletzlichkeit durch sexuelle Gewalt genauso wie in der öffentlichen Repräsentation bestimmter Identitäten oder dem Nord-Süd-Gefälle. Doch auch in ihren Ausprägungen kann soziale Ungleichheit eine ganze Reihe unterschiedlicher Formen annehmen – die Aspekte, unter denen sich gesellschaftliche Diskrepanzen wahrnehmen lassen, reichen von materieller Verteilung (Milanovic 2016), die davon ausgeht, „dass die ökonomische Ungleichheit der Schlüssel zur Erklärung gesellschaftlicher Verwerfungen ist" (Butterwegge 2019 :13), über institutionelle Diskriminierungserfahren (Hormel/Scherr 2010) bis hin zu Anerkennungsdefiziten im weiteren Sinne (Honneth 1992).

Ihre sozialwissenschaftliche Analyse folgt hierbei – im weitesten Sinne – den Konfliktlinien, entlang derer soziale Ungleichheiten in ihrem historischen Verlauf gesellschaftlich thematisiert wurden. So untersucht etwa die Arbeitssoziologie die Organisation gesellschaftlicher Wertschöpfung – in der marxistischen Tradition der Arbeiterbewegung – unter Bezug auf den Begriff der sozialen

61 Die Frage nach der sozialen (Un-)Gleichheit ist damit eine empirische, deren Beantwortung uns keine belastbaren Schlüsse auf die normative Frage nach der sozialen (Un-) Gleichwertigkeit von Individuen und Gruppen gibt (siehe hierzu etwa Beck 2018).

Klasse (Webb/Webb 1897; Burawoy 1979). Die Analyse globaler Ungleichheiten im Weltsystem erfolgt entlang der Kritik am Kolonialismus (Fanon 1961, Wallerstein 1974). Und die Untersuchung von Disparitäten im Geschlechterverhältnis steht in der feministischen Tradition der – alten und neuen – Frauenbewegungen (Lenz 2008). Aus diesem akademischen und bewegungspolitischen Kontext entwickelte sich in den letzt Jahrzehnten ein Ansatz, der helfen soll, unterschiedliche Kategorien sozialer Ungleichheit im Verhältnis zueinander zu verstehen – das Konzept der Intersektionalität.

Eine Perspektive darauf, wie verschiedener Momente sozialer Ungleichheit gleichzeitig wirken, prägt die Tradition der neuen Frauenbewegungen gewissermaßen von Beginn an. So ging beispielsweise die feministische Aktivistin Sigrid Rüger am 12. September des Jahres 1968 dadurch in die (Bewegungs-)Geschichte ein, dass sie den innerhalb der Studentenbewegung als theoretische Kapazität anerkannten Adorno-Schüler Hans-Jürgen Krahl, der in seinem im Anschluss an eine Rede der feministischen Aktivistin Helke Sander folgenden Vortrag mit keinem Wort auf seine Vorrednerin eingegangen war, auf einer Delegiertenkonferenz des ‚Sozialistischen Deutschen Studentenbundes' (SDS) mit drei Tomaten bewarf. Diese Tomatenwürfe, welche neben Krahl eben auch auf die Gleichzeitigkeit von Klassenherrschaft, auf deren Kritik sich der SDS ja bislang fixiert hatte, *und* Geschlechterdominanz gezielt hatten, deutet Lenz (2008: 24) als symbolischen Beginn der Neuen Frauenbewegung in Deutschland.

Einer ähnlichen, wenn auch auf Grund der unterschiedlichen Zugehörigkeiten nicht identische, Problemlage sahen sich die Mitglieder des Bostoner Combahee River Collective Mitte der 1970er Jahre ausgesetzt. Vom Blickpunkt eines schwarzen, lesbischen Feminismus kritisierten die Mitglieder den Rassismus in der US-amerikanischen Frauenbewegung. Während sich diese zum Großteil mit Problemen privilegierter Frauen aus der weißen Mittelschicht auseinandergesetzt habe, blieben Problemlagen schwarzer Frauen sowohl in der feministischen Theorie, als auch in der politischen Praxis der Bewegung, randständig oder sogar unsichtbar.

Die Diskussion der folgenden Jahrzehnte mündet schließlich in einer konzeptionellen Prägung durch die Juristin Kimberlé Crenshaw (1991). In Auseinandersetzung mit einer betrieblichen Restrukturierungspolitik beim US-amerikanischen Automobilhersteller General Motors stellt Crenshaw fest, dass hier vor allem schwarze Arbeiterinnen entlassen wurden, während weiße Frauen ihren Job häufig behalten konnten. Der von Crenshaw eingeführte Begriff der Intersektionalität leitet sich hierbei aus der Metaphorik einer Straßenkreuzung ab, die die Verschränkung unterschiedlicher Zugehörigkeiten und Dominanzverhältnisse versinnbildlichen soll.

Unter diesem Begriff diskutieren seitdem in zunehmendem Maße – und nicht mehr „nur vorwiegend schwarze und anders rassifizierte Frauen" (Yuval-Davis 2010: 186) – zahlreiche Vertreter*innen aus Zivilgesellschaft, Politik und

Wissenschaft über die interdependente Bedeutung sozialer Kategorien bei der sozialen Positionierung von Individuen und Gruppen „in unterschiedliche[n] Forschungsfelder und Politikbereiche[n]“ (Lutz et al 2010: 13).

Nachdem die Debatte um Intersektionalität in den Vereinigten Staaten vor allem in Anschluss an die programmatischen Texte von McCall (2005) an Fahrt aufgenommen hatte, fanden die Annahmen dieser „traveling theory“ (Knapp 2012) Eingang in die deutsche Diskussion vor allem über eine Reihe von Sammelbänden aus dem Umfeld der soziologischen Geschlechterforschung (Klinger/Knapp 2008; Klinger et al. 2007; Knapp/Wetterer 2003). Anschließend an eine formative Etappe seit den 1990er Jahren lässt sich das erste Jahrzehnt des 21. Jahrhunderts insofern als Konsolidierungsphase des Intersektionalitätsparadigmas bezeichnen, als dass hier sowohl die Auswahl der Kategorien als auch die Ebenen ihrer Analyse im Zentrum der fachlichen und politischen Debatte standen.[62] Im weitesten Sinne besteht das Ziel eines intersektionalen Forschungsansatzes vom Blickpunkt der Soziologie darin, „die Herausbildung und Entwicklung der Moderne über die Analyse der Verschränkung von Herrschaftsverhältnissen in ihrem Inneren neu in den Blick zu nehmen“ (Aulenbacher et al. 2012: 21). Ohne hierauf weiter eingehen zu wollen – dem geneigneten Leser sei zu diesem Zweck der instruktive Band von Lutz et al. (2010) empfohlen – orientiere ich mich im Folgenden an der theoretischen Rahmung von Nina Degele und Gabriele Winker (2009).

In ihrem programmatischen Beitrag zur Intersektionalitätsdebatte unterbreiten Degele und Winker einen Vorschlag zur Analyse sozialer Ungleichheiten unter Bezug auf vier Kategorien – Klasse, Ethnizität, Geschlecht und Körper/Sexualität.[63] Um die Wechselwirkungen zwischen den Kategorien zu untersuchen, schlagen die beiden eine analytische Unterscheidung zwischen drei Dimensionen der sozialen Welt vor. Auf einer Strukturebene prägen Institutionen als „Bausteine sozialer Ordnung“ (Streeck/Thelen 2005: 9) Regeln, Routinen und Normen weitläufige Figurationen (Elias 2004) über lange Zeiträume. Weiterhin implizieren sie „dominante Kommunikationsmedien, Handlungsressourcen

62 Besonders zu Beginn der Debatte lag der Fokus hierbei vor allem auf der Analyse der Verletzlichkeit subordinierter Weiblichkeiten. Ein besonderer Fokus auf (zum Beispiel männliche) Privilegierung lässt – zumindest im Mainstream des Paradigmas – weiter auf sich warten.

63 Während die beiden die spezifische Auswahl der vier Kategorien aus deren Bedeutung für die Struktur gesellschaftlicher Produktions- und Reproduktionsverhältnisse herleiten, erfolgt die Begründung hier in Bezug auf die Gegebenheiten im Genre des Gangstarap: Während sich die Liste aus feministischer, gesellschaftstheoretischer oder anderweitig motivierter Sicht erweitern ließe (siehe hierzu Lutz 2006, die 15 möglicherweise relevante Differenzlinien findet), sind es – wie weiter unten in Auseinandersetzung mit den Bildwelten des Genres zu zeigen sein wird – diese vier Kategorien, in deren Zusammenspiel sich die kulturellen Repräsentation des Gangstarap konstituiert.

und Sanktionsmöglichkeiten, die von den involvierten Akteuren als solche anerkannt sind" (Pries 2005: 33). Indem sie identitätsstiftend und integrativ wirken, erzeugen sie gleichzeitig – wie im Falle der Segmentierung nationaler Arbeitsmärkte oder im Falle ethnischer Zugehörigkeiten – aber auch Ausschluss und Ungleichheit.[64]

Während diese strukturelle Ebene also – in Anlehnung an Karl Marx' Diktum aus dem ‚Achtzehnten Brumaire des Louis Bonaparte' – gewissermaßen die „vorgefundenen, gegebenen und überlieferten Umstände" (MEW 8: 115) umfasst, unter denen die Menschen ihre Geschichte machen, geschieht die konkrete Ausgestaltung des historischen Prozesses keineswegs hinter dem Rücken der Menschen, sondern in der gesellschaftlichen Praxis.[65] Auf dieser Praxis- (oder im Folgenden auch: Handlungs-)Ebene gewinnen Akteure ihre Handlungsfähigkeit in der tätigen Auseinandersetzung mit sich selbst, der Natur und untereinander (siehe auch Reckwitz 2020).

Die Frage danach, was diese ominöse ‚Handlungsfähigkeit' genau sein soll, wie weit sie reicht und welche identitären Kompromisse wir eingehen müssen, um sie überhaupt erlangen zu können, beschäftigt die Soziologie gewissermaßen seit es sie gibt (vgl. Durkheim 2007). Ganz in diesem Sinne lässt sich menschliche Subjektivierung – mit Villa (2010: 212) – als „hochambivalenter Prozess" verstehen, „in den sich jede reale Person hineinbegeben muss, wenn sie sozial (an)-erkennbar werden will"[66]. Während Strukturen – zumindest oberflächlich betrachtet – als eindeutige (weil kategorial-monolithisch bezeichnete) Entitäten verstanden werden können, erweist sich die soziale Praxis hierbei als ‚sketchy business'. Normen und Routinen, die aus der makrosoziologischen Vogelperspektive eindeutig erscheinen, können hier von Akteuren – nicht nur in Krisenfällen, sondern völlig regulär – in Frage gestellt, unterlaufen oder schlichtweg übersehen werden. Doch wie hängen diese beiden Ebenen nun zusammen?

Als vermittelnde Instanz zwischen Struktur- und Praxisebene führen Degele und Winker als dritte Dimension ihres Modells eine Sphäre symbolischer Repräsentationen ein. Im Wege dieser Repräsentationen – und nicht in Form abstrakter Funktionslogiken – erführen Akteure die strukturelle Verfasstheit ihrer Gesellschaft. Dass man sich im Betrieb besser anstrengen sollte, erfahren Lohnabhängige beispielsweise nicht über eine abstrakte Akkumulationslogik kapitalistischen Wirtschaftens, sondern über den unmittelbaren Konkurrenzdruck, welcher sich im Wettbewerb um Geld als „symbolisch generalisiertes Kommunikationsmittel" (Luhmann 1997: 320) oder den symbolischen Titel ‚Mitarbeiter

64 Zum Institutionenbegriff siehe auch Scott (2007).

65 Siehe hierzu auch die zweite und die achte von Marx' ‚Thesen über Feuerbach' (MEW 3: 5 ff.).

66 Siehe hierzu etwa auch Butler (1991).

des Monats' bemerkbar macht (zur Operationalisierung dieses Ansatzes siehe den Band von Knüttel/Seeliger 2011).[67] Mit den Bildwelten des Gangstarap im gesellschaftlichen Zusammenhang fokussiert das vorliegende Buch vor allem die Wechselwirkungen zwischen dieser symbolischen Dimension und der Struktur-ebene.

Die Kategorie des Geschlechts stellt eine der grundlegenden gesellschaftlichen Institutionen dar. Einer Grundannahme der Geschlechtersoziologie zufolge sind soziale Phänomene gleichzeitig vergeschlechtlichte Phänomene.[68] Als „Strukturkategorie" (Beer 1990) gesellschaftlicher Ordnung wurde unter Geschlecht lange Zeit die Ausprägung einer zweigeschlechtlichen Ordnung von Männlichkeit auf der einen und Weiblichkeit auf der anderen Seite verstanden. Eine entsprechend binäre Vorstellung von Geschlecht ordnet bis in die Gegenwart hinein die alltägliche Lebensführung moderner Gesellschaften – sei es im Erwerb, der Reproduktion oder in der Freizeit (Wetterer 2002). Während sich Geschlechtlichkeit hierbei einerseits auf den (in der binären Geschlechterordnung als männlich oder weiblich ontologisierten) Körper bezieht, muss die vermeintliche Naturgegebenheit dieser – in sich selbst bereits arbiträren (vgl. Hirschauer 1993) – Unterscheidung in der symbolischen Repräsentation und sozialen Praxis bestätigt werden, um Legitimität zu gewinnen. Entsprechende Motive finden sich in den Bildwelten des Gangstarap in reichlicher Form. Darstellungen von Hypermaskulinität treten hier genau so häufig auf wie Motive weiblicher Ordnung. Die Inszenierung stereotyper Formen von Geschlechtlichkeit stellt damit ein typisches Merkmal des Genres dar.

Die gesellschaftliche Bedeutung von Geschlecht entsteht wesentlich in Relation zum kapitalistischen Wirtschaftssystem oder, genauer, im Kontext der gesellschaftlichen Arbeitsteilung. Mit der Herausbildung des (zumeist familiär gerahmten) Privathaushaltes wurden den Frauen hier vor allem die Aufgaben im reproduktiven Bereich (das heißt vor allem Hausarbeit und Kindergebähren und -erziehen) zugeteilt, während Männer für den Erwerb (das heißt das Geldverdienen) verantwortlich waren. In der klassischen feministischen Theorie der zweiten Frauenbewegung wurde das Geschlechterverhältnis vor diesem Hintergrund als Relation männlicher Herrschaft und weiblicher Subordination unter dem Be-

67 Neben der von Degele und Winker explizit nicht als Meso-Ebene verstandenen Dimension symbolischer Repräsentationen lassen sich – etwa mit Professionen, Netzwerken oder Organisationen – prinzipiell weitere zwischen Struktur- und Praxis-Ebene vermittelnde Zwischeninstanzen identifizieren (siehe hierzu etwa Seeliger/Gruhlich 2019).

68 Aufgrund ihres Hintergrundes in der Geschlechterforschung erscheint in der intersektionalen Sichtweise Geschlecht insofern häufiger als eine Art Primärkategorie, als hier geschlechterspezifische Themen unter Bezug auf andere Momente sozialer Zugehörigkeit behandelt werden. Beziehen wir uns auf das Postulat, Wechselwirkungen zwischen Kategorien ins Zentrum der Forschungsperspektive zu rücken, erscheint ein solches Primat jedoch als unbegründet.

griff des ‚Patriarchats' zusammengefasst. Dieser Begriff ist – zumindest als gesellschaftstheoretisches Konzept – nicht nur insofern irreführend, als er andere Formen gesellschaftlicher Herrschaft (etwa im Kapital-Verhältnis oder im Nord-Süd-Gefälle) ausblendet. Weiterhin ist – zumindest im Rahmen westlicher Industriegesellschaften – seit den 1970er Jahren im Zuge der Bildungsexpansion, in der Expansion des Dienstleistungssektors und nicht zuletzt bedingt durch die Errungenschaften der neuen Frauenbewegungen eine Restrukturierung der Geschlechterverhältnisse in Gang gesetzt worden, die traditionelle Ordnungsmuster zunehmend zur Disposition stellt. Während männliche Privilegierung also einerseits in vielen gesellschaftlichen Bereichen – wie dem Arbeitsmarkt, dem Spitzensport, der katholischen Kirchen oder im Feld einer weitgehend androzentrisch geprägten Sexualität – fortwirkt, bleibt diese Dominanz keineswegs unwidersprochen.

Noch mehr als das Geschlecht stellt das Konzept der sozialen Klasse eine Grundkategorie soziologischen Denkens dar. Seit Karl Marx und Friedrich Engels (MEW 4: 459) den historischen Entwicklungsverlauf am Vorabend der Märzrevolution des Jahres 1848 Geschichte als „Geschichte von Klassenkämpfen" beschrieben hatten, wurde Klasse im Feld der Sozialwissenschaft als Kategorie der Ungleichheitsforschung und der politischen Soziologie etabliert. Während der Klassenbegriff im ersten Zusammenhang zur Ordnung der Sozialstruktur entlang spezifischer Merkmale (wie Einkommen, Vermögen, Bildungsstand, Beruf aber auch ‚weicher' Faktoren wie Konsumpräferenzen oder Lebensstil) dient, interessiert sich die politische Soziologie für Prozesse kollektiver Interessenartikulation.[69] Verstehen wir Klasse – im traditionell marxistischen Sinne – als bedingt durch die Stellung ihrer Angehörigen im Produktionsprozess, so teilen diese nicht nur gemeinsame Ausbeutungserfahrungen (und möglicherweise auch Unterdrückungs-)Erfahrungen. Gleichzeitig bedingt ihr kollektives Schicksal (möglicherweise) auch ein Moment politischer Subjektivität (Popitz et al. 1961). Klassen sind damit, wie Reckwitz (2019: 67, Hervorh. i. O.) beschreibt, „kulturelle, ökonomische und politische Gebilde *zugleich*."[70]

Ähnlich wie das Geschlecht ist die soziale Klasse Gegenstand ständiger politischer Aushandlungen und Konflikte. In der kapitalistischen Moderne ist sie als Strukturkategorie – zumindest im Sinne des bürgerlichen Glücksversprechens auf eine Aufstiegschance innerhalb einer prinzipiell flexiblen Sozialstruktur – „mit den Ideen von Freiheit und Gleichheit kompatibel" (Klinger 2003: 27).

---

69 Beides lässt sich sowohl auf der Strukturebene (für die Ungleichheitsforschung siehe Geißler 2006, für die politische Soziologie siehe Tilly/Tarrow 2007, als auch auf der Praxisebene analysieren (für die Ungleichheitsforschung siehe Hochschild 2017, für die politische Soziologie siehe Fantasia 1988).

70 Die Erwerbsarbeit bildet damit, so Rosa (2016: 166), „auch und vermutlich sogar gerade für spätmoderne Subjekte eine essentielle Resonanzsphäre".

Das private Eigentum stellt hierbei gleichzeitig eine „Kerninstitution moderner Gesellschaften" (Wesche/Rosa 2019: 237) dar. Angesichts fortwirkender Ungleichheiten in Einkommen, Vermögen, Status und Arbeitsteilung (vgl. Piketty 2014) bestehen Klassenkonflikte weiterhin sowohl im nationalen wie auch im internationalen Rahmen (Lessenich 2016; Seeliger 2018). Waren die letzten Jahrzehnte (links-)politisch hier vor allem geprägt durch die ‚identitätspolitische' Positionierung migrantischer, weiblicher oder homo- oder transsexueller Gruppen, prägt den Diskurs seit einiger Zeit die Debatte um eine ‚Neue Klassenpolitik' (Friedrich 2018).[71]

Besonders in diesem Zusammenhang sind auch die kulturellen formen des Gangstarap interessant, in denen sich Sprecher mit ihren prekären Erwerbssituationen kritisch auseinandersetzen, hierbei jedoch einer Vielzahl verschiedener Interpretationen folgen. Während manche Texte etwa auf eine systematische Kritik am Wirtschafts- und Gesellschaftssystem hinauslaufen und kollektivistische Lösungen im Sinne der Etablierung politischer Gegenmacht einfordern, bewerben andere die Chance individuellen Aufstiegs als einzige mögliche Bewältigungsstrategie.

Mit dem Konzept der Ethnizität ist eine dritte Kategorie der intersektionalen Analyse genannt, die ihre spezifische Bedeutung heute im Kontext der multikulturellen oder auch postmigrantischen (Foroutan 2019) Gesellschaftsformation gewinnt. In der Menschheitsgeschichte haben (zumeist wirtschaftlich bedingte) Wanderungsprozesse den Normalfall gesellschaftlicher Entwicklung dargestellt. Im 21. Jahrhundert haben die Kommunikations- und Transporttechnologien, gemeinsam mit den zunehmenden Fluchtursachen, aber auch dem demografischen Wandel westlicher Industriegesellschaften eine geschichtlich und gesellschaftspolitisch einmalige Bedeutung internationaler Migration begründet (Castles et al. 2013). Um die politischen Dynamiken dieser Entwicklung verstehen zu können, erscheint ein Blick in die (Kolonial-)Geschichte unerlässlich (Hauck 2012). Ihre wirtschaftliche (und vor allem militärische) Vormachtstellung ermöglichte es den Ländern des globalen Nordens hier, die Überlegenheit ihrer Produktionssysteme – häufig auf Kosten des Globalen Südens (vgl. Lessenich 2016) – zu konsolidieren. Neben der globalen Arbeitsteilung und dem hieraus resultierenden Wohlstandsgefälle sind hierbei auch die postkolonialen Denksysteme asymmetrisch organisiert (Spivak 1999). Das ‚Wissen über den Anderen'

71 Die Unterscheidung zwischen Identitäts- und Klassenpolitik ist hierbei insofern eine arbiträre, als man – frei nach Mead (1973) – für jede Form der politischen Mobilisierung (ja, für jede Form des Handelns) eine Identität benötigt (andernfalls wüsste man ja gar nicht wer man – ungefähr – ist und könnte folglich auch gar nichts wollen). Weiterhin, dies bemerkt Misik (2019: 49), ist Klassenpolitik natürlich genauso ein Kampf um Anerkennung, wie sich feministische und migrantische Mobilisierung um die Vertretung materieller Interessen entwickeln kann (was freilich nicht bedeutet, dass letztere dies auch automatisch tun).

(Reuter 2002) ist hierbei oftmals geprägt von defizitären Vorstellungen und Stereotypen.

Anschließend an Georg Elwert (1989) lassen sich Ethnien als Gruppen mit (exklusiver, jedoch wandelbarer) Kollektividentität verstehen, welche sich aus einem gemeinsamen historischen Erbe (oder sogar: einem Selbstverständnis als Schicksalsgemeinschaft) speist.[72] Als ‚ethnische Ehre' bezeichnet Max Weber (1972: 237) eine „spezifische Massenehre", welche „jedem, der der subjektiv geglaubten Abstammungsgemeinschaft angehört, zugänglich ist." Ihre politische und kulturelle Bedeutung gewinnt die Kategorie der Ethnizität - genau wie im Fall des Geschlechts - in Relation zum Arbeitsmarkt. Eine ethnische Segregation, die - außer im Fall einiger Spezialarbeitsmärkte für Hochqualifizierte, wie beispielsweise im Spitzensport - in aller Regel zu Lasten der Immigranten geht (und dies durchaus über mehrere Generationen), prägt die Lebenswirklichkeit westlicher Einwanderungsgesellschaften.[73]

Vor allem unter Bedingungen zunehmender Fluchtmigration (vgl. Scherr/Scherschel 2019) ergibt sich eine weitere Facette der hier unter dem Begriff der Ethnizität thematisierten Ungleichheitsverhältnisse aus der Bedeutung von Staatsangehörigkeit. Als „Rechtsverhältnis der Zuordnung von Person und Staat" (Mackert 2006: 122) regelt die Staatsbürgerschaft sowohl das Aufenthaltsrecht, als auch die Arbeitserlaubnis oder etwaige Ansprüche auf Sozialleistungen (Gosewinkel 2016). Ein prekärer oder sogar irregulärer Aufenthaltsstatus verhindert bei den Betroffenen nicht nur soziale Teilhabe, sondern auch das Empfinden sozialer Zugehörigkeit. Gleichzeitig ist die systematische Nicht-Gewährung staatsbürgerlicher Rechte aber auch eingeschrieben in die Funktionsweise der kapitalistischen Wirtschaft (und hier vor allem im Schwarzmarktbereich).

Mit Blick auf das Genre des Gangstarap, welches nicht nur in Deutschland, sondern auch in seinen anderen europäischen Spielarten, die Randständigkeit (post-)migrantischer Bevölkerungsteile thematisiert, spielt der Fluchthintergrund vieler Genrevertreter eine besondere Rolle für die Inszenierung der Biografien. Bekannte Rapper wie Xatar oder Massiv (vgl. Kap. 6.1) verweisen hier auf ihre Familiengeschichte als Sequenz erzwungener Fluchtmigration und tragen so auch zur Politisierung der aktuellen Flüchtlingsdebatte bei. Der soziale Aufstieg vom Flüchtlingskind zum wehrhaften, durchsetzungsfähigen Gangstarapper steht so häufig im Zentrum der dargestellten Geschichten.

---

72 Der Fokus auf Ethnizität birgt insofern eine „Gefahr der Dethematisierung von Rassismus" (Lutz et al. 2010: 19) als Diskriminierung anhand körperlicher Merkmale hier nicht notwendigerweise inbegriffen ist, obwohl sie praktisch weiterhin eine Rolle spielt.

73 Diese Entwicklungen nehmen ihren Anfang biografisch häufig bereits im Bildungssystem (vgl. Hamburger 2005). In diesem Zusammenhang besteht für Zugewanderte, beziehungsweise, deren Nachkommen ein erhöhtes Risiko von Armut betroffen zu sein besonders dann, wenn deren Aufenthaltsstatus prekär ist.

Als „Ressource, Instrument und Gestaltungsobjekt“ (Rosa 2016: 164) stellt der menschliche Körper eine gesellschaftsstrukturierende Kategorie in mehrerlei Hinsicht dar. Zum einen folgt aus einer (vorwiegend medizinisch festgelegten) Normierung, ob ein Körper als gesund oder krank beurteilt wird. Aus dem (vermeintlichen) Zustand des Körpers ergibt sich dann beispielsweise, ob dieser als einsatzfähig oder hilfsbedürftig beurteilt wird. Zweitens erfolgt die Verteilung gesellschaftlicher Anerkennung in wesentlichem Maße über den Körper (Villa 208). Ob jemand als attraktiv, fit, schlecht angezogen oder übelriechend gilt, klärt sich unter Bezug auf dessen oder deren körperliche Erscheinung. Über die zwischenmenschliche Dimension der Anerkennung hinaus bezieht sich dies auch auf den Zugang zum öffentlichen Raum und letztlich auch die Intelligibilität als politischem Subjekt (Butler 2016).

Ähnlich wie die anderen drei vorgestellten Kategorien steht auch die körperliche Verfasstheit von Individuen und Gruppen in unmittelbarem Bezug zum kapitalistischen Wirtschaftssystem. Dies gilt nicht nur bei der Frage, zur Verrichtung welcher Tätigkeiten ein Mensch mit seinem spezifischen Körper in der Lage ist: „Statt der Arbeit mit dem Körper haben wir es heute verstärkt mit der *Arbeit am Körper* [Herv. M. S.] zu tun“ (Schroer 2005: 14). Einen Zusammenhang zwischen in den letzten Jahren in zunehmendem Maße verbreiteten Praktiken zur Optimierung des körperlichen Zustands (wie etwa Fitnesskurse, Diäten, Yoga-Kurse und anderen Wellness-Programmen) mit einem neoliberalen Maximierungspostulat haben zuletzt eine ganze Reihe sozialwissenschaftlicher Beiträge postuliert (Gugutzer 2007; Röcke 2007). Wie wir in Kapitel 6.2 unter Bezug auf die Inszenierung des Rappers Kollegah sehen werden, kommt der Gestaltung des eigenen Körpers auf für die symbolische Konstruktion der Gangstarap-Images eine wichtige Bedeutung zu. Im ‚Zeitalter der Fitness‘ (Martschukat 2019) lassen sich hier diejenigen Tugenden (Disziplin, Leistungsfähigkeit und Durchsetzungskraft) ablesen, die man benötigt, um zu belegen, dass man im neoliberalen Wettbewerb innerhalb und außerhalb des Marktes mitzuhalten vermag (vgl. Kap. 3.6)

In enger Verbindung mit der körperlichen Erscheinung wollen wir im Folgenden die menschliche Sexualität in Betracht ziehen.[74] Im Rahmen einer „heterosexuellen Matrix“ (Butler 1991) erscheint Sexualität auch im 21. Jahrhundert, wenn auch nicht unangefochten, als im Sinne einer männlichen Dominanz konnotiert. Diesen Normalfall sexueller Orientierung als das gemischtgeschlechtliche Begehren zwischen Männern und Frauen finden wir auch in den Bildwelten der Populärkultur. „Das Mode- und Schönheitssystem“, so McRobbie (2010: 108) „operiert im Sinn der patriarchalen Autorität und stellt so die Stabilität der heterosexuellen Matrix sicher.“ Während mögliche Abweichungen hier zwar im

74 Und dies nicht aus dem Biologismus, sondern, weil sie wesentlich über den Körper inszeniert wird.

Rahmen entsprechender Subkulturen honoriert werden, besteht eine solche Garantie (trotz mittlerweile nicht mehr allzu geringer Chancen) im gesellschaftlichen Mainstream nicht. Ob in Form offener Diskriminierung oder subjektiver Randständigkeitserfahrungen – Sexualität stellt für die Analyse sozialer Ungleichheiten eine relevante Kategorie dar. Die hier skizzierte intersektionale Perspektive richtet sich also auf die symbolische Konstruktion der Gangstarapimages unter Bezug auf die vier Kategorien Geschlecht, Klasse, Ethnizität und Körper/Sexualität zwischen Struktur- und Repräsentationsebene.

3.5 Das Konzept hegemonialer Männlichkeit

Die intersektionale Perspektive ermöglicht es, das Zusammenwirken sozialer Kategorien bei der gesellschaftlichen Positionierung von Individuen und Gruppen in Betracht zu ziehen. Eine besondere Ausprägung dieser Forschungsperspektive findet sich im von Robert (und mittlerweile: Raywynn) Connell eingeführten Konzept der ‚hegemonialen Männlichkeit'. Im seit den 1980er Jahren in Entstehung befindlichen Feld der ‚Masculinity Studies' leistet das Konzept einen grundlegenden Beitrag, indem es Männlichkeit – ganz im Sinne einer intersektionalen Cultural Studies-Perspektive – als dynamische und konfliktreiche Relation betrachtet, die es im Verhältnis sozialer Praxis, symbolischer Repräsentationen und gesellschaftlicher Makrostrukturen zu untersuchen gilt. Als „Leitkategorie" (Meuser 2010: 107) der modernen Männlichkeitsforschung bezeichnet das Konzept – in seiner allgemeinsten Form – „jene Konfiguration geschlechterbezogener Praxis [...], welche die momentan akzeptierte Antwort auf das Legitimitätsproblem des Patriarchats verkörpert und die Dominanz der Männer sowie die Unterordnung der Frauen gewährleistet (oder gewährleisten soll)" (Connell 2006: 96).

Den konfliktreichen Konstruktionscharakter des männlichen Geschlechts begründet Connell anschließend an Freuds (1975) Konzept des Ödipuskomplexes. Bemerkenswert erscheint hier, dass sich im Topos kindlicher Verwirrung zwischen dem Begehren des einen Elternteils, der Rivalität mit dem anderen sowie der beständigen Kastrationsangst mit der Ambivalenz und Fragilität männlicher Herrschaft bereits eines der zentralen Merkmale männlicher Identität und patriarchaler Herrschaft abzeichnet (Connell 2006: 27).

Aus einer historischen Perspektive reicht das aktuell (in der westlichen Welt) vorherrschende Modell von Männlichkeit zurück bis ins 18. Jahrhundert. Eine Aufteilung der gesellschaftlichen Sphären in die Bereiche der Öffentlichkeit und Privatheit leistete hier einer Arbeitsteilung Vorschub, die reproduktive Aufgaben den Frauen und Verantwortlichkeit für den Erwerb den Männern zuordnete. Die stereotype Konnotation geschlechtlicher Charaktere (Frauen gelten als introvertiert, emotional, fürsorglich und unselbständig; Männer sind zielstrebig, rational, wenig empathisch und tendenziell aggressiv) nimmt ihren Anfang, so Connell (2006: 88), historisch betrachtet erst vor diesem Hintergrund. Eine weitere historische Komponente ergibt sich aus der globalen Verquickung von Männlichkeit und Gewalt im Kolonialismus. „Europäische und amerikanische Männlichkeiten", erscheinen ihr im Längsschnitt betrachtet als „zutiefst in die weltweite Gewalt verstrickt, mit deren Hilfe die westliche Kultur ihre Vorherrschaft erlangte" (ebd.: 206).[75] Männliches Ansehen und entsprechende Privilegien folgen hierbei aus der ständigen Verantwortung, Naturbeherrschung und Dominanz über Indigene unter widrigen Bedingungen herzustellen (Greenberg 2007). Entsprechende Vorstellungen wirken auch in heutigen Idealbildern und Praktiken von (hegemonialer) Männlichkeit fort.

Ein weiteres zentrales Moment der sozialen Konstruktion vorherrschender Männlichkeitskonzepte findet sich in der Erwerbsarbeit. Als sinnstiftende Tätigkeit zur Daseinsvorsorge dient diese nicht nur der Leistungserstellung, sondern eröffnet „für einen großen Teil der männlichen Bevölkerung immer noch eine positive Quelle für Identitätskonstruktionen" (Scholz 2007: 51). Die „Betonung der Männlichkeit" spiegelt laut Connell (2006: 75) „die ökonomische Realität wider". Eine „hierarchische Wettbewerbsstruktur" (ebd.: 55) des Arbeitsmarktes zeigt sich entsprechend auch in der sozialen Ordnung und Dynamik von Männlichkeit.[76]

Der ökonomisch-kulturelle Hintergrund, vor dem aktuelle Konfigurationen von Männlichkeit ihre Bedeutung gewinnen, stellt – auch im 21. Jahrhundert – noch die Vorstellung eines „Normalarbeitsverhältnisses" (Bosch 2017) dar. Im Modus dieser „industriegesellschaftlichen Männlichkeitskonstruktion" (Meuser 2004) beruht die männliche Identität auf der Rolle als Familienernährer mit festem Einkommen, langfristiger Beschäftigungsperspektive und einer für den Haushalt verantwortlichen Ehefrau (vgl. auch Scholz 2008: 107). Auch wenn die gesellschaftlichen Bedingungen sich seitdem geändert haben mögen – die Frauenerwerbstätigkeit liegt im Jahr 2019 in Deutschland mit 71,5 Prozent nur knapp hinter dem männlichen Wert von 78,9 Prozent – verdichten sich entsprechende Normalitätsimplikationen stillschweigend zu Fixpunkten gegenwärtiger Männlichkeitskonstruktionen. Die Relation von Männlichkeitskonstruktionen und Erwerbsarbeit tritt weiterhin in der Ausgestaltung konkreter Tätigkeiten zu Tage. So folgt die Geschlechterkonstruktion männlicher Fabrikarbeiter einem anderen Muster, als dies etwa bei Büroangestellten, Köchen oder Friseurlehrlingen der Fall ist. Unterschiedliche Formen von Maskulinität, so lässt sich schließen, entstehen in unterschiedlichen Kontexten.

75 Die historische Kontinuität zeigt sich etwa hier in den Folgen der Gewalt, die weiße Polizisten gegen Schwarze von Rodney King bis Oury Jalloh anwenden.

76 Ähnliche „ernste Spiele" (Klein/Meuser 2010) in der homosozial-männlichen Dimension finden sich ebenfalls in sozialen Bereichen des (Spitzen-)Sports und in männlich dominierten Expertenkulturen wie dem Freizeitmusizieren oder der Technik.

Ein Verdienst von Connell ist es nun, dass die Perspektive auf hegemoniale Männlichkeiten diese Kontexte nicht als isolierte Sphären, sondern in Relation zueinander betrachtet. Es reiche, so schreibt sie (2006: 56), keineswegs aus, „die Mannigfaltigkeit von Männlichkeitsformen zu erkennen." Vielmehr gehe es bei der Analyse „auch um die *Verhältnisse* zwischen den verschiedenen Arten von Männlichkeit: Bündnisse, Dominanz und Unterordnung. Diese Verhältnisse entstehen durch Praxen, die ein- oder ausschließen, einschüchtern, ausbeuten, und so weiter" (ebd.). Neben ihrer hegemonialen Ausprägung unterscheidet Connell drei weitere Formen von Männlichkeit. Zum einen handelt es sich hier um eine untergeordnete Form von Männlichkeit, die ihrer Erscheinung nach ähnlich konnotiert ist wie Weiblichkeit. Verkörpert wird diese durch ‚unmännliche' (weil etwa offen homosexuell, verletzlich, schöngeistig oder empathisch-feinsinnig auftretende) Männer. Als komplizenhafte Männlichkeit bezeichnet Connell drittens eine Form der Maskulinität, die in ihrer Praxis dem hegemonialen Ideal nicht entsprechen kann, gleichzeitig aber in Form einer ‚patriarchalen Dividende' von der Wirksamkeit dieses Ideals profitiert, indem sich Frauen und andere Männer ihnen trotzdem unterordnen (müssen). Entsprechende Formen der Subordination bezeichnet sie viertens als marginalisierte Männlichkeiten. Hierunter fallen dann Entwürfe von Maskulinität, die Männer etwa durch die Abhängigkeit von prekärer Lohnarbeit oder in (post-)migrantischen Milieus als „Kehrseite" (Spindler 2007: 121) hegemonialer Männlichkeit kultivieren. Indem sich die Vertreter der anderen Männlichkeitsformen in Relation zur hegemonialen Männlichkeit positionieren, gewinnt diese ihre Bedeutung nicht nur in der hierarchischen Verhältnisbestimmung zwischen den Geschlechtern, sondern auch als homosoziales Ordnungsmuster zwischen Männern (Connell/Messerschmidt 2005: 832; Meuser 2010: 103).

Empirisch lässt sich hegemoniale Männlichkeit laut Connell und Messerschmidt (2006: 849) auf drei Ebenen analysieren. Während hegemoniale Männlichkeit erstens auf einer lokalen Ebene in der unmittelbaren Interaktion (zum Beispiel in der Familie, dem Stadtteil oder am Arbeitsplatz) sichtbar wird, lassen sich zweitens weiterhin (makro)regionale Ausprägungen (etwa im Rahmen des Nationalstaats oder auch größerer Kulturräume) unterscheiden. Auf einer globalen Ebene finden sich drittens im Rahmen transnationaler Arenen (wie etwa im Feld der Weltpolitik oder auch im internationalen Spitzensport) Konzepte global sichtbarer Images von Männlichkeit, die das Bild ihrer hegemonialen Vertreterschaft prägen. Form und Inhalt dieser Images variieren je nach räumlichen Bezugsrahmen genauso wie im Zeitverlauf: Hegemoniale Männlichkeit, so schreibt Connell (2006: 97), „ist kein starr, über Zeit und Raum unveränderlicher Charakter. Es ist vielmehr jene Form von Männlichkeit, die in einer gegebenen Struktur des Geschlechterverhältnisses die bestimmende Position einnimmt, eine Position allerdings, die jederzeit in Frage gestellt werden kann."

Die typischen Formen hegemonialer Männlichkeit unterliegen also einem stetigen sozialen Wandel. Eine wesentliche Konstante bei ihrer Konstruktion stellt der Bezug auf das Lebensalter ihrer Vertreter dar. Finden sich ‚junge' und ‚alte' Männer in ihrer Darstellung häufig als solche markiert, werden „dominante Konstruktionen und Bilder von Männern und Männlichkeiten [...] von Männern ‚mittleren Alters' beherrscht" (Hearn 2010: 112). Ein weiterer Kernbestandteil hegemonialer Männlichkeit liegt im Bezug auf die Leistungs- und Durchsetzungsfähigkeit ihrer Repräsentanten. Galten historisch der ehrbare Nahkampf oder das Duell als „zentrale Institution hegemonialer Männlichkeit" (Meuser 2010: 106), so finden sich unter Bedingungen des globalen Finanzmarktkapitalismus Idealbilder in Form einer „global masculinity" (Lenz/Scheu 2010: 311), die vor allem durch Vertreter der internationalen Managements (Seeliger 2011) der ‚globalen Finanzklasse' (Neckel et al. 2018) repräsentiert werden.

Die hier beschriebene Ordnung männlicher Herrschaft (Bourdieu 2005) erscheint einerseits relativ abgesichert. Im Sinne des im Anschluss an Gramsci gewählten Hegemonie-Begriffes wirken die beschriebenen institutionellen Muster über kultureller Repräsentation „auf ein Einverständnis der Beherrschten hin" (Lenz/Scheu 2010: 309). Bei genauerem Hinsehen weisen die vorherrschenden Muster männlicher Dominanz eine Reihe von Abnutzungserscheinungen auf, welche sich zurzeit in einem zunehmenden Begründungsbedarf offenbaren. Die Populärität von Büchen zu Problemkomplexen wie „Warum Männer nicht zuhören und Frauen nicht einparken können" (Pease/Pease 2000) oder die wachsende Beliebtheit archaischer Sportevents wie wir sie in der ‚Ultimate Fighting Championship') erleben können, lassen sich vor diesem Hintergrund als Reaktionen auf einen Legitimitätsverlust männlicher Herrschaft interpretieren. Entsprechende Formen eines kulturellen Backlash – als Naturalisierung, archaischer Zuschaustellung, usw. der Geschlechterdifferenz – verweisen hier auf die Krisentendenzen der modernen Geschlechterordnung. Die in diesem Buch am Beispiel der symbolischen Formen des Gangstarap behandelte Frage nach dem umkämpften Konstruktionscharakter hegemonialer Männlichkeit zielt auf einen Beitrag zum Verständnis eben dieser Krisentendenzen.

3.6 Kapitalistische Populärkultur

Popkulturelle Formen gewinnen ihre Konturen innerhalb der gegenwärtigen gesellschaftlichen Konstellation unter kapitalistischen Bedingungen. Dies – auf doch recht allgemeine Weise – zu sagen, bedeutet, das analytische Interesse einerseits auf diejenigen ökonomischen Prozesse hin auszurichten, im Zuge derer die Gegenstände der Popkultur hergestellt werden. Muster kulturindustrieller Produktion verlaufen aus dieser Perspektive in einem Spannungsfeld von Kapitalinteressen und künstlerischen Verwirklichungswünschen als Sequenzen symbolischer und stofflicher Transformation (vgl. Seeliger 2010). Fassen wir den analytischen Rahmen noch weiter, so fallen auch Strukturbedingungen gesellschaftlicher Entwicklung – wie etwa das besagte (Arbeits-)Zeitregime des Fordismus, welches die Nutzungs- und Rezeptionsmuster von Popkultur mitbestimmte – in den Grenzbereich kapitalistischer Entwicklung und popkultureller Fabrikation (wie viel Fernsehen man gucken kann, hängt etwa auch davon ab, wie lange man arbeiten muss). Auf einer dritten Ebene lassen sich schließlich Repräsentationen der kapitalistischen Gesellschaft insgesamt in den symbolischen Formen der Populärkultur untersuchen. Die Frage, wie kapitalistische Dynamik die Images prägt, die im Feld der Popkultur (im Allgemeinen) und des Gangstarap (im Besonderen) mit großer Reichweite zur Schau gestellt werden, steht hierbei im Vordergrund (was nicht heißt, dass nicht auch die anderen beiden Dimensionen von Bedeutung sind).

Was genau ist nun also unter Kapitalismus zu verstehen? In ihrem allgemeinsten Sinne lässt sich eine kapitalistische Wirtschaftsordnung als Konstellation begreifen, in der Leistungserstellung und Güterverteilung im produktiven Bereich über eine Marktwirtschaft (1), im Wege abhängiger Beschäftigung (2), sowie unter Bedingungen relativer Kapitalkonzentration (3) organisiert ist.[77] Die Produktion und Bereitstellung von Gütern dient in diesem Rahmen der Anhäufung privaten Reichtums aus individuellem Interesse.

Die Rede von einer kapitalistischen Gesellschaft impliziert gleichzeitig, dass diejenigen institutionellen Strukturen, welche – wie etwa das Bildungssystem, der Wohlfahrtsstaat oder die Innungen – den Status des Marktes als zentrales gesellschaftliches Koordinationsinstrument erst ermöglichen, ständig in Gefahr sind, ihre systemischen Eigenlogiken einem ökonomischen Funktionsdiktat unterordnen zu müssen (Schimank/Volkmann 2008). Eingeführt wurde diese Doktrin im Globalen Norden vor allem in den USA und Großbritannien der 1980er Jahre unter Ronald Reagan und Margaret Thatcher (vgl. Slobodian 2019; Chamayou 2019). Eine graduelle Durchsetzung neoliberaler Politikelemente erfolgte jedoch nicht nur in den liberalen Marktwirtschaften. Auch in der Bundesrepublik vollzog sich – ungefähr seit Beginn der 1970er Jahre – ein bis heute anhaltender Umbau des deutschen Sozialkapitalismus (vgl. Streeck 2009).

Als „tiefste Zäsur in der Wohlfahrtsstaatsentwicklung nach 1945" bezeichnet Christoph Butterwegge (2019: 286) die Arbeitsmarktreformen in der vierten Stufe des im Dezember 2003 verabschiedeten ‚vierten Gesetzes für moderne Dienstleistungen am Arbeitsmarkt' – besser bekannt als Hartz IV. Während die Formulierung einer „Zusammenlegung von Arbeitslosen- und Sozialhilfe" – denn so wurden die Reformen im regierungspolitischen Duktus vermittelt – suggerieren mag, dass es sich hier lediglich um eine Restrukturierung der Bezugs-

77 Für eine elaborierte Typologie komplementärer Forschungsperspektiven siehe Streeck (2012).

form handelt,[78] sah das neue Regelwerk eine radikale Senkung der Bezüge sowie Verkürzung der Bezugsdauer vor. Weiterhin wurden Erwerbslose verpflichtet, sich fortzubilden und auch unattraktive Job-Angebote zu akzeptieren, selbst wenn damit gesundheitliche Belastungen oder lange Pendelstrecken verbunden sein sollten.

Neben den unmittelbaren verteilungspolitischen Konsequenzen – was für die Kapitalseite einen Zugriff auf billige Arbeit sowie eine Entbindung von lästigen Abgabepflichten bedeutete, übertrug sich für einen Großteil der Lohnabhängigen in einen Rückgang von Kaufkraft und damit auch Lebensqualität – gewinnt die Durchsetzung von Hartz IV ihre Bedeutung erst in einer Sequenz kulturellen Wandels. Die vielleicht nicht auf politischem Konsens, aber doch Kompromissen und sozialem Ausgleich basierte Kultur des sozialkapitalistischen Wohlfahrtsstaates der Nachkriegszeit begann – nicht zuletzt im Zuge der Hartz-Reformen – einem politischen und kulturellen Klima der sozialen Polarisierung zu weichen.

Die so entstandene Konstellation hat Oliver Nachtwey (2016) als ‚Abstiegsgesellschaft' bezeichnet. Während – im Bildungssystem, am Arbeits- und Wohnungsmarkt, aber auch im Bereich des Kulturellen – eine vergleichsweise kleine Gruppe gesellschaftlicher Eliten von den Entwicklungen einer „regressiven Modernisierung" (ebd.: Kap. 4) profitiert, sieht sich der Großteil der gesellschaftlichen Mitte einem zunehmenden Leistungsdruck ausgesetzt. Hatte das sozialkapitalistische Glücksversprechen des Fordismus noch auf der Möglichkeit gesellschaftlichen Aufstiegs durch einen ‚guten Abschluss' und ‚ehrliche Arbeit' beruht, verlören derart standardisierte Lebensläufe unter Bedingungen arbeitsmarktpolitischer Restrukturierung ihren Bestand. Mit der Politischen Ökonomie ändere sich, so schließt Nachtwey vor diesem Hintergrund, „das normative und funktionale Narrativ moderner Gesellschaften über sich selbst".[79] So erscheint es nicht als verwunderlich, dass die Entwicklung der deutschen Wirtschaft unter dem Druck der Globalisierung sich auch in den symbolischen Repräsentationen der Popkultur manifestieren sollte. Alben- und Songtitel oder Textzeilen wie ‚Hart(z) IV' (Eko Fresh) oder ‚Echte Männer hängen nicht am Jobcenter ab' (Bushido) dienen hier als deutliche Verweise auf die neue Bewährungs- und Ungleichheitsordnung des neoliberalen Kapitalismus der Bundesrepublik.

---

78 Wenn man Dinge „zusammenlegt", sollten diese ja – zumindest der spontanen Assoziation gemäß – nicht weniger werden.

79 Eine Reihe ähnlicher Diagnosen finden wir im Bereich der linken Kultursoziologie. „Seit den 1980er Jahren", so schließt etwa Reckwitz (2019: 24), sei ein neuer Liberalismus dominant geworden, „der radikal auf Wettbewerb und Differenz, auf eine Dynamisierung und globale Entgrenzung des Sozialen, Ökonomischen und Kulturellen setzt." Und auch Sighard Neckel (2013) etabliert in seiner Frankfurter Antrittsvorlesung – anschließend an Habermas (1990) – den Begriff einer ‚Refeudalisierung' sozialer Ungleichheitsverhältnisse, welche immer weniger durch ein Leistungsprinzip legitimiert würden.

Gleichzeitig korrespondieren die bis hierher skizzierten Entwicklungen auch mit Wandlungserscheinungen auf dem Feld der Kultur. Diese treten zum einen in den Modi individueller und kollektiver Subjektivierungsweisen und zweitens in einer Transformation des Kulturellen als Ganzem zutage. Beide Dimensionen sollen im Folgenden kurz vorgestellt werden. Als Subjektivierung (oder auch: Subjektwerdung) wollen wir denjenigen Prozess verstehen, im Zuge dessen Personen ihre Handlungsfähigkeit auf einem bestimmten Platz innerhalb einer sozialen Struktur einnehmen. Diesen Platz – hierin liegt die Ambivalenz des Subjektbegriffes – suchen sie sich weder eigenständig aus, noch wird er ihnen schlichtweg zugewiesen. Um zwischen Selbst- und Fremdbestimmung sozial anerkennbar (oder auch „intelligibel" (Butler 1991)) zu werden, durchlaufen Menschen andauernde Prozesse von Subjektivierung als „ein beständiges Scheitern von Personen bei ihrem Versuch, Subjekte zu *sein*" (Villa 2010: 212).

Diese Prozessperspektive impliziert die Idee eines sozialen Konstruktionscharakters menschlicher Subjektivität. Im Zuge der Durchsetzung neoliberaler Steuerungsprinzipien haben sich in den letzten Jahrzehnten auch die Muster der Lebensführung und damit auch die menschlichen Subjektivierungsweisen verändert. Im Prinzip ist das, wie etwa Norbert Elias (1976) in seiner Studie den langfristigen Wandel von Persönlichkeitsstrukturen in den Ländern Westeuropas vom Mittelalter bis zur Neuzeit begründet, wenig überraschend. Mit der gesellschaftlichen Produktionsweise, ihren technologischen Fähigkeiten im Alltag, mit ihren Mustern des Konsums und mit ihrer Haltung zur Religion haben Menschen schon immer ihr Selbstverständnis und ihre Ideen eines guten Lebens verändert.

Als praxisrelevantes Denksystem ist die neoliberale Ideologie insofern voraussetzungsreich, als ihre Funktionsprinzipien mit den etablierten Mustern der Lebensführung nicht übereinstimmen. Als Idee, ja sogar Utopie (und eine Gesellschaft voller effektiver, effizienter und verantwortungsbewusster Individuen würde in Teilen durchaus positive Aspekte aufweisen) muss sie sich erstmal diejenigen Subjekte erschaffen, die den Laden am Laufen halten (vgl. Hilgers 2012) – und scheitert dabei beständig.

Der Zusammenhang von Kapitalismus, Ungleichheit und Demokratie steht hierbei, wie bereits erwähnt, im Zentrum des Begründungsmusters neoliberaler Ordnung (vgl. Seeliger 2019). Während manche Vertreter neoliberaler Prinzipien die Entstehung sozialer Ungleichheit durch Märkte schlichtweg leugnen, proklamieren andere die Notwendigkeit anhaltender Verteilungsdisparitäten für die Gewährleistung kapitalistischer Wachstumsdynamik. Beide wirtschaftspolitischen Denkweisen finden sich auch in den drei folgenden Paraphrasen neoliberaler Subjektivierung – dem aktivierten Subjekt, der beschleunigten Gesellschaft und dem unternehmerischen Selbst.

Mit dem Konzept der Aktivierung bezeichnet Stephan Lessenich (2008; 2009) ein Orientierungsmuster staatlicher Politik, das auf die Mobilisierung und Freisetzung privater (oder besser: zivilgesellschaftlicher) Ressourcen und Potenziale zielt. Unter den weiter oben beschriebenen Bedingungen internationalen Standortwettbewerbs erfolgte der Umbau des Sozialstaats – bemerkenswerter Weise – unter maßgeblicher Beteiligung sozialdemokratischer Parteien. Jenseits der unmittelbaren verteilungspolitischen Konsequenzen hatte diese – im Europa der 1990er unter der Doppelspitze von Tony Blair und Gerhard Schröder angeführte – neoliberale Reformbewegung Größeres im Sinn. Angesichts eines zu Anfang des Jahrzehnts von Francis Fukuyama (1992) proklamierten Endes der Geschichte und mit dem Übergang in die (digitale) Dienstleistungsgesellschaft und den dynamischen Entwicklungen des Finanzmarkts einen „(kurzen) Traum immerwährender Prosperität" (Lutz 1984) vor Augen schwebte Schröder, Blair und den anderen neo-sozialdemokratischen Eliten nichts weniger vor als eine Revision des fordistischen Gesellschaftsvertrags. An Stelle der – auf dem Prinzip relativer Gleichheit beruhenden – Umverteilungsmechanismen sollte ein Koordinationsinstrument installiert werden, welches das Verhalten der Menschen, so zumindest die Annahme der neoliberalen Traditionslinie und ihrer sozialdemokratischen Apologeten (vgl. Heinze 2006; Heinze/Streeck 1999), effizienter strukturieren helfen sollte – der Markt.

Nun wird der Begriff des Neoliberalismus (und dies nicht zu Unrecht – vgl. etwa Popper 1999) gemeinhin assoziiert mit einer Minimierung staatlichen Einflusses auf ‚die Wirtschaft'. Die Allokation von Ressourcen im Prozess der Produktion und Verteilung von Gütern, so die verbreitete Annahme, entfaltet hierbei die größte Effizienz, wenn man sie – so weit wie eben möglich – den Wirtschaftssubjekten selbst überlässt. Einen solchen Apparat, dessen Einfluss sich auf die Gewährleistung des Schutzes von Privateigentum sowie ein paar basaler Infrastrukturangebote beschränkt, hatte der linke Sozialdemokratie Ferdinand Lasalle Mitte des 19. Jahrhunderts als ‚Nachtwächterstaat' bezeichnet.

Eine wesentliche Paradoxie dieser sozialpolitischen Restrukturierung besteht nun darin, dass sie selbst ein erhebliches Maß an Staatstätigkeit erfordert. Um den Markt als zentrales Koordinationsinstrument der deutschen Wirtschaft zu etablieren, galt es der Sozialdemokratie unter Schröder, mit dem Tarifvertragssystem und dem Wohlfahrtsstaat diejenigen Institutionen zu unterminieren, die freie Transaktionen auf freien Märkten zu Gunsten undynamischer Regulierungen (wie Mindestlöhnen, Rentenansprüchen oder einer langfristigen Beschäftigungsperspektive) behinderten.[80] Neben den unmittelbaren ordnungspolitischen Kosten – über mehrere Jahre hinweg zogen die Hartz-Reformen im Kontext des wohlfahrtsstaatlichen Umbaus Proteste (zum Beispiel in Form der

80 Die Christlich Demokratische Union sollte hieran, wie etwa im Falle der Schuldenbremse, die die staatliche Handlungsfähigkeit verfassungsmäßig begrenzt, in den folgenden Jahren weiter anschließen.

Montagsdemonstrationen) nach sich – stellt die soziale Ungleichheit gleichzeitig eine Ursache zunehmender sozialer Konflikte dar. Deren Einhegung läge zwar – gemäß der Definition – im Verantwortungsbereich des Nachtwächterstaats. Was diesen jedoch vom ‚aktivierenden Staat' unterscheidet, ist, dass letzterer, einer „Neuerfindung des Sozialen" (Lessenich 2008) auf breiter Ebene Vorschub leistet. Eine entsprechende Transformation, so Lessenich (ebd.: 17) vollzieht sich hierbei als „Neujustierung von privaten und öffentlichen Verantwortlichkeiten, die Umdeutung von Bürgerrechten und -pflichten, die Reformulierung gesellschaftlicher Leistungs- und Produktivitätserwartungen."

Staatstätigkeit richtet sich vor diesem Hintergrund auf die Organisation und Durchführung groß angelegter Sanktions-, Motivations- und Umerziehungsmaßnahmen. Zwangsweise zu belegende Fortbildungen, lange und aufwändige Prozeduren und Verwaltungsabläufe (vgl. Dörre et al. 2013) oder das beschäftigungspolitische Instrument symbolischer ‚Ein-Euro-Jobs' vermischen sich in der Praxis des neuen Austeritätsregimes (auf der individuellen wie auf der staatlichen Haushaltsebene) mit einem tendenziell herabwürdigenden Muster sozialer Anerkennung auf der Subjektebene. Risiken, so lautet die aktivierungspolitische Botschaft, sind im modernisierten Sozialstaat nicht länger kollektiv, sondern in erster Linie von den Einzelnen zu bewältigen. Die Utopie „eines von wirtschaftlichen Subjekten bevölkerten gesellschaftlichen Raums" (Lessenich 2008: 80) geht in der wirtschaftspolitischen Praxis einher mit einer (unrealistischen) Zwangsindividualisierung gesellschaftlicher Verantwortlichkeiten.[81]

Der neue kategorische Imperativ der Sozialpolitik (beziehungsweise ihrer In-Anspruch-Nehmer) – „Frage nicht, was der Wohlfahrtsstaat für dich tun kann, sondern was Du für den Sozialstaat tun kannst" – impliziert damit (frei nach John F. Kennedy) eine Lebensweise – mit Lessenich (2008: 82) – die Anrufung „doppelt verantwortungsbewusster, und das bedeutet: sich selbst wie auch der Gesellschaft gegenüber verantwortlicher Subjekte." Ein neues Gemeinwohlverständnis speist sich hier aus dem Selbstbild einer Gesellschaft, die sich „gegen jene Individuen schützen und verteidigen muss, die der Gesellschaft durch ‚asoziales' Verhalten Risiken auferlegen" (Lessenich 2008: 122). Diese neuen Beziehungsmuster im Verhältnis von Individuum und Gesellschaft – so zeigt sich etwa in der neuen Unterschichts-Debatte (Bude 2008) oder der Auseinandersetzung mit Thilo Sarrazins (2010) ‚Deutschland schafft sich ab' (vgl. Haller/Niggeschmidt 2012) und schließlich auch im jüngeren Rechtsruck (vgl. Heitmeyer 2018) – prägen das Gemeinwesen weit über das Feld der Sozialpolitik hinaus.

---

81 Dass sich die entsprechenden Entwicklungen politökonomisch als Umverteilung von ‚Unten' nach ‚Oben' darstellen, zeigt sich theoretisch in der Ausweitung des Niedriglohnsektors als Quelle billiger Arbeit und empirisch bei Bispinck (2010).

Das von Lessenich (2008: 130) bemühte Motiv von Bewegung als „Konstitutions- und Funktionsprinzip des modernen Kapitalismus" greift auch Hartmut Rosa in seinem Arbeiten zur ‚Beschleunigung des Sozialen' auf (vgl. Rosa 2005; 2009; 2013). Die Durchsetzung neoliberaler Prinzipien in der Gesellschaftssteuerung gehe, so Rosa, einher mit einer „Verkürzung der als Gegenwart zu bestimmenden Zeiträume" (Rosa 2013: 23). Während immer kürzere Zyklen einer Fülle neuer Produkte die Geschwindigkeit des Angebotes moderner Konsummöglichkeiten erhöhen, steigt mit Rosa gleichzeitig auch der Druck auf die individuelle Selbstverwirklichung, eine „Steigerung der Verfallsraten" von Verlässlichkeit nicht als Risiko, sondern als Chance zu begreifen.[82] Es unter den widrigen wirtschaftlichen Bedingungen des deregulierten Arbeitsmarkts (sowie im Angesicht einiger Faulpelze und Waschlappen, die hierbei auf der Strecke zu bleiben drohen) *trotzdem* höher, schneller und weiter zu schaffen, stellt unter spätkapitalistischen Bedingungen für die Protagonisten (beziehungsweise ihr Fußvolk) einer sich sozial entsichernden und zunehmend entsolidarisierenden Gesellschaft mehr und mehr eine kulturelle Verheißung dar.[83]

Entsprechende Subjektentwürfe und Sozialtechnologien fokussiert schließlich auch Ulrich Bröckling (2007; 2017). Als ‚unternehmerisches Selbst' so schließt der Freiburger Soziologe – wie auch Lessenich aufbauend auf die Gouvernmentalitäts-Studien von Michel Foucault (2005) – würden Personen unter den beschriebenen Bedingungen zunehmend in ihrer Rolle als eigenständige, allzeit bereite und leistungsfähige, (individuell) verantwortungsbewusste, kreative (etc.) Subjekte angerufen – jedoch freilich, ohne es zu werden. Pfandflaschensammler, Leiharbeiter und sogenannte ‚Leistungsträger' im Profisport oder der Finanzwirtschaft – alle sind nun angehalten, ihre ökonomische Nische zu finden und sich dort gefälligst zu verwirklichen, denn Arbeit kann – besonders, wenn sie hart ist – auch Spaß machen. Die „freiwillige Knechtschaft" gilt unter spätkapitalistischen Bedingungen, so Bröckling (2017: 22), als „höchste Form der Freiheit".

Einen Beitrag zum Verständnis solcher unternehmerischen Subjektivierungsstrategien als Teil neoliberal-populärer Alltagskulturen leistet der Erfurter Historiker Jürgen Martschukat (2019) mit seiner Untersuchung zum „Zeitalter der Fitness". Handelte es sich zu Beginn der 1980er Jahre noch um einige hundert

82 Denn um „dornige Chancen", so wissen wir vom FDP-Vorsitzenden Christian Lindner, handelt es sich bei Problemen in der neoliberalen Ontologie.

83 Auf der subjektive Ebene erfordert die Bewältigung entsprechender Handlungsprobleme eine Menge an Selbstdisziplin und zögen nicht einen „hochwirksamen Effekt des ‚schuldigen Subjekts'" (Rosa 2013: 110) nach sich: „[N]iemals in der Lage, unsere To-do-Listen vollständig abzuarbeiten", bleiben die erst aktivierten und dann beschleunigten Subjekte ständig in Bewegung, um ihre (imaginierte) Schuld der Gesellschaft und sich selbst gegenüber durch ständige Steigerung abzutragen – ohne Erfolg.

Einrichtungen, konnten allein in Deutschland im Jahr 2016 bereits 8.700 Studios über zehn Millionen Mitglieder verzeichnen. Im Zentrum der von Bröckling, Lessenich und anderen beschriebenen gesellschaftlichen Konstellation steht auch bei Martschukat (2010: 9), „das selbstverantwortliche, leistungsbereite und leistungsfähige Individuum." Mit seiner Fokussierung auf die zwanghafte Verpflichtung zur Körperarbeit arbeitet er den Stellenwert von Fitness als signifikantes Symbol von Produktivität, Reproduktivität und Kampfbereitschaft unter neoliberalen Vorzeichen heraus. Die Arbeit am Körper, so schließt auch Markus Schroer (2005: 36), dient damit nicht allein dem instrumentellen Erreichen mittelbarer Ziele (wie etwa Popularität und/oder eine körperlich ebenfalls attraktiven Lebenspartnerin zu gewinnen), sondern avanciert zu einem „latent vorhandenen" (ebd.) Kapitel und einem Wert an sich. Das Fitnesstraining erscheint als gesunder „Ausdruck des Wettbewerbs auch im Freizeit- und Privatbereich" (Fleig 2008: 89).

„Wer anfängt zu sein, hat aufgehört zu werden" (Konfuzius), „Wer rastet, der rostet" (Volksmund), „Büro ist wie Jazz, nur ohne die Musik" (Bernd Stromberg) – die Verbreitung einer Performativität der Anerkennungsverhältnisse (Rosa 2009) als die „dunkle Seite der unternehmerischen Selbstoptimierung" (Bröckling 2007: 74) können eine ganze Reihe mal mehr mal weniger inspirierender Volksweisheiten und Kalendersprüche wenn schon nicht vollständig rationalisieren, so doch zumindest verharmlosen und ein bisschen erträglicher gestalten. Doch auch hier fungiert die Kultur der Spätmoderne als ständiger „Enttäuschungsgenerator" (Reckwitz: 2017). Ein anhaltendes Unzulänglichkeitsgefühl speist sich hier aus der dumpfen Ahnung, nicht genug gearbeitet, genetzwerkt oder sonst wie gelitten zu haben. Die produktive und belastende Lebensqualität spendende und gleichzeitig Lebensqualität einschränkende Ideologie der Leistungsgesellschaft, so schließt vor diesem Hintergrund Rainer Mausfeld (2019: 37), „in der der gesellschaftliche Status eines Menschen durch seine individuell erbrachten Leistungen" bestimmt ist, „so tief in unserer Kultur verankert, dass wir sie gar nicht mehr als Ideologie bemerken." Die Bildwelten des Gangstarap, so möchte ich im Folgenden argumentieren, stellen hierbei insofern eine anschauliche Ausnahme dar, als dass generelle Tendenzen der kulturellen Entwicklung sich hier in besonders prononcierter Art und Weise abbilden. Die symbolische Fetischisierung von Konsum, Besitz und unternehmerischem Denken kann hier als Huldigung neoliberaler Primärtugenden verstanden werden.

Neben dem Wandel in den Subjektivierungsformen sind in der spätmodernen Konstellation aber auch die Formen des Kulturellen insgesamt einem Gestaltenwandel unterzogen. Diese Entwicklung beschrieb zuletzt in beeindruckender Weise Andreas Reckwitz (2017; 2019). Eine neue Bedeutung der Kultur erkennt er (2017: 7) im Zuge einer Verbreitung eines „singularistischen Lebensstils" im „kulturellen Kapitalismus". Als singulär lassen sich „Dinge, Dienste und Ereignisse" (ebd.) insofern verstehen, als dass sie für diejenigen, die sie kaufen, in Anspruch nehmen und erleben (und entsprechend auch diejenigen, die dies erleben) eine besondere affektive Konnotation aufweisen. Man trinkt etwa nicht mehr irgendeinen Tee, sondern einen entschlackenden Yogi-Tee, dessen Verzehr neben distinguiertem Geschmack auch ein Gesundheitsbewusstsein signalisiert, oder unternimmt seine Fernreise nicht mehr als Pauschalurlaub, sondern als exquisite und individuell gestaltete Städtereise (und durchaus im Billigflieger – ein singulärer Lebensstil kann, aber muss durchaus nicht teuer sein). Grundsätzlich gilt hierbei nur, so Reckwitz: „Plakativ gesagt, erweist sich die Spätmoderne damit als eine äußerst ambitionierte Gesellschaftsform, in der nicht mehr der Durchschnitt genügt, sondern von den Individuen, Dingen, Ereignissen, Orten und Kollektiven erwartet wird, dass sie diesen Durchschnitt hinter sich lassen" (Reckwitz 2019: 21). In diesem Sinne habe ich Gangstarap an anderer Stelle (Seeliger 2019b) auch als Reaktion auf Erfahrungen kollektiver Kränkung und Stigmatisierung interpretiert.

Als Protagonisten dieser Entwicklung benennt Reckwitz die Milieus der akademischen Mittelklasse. Als kaufkräftige, geschmackssichere Opinion Leader erfinden, entwickeln und vermitteln ihre Vertreterinnen Inhalt und Bedeutung des kulturellen Wandels. Die konkrete Substanz dieser Kulturformen ist hierbei fast weniger wichtig als die performativen Akte ihrer praktischen Aneignung. Den symbolischen und stofflichen Fundus, aus dem die Träger des singularistischen Lebensstils schöpfen, bezeichnet Reckwitz (2019: 36, Hervorh. i. O.) als Hyperkultur, in der er eine Art „übergreifendes, dynamisches Prinzip" erkennt, „das eine Sphäre kreiert, in der potenziell *alles* in höchst variabler Weise zum Gegenstand von Wert werden *kann*, aber natürlich nicht alles gleichermaßen von Wert *ist*."

In der Hyperkultur verwischen nicht nur die Grenzen zwischen (vermeintlicher) Hoch- und Populärkultur. Auch Artefakte aus unterschiedlichen historischen Epochen können hier zur Schau gestellt und konsumiert werden, ohne dass ein bildungsbürgerlicher Habitus die Voraussetzung einer angemessenen Nutzung darstellen würde. Der eigenen Selbstverwirklichung sind hier auch insofern keine Grenzen gesetzt, als die Hyperkultur per se eine vielfältige und diverse ist. Was anders – oder sogar exotisch – ist, verspricht einen singularistischen Distinktionsgewinn. Vegane Bowls aus Hawaii, chinesische Akupunktur oder eine traditionelle Thai-Massage (ohne Happy-Ending, denn für die offene Akzeptanz von Sexdienstleistungen ist das akademische Mittelklassemilieu zu prüde und teilweise auch zu emanzipiert) – all diese Annehmlichkeiten der multikulturellen Konsumgesellschaft finden so Eingang in den singularistischen Lebensstil. Die ethnischen Hintergründe und die Migrationsgeschichten der zahlreichen Individuen und Familien verschmelzen in der Optionenvielfalt des ökonomisch gewendeten Multikulturalismus, welche die Angehörigen der akademischen Mittelklasse sich zu Nutze machen. „Erst die Singularisierung des Sozialen", so beschreibt Reckwitz den hier wirksamen Modus der Selbstverwirklichung, „verspricht Befriedigung, Prestige und Identifikationskraft, erst sie macht die Menschen und die Welt aus Sicht der spätmodernen Kultur *wertvoll*" (ebd., Hervorh. i. O.).

Wie Nachtwey (2016) in der ‚Abstiegsgesellschaft' thematisiert Reckwitz – wenn auch weniger prominent – die sozialstrukturelle Polarisierung in der spätmodernen Konstellation. Ein besonderes Problem ergibt sich ihm zufolge für all diejenigen, denen die Kulturpraktiken der neuen (akademischen) Mittelklasse nicht offenstehen. Eine prekäre Unterklasse – Reckwitz (2019) bezeichnet sich auch als die ‚prekäre Klasse' – teilt hierbei das kollektive Schicksal strukturell unsicherer Beschäftigungs- und damit auch Lebensbedingungen. Während ein erster Teil sein Auskommen außerhalb des Arbeitsmarktes durch staatliche oder familiäre Unterstützung findet, bewegt sich ein zweiter Teil der prekären Klasse in den unteren Lohnsegmenten des Dienstleistungssektors und ein dritter in den un- oder angelernten Bereichen des industriellen sowie des Landwirtschaftssektors. Die Entwertung dieser prekären Unterklasse erfolgt hierbei als „Ort einer ‚schlechten' Kultur, die nicht von Wert ist, sondern problematisch oder gar riskant: des Mangels an Bildung und kulturellen Kompetenzen, der schlechten Ernährung und Gesundheit, der schlechten Erziehung, Wohnviertel, Regionen und Schulen, dazu der schwierigen Jugendlichen, der rückständigen Versionen von Männlichkeit und Weiblichkeit und schließlich der problematischen Einstellungen" (Reckwitz 2017: 359 f.).

Subjektive Strategien zur Bewältigung entsprechender Deklassierungserfahren variieren und reichen von der Pflege politischer Ignoranz über den Rückzug in lokale Gemeinschaften bis hin zu Kultivierung individualisierter Aufstiegsphantasien und -strategien. Auch eine Repolitisierung (sowohl zur Rechten wie zur Linken hin) kann erfolgen (vgl. Reckwitz 2019: 107).

3.7 Synthese

Zu Beginn dieses Kapitels habe ich eine Theorie als ein Bündel von Aspekten beschrieben, unter denen ein Forschungsgegenstand – also in diesem Fall das Verhältnis zwischen der deutschen Gesellschaft und den symbolischen Formen des deutschen Gangstaraps – zu definieren und zu analysieren ist. In diesem Abschnitt habe ich fünf Theorieelemente vorgestellt, die den folgenden Argumentationsgang strukturieren sollen. Die Kombination dieser Elemente begründen also erstens die forschungslogische Konstruktion des Gegenstandes und zweitens die Analysedimensionen.

Eine in Anlehnung an die Kritische Theorie der Frankfurter Schule gewählte Perspektive auf die Kulturindustrie als Herrschaftsmodus betont die sozial integrative Kraft von Ideologien, die den Rezipienten im Wege popkultureller Repräsentationen vermittelt werden. Indem die Populärkultur – so ließe sich aus dieser

Perspektive resümieren – bestimmte Rezeptionsmuster vorgibt und bestimmte Inhalte transportiert, hilft sie, der Gesellschaft eine Struktur zu geben, die ihrem Produktionssystem entspricht. Dieses „Lob des stählernen Rhythmus" wie Horkheimer und Adorno (1988: 128) formulieren, vermittle den Rezipienten, sich einzufügen in die Monotonie des auf Kapitalakkumulation hin ausgerichteten Alltagslebens (post)fordistischer Erwerbsgesellschaften.

Die Cultural Studies Perspektive erlaubt es, Gangstarap als Erscheinungsform der Populärkultur aus einer dynamischeren Sicht wahrzunehmen, als dies von der Warte der Kulturindustrie-These aus möglich ist. Statt als Ausdruck eines zwangsintegrativen Verblendungszusammenhangs zur Legitimation des Bestehenden erscheinen die Repräsentationen des Genres so interpretationsoffener. Indem wir in unserem Theoriemodell beide Perspektiven verbinden – also die ordnungsstiftende Wirkung gleichzeitig mit der Eigendynamik popkulturell getragener Subjektivierungsprozesse fokussieren – werde ich im hier dargestellten Analysemodell beide Perspektiven berücksichtigen. Inwiefern die Kulturindustrie reine Hegemonie produziert, oder ob in ihren Bildwelten nicht auch Ausdrücke alternativer Subjektivierungsweisen oder sogar Gegenmacht – eine Konstellation „Zwischen Affirmation und Empowerment" (Seeliger 2013) – sichtbar wird, soll sich vor diesem Hintergrund zeigen.

Eine intersektionale Perspektive auf die symbolische Konstruktion der Sozialfigur des Gangstarappers habe ich im vorangegangenen Unterkapitel dargestellt. Aus der im Anschluss an Degele und Winker (2009) vorgestellten Mehrebenen-Perspektive auf das Zusammenwirken der Kategorien fokussieren wir das Zusammenwirken gesellschaftlicher Strukturen mit (pop-)kulturellen Repräsentationen. Das Konzept der hegemonialen Männlichkeit dient weiterhin dem Verständnis der Statuskämpfe, die im Feld des Gangstarap (und auch darüber hinaus) ausgetragen werden. Wie wir im Teil zur neoliberalen Subjektivierungsweise (vgl. Kap. 3.6) sehen werden, kommt auch dem Körper bei der symbolischen Konstruktion der Sozialfigur des Gangstarap eine tragende Rolle zu. Der letzte Abschnitt widmete sich schließlich dem Zusammenhang der Konstitution popkultureller Formen mit den politökonomischen Rahmenbedingungen der neoliberalen Wirtschaftsweise in der Abstiegsgesellschaft. Dieser tritt zum einen in den Modi individueller und kollektiver Subjektivierungsweisen und zweitens in einer Transformation des Kulturellen als Ganzem zutage. Mit dem von Reckwitz geborgten Begriff der Hyperkultur werde ich schließlich die soziale Konstruktion von Gangstarap als Grenzobjekt pluralistischer Gesellschaften untersuchen.

Die im Folgenden zu analysierenden Daten stammen also aus dem Pool popkultureller Repräsentationen aus dem Feld des Gangstarap. Aus einer Perspektive, die solche symbolischen Formen – im Sinne der Diskursanalyse (Jäger 2012) – als Texte analysiert, will ich diesbezüglich im Folgenden auch vom *Gangstarapdiskurs* sprechen. Mit diesem Begriff bezeichne ich alle Äußerungen, die im und in Bezug auf das Genre getätigt werden (das heißt Songlyrics, Interviews, aber auch Kritiken im Feuilleton oder Beiträge von Labelbetreibern, Politikern oder anderen Anrainern). Unter Bezug auf die hier vorgestellten Theorieelemente, so die Überlegung, soll die Analyse dieser Äußerungen Aufschluss über die symbolische Konstruktion der Bildwelten des Gangstarap und damit auch über die ihr zu Grunde liegenden Konfliktlinien verschaffen.

Zu diesem Zweck will ich in den folgenden Kapiteln – und dies ebenfalls unter Bezug auf die intersektionale Perspektive auf das Zusammenwirken von Ethnizität, Klasse und Geschlecht – vier Dimensionen des Gangstarapdiskurses analysieren – seine Verwurzelung in der deutschen Migrationsgeschichte (1), seine Bezüge zur Erwerbsarbeit zwischen Prekarisierung und der Kultivierung neoliberaler Tugenden (2), seine Verbindungen zu den Geschlechterverhältnissen (3) und schließlich der Wirkung der Figur des Gangstarappers als Grenzobjekt pluralistischer Gesellschaften (4).

Kapitel 4
Deutscher Gangstarap als Kampf um Anerkennung in der Postmigrationsgesellschaft

Seit ihrem Entstehen nach dem zweiten Weltkrieg hat sich die Popkultur in einem „Spannungsfeld von Globalisierung und Lokalisierung" (Klein 2005: 44; Mrozek 2019) entfaltet. Grenzüberschreitende Bezüge wirken hierbei in zweierlei Weise: Während sich die Symbolsysteme, Praktiken und Artefakte der Populärkultur einerseits im grenzüberschreitenden Maßstab (und dies vor allem in der Anfangszeit von den USA und Großbritannien aus) verbreiteten, entwickelten sich spezifische Ausprägungen andererseits im Zuge einer lokalen Internationalisierung von Vergesellschaftung – der Migration.

Indem ich deutschen Gangstarap im Folgenden als Popkulturphänomen der Postmigrationsgesellschaft analysiere, widme ich mich in diesem Kapitel vor allem dem letztgenannten dieser beiden Aspekte. Anschließend an die Darlegung der postmigrantischen Forschungsperspektive erläutere ich mit dem Zusammenhang von Populär- und Nationalkultur und der Rolle der Medien in diesem Bereich eine Reihe theoretischer Rahmenelemente. Die Rekonstruktion der deutschen Einwanderungsgeschichte erfolgt parallel zur Darstellung eines Krisendiskurses, im Zuge dessen sich die Gesellschaft der Bundesrepublik ihrer Selbst vergewisserte. Um den spezifischen Umgang mit dem Migrationsthema im symbolischen Kosmos des deutschen Gangstarap herauszuarbeiten, will ich im Anschluss drei Formen von Evidenz analysieren: Den Song ‚069' des Offenbacher Rappers Haftbefehl sowie die Serie ‚4 Blocks', die im migrantischen Kriminellenmilieu Berlins spielt und eine Reihe von Gangstarappern in der Produktion beschäftigte.

4.1 Die (west-)deutsche Einwanderungsgeschichte seit 1945

Die sozialwissenschaftliche Auseinandersetzung mit Fragestellungen aus dem Bereich der Migration birgt starke politische Implikationen. Diese folgen zum einen aus der Tatsache, dass es hierbei um die (sowohl politische als auch forschungslogische) Festlegung von Grenzen geht. Ob, und wenn ja, auf welche Weise, Menschen einem Gemeinwesen oder einer Grundgesamtheit zugehörig sind, bestimmt in beiden Fällen die Muster sozialer Ordnung. Eine weitere politische Implikation folgt zweitens aus der Frage, wie mit Heterogenität innerhalb dieser Grenzen verfahren wird (vgl. Mecheril 2007). Die deutsche Migrationsforschung hat sich seit den 1960er Jahren über die Gastarbeiter- und Integrationsforschung bis zur Forschung über ethnische Minderheiten entwickelt, zu deren Grundannahmen eine das Verhältnis von Einheimischen und Zugewanderten (beziehungsweise deren Nachkommen) strukturierende „Differenzprämisse" (Lutz/Amelina 2017: 35) zählt, der zufolge beide Gruppen als grundverschieden erscheinen.

Gegenüber dieser holistisch-essenzialisierenden Sicht etablierten im Laufe der 1990er Jahre etwa Vertreter_innen aus dem Bereich der Transnationalisierungsforschung (vgl. Pries 2008) dynamischere Modelle kultureller Zugehörigkeit. Eine Weiterentwicklung entsprechender Ansätze findet seit einigen Jahren unter dem Begriff des ‚Postmigrantischen' statt. Ursprünglich einem künstlerischen Kontext entlehnt, dient das Konzept des Postmigrantischen dazu, das (nicht nur sozialwissenschaftliche) Verständnis pluralisierter Gesellschaften zu verbessern. Im Einklang mit der in Abschnitt 3.3. ausführlich dargestellten Theorieperspektive der Cultural Studies fungiert der Ansatz damit als „ein subversiver Verweis auf die Fluidität von Kultur und die Transformation kollektiver Identität, wenn Neues hinzukommt und Altes bestehen bleibt, beides Nebeneinander steht, sich zusammenfügt, ausschließt oder ganz neu sortiert" (Foroutan 2018: 269).

Anders als im Fall der klassischen Migrationsforschung erscheint Migration aus Sicht der postmigrantischen Gesellschaftsanalyse als „zentraler diskursiver Treiber in dieser Gesellschaft" (Foroutan 2018b: 49) und wird so zum „Ausgangspunkt weiterer gesellschaftlicher Beobachtungen" (Hill/Yildiz 2018: 8). Anstatt Migrantinnen, Migranten oder auch deren Nachfahren in x-ter Generation zum zwangsläufigen Ausgangspunkt der Analyse zu stilisieren, plädiert die postmigrantische Forschungsperspektive, den Fokus auf „herkunftsübergreifende Erklärungen für gesellschaftspolitische Kernkonflikte um Anerkennung, Chancengerechtigkeit und Teilhabe in pluralen Demokratien zu lenken" (Foroutan 2018: 271).[84]

Es finden sich damit (mindestens) drei normative Implikationen in der postmigrantischen Perspektive: Die ideologiekritische Relativierung der „Omnipräsenz des Migrationsdiskurses" (Foroutan 2018: 271), die Repräsentation marginalisierter Wissensformen und Irritation nationaler Mythen (vgl. Yildiz 2018: 21 f.), sowie das Ziel einer „Verwirklichung des Versprechens der Einwanderungsgesellschaft" (Foroutan 2018b: 20):

84 Im Sinne von Georg Simmel (1908) könnte man in diesem Sinne auch von einer relationalen Perspektive auf die „Wechselwirkungen" zwischen der Migration und anderen gesellschaftlichen Phänomenen sprechen.

> „Gleichheit für alle, unabhängig von sexueller Orientierung, Geschlecht, Alter, Religion, Hautfarbe oder Herkunft, Minderheitenrechte und -positionen werden in postmigrantischen Gesellschaften offensiver ausgehandelt und Fragen nach nationaler Identität, Zugehörigkeit, Repräsentation und Privilegien neu gestellt."[85]

Die proklamierte Notwendigkeit einer Kritik etablierter Wissensordnungen erscheint mir als vielversprechender Ausgangspunkt, um die Bildwelten des Deutschen Gangstarap – wie man so sagt – ‚gegen den Strich zu lesen'. Um dies weiter unten tun zu können, will ich mich im Folgenden kurz mit dem Zusammenhang von Populär- und Nationalkultur, sowie dessen medialer Repräsentation beschäftigen.

In seiner Arbeit zur Bedeutung des Buchdrucks für die Entstehung nationaler Kommunikationsräume gelangt Benedict Anderson (2005) zu einem – mittlerweile weithin geteilten – Verständnis des Nationalstaats als „imaginierter Gemeinschaft". Auf den Konstruktions- und Aushandlungscharakter abhebend lässt sich der Nationalstaat mitsamt seiner Institutionen und Kultur mit Wimmer (2005: 116) auch als „charakteristischer kultureller Kompromiß der modernen Gesellschaft" verstehen. Unter Bedingungen internationaler Migration dreht sich das Geschehen im Rahmen nationaler Kommunikationsräume immer häufiger um die Diskussion und Aktualisierung der (ethnischen) Kollektividentität. Für die symbolische Konstruktion solcher Identitäten erkennt Hall (1989: 150) in seinen Analysen entsprechender Prozesse in den westlichen Industriegesellschaften „eine Art rassistischen Alltagsbewußtseins", welches sowohl die Erwartungen und Interpretationsmuster der Rezipienten, als auch die Struktur des jeweiligen Medienangebotes prägt.[86] Die „Figur des Flüchtlings oder des Ausländers" erscheint hier, mit Hill (2018: 109), häufig „als ein Marginalisierungsdispositiv", das heißt als eine Verengung des gängigen Spielraums die Bedeutung des Begriffs zu interpretieren. Der Begriff der Integration, welcher – sowohl in der Konzeption der klassischen Migrationssoziologie als auch im Duktus der alltäglichen Auseinandersetzung – die Eingliederung fremder Personen in die Mehrheitsgesellschaft bezeichnet, birgt dabei, anschließend an Terkessidis (2010: 9) „stets eine negative Diagnose: […] Es gibt Probleme, und die werden verursacht durch die Defizite von bestimmten Personen, die wiederum bestimmten Gruppen angehören."

85 Für die demokratietheoretischen Implikationen siehe de la Rosa (2018).

86 Über die Ursachen dieses Alltagsbewusstseins finden sich in der Literatur eine Reihe plausibler Überlegungen. Die Erklärungen reichen von einer Angst vor Überfremdung der ‚eigenen' Kultur (Bauman 2016: 13) über autoritäre Charakterstrukturen (Decker et al. 2016) und die Erfahrung ökonomischer Benachteiligung (Dörre 2016) bis hin zur subjektiven Verdrängung von Folgen der „imperialen Lebensweise" (Brand/Wissen 2017) im Globalen Süden (Lessenich 2016).

Den identitätsstiftenden Charakter nationaler Kommunikationsräume als diskursive Rahmen pluralistischer Nationalgesellschaften betont auch Stuart Hall (1994a: 200) in seinem Verständnis von Nationen als „System[en] kultureller Repräsentationen“ oder – noch allgemeiner – „etwas, was Bedeutungen produziert“. Weiter führt Hall (2019: 154) diesen Gedanken in einer zu Beginn der 1990er Jahre an der Harvard University gehaltenen Vorlesungsreihe mit dem Titel ‚Das verhängnisvolle Dreieck‘ aus:

> „Was als ursprünglich, essentiell und in der nationalen Identität Verankertes repräsentiert wird, ist in Wirklichkeit immer schon durch und über Differenzen hinweg konstruiert worden, da kulturelle Unterschiede in der Herkunft und Erziehung, der Klassenzugehörigkeit, der ethnischen und rassischen Geschichte, des sozialen Geschlechts und der Sexualität genau der Stoff sind, aus dem nationale Identitäten gemacht sind.“

Vor diesem Hintergrund erscheinen die Bildwelten der Populärkultur als Ort national(staatlich)er Selbstvergewisserung. Manifest in Form von Fußballübertragungen, Award-Verleihungen, Infotainment-Shows und Talk-Runden entfalten Massenkommunikationssysteme ihre „entscheidende ideologische Rolle“ (Hall 1989b: 126). Zur Abbildung entsprechend essenzialisierender Zuschreibungsdynamiken paraphrasiert Hall (1994b: 21) – anschließend an Gayatri Spivak (1995) – den Begriff der epistemischen Gewalt als

> „Diskurse über den Anderen – die imperialistischen, orientalistischen, exotischen, anthropologischen und folkloristischen Diskurse, und die über die Kolonisierten und die Primitiven. Konsequenterweise beruhte der antirassistische Diskurs oft auf einer Strategie der bloßen Umkehrung, indem er die ‚manichäische Ästhetik‘ des kolonialistischen Diskurses auf den Kopf stellte.“

Wie ich bereits an anderer Stelle (vgl. Seeliger 2017a) argumentiert habe, lassen sich die kulturellen Repräsentationen als Kontrapunkt gegenüber dieser Darstellung, oder auch als „epistemische Gegenmacht“ interpretieren (siehe auch Kapitel 9). Um das Geschehen in den Bildwelten des Genres angemessen einordnen zu können, stellen wir im Folgenden mit der deutschen Einwanderungsgeschichte seit dem Zweiten Weltkrieg denjenigen Rahmen dar, der die (Familien-) Biografien zahlreicher Gangstarapper prägt.[87] Die historische Rekonstruktion dieser

---

87 Wie etwa Terkessidis (2004: 100) bemerkt, stellt die Präsenz rassistischer Ordnungsmuster in der Gesellschaft, „keineswegs eine Anhäufung von Irrtümern und Ausnahmen im Betrieb der Moderne“ dar, sondern ist eng verknüpft mit der Struktur des Arbeitsmarktes und dem allgemeinen Selbstverständnis moderner Gesellschaften.

Geschichte illustriert eine Negativkontinuität im politischen Umgang mit dem Phänomen der Migration. Konträr zur Auffassung, die Bundesrepublik sei kein Einwanderungsland (vgl. Bojadjijev 2008: 77), erfordert es eine postmigrantische Perspektive mit Hill (2018: 99), „rückblickend danach zu fragen, wie Migrationsgeschehnisse bislang dargestellt wurden, welche Sichtweisen marginalisiert worden sind, und zwar durchaus in einem historischen Sinn."

Wenn wir von der postmigrantischen Gesellschaft der Bundesrepublik sprechen, dann beziehen wir uns auf eine Sozialstruktur, deren 80 Millionen Mitglieder zu einem Viertel einen Migrationshintergrund aufweisen, von denen wiederum die Hälfte (das heißt etwa zehn Millionen) die deutsche Staatsbürgerschaft besitzen. Die aktuelle Debatte um Einwanderung reicht zurück bis zu den Jahren nach 1945. Die Restitution der nationalen Wirtschaft erfolgte in einer ersten Phase seit den 1950er Jahren – wie in den meisten Ländern Westeuropas – unter wesentlicher Beteiligung ausländischer Arbeitskräfte. Eine kontrollierte Mobilität sollten hierbei eine Reihe sogenannter ‚Anwerbeabkommen' gewährleisten, welche zwischen 1955 und 1968 unter anderem mit den Ländern Italien, Spanien, Griechenland, der Türkei, Portugal und Jugoslawien geschlossen wurden. Dass bis 1973 auf diese Weise etwa 14 Millionen Arbeitskräfte in die Bundesrepublik übersiedelten, änderte nichts daran, dass die große Mehrheit der Deutschen relativ „an ein problemlos-selbsttätiges Rotieren der Arbeitsmigranten" (Schönwälder 2003: 126) geglaubt hatte.[88]

Die räumliche Konzentration ausländischer Migranten seit dem Zweiten Weltkrieg nimmt ihren Anfang in der Unterbringung der sogenannte ‚Gastarbeiter' in Sammelunterkünften. Um eine Aufenthaltsbewilligung zu erlangen, mussten (Arbeits-)Migranten gegenüber den deutschen Behörden einen Wohnungsnachweis vorlegen. Aus diesem Grund sammelten sich viele von ihnen in den inneren Bezirken deutscher Großstädte. Besonders angesichts des Familiennachzugs der 1960er und 1970er Jahre stellte die Anmietung von (häufig sanierungsbedürftigen) Altbauwohnungen in Randbezirken wie Kreuzberg oder dem Wedding für Arbeitsmigranten die einzige Möglichkeit, Unterkünfte für ihre Familien zu finden (siehe hierzu die aufschlussreiche Studie von Möhring 2012: 404 ff.). Die schlechte öffentliche Infrastruktur, mangelhafter Zugang zu Kindergärten und Schulen, eine vergleichsweise hohe Kriminalitätsrate und häufig auch die Präsenz einer offenen Drogenszene ließen diese Bezirke im öffentlichen Diskurs häufig als ‚soziale Brennpunkte' erscheinen. Überschriften in leitenden Zeitungen wie „‚Die Türken an der Spree leben wie im Ghetto', ‚Türken – die Neger von Berlin', ‚Die Nigger Europas', ‚Zustände wie in Amerika?' oder ‚Rassenkra-

88 Die Naivität und Ignoranz in dieser Haltung beschrieb auch der Schweizer Schriftsteller Max Frisch mit dem Satz „Wir riefen Arbeitskräfte und es kamen Menschen."

walle durch Türkenflut'"[89] (Möhring 2012: 405) zeigen hier, wie sich bereits zu diesem Zeitpunkt sozialstrukturelle Spannungen in stereotype Diskurse übertragen. Entsprechendes zeigt auch die Studie von Bojadjijev (2008), die etwa beschreibt, wie eine Überschrift der Bildzeitung mit Titel „Gasterbeiter fleißiger als deutsche Arbeiter?" einen Skandal provoziert, der in einigen Betrieben in empörten Warnstreiks gipfelte (2008: 183).

Der von Ulrich Beck (1986) und anderen beschriebenen Bildungsexpansion zum Trotz, war in der bildungspolitischen Debatte der 1960er Jahre noch keine Rede von den Migrantenkindern (Geißler 2012). Doch auch nach dem durch die Ölkrise des Jahres 1973 ausgelösten Anwerbestopp änderte sich in einer zweiten Phase wenig am Selbstverständnis der deutschen Gesellschaft, deren Vertreter*innen ehemalige ‚Gastarbeiter' zwar nun als ‚Ausländer' bezeichneten, dem größten Teil von ihnen eine soziale Teilhabe auf Augenhöhe hierbei jedoch verwehrten (Yildiz 2007: 35). Diese Zurückhaltung spiegelt sich auch in diesem von Schönwälder (2003: 140) zitierten Auszug aus einer Rede des damaligen Arbeitsministers Walter Arendt aus dem Dezember des Jahres 1973: „Die Bundesrepublik Deutschland", so der gestandene Gewerkschafter und Sozialdemokrat, betrachte „sich nicht als klassisches Einwanderungsland. Wir gehen daher grundsätzlich davon aus, daß die Menschen, die zur Arbeit in unser Land kommen, nach einiger Zeit freiwillig in ihr Heimatland zurückkehren, und dort zur Weiterentwicklung ihres Landes beitragen." Integration, so lässt sich auch für diese Phase schließen, erfolgt hier – zumindest dem Selbstverständnis nach – wenn überhaupt als einseitige Assimilation.[90]

Wie eine Vielzahl von Songs, Interviews und Videoclips aus dem Genre des deutschen Gangstarap deutlich zeigen, lässt sich die symbolische Ordnung des Genres nicht ohne den Rekurs auf diese frühen Jahrzehnte der Bundesrepublik verstehen. Vor dem Hintergrund der Geschichte des Wiederaufbaus unter maßgeblicher Beteiligung ausländischer Arbeitsmigrant*innen gewinnt der Tatbe-

---

89 Nicht zu vergessen die verstörende Tatsache, dass zwei Jahrzehnte nach der deutschen Massenvernichtung der Begriff des ‚Ghettos' wohl mit einer Kritik des Alltagslebens in den USA verbunden war.

90 Was wiederum nicht bedeutet, dass es nicht tatsächlich einen Einfluss der Migration auf die westdeutsche Gesellschaft gegeben hätte. In ihrer bemerkenswerten Studie zur Entwicklung ausländischer Gastronomie in der Bundesrepublik beschreibt Maren Möhring (2012: 143) diesen kulturellen Wandel auf sehr anschauliche Weise: „Bürgerliche Benimmregeln schienen in ausländischen Restaurants eine geringere Rolle zu spielen, so dass viele Bundesdeutsche meinten, sich an diesen Orten zwangloser verhalten zu dürfen." Entsprechende Projektionen finden sich – prinzipiell nicht weit entfernt von den (Selbst-)Ästhetisierungen im Feld des Gangstarap – auch in einem von Möhring zitieren Restaurantführer aus dieser Zeit, welcher den Besuch einer italienischen Gaststätte empfiehlt: „Die Mannschaft des ‚Il Bacco' stört sich nicht daran, wenn die Kleinen ein bißchen durch die Gegend toben".

stand anhaltender ethnischer Ungleichheiten sowie die gesellschaftliche Randständigkeit (post-)migrantischer Bevölkerungsteile eine besonders kritische Bedeutung. Die hieraus resultierende Frustration und Kränkung tritt in zahlreichen Motiven mal mehr und mal weniger subtil zu Tage.[91]

Einen weiteren für die Geschichte des deutschen Gangstarap wesentlichen Aspekt stellt in dieser zweiten Phase die Einwanderung einer großen Gruppe von Mhallamiye-Kurden dar, die in Folge des im April 1975 im Libanon ausgebrochenen Bürgerkriegs häufig über Ost- nach Westberlin in die Bunderepublik Deutschland gekommen waren. Um ihre Chance auf einen positiven Asylbescheid zu erhöhen, hatten sich viele von ihnen ihrer Ausweispapiere entledigt, so dass sie trotz eines von den deutschen Behörden abgelehnten Asylantrags als Staatenlose im Land bleiben konnten. Der Status als ‚Geduldete' verhinderte für sie nicht nur eine (legale) Beteiligung am deutschen Arbeitsmarkt.[92] Ihre Residenzpflicht band die Geflüchteten auch häufig an Asylunterkünfte, reguläre Sozialhilfesätze wurden verknappt und die Schulpflicht für viele der Kinder ausgesetzt. Nicht zuletzt der Rückzug des Staates als Stabilitätsgarant ließ das Leben in der Diaspora für diese Bevölkerungsgruppe zu einer permanenten Übergangsphase werden, im Zuge derer eine „Angst vor dem Fremd-Werden der eigenen Kinder", wie Schiffauer (2008: 44) betont, „zu einer wertkonservativen Erziehung führen [kann], in der die eigenen Normen und Werte gegen die der deutschen Gesellschaft gestellt werden." Moscheen und Kulturvereine wirken hier oft als Institutionen, die in einer als fremd und abweisend wahrgenommenen Umgebung sozialen Zusammenhalt stiften und den Transfer von Normen, Werten und Weltbildern zwischen den Generationen strukturieren.

Der Eintritt in die dritte Phase lässt sich mit Beginn der 1980er Jahre datieren. Nachdem der Koalitionsvertrag der liberal-konservativen Regierung den Status der Bundesrepublik als Einwanderungsland wiederum zurückgewiesen hatte, stellte Helmut Kohl die deutsche „Ausländerpolitik" in seiner Regierungserklärung als einen von vier Dringlichkeitspunkten vor (vgl. Thränhardt 2006: 276). Eine praktische Maßnahme in diesem Bereich stellte etwa die Auslobung von Rückkehrprämien in Höhe von zehntausend Deutschmark (zuzüglich von Sonderzahlungen pro Kind) für MigrantInnen dar, die diesen als Anreiz dazu dienen sollten, das Land unter (einem wiederum für die Bundesregierung attraktiven) Verzicht auf etwaige Rentenansprüche zu verlassen. Geprägt von Neologismen wie den „Ausländerfluten", die dann über „uns" hereinbrächen, während wir

91 Besonders empfehlenswert erscheint mir in diesem Zusammenhang das Lied ‚Diaspora' der Frankfurter Rapper Celo und Abdi.

92 Ghadban (2018: 88) berichtet diesbezüglich von sogenannten „Sklavenbüros", die irreguläre Beschäftigung vermittelten, um im Gegenzug 30 bis 40 Prozent der ohnehin weit untertariflich angesetzten Löhne einzubehalten.

doch schon in „vollen Booten“ säßen (Weber-Menges 2005: 137), drehte sich die öffentliche Auseinandersetzung dieser Zeit mit Yildiz (2007: 35 f.) vor allem um die „Frage, wie viel Fremdheit die bundesrepublikanische Gesellschaft bis zur völligen Desintegration wohl noch verkraften könnte“.[93]

Einen Meilenstein in der Fremdenfeindlichkeitsgeschichte des deutschen Bürgertums stellt hier das ‚Heidelberger Manifest‘ dar, in dem eine Gruppe von Professoren in Form einer biologistischen Kritik die Überfremdung eines organischen Volkskörpers bemängelt. Dort heißt es: „Mit großer Sorge betrachten wir die Unterwanderung des deutschen Volkes durch Zuzug von Millionen von Ausländern und ihren Familien, die Überfremdung unserer Sprache, unserer Kultur und unseres Volkstums.“ Zeichen für einen allgemeinen Rechtsruck in der politischen Kultur stellen in dieser Phase auch der neue Historikerstreit, Helmut Kohls Besuch auf dem Soldatenfriedhof in Bitburg, sowie das rechtsradikale Bombenattentat auf dem Münchener Oktoberfest im Jahr 1980 dar.

Diese Geisteshaltung brach sich anschließend an die deutsche Wiedervereinigung auch in einer Reihe von Pogromen Bahn, die gemeinsam mit der Verschärfung des Asylrechtes zu Beginn der 1990er Jahre den Eintritt in eine neue Phase der deutschen Migrationsgeschichte markierte. Unter dem Totem eines „Scheiterns der multikulturellen Gesellschaft“ (Tränhardt 2006) rückte die skeptische Selbstvergewisserung etwa in Form von Diskussionen um „Islamismus und die Unterdrückung der Frau im Islam“, in denen „feministische und xenophobe Argumente [...] eine Mischung“ eingehen (ebd.: 280), ins Zentrum des öffentlichen Interesses. „Ausländer und Deutsche: Gefährlich fremd“ titelte ‚DER SPIEGEL‘ im April des Jahres 1997 und drei Jahre später mobilisierte die CDU mit dem Slogan „Kinder statt Inder“ in einer Unterschriftenkampagne gegen die doppelte Staatsbürgerschaft.

Eine neue Phase der deutschen Einwanderungsgeschichte nahm ihren Anfang mit den Anschlägen des elften Septembers 2001. Der nun aufflammende antimuslimische Rassismus brach sich etwa mit der Debatte um öffentliche Sicherheit im ‚Krieg gegen Terror‘ oder in aufgeheizten Debatten um „politisierte Religion“ (2007) in der Kopftuchfrage Bahn. Die Problematik nationaler Selbstfindung einer Gesellschaft, deren Realität seit Jahrzehnten eine multiethnische

93 Hochinteressante Daten zum alltäglichen Zusammenleben in der multikulturellen Gesellschaft der frühen 1980er Jahre liefert der Sozialstrukturanalytiker Rainer Geißler (2006: 243), wenn er eine beengte räumliche Situation in deutschen Migrantenhaushalten beschreibt, in denen pro Raum doppelt so viele Personen untergebracht waren, wie in deutschen. Im Jahr 1980 zählten, so Geißler (2006: 246) weiter, lediglich 15 % der Westdeutschen in Deutschland lebende AusländerInnen zu ihrem Freundes- oder Bekanntenkreis. Sozialräumliche Ausgrenzung und eine geringe Dichte interethnischer Kontakte verbanden sich hier häufig zu einem rassistischen Alltagsbewusstsein in der deutschen Mehrheitsgesellschaft.

war, veranschaulichte in diesen Jahren besonders die von Friedrich Merz angeregte Auseinandersetzung um eine deutsche Leitkultur, welche – vor allem vor dem Hintergrund von 9/11, dem Karikaturenstreit und ähnlichen Ereignissen – im Deutungsrahmen eines ‚Kampfes der Kulturen' (Huntington 1996; Schultes/Jäger 2012) ausgetragen wurde. Gleichzeitig zeigten sich mit der Anerkennung des Status der Bundesrepublik als Einwanderungsland durch die Süßmuth-Kommission von 2001 aber auch progressive Tendenzen, die sich in der Folge ebenfalls durch eine koordinierte Integrationspolitik, die Einbeziehung der Islam-‚verbände sowie die immer stärker wahrnehmbare Präsenz selbstbewusster Postmigranten der zweiten oder dritten Generation – im Rahmen der Fußball Weltmeisterschaft des Jahres 2006 – abzeichneten.

Wie viel Einwanderung verträgt der Wohlfahrtsstaat? Wie viel Islam ‚unsere' Kultur? Worin besteht sie überhaupt? Und worin nicht? Bereits in dieser Phase begann sich die Problematik nationaler Selbstfindung anzudeuten (vgl. Foroutan 2013), die die öffentliche Debatte in der Bundesrepublik auch in den Folgejahren bestimmen sollte. Es war diese Debatte, in deren Zusammenhang die symbolischen Repräsentationen des Gangstarap ihre spezifische Bedeutung für die deutsche Öffentlichkeit zu entfalten begann (Seeliger 2018). Nicht zu unterschätzen war für diese Entwicklung der Einfluss eines Krisendiskurses um Delinquenz und Bildungsmisserfolg junger, (post-)migrantischer Männer (vgl. Groß 2010: 38). Einen wichtigen Ausgangspunkt stellte hier die mediale Skandalisierung der Zustände an der Berliner Rütli-Schule dar. Mit einem Gesamtanteil von über 80 Prozent repräsentierten Jugendliche nicht-deutscher Herkunft den Großteil der Schülerinnen und Schüler. Nachdem ihre Schule im Angesicht von Vandalismus und Gewalt für das Lehrpersonal weitgehend unregierbar geworden war, wandte sich die Schulleitersitzung im Februar des Jahres 2006 mit einem Hilferuf an den Berliner Senat und zog so die Aufmerksamkeit der deutschen Qualitäts- und Boulevard-Medien – genau ließen sich diese hier nicht immer unterscheiden – auf sich. In einer Zwischenüberschrift zitiert etwa die Süddeutsche Zeitung den Neuköllner Bürgermeister Heinz Buschkowsky mit folgenden Worten: „Es gibt Schulen, in denen man besser kein Salamibrot isst. Weil Schweinefleisch drin ist" (Meinhardt 2009). Ähnliche Berichte finden sich auch im Spiegel: „An anderen Orten gibt es Gewinner und Verlierer – in Neukölln gibt es Leute, die Respekt verdienen, und es gibt Opfer" (Hüetlin 2010: 51).

Die öffentliche Berichterstattung der folgenden Jahre wurde immer wieder durch entsprechende Klischees und Stereotypen dominiert. „In den Vordergrund", so Reutlinger (2009: 286), traten dabei „Skandalisierungen, welche zu negativen Zuschreibungen einzelner Gruppen und damit zu deren Einschränkung von Handlungsspielräumen, aber auch zu Stigmatisierungsprozessen und damit zu einer Verschlechterung gesellschaftlicher Teilhabechancen führen" (Reutlinger 2009: 286). Sogenannte ‚Migrantenjugendliche'waren hierbei, wie dies Leenen und Grosch (2009: 206f) feststellen, „als Normalbürger kein interessanter Gegenstand, wohl aber als gefährliche Täter oder als arme Opfer sowie als Helden oder als Verlierer in konflikthaften Auseinandersetzungen."

Ein besonders anschauliches Beispiel für diese Form der Darstellungspraxis lieferte zu Beginn des Jahres 2008 erneut ‚Der Spiegel' (1/2008). Nachdem ein pensionierter Münchener Hauptschuldirektor zwei Jugendliche in den Münchener Stadtbahnanlagen auf das geltende Rauchverbot hingewiesen hatte, wurde er von den beiden attackiert und erlag seinen Verletzungen im Krankenhaus (siehe auch Käppner 2008). Diesen Angriff nahm das Hamburger Magazin in seiner Titelüberschrift zum Anlass einer Skandalisierung der ‚Migration der Gewalt'. Junge Männer, so der Untertitel, stellten aus dieser Sicht „die gefährlichste Spezies der Welt dar'. Entsprechende Einschätzungen blieben nicht lange unkommentiert – so äußerte sich in der Folge auch der damalige Neuköllner Bezirksbürgermeister Heinz Buschkowsky zum Leben in ‚Problembezirken'[94] oder in seinem ‚Sachbuch' ‚Neukölln ist überall' (Buschkowsky 2012), in dem er in der Political Correctness einer differenzierte Berichterstattung „meist nur ein Alibi für die professionelle Tatenlosigkeit" erkennt (ebd.: 12).

Den Weg in die jüngste Phase der deutschen Einwanderungsgeschichte seit dem Zweiten Weltkrieg half mit dem ehemaligen Berliner Finanzsenator Thilo Sarrazin eine besonders interessante Figur der politischen Öffentlichkeit zu ebnen. Das liegt, dies sei hier nur angemerkt, nun keineswegs daran, dass seine Diskussionsbeiträge so originell, geschweige denn besonders gut durchdacht wären.[95] Nicht zuletzt einer Reihe von Beiträgen des Spiegels und einer Reihe anderer ‚Leitmedien' verdankt der Volkswirt und Sozialdemokrat seinen Ruf als unbequemer, aber messerscharf argumentierender Analytiker am Rande des politischen Spektrums.

Ihren Anfang nahm die Geschichte in einem Interview mit dem Lettre International, in dem der Politiker erklärt, er müsse „niemanden anerkennen, der vom Staat lebt, diesen Staat ablehnt, für die Ausbildung seiner Kinder nicht vernünftig sorgt und ständig neue kleine Kopftuchmädchen produziert" (Berberich/Sarrazin 2009). Weiter entwickelte Sarrazin (2010) seine Ausführungen im Buch ‚Deutschland schafft sich ab', welches als Sachbuch-Bestseller des Jahres 2010 zur zentralen Referenzgröße eines „populistisch vorgetragenen Sozialdarwinismus" (Benz 2012) avanciert. Die nach Deutschland eingewanderten Muslime, so Sarrazin, seien weniger intelligent als die Mehrheit der Deutschen. Da sie aber so viele Kinder bekämen, unterhöhlten sie – von der Überfremdung der heimischen Kul-

94 „Studenten, die der billigen Mieten wegen im Bezirk wohnen, berichten, es sei absolut unangemessen, Gruppen von türkischen oder arabischen Jugendlichen nach Einbruch der Dunkelheit mit offenem Blick zu begegnen, man habe den Blick unbedingt zu senken"(Meinhardt 2009).

95 Siehe hierzu etwa meine Rezension seines Buches zum Tugendterror (Seeliger 2014a).

tur mal abgesehen – die internationale Wettbewerbsfähigkeit des deutschen Wirtschaftsmodells.

Zwar erscheint Sarrazin mit seiner Argumentation – theoretisch und mit Blick auf seine Operationalisierung keinen wissenschaftlichen Minimalstandards genügend – weder als „ein Rassentheoretiker reinsten Wassers“, noch als „dumpfer Neonazi“ (Bade 2012: 120). Dass seine Thesen, so formulieren Schultes und Jäger bereits (2012: 97) mit großer Weitsicht, „selbst nur Ausdruck einer seit langem andauernden sowohl rassistischen wie auch insbesondere anti-islamischen und nicht zuletzt auch noch antisozialen mediopolitischen Kampagne in Deutschland sind, die dazu geführt hat, dass die deutsche Bevölkerung mehrheitlich rassistisch und großenteils auch immer noch antisemitisch voreingenommen ist, sich vor Armut fürchtet und zugleich auf Arme herabsieht“, zeigte in den letzten fünf Jahren der rasante Aufstieg der Alternative für Deutschland.

Zu beurteilen ist diese Entwicklung nicht zuletzt im Kontext der sogenannten ‚Flüchtlingskrise‘. Auf einen genuinen Zusammenhang zwischen Globalisierung und Zwangsmigration deuten seit einigen Jahren die stetig wachsenden Zahlen von Menschen, die sich – zumeist aus den Ländern des Globalen Südens kommend – auf den Weg nach Europa machen. Auf dem Höhepunkt einer durch den Krieg in Syrien bedingten Fluchtwelle ermöglichte die deutsche Bundesregierung im Herbst die Einwanderung zahlreicher Betroffener und Kanzlerin Angela Merkel stilisierte sich – mit Hilfe einiger Selfies und dem hemdsärmeligen Slogan „Wir schaffen das!“ – zur Protagonistin einer neuen Willkommenskultur (Bojadjijev 2018).

Wie alle Kulturen (vgl. Kap 3.3), unterlag auch die Willkommenskultur einem Aushandlungscharakter. Dieser zeigte sich – nachdem eine Reihe von Presseorganen den ‚Kulturkampf auf deutschen Straßen‘ so oder so ähnlich bereits medial ausgerufen hatten – in einer Reihe von Pogromen – emblematisch repräsentiert durch die ostdeutschen Kommunen Bautzen und Freital. Eine starke Prägung erfuhr die Auseinandersetzung um die Aufnahme der Geflüchteten und ihre (antizipierten) gesellschaftlichen Folgen in der Silvesternacht des Jahres 2015. Anschließend an eine Reihe sexueller Übergriffe auf die Besucherinnen der Feierlichkeiten am Kölner Hauptbahnhof entfaltete sich eine kritische Auseinandersetzung zu den politischen Folgen und etwaigen Grenzen der Flüchtlingsintegration. Geleitet durch eine Haltung der „falsche[n] Toleranz“ und „blinde[n] Fremdenliebe“, so kritisierte etwa die Feministin Alice Schwarzer (2016: 30), unterlägen Teile der willkommenskulturell Motivierten einer Naivität, die es ihnen verbiete, die tatsächlichen Risiken der (zumindest teilweise) migrationsoffenen Gesellschaft angemessen zu deuten. Demgegenüber kritisierten Kommentatorinnen eine Tendenz „rassistischer Vergruppung“ der (vermeintlichen) Täter (Aikins/Supik 2016:98) sowie die zugrundeliegende Behauptung, „dass bestimmte Migranten nicht integrierbar sind, sich nicht integrieren wollen und dass es ‚irgendwie‘ doch fundamental unüberwindliche Differenzen zwischen

Kulturen gibt" (Hark/Villa 2017: 10).[96] In dieser Zuschreibung erkennt El-Tayeb (2016: 225 f.) im Rückschluss auf die Mehrheitsgesellschaft ein Vorurteil, das „es der dominanten Gruppe erlaubte, ihre Position als Wahrer von Recht und Ordnung zu zementieren." Die diskursive Auseinandersetzung um die Ereignisse in der Kölner Silvesternacht prägt die Debatte um die Möglichkeiten und Grenzen des Zusammenlebens im multiethnischen Deutschland bis heute.

Wir halten fest: Seit der diskursiven Konstruktion der Figur eines „fiktiven Gastarbeiters" (Bukow 2018: 145) bleibt die öffentliche Auseinandersetzung dem Genre einer „sehr eigenartige Migrationslyrik" (ebd.) verhaftet, deren Prosa von mitunter absurden, oder sogar erheiternden Räuberpistolen wie der Mär von den syrischen iPhone-Besitzern über unbeholfene Konzeptionen wie dem Begriff der Parallelgesellschaft bis hin zur kollektiven Herabwürdigung sogenannter ‚Gastarbeiter' (und ihren Familien) reicht, denen man Jahre nach ihrer Ankunft allen Ernstes erzählen wollte, die Nation, die sie mit aufgebaut hätten, sei in Wahrheit gar kein Einwanderungsland. Zwischen „Willkommenskultur" (Pries 2016) und „Überfremdungsempfinden" (Treibel 2015: 22) zeigt sich im Deutschland der 2020er Jahre ein widersprüchliches Bild, welches sich nicht zuletzt in den symbolischen Repräsentationen des Gangstarap zeigt. Und um diese soll es im Folgenden gehen.

4.2 Einwanderung und Popkultur

Eine Grundannahme der Kultursoziologie besagt, dass die Inszenierungen aus dem Feld der Popkultur gesellschaftspolitischen Tatbeständen in der Öffentlichkeit „Plastizität und eine Signatur" (Ahrens 2016: 140) verleihen. Dass dies besonders für den Themenkomplex der Migration und Integration der Fall ist, zeigen auch im deutschen Kontext zahllose Beispiele. In den Bildwelten der Populärkultur treten hier – in der Musik, im Film und in verwandten Genres – die „Normalisierungsprozesse einer sich transformierenden Einwanderungsgesellschaft" (Foroutan 2013a: 89) in Form signifikanter Symbole zu Tage, welche die Suche nach kollektiver Identität für die Beteiligten erfahrbar werden lassen.

Als von zentraler Bedeutung für kulturelle Repräsentationen dieser Art hat sich – weit über Deutschland hinaus – in den letzten Jahren der Kosmos des Profifußballs ergeben. Die Mischung spielerischer Elemente mit einer starken Leistungsorientierung lässt den Sport zu einem „Integrationsmotor" (Braun 2010)

96 Wie auch Hill (2018: 100 f.) moniert, ging es in der anschließenden Diskussion „nicht mehr in erster Linie um straffällig gewordene Personen, sondern pauschal um Männer mit Migrationshintergrund, Geflüchtete und Islamisten, die ein anderes Frauenbild mitbringen würden, sich deswegen nicht anständig benehmen könnten und mit den westlichen Vorstellungen von Freiheit nichts anzufangen wüssten."

werden, der Menschen unterschiedlicher Herkunft (beziehungsweise deren Nachfahren) miteinander verbinden kann. Besonders im professionellen Bereich gilt dies nicht nur für die Ausübenden selbst. Die Sympathie für (oder auch Abneigung gegen) bestimmte Vereine verbindet, wie etwa im Ruhrgebiet, die Einwohner ganzer Regionen. In der Kurve steht man zusammen und wer genau da unten den Ball über die Torlinie drückt, ist – so sollte man zumindest meinen – relativ egal, solange er nur eben der eigenen Mannschaft angehört.

Dass es ganz so einfach dann doch wieder nicht zu sein scheint, zeigt eine Debatte, die im Jahr 2016 durch den AfD-Politiker Alexander Gauland angestoßen wurde. In einem Interview mit der Frankfurter Allgemeinen Zeitung und über den Nachrichtendienst Twitter veröffentlichtem Statement erklärte Gauland, dass „die Leute [...] einen Boateng nicht als Nachbarn haben" wollen (Wehner/Lohse 2016). Dass sogar der relativ gut verdienende Politiker sich die Quadratmeterpreise im Münchener Nobel-Stadtteil Grünwald, in dem Boateng seit seinem Engagement beim FC Bayern München lebt, womöglich gar nicht leisten kann, fällt hierbei insofern ins Gewicht, als dass er damit implizit an eine Debatte über soziale Ungleichheit anschließt, die in Deutschland in Zeiten des Rechtsrucks in zunehmenden Maße unter ethnischen Vorzeichen dargestellt wird: Wenn es dem Großteil der Deutschen nicht möglich ist, wie Boateng in einem großen Haus zu wohnen, ein teures Auto zu fahren und schicke Designerbrillen zu tragen, wieso sollte dann der Sohn eines Ghanaischen Einwanderers in den Genuss all dieser Annehmlichkeiten kommen – und dabei noch die Grünwalder Anlieger mit seiner Gegenwart in Angst und Schrecken versetzen dürfen?

Im Zentrum der deutschen Integrationsdebatte stand neben Jérôme noch ein zweites Mitglied der Familie Boateng: Mit seinem Tritt gegen das Schienbein von Michael Ballack im Vorfeld der Weltmeisterschaft des Jahres 2010 brachte Kevin-Prince Boateng die bundesdeutsche Öffentlichkeit gegen sich auf.[97] Nachdem vier Jahre vorher bereits das Sommermärchen daheim im Halbfinale gegen Italien geendet war, erhofften sich die deutschen Fans und Sport-Feuilletonisten einen Erfolg der Mannschaft beim Turnier in Südafrika. Indem KPB diese Ambitionen nun gefährdete – manche aufgebrachten Sportjournalisten sprachen hier sogar von Körperverletzung (Goldmann 2010) –, zog er, so schien es, den Unmut der Öffentlichkeit auf sich – der Angriff auf das Sprunggelenk des Capitano Michael Ballacks als Angriff auf die (WM-Ambitionen einer Fußball-)Nation, verübt von einem Halb-Ghanaer.

---

97 Hierbei handelte es sich nicht um den ersten folgenschweren Tritt Boatengs. Gemeinsam mit seinem Berliner Mannschaftskameraden Patrick Ebert hatte er nach dessen Geburtstag im März 2009 die Außenspiegel verschiedener Autos abgetreten und einen Motorroller umgestoßen. Das Fehlverhalten der beiden damaligen U-21-Nationalspieler wurde im Rahmen einer skandalträchtigen Berichterstattung einer breiten Öffentlichkeit bekannt gemacht.

Am Beispiel der Boatengs sind im Laufe der letzten zehn Jahren viele Aspekte des Zusammenlebens in der deutschen Einwanderungsgesellschaft geführt worden. Zahllos scheinen die Leitartikel und Radiofeatures, in denen – mittlerweile nicht mehr ganz so einfallsreiche – Sportjournalisten die Sportplätze des Berliner Stadtteils Wedding aufsuchen, um die widrige Umgebung („Fußballkäfig", „Ascheplatz") zu skizzieren, in der Jerome und Kevin-Prince von „Rohdiamanten" zu brillanten Fußball-Koryphäen geformt wurden. Ja, man kann es noch schaffen nach ganz Oben – selbst aus dem Weddinger ‚Ghetto'.

Ebenfalls häufig angeführt wird in Artikeln der beschriebenen Art der Beruf des dritten Boateng-Bruders. George, der lange als talentiertester Fußballspieler der drei Geschwister galt, ist immer noch in Berlin ansässig – als Hundezüchter und – Achtung! – Gangstarapper. Der unstete Lebenswandel, so die gängige Geschichte (siehe hierzu die familienbiografische Aufarbeitung von Horeni 2012), verhinderte eine Fußballerkarriere des heute fast Vierzigjährigen und vervollständigte damit die stereotype Darstellung im (bundesdeutschen) Repräsentationsregime.

Wir erinnern uns: Mit Stuart Hall bilden diese systematischen Wirkungszusammenhänge gesellschaftlicher Symbolproduktion kulturelle Differenzen zwischen Bevölkerungsgruppen nicht einfach ab – ihre besondere Wirkung besteht darin, dass sie – so Hark und Villa (2017: 19), eben „so oder so zu sehen gegeben werden." Für die Suchbewegungen der deutschen Einwanderungsgesellschaft im Grenzgebiet zwischen Profifußball und Rap bedeutet das in diesem Fall in etwa Folgendes: Auf den Sportplätzen des Berliner Wedding geht es zur Sache. Wer sich dort – das heißt im Umfeld eines migrantisch geprägten Arbeiterstadtteils – behaupten will, muss zeigen, dass er kein Weichei ist. Das kann, wie im Fall von Jérôme, gutgehen. Es kann aber auch dazu führen, dass einer von den Tretern aus dem Fußballkäfig ‚unserem' Kapitän kurz vor der Weltmeisterschaft den Knöchel bricht. Und im schlimmsten (das heißt dem Normal-)Fall bleiben die Jungs eben im Wedding, züchten Kampfhunde und werden Gangstarapper.

Ähnlich wie der Lieblingssport der Deutschen bietet auch das Genre des Gangstarap einen popkulturellen Rahmen, in dem sich die multikulturelle Gesellschaft ihrer selbst vergewissert. Dies liegt zuallererst darin begründet, dass sich im HipHop seit den 1980er Jahren zunehmend Sprecher mit migrantischem Hintergrund künstlerisch zu äußern beginnen:

> „Manifestierte sich die Selbstermächtigung der ersten Generation von Einwanderern vor allem auf einer ökonomisch-sozialen Ebene, weil für diese Menschen die Themen Arbeit und Wohnen zentral waren, so reflektierte die zweite Generation ihre Situation schärfer und stellte auf einer politisch-gesellschaftlichen Ebene die Frage nach Staatsbürgerschaft, Identität und Teilhabe" (Loh/Güngör 2017: 219).

Anders als der Fußball stellt Rap als wichtigste Sparte der HipHop-Kultur eine Ausdrucksform dar, die hauptsächlich über den Weg der Sprache funktioniert.

Die migrantische Prägung des Genres hat hier einen besonderen Einfluss auf die deutsche Sprache begründet. Diesen und andere Aspekte möchte ich im Folgenden anhand einer Textanalyse vertiefen. Die Auseinandersetzung mit Form und Inhalt eines ausgewählten Rap-Textes soll exemplarisch aufzeigen, wie die (familienhistorische) Randständigkeit in den popkulturellen Formen des deutschen Gangstarap behandelt wird. Außerdem zeigt sich hier, wie die stereotypen Zuschreibungen des skizzierten Krisendiskurses um migrantische Männlichkeit gleichzeitig den symbolischen Rohstoff konstituiert, aus dem die Gangstarapper ihre Bilder und Geschichten fertigen. Ausgewählt habe ich zu diesem Zweck mit dem Song ‚069' von Haftbefehl den Text eines der prominentesten Genrevertreter, der mit Blick auf den Themenkomplex Migration und Integration starke Implikationen aufweist.

Als ersten Text analysiere ich im Folgenden die Lyrics des Liedes ‚069' vom Offenbacher Rapper Haftbefehl, der zu den populärsten Vertretern des Gangstarap-Genres zählt. In dem Song beschreibt der Deutsch-Kurde den Alltag im kleinkriminellen Milieu des Frankfurter Bahnhofs-Viertels. In dem als Rotlichtbezirk und für Drogenhandel und -konsum bekannten Stadtbezirk mischen sich gleichzeitig die Ausläufer des Frankfurter Bankenviertels in einer Mischökonomie aus Finanz-, Gastronomie- und Sexdienstleistungen sowie Rauschgifthandel (siehe Benkel 2010).

Intro:

06 06 9 Cho
Rothschild-Theorie, jetzt wird ermordet
Azzlack öffnet die Höllenpforten
Hier knallen Pistolen während ihr rappt über Ohrschellen
Ich bin der Zuhälter
Deutscher Rap ist mein Bordell
Welcome to 06 06 9 Cho
06 06 9
06 06 9 Cho
06 06 9

Strophe 1:

Mein Sahbi Rashid tickt immer noch Haschisch
Frag nicht nach Grämmchen, komm erst ab Paket
Blockkids sind hungrig und locken dich mit Twizzler Probe aus Marseille
Rippen dich ab, nachdem sie kommen auf Akhi
Zwar sind Löcher im Innenfutter von der Chevignon Lederjacke
Trotzdem zwei Rollies pro Arm, Yachtmaster rechts, links Submarin
Fick das Sozialamt der Motor hat Durst vom roten Ferrari
Kauf es, streck es, wasch es, press es, pack es ab, cho, vercheck das Kokain

Was wissen MCs schon von Haram Massari?
Fick ihre Mütter, verpass ihnen Narben mit der scharfen Maché
Schreib den Text während der halbe Block wartet bis der kackt
Zwölfhundert Gramm Schnuff im Dickdarm vom Nigerian

Hook:

Das ist für die Azzlacks, für die Straßen-Ninjas (Woo!)
Für die mit den Skimasken auf den Motorrad Ninjas (Woo!)
Warum kommt Hafts Album denn schon wieder im Winter?
Das ist Räubermusik und da wird's früher dunkel, was ne Frage, behindert?

Strophe 2:

Die Banken kratzen an den Wolken
Ich mich am Yarrak, wie komm ich an Euros?
Kiddies auf der Jagd nach Spaß fahren im geklauten Golf rum
Hätten sie nur gewusst, dass sie umkommen nachdem sie die Bullen verfolgen
Mutter am Heulen, der Leichenhaus ähnelt einem See aus Tränen
Im gleichen Moment schießt einer der Väter mit der 9 Millimeter auf den Bullen und tötet
Direkt durch die Schläfe, da habt ihr was ihr wollt, ihr Hurensöhne
Fick deine Integration ich knall' die Kugel direkt durch dein Schädel
Das ist für die Azzlacks, für die Straßen-Ninjas (Woo!)
Für die mit den Skimasken auf den Motorrad Ninjas (Woo!)
Warum kommt Hafts Album denn schon wieder im Winter?
Das ist Räubermusik und da wird's früher dunkel, was 'ne Frage, behindert?

Hook:

Das ist für die Azzlacks, für die Straßen-Ninjas (Woo!)
Für die mit den Skimasken auf den Motorrad Ninjas (Woo!)
Warum kommt Hafts Album denn schon wieder im Winter?
Das ist Räubermusik und da wirds früher dunkel, was 'ne Frage, behindert?

Outro:

Rothschild-Theorie, jetzt wird ermordet
Azzlack öffnet die Höllenpforten
Hier knallen Pistolen während ihr rappt über Ohrschellen
Ich bin der Zuhälter
Deutscher Rap ist mein Bordell
Welcome to 06 06 9 Cho
06 06 9
06 06 9 Cho
06 06 9
Woo!

Die 069, mit der Haftbefehl seinen Text beginnt, steht für die telefonische Festnetzvorwahl der Städte Frankfurt am Main und Offenbach, welche Haftbefehl als Rapper zu repräsentieren beansprucht. Der eingangs geäußerte Verweis auf die ‚Rothschild-Theorie' – eine Verschwörungserzählung, der zufolge die jüdische Familie Rothschild über den Finanzmarkt staatliche Politik beeinflusst – lässt hierbei verschiedene (und durchaus auch komplementäre) Deutungen zu. Während Kritiker dahinter eine handfeste antisemitische Agenda vermuten, könnte Haftbefehl damit auch auf die krassen sozialen Ungleichheitsverhältnisse verweisen, die die Szenerie des Frankfurter Bahnhofsviertels zwischen Finanz- und Rauschgifttransaktionen prägen und/oder schlichtweg provozieren wollen (für eine umfangreiche Auseinandersetzung mit Antisemitismus im deutschen Gangstarap siehe Baier 2019).[98]

Mit der Zeile „Azzlack öffnet die Höllenpforten" vermittelt Haftbefehl relativ früh im Song einen Deutungsrahmen, in dem er sich zu einer Art Fremdenführer stilisiert. Das Kompositum ‚Azzlack' stellt eine Mischung der Ausdrücke ‚Asozial' und ‚Kanacke' dar. Der asoziale Kanacke öffnet also das Tor zu einem Ort ewiger Verdammnis – dem Frankfurter Bahnhofsviertel.

Indem er den Zuhörer*innen von seinem Freund Rashid erzählt, der mit größeren Mengen an Rauschgift handelt und kurz darauf über den Trickbetrug berichtet, dem man beim Versuch, Haschisch zu kaufen, dort leicht zum Opfer fällt, macht Haftbefehl gleich zu Beginn deutlich, dass das Leben im Viertel durchaus gefährlich sein kann. Wirtschaftlich ist so eine Existenz – zumindest für die Anbieter – durchaus nicht unattraktiv. Entsprechend stellen die Löcher im Innenfutter der Markenlederjacke auch keine Verschleißerscheinungen dar, sondern dienen als Öffnung geheimen Stauraumes zur Aufbewahrung der gehandelten Rauschmittel. Die Tatsache, dass die beschriebene Person gleich vier Luxusuhren (zwei an jeder Seite) trägt, deutet darauf hin, dass diese nicht vordergründig dem Anzeigen der Uhrzeit dienen. Auch beim Betanken des roten Sportwagens, dessen Anschaffung vermutlich ebenfalls mit Hilfe der Erträge aus dem Schwarzmarkthandel bestritten wurde, verlässt sich die Person nicht auf die etablierten Institutionen des deutschen Wohlfahrtsstaates.[99] Wie man eine entsprechende Kaufkraft entwickelt, erklärt Haftbefehl im Anschluss in einfachen, aber prägnanten Worten: „Kauf es, streck es, wasch es, press es, pack es ab, cho, vercheck das Kokain".

98 Weiterhin lässt sich der Verweis auf Spezialwissen über etwaige Verschwörungen auch als Strategie zur Darstellung hegemonialer Männlichkeit interpretieren (siehe hierzu Kap. 3.5).

99 Bei einem Fassungsvermögen von ca. 100 Litern könnte man den Ferrari mit dem regulären Hartz IV-Satz ohnehin nur zwei Mal im Monat voll betanken – bei ca. 28 Litern Verbrauch auf hundert Kilometern ist das relativ wenig. Die Erschließung zusätzlicher Einkommensquellen erscheint also ratsam.

Die (rhetorische) Frage, inwiefern andere Rapper überhaupt verstünden, wie man sich als Entrepreneur (oder doch zumindest Handlanger) im Kontext eines solchen Schwarzmarktes behaupten müsse, beantwortet Haftbefehl mit einer aggressiven Abwertung und bedroht sie („Fick ihre Mütter, verpass ihnen Narben mit der scharfen Maché"). In Abwesenheit eines Transaktionen gewährleistenden Staates gilt hier das Recht des Stärkeren. Zur weiteren Illustration des Geschehens (und auch, um seine Authentizität zu unterstreichen), wartet Haftbefehl zum Ende der Strophe mit besonderem Spezialwissen über die Logistik der internationalen Wertschöpfungsketten im Drogengeschäft auf. Um das Kokain von Südamerika aus an die Frankfurter Endverbraucher zu liefern, greifen die Händlernetzwerke auf die Arbeitskraft verschiedener Lohnabhängiger aus dem Globalen Süden zurück, die das Rauschgift auf komplexen Schmuggelrouten unter Einsatz des eigenen Lebens an den Ort des Geschehens transportieren – das Frankfurter Bahnhofsviertel.

Während Haftbefehl in der Strophe die Rolle eines Fremdenführers übernimmt, der den Zuhörern die Gegebenheiten in der Lebenswelt des Frankfurter Milieus der Straßen- und Rauschgiftkriminalität schildert, adressiert er nun mit den Azzlacks und den Straßenninjas die Protagonisten dieses Milieus. Neben der Hommage an die unter prekären Bedingungen agierenden Kleinkriminellen fabriziert er mit diesem plötzlichen Wechsel gleichzeitig ein Identifikationsangebot, das sich an alle Hörer richtet. Alle, die in der Strophe Haftbefehls Schilderungen zugehört haben, dürfen sich nun als Straßen-Ninjas angesprochen fühlen.

Zu Beginn der zweiten Strophe bedient sich Haftbefehls eines zentralen Topos der Bildwelten des Genres – dem Image des männlichen Rappers als „Kämpfer im feindlichen Dschungel der nachindustriellen Megastadt" (Klein/Friedrich 2003: 22 f.). Indem er sich inmitten der Hochhäuser am Genital kratzt verweist er mitsamt seiner Manneskraft auch auf die eigene Widerständigkeit gegenüber dieser feindlichen und ungerechten Welt – die bestimmende Frage: „Wie komm' ich an Euros?".

Es folgen ein Perspektiv- und ein Szenenwechsel. Aus Sicht des allwissenden Erzählers berichtet Haftbefehl abschließend über eine Verkettung von Ereignissen, die sich (vermutlich) im Umfeld des Frankfurter Bahnhofsviertels zugetragen haben. Ein paar Jugendliche machen Blödsinn, die Polizei verantwortet ihren Tod mit und der Vater übt Blutrache. Aus dieser recht einfachen Geschichte sprechen Misstrauen und Ablehnung gegenüber der deutschen Mehrheitsgesellschaft gleichermaßen. Den überdrehten Teenagern „auf der Jagd nach Spaß" hat die anomische Gesellschaft scheinbar wenig oder gar keine konventionellen Alternativen der Freizeitgestaltung anzubieten. Erst als sie kriminell werden und beginnen, die Regeln des Systems zu verletzen, folgt eine Reaktion und sie verlieren ihr Leben im Konflikt mit der Staatsmacht. Zum Ausdruck kommt eine starke Ablehnung (und eventuell auch Randständigkeitserfahrung innerhalb) der deutschen Mehrheitsgesellschaft, der gegenüber man sich im anschließenden Refrain wieder mit den Azzlacks und den Straßen-Ninjas identifiziert.

Interpretationsbedürftig erscheint weiterhin der von Haftbefehl eingebaute Fehler in der fünften Zeile der zweiten Strophe („der Leichenhaus"). Angesichts des aufwändigen Produktionsprozesses ist davon auszugehen, dass der Rapper auf den Fehler hingewiesen worden und die Variation mit Absicht geschehen ist (sollte die Formulierung nicht von vornherein Absicht gewesen sein). Wie ist diese Aneignung der deutschen Sprache nun zu verstehen? Der kreative Umgang verweist zum einen auf die Selbstverständlichkeit entsprechend abweichender Ausprägungen. Indem Haftbefehl die Formulierung wählt, unterstreicht er ihre Normalität. Verbunden mit der besonderen Sprecherposition – Haftbefehl zählt zu den erfolgreichsten Rappern in Deutschland – ist gleichzeitig eine starke Deutungsmacht des Sprechers, die neben seiner Reich- (beziehungsweise Hör-)Weite auch aus den Attributen resultiert, die ihm hierbei zu geschrieben werden. Wenn jemand, dessen künstlerischer Output so sehr geschätzt wird, entscheidet, dass die Regeln der deutschen Grammatik in Grundsatzfragen wie der Verwendung des korrekten Artikels nicht eindeutig anzuwenden sind, werden – wohl oder übel – Fakten geschaffen.

Seine Bedeutung entfaltet die Variation jedoch erst jenseits solcher abstrakten Erwägungen. Der subversive Umgang mit der deutschen Sprache stellt – ganz im Sinne von Scharenberg (2001) und anderen Vertretern der These einer emanzipatorischen Symbolkraft von HipHop – ein Moment der Aneignung kollektiver Deutungsmacht dar. Wer, wie Haftbefehl, hunderttausende Platten verkauft, zigmillionenfach geklickte Hits gelandet und deutschlandweite Aufmerksamkeit als Künstler erreicht hat, muss sich nicht an grammatikalische Grundregeln halten – weder anstandshalber noch um sich verständlich zu machen.[100] Haftbefehl (und mit ihm nicht nur die Straßen-Ninjas, sondern alle, die das so machen) spricht eben so wie er spricht und das ist auch gut so. Im folgenden Abschnitt wende ich mich der Fernsehserie ‚4 Blocks' zu, der im Komplex der popkulturellen Thematisierung von migrantischer Delinquenz in den letzten Jahren ebenfalls eine tragende Rolle zukam.[101]

---

100 Dass diese besondere Bedeutung der Kunst von Haftbefehl (und anderen) für die Entwicklung der Sprache auch durchaus in Teilen des bürgerlichen Lagers anerkannt wird, zeigt sich in der Tatsache, dass seine Wortschöpfung ‚Babo' in Deutschland zum Jugendwort des Jahres 2013 gewählt wurde. Zum grundlegenden politischen Charakter der Re-Interpretation von Sprache durch Migranten als kultureller Auseinandersetzung siehe Zaimoğlu (1995).

101 Für eine ausführlichere Analyse siehe Seeliger (2020).

Analyse der Serie ‚4 Blocks'

Im Diskurs um deutschen Gangstarap finden sich gewissermaßen von Beginn an Stimmen, die dem Genre und den dort dargestellten Motiven und Geschichten die Glaubwürdigkeit absprechen. Zwar werde, so der Tenor der Kritik, sicherlich auch in Deutschland Rauschgift vertrieben, Schutzgeld erpresst und Ähnliches verbrochen. Zum Leidwesen seiner Protagonisten, so Terkessidis (2010: 197), erscheine die Straße als „Inbegriff von HipHop", in Deutschland schlicht „weniger aufregend als in den Vereinigten Staaten", gebe es „keine vergleichbaren Ghettos, keine *drive by shootings* mit großer Artillerie und auch keine Tradition eines schwarzen Style."

Einen Kontrapunkt zu dieser lange verbreiteten Auffassung setzt seit Veröffentlichung der ersten Staffel im Jahr 2017 die Serie ‚4 Blocks', die die Geschichte des deutsch-libanesischen Clans der Hamadys im Kontext des Komplexes organisierter Clankriminalität[102] erzählt. Nicht nur, indem sich die Serie als Popkulturprodukt mit dem Zusammenhang von sozialer Exklusion und (migrantischer) Delinquenz befasst, weist sie eine Verbindung zum Diskurs um Gangstarap auf. Mit den Rappern Veysel, Gringo, Damion Davis, Massiv und GZUZ sowie der Rapperin Eunique finden sich außerdem eine Reihe personeller Überschneidungen. Die seit einigen Jahren im Kosmos des deutschen Gangstaraps anhaltende Debatte über Schutzgeldzahlungen, die erfolgreiche Genrevertreter an Gruppierungen aus dem Bereich der organisierten Kriminalität entrichten, stellt eine weitere inhaltliche Verbindung dar, die marketingtechnische Synergieeffekte bei der Inszenierung und Vermarktung der Serie nahelegt.[103]

Organisierte Kriminalität, so lässt sich im allgemeinsten Sinne festhalten, stellt ein soziales Problem dar, weil sie das Gewinn- und Machtstreben privater Gruppen aus dem Bereich staatlicher Kontrolle herauslöst. Die deutsche (Post-) Einwanderungsgesellschaft begünstigt – wie alle strukturell ungleichen Assoziationen – die Entstehung solcher Muster von Kriminalität nicht nur über einen asymmetrischen Zugang zum Arbeitsmarkt und starke Ungleichheiten im Privatvermögen, sondern auch mit Blick auf die Verteilung sozialer Partizipationschancen und Anerkennung, die die Weltsichten und Alltagspraktiken verschiedener Milieus prägen. Entsprechende Disparitäten spiegelte auch die öffentliche Debatte um Clankriminalität im Verlauf der letzten Jahre.

---

102 Der Begriff der ‚Clankriminalität' ist hierbei insofern mit Vorsicht zu genießen, als dass es bei den Kriminellen in den bekannten Fällen lediglich um einen kleinen Teil der Familienmitglieder handelt.

103 So erscheint es auch wenig überraschend, dass mit den Sendungen ‚Dogs of Berlin' und ‚Skyline' in den Folgejahren zwei Serien erschienen, deren Selling-Point ebenfalls an der Schnittstelle von Kriminellen-Drama und Gangstarap in den migrantischen Milieus deutscher Großstädte liegt.

Verschiedene Formen krimineller Betätigung (wie Raub, Steuerhinterziehung oder Handel mit Rauschgift und Diebesgut) dienen den Clans (beziehungsweise ihren kriminellen Vertretern) hier als Einnahmequelle oder Felder zur Behauptung ihrer Durchsetzungskraft. Besondere Bekanntheit erlangten in den letzten Jahren eine Reihe von Fällen wie etwa der sogenannte Poker-Raub, bei dem Mitglieder der Familie Abou-Chaker die Einnahmen eines Berliner Kartenspiel-Turniers entwendeten oder auch der spektakuläre Raub einer Goldmünze im Wert von mehreren Millionen Euro aus dem Berliner Bode-Museum, für den Mitglieder des Remmo-Clans verurteilt wurden (vgl. Gehrke 2020). Auf Grund ihrer starken internen Kohäsion, so eine weithin geteilte Annahme, könnten Großfamilien auf Schwarzmärkten (das heißt in Abwesenheit des Staates) als besonders durchsetzungsstarke Akteure auftreten.

Im Polizeijargon als Angehörige „abgeschotteter Subkulturen" geführt, geraten die Vertreter (zumeist) deutsch-arabischer oder deutsch-türkischer Großfamilien in zunehmendem Maße ins Visier der deutschen Exekutive. „Der rechtstreue Bürger", so äußert sich Bundesinnenminister Seehofer gegenüber der Bildzeitung im Mai 2019, werde „als ‚Opfer', die deutsche Gesellschaft als Beute und unsere Gesetze und Regeln als nicht verbindlich betrachtet" (von Delhaes-Guenther 2019).[104] Dass die bundesdeutsche Berichterstattung zur Clankriminalität ähnlich undifferenziert ausfällt wie der oben wiedergegebene Krisendiskurs, steigert wiederum die Marktgängigkeit entsprechender TV-Serien.

Von den deutschen Filmproduktionen zum Thema stellt die Serie ‚4 Blocks' im Jahr 2020 die (kommerziell) erfolgreichste dar.[105] Mit dem Auslaufen der dritten Staffel im Winter des Jahres 2019 umfasst sie 19 Episoden. Die Handlung der drei Staffeln möchte ich im Folgenden kurz wiedergeben und anschließend unter fünf von Gugutzer (2012) vorgeschlagenen Analyseaspekten interpretieren (für eine ausführlichere Analyse siehe Seeliger 2020).

Seit Familienoberhaupt Ali Hamady – in seiner Rolle als Gangsterboss auch Toni genannt – in den 1970er Jahren als Flüchtling aus dem Libanon nach Berlin gekommen ist, hat sich die Familie – nicht zuletzt mangels regulärer Alternativen – im kriminellen Geschäft der Bundeshauptstadt etabliert. Während Toni also einerseits auf eine Erfolgsgeschichte als Anführer zurückblickt (und diese Rolle auch immer wieder zu genießen scheint), ist er gleichzeitig den Erwartungen sei-

104 Anders als beim allgemeinen Diskussionsstand zur Migrationsdebatte fällt der Literaturstand zum Themenkomplex der Clankriminalität wesentlich geringer aus und beschränkt sich hierbei vor allem auf journalistische Beiträge wie das (politisch stark gefärbte) Sachbuch ‚Arabische Clans' des deutsch-libanesischen Sozialwissenschaftlers Ralph Ghadban (2018) oder die instruktive Reportage über das Leben des Neuköllner Gangmitglieds Yehya von Christian Stahl (2014).

105 Zum Zusammenhang von Gangstarap und Film siehe ansonsten auch Dietrich/Seeliger (2012a).

ner Frau Kalila und seiner Tochter Serin verpflichtet, denen er wiederholt die Legalisierung seiner wirtschaftlichen Aktivitäten – und damit auch die Aussicht auf ein geregelteres Leben – verspricht. Ein Spannungsfeld entsteht hier zum einen durch anhaltende Auseinandersetzungen der Hamadys mit konkurrierenden Banden – in der ersten Staffel handelt es sich hierbei um eine Bikergang, in der zweiten Staffel den al-Saafi-Clan und eine tschetschenische Familie und in der dritten Staffel einen verfeindeten libanesischen Gangsterboss. In diesen Konflikten sind es vor allem die männlichen Mitglieder der Familie (das heißt Tonis Bruder Abbas und sein Schwager Latif), die von ihm ein rigoroses Vorgehen erwarten.

Um ein legales Fundament für die Familienexistenz zu schaffen, plant Toni Hamady das (Schwarzgeld-)Vermögen der Familie in Immobilien zu investieren (daher auch der Titel ‚4 Blocks'). Die hierfür notwendige Aufenthaltsgenehmigung wird ihm von den deutschen Behörden – mitsamt seiner Staatsbürgerschaft – vorenthalten.

Die Figur Toni Hamadys versinnbildlicht im Verlauf der drei Staffeln eine starke Ambivalenz, die – wie ich im Folgenden argumentieren möchte – ein grundlegendes Motiv im symbolischen Kosmos des Gangstarap abbildet. Denn während Toni einerseits als Kriegsherr in den Auseinandersetzungen der Clanmitglieder mit den Anhängern verfeindeter Gruppen auftritt, stellt er nicht nur wenige Augenblicke später den Prototyp eines liebenden Familienvaters dar. Nachdem seine Ehefrau durch einen auf ihn abgefeuerten Schuss ums Leben kommt, bemüht sich Toni in der dritten Staffel aufrichtig um die Anerkennung der deutschen Mehrheitsgesellschaft, unter anderem indem er sich aus den kriminellen Geschäften der Familie zurückzieht und ehrenamtlich einen Neuköllner Fußballverein unterstützt.

Eine ähnliche lokale Verwurzelung zeigt sich auch an anderen Stellen der Serien – etwa, wenn er die Unterbringung geflüchteter Syrer organisiert (wer ist also der Neuankömmling und wer der erfolgreiche Wohnraumanbieter?). Eine andere einprägsame Stelle dieser Art zeigt sich, als er gemeinsam mit anderen Familienmitgliedern Schutzgeld in ‚seinem' Bezirk eintreibt. Nachdem ein in der lokalen Gastronomie beschäftigter Hipster es wagt, ihm anstelle einer ‚traditionellen' Fanta eine Bionade zu servieren, offenbart sich die ganze Abscheu des alteingesessenen Deutsch-Libanesen gegenüber den neuen Entwicklungen der Neuköllner Gentrifizierung.

Doch all diese lokale Verwurzelung kann am Ende weder ihm noch dem Rest der Großfamilie helfen. Weil ihnen der Ausstieg aus der Kriminalität nicht gelingen mag (und dies nicht zuletzt, weil sie teilweise auch gar nicht den Willen hierzu an den Tag legten), kommen zum Ende fast alle Protagonisten ums Leben. Die Integration der Familie Hamady kann vor diesem Hintergrund als weitgehend gescheitert betrachtet werden – Verbrechen lohnt sich (zumindest in dieser Form) nun mal nicht.

Mit Gugutzer (2012: 148) unterscheide ich für die Analyse fünf Dimensionen filmischen Erzählens – den politisch-ökonomisch-kulturellen Kontext (1), den Inhalt und die Handlung mit ihren Wendepunkten und Brüchen (2), die narrative Struktur (3), die Ästhetik (4) sowie die Frage nach den Werten, die der Film (nicht) vermittelt (5). Die erste Dimension – also der Kontext, in dem die Serie stattfindet – wurde unter Bezug auf die deutsche Migrationsgeschichte seit dem zweiten Weltkrieg im ersten Teil dieses Kapitels ausreichend skizziert. Der spezifische Status als geflüchtete Staatenlose erlaubt es den Hamadys über Generationen nicht, vollwertige Partizipationsmöglichkeiten an der deutschen Gesellschaft auszuschöpfen. Der Ausschluss vom Arbeitsmarkt und allgemeine Stigmatisierungserfahrung bedingen hier eine anhaltende Randständigkeit der Familie, die einige ihrer Angehörigen mit kriminellen Handlungen gleichzeitig kompensieren und verstärken.

Diese Randständigkeit tritt im Verlauf der Serie an vielen Stellen zu Tage, etwa wenn Toni seinem Freund Vince in der ersten Folge erklärt, dass die Hamadys offiziell kein Erwerbseinkommen erhalten dürfen („Ein Asylant hat mehr Rechte als wir!"). Auch seine anhaltenden Versuche, eine solide Existenz aufzubauen – zu Beginn verspricht er seiner Frau, „der deutscheste Deutsche" zu werden – tragen keine Früchte. Die Hamadys bleiben auch nach Jahrzehnten in der Ankunftsgesellschaft Außenseiter.

Entsprechend spiegelt auch die narrative Struktur des Films die Muster eines Konfliktes zwischen unterschiedlichen Wertsphären – der kriminellen Halbwelt des migrantischen Milieus, der Privatsphäre der Hamady-Familie, dem deutschen Staat, der vor allem durch Behörden und Polizei versinnbildlicht wird, und den privaten Geschäftspartnern der Hamadys. Die Ambivalenz der konkurrierenden Handlungslogiken, denen die Familie in der libanesischen Diaspora Neuköllns beständig ausgesetzt ist, spiegelt die Figur Tony Hamadys auf eindrucksvolle Weise wider.

Die Ästhetik von 4 Blocks wird bestimmt durch das Zusammenspiel dreier zusammenhängender Facetten – der urbanen Kulisse Berlins, dem hybriden Referenzrahmen der Neuköllner Diaspora sowie der Beteiligung von Charakteren, die den Zuschauerinnen und Zuschauern bereits aus dem Feld des deutschen Gangstarap bekannt sind. Durch die Zusammenarbeit mit den Rappern gewinnt die Serie eine starke symbolische Verbindung mit dem durch die Rapper verkörperten Kriminellen-Milieu.[106]

106 So hat der Essener Rapper Veysel wegen Körperverletzung mit Todesfolge mehrere Jahre im Gefängnis verbracht und Massiv unterhält seit vielen Jahren konstante Beziehungen zum Berliner *Ashraf* Remmo, der als Anführer des kriminellen Teils einer Berliner Familie, dem Remmo-Clan, gilt.

Mit Blick auf die Wertedimension vermittelt die Serie insgesamt ein differenziertes, oder zumindest widersprüchliches Bild. Indem das luxuriöse Leben und die Durchsetzungskraft der männlichen Clan-Mitglieder immer auch die Konnotation einer bewundernden Darstellung annimmt, wird das kriminelle Leben im Film einerseits glorifiziert und lässt sich auch als widerständige Strategie zur Bewältigung ungünstiger Lebensumstände interpretieren. Wenn der deutsche Staat es eben versäumt, gleiche Teilhabechancen zu gewährleisten, so die kritische Botschaft, soll man sich eben nicht wundern, wenn die ausgeschlossenen Bevölkerungsteile in die Illegalität abdriften. Das grandiose Scheitern dieser illegalen Aktivitäten – am Ende sind fast alle porträtierten Familienmitglieder tot oder zumindest schwer geschädigt – vermittelt unter dem Strich eine gegensätzliche Moral.

Insgesamt lässt sich die Serie damit als Teil eines – im Sinne von Hall (2004) und Anderson (2005) – selbstvergewissernden Diskurses multikultureller Nationalgesellschaften verstehen, zu dem auch Gangstarap insgesamt beiträgt. Eine kulturalistische Lesart würde – im Einklang mit der eingangs skizzierten, krisenhaften Berichterstattung über die Delinquenz und Gewaltaffinität migrantischer Männlichkeiten – eine kulturelle (oder sogar: biologische) Disposition entsprechender Bevölkerungsgruppen als Ursache benennen. Auf Grund entsprechender Determinierungen können die Hamadys, Haftbefehls und wie sie alle heißen aus dieser Sicht gar nicht anders als in der Rolle der notorischen Integrationsverweigerer aufzutreten.[107] Dass fundamentale Differenzen zwischen den verschiedenen (kulturell oder biologistisch bestimmten) Bevölkerungsgruppen ein geregeltes Zusammenleben in der multiethnischen Gesellschaft erschweren oder sogar unmöglich machen, stellt aus dieser Perspektive eine unumgängliche Tatsache dar.

Demgegenüber lässt sich das offensive In-Erscheinung-Treten der Gangstarap-Sprecher mit Ha (2005: 115) auch als „strategische Diskurspolitik" der „Selbst-Kanakisierung" interpretieren. Diese geht „von der zentralen Einsicht aus, dass rassistisch Marginalisierte von der Dominanzkultur als ‚Kanaken' mit all seinen negativen Abwertungen konstruiert werden." Wie die dargestellten Beispiele (der Song ‚069' und die Serie ‚4 Blocks') zeigen, ist die Adaption der im Krisendiskurs um migrantische Kriminalität gesetzten Themenstellungen und Stereotype gewissermaßen der Preis, zu dem eine exponierte Sprecherposition mit Reichweite überhaupt erst zu bekommen ist. Die Tatsache, dass Haftbefehl mit seiner Story über Aufstieg gegen Widerstände als Drogendealer überhaupt

107 Analog bemerkt bereits Mikos (2000: 115) für den US-amerikanischen Kontext: „Das Tragische ist vielleicht, daß sich die schwarzen Rapper ausgerechnet eine von Weißen geschaffene mythische Figur des Widerparts gegen die staatliche Kontrollmacht als Trickster-Figur in ihren Rap-Sprachspielen ausgesucht haben."

Gehör findet, hängt davon ab, dass er überhaupt erstmal bereit ist, diese klischee- und vorurteilsbeladene Rolle zu spielen.

Ganz ähnlich verhält es sich schließlich auch mit der Serie 4 Blocks. Um ein attraktives (weil marktgängiges) Entertainmentprodukt zu konstruieren, bauen die Macher der Serie mit der Adaption der Themenstellung ‚Clankriminalität' gewissermaßen von Anfang an auf einem Kategorienfehler auf: Tatsächlich handelt die Sendung ja nicht von kriminellen *Clans*, sondern von kriminellen Clan*mitgliedern*. Eine Sendung, die nicht von Clan*kriminalität*, sondern von Clan*normalität* handeln würde, müsste hierbei das Leben der zahlreichen Angehörigen entsprechender Großfamilien zum Thema haben, die keineswegs kriminell, ja vermutlich noch nicht mal polizeibekannt wären. Dass eine solche Sendung aber auch nur annähernd so erfolgreich sein könnte, wie es 4 Blocks (oder seine Schwesterproduktion Dogs of Berlin oder Skyline) waren, muss zumindest als fraglich erscheinen.

Gleichzeitig, und hierin besteht ohne Zweifel ein progressiver Ansatzpunkt, rücken sowohl der Song von Haftbefehl als auch die Serie mit den dargestellten Erwerbsbedingungen ein zentrales Moment in den Fokus, von dem aus es möglich wird, die kulturalistische Erzählung zu unterlaufen. Indem beide auf den exklusionsbedingten Zwang der Protagonisten abheben, sich in irregulären Beschäftigungen zu verdingen, intervenieren beide in den rassistischen Stigmatisierungsdiskurs, der die Neigung zur Delinquenz gewissermaßen essenzialisiert (oder ihre Gründe doch zumindest im Dunkeln liegen lässt). Diesen Aspekt möchte ich im Folgenden vertiefen, indem ich Gangstarapimages als Ausdrucksform zwischen Prekarisierungskritik und der Verherrlichung neoliberaler Aufstiegsphantasien analysiere.

Kapitel 5
Gangstarap als Kritik und Bewältigung von Prekarität

„Wir sind das künstlerische Ergebnis der Kehrseite von Wohlstand in diesem System."
Gangstarapper Xatar im Interview mit der Zeit (Schrader 2016)

Weil in ihnen Lebenschancen über den Markt, und damit durch Muster einer differenzierten Arbeitsteilung, über hochgradig selektive Bildungssysteme und nicht zuletzt entlang der Differenzlinien mal mehr und mal weniger feiner kultureller Unterschiede organisiert werden, stellt eine objektive Grundbedingung kapitalistischer Gesellschaften ihre „sozialstrukturelle Spannung" (Deutschmann 2009: 36) dar. Diese permanente Spannung kann zu Tage treten in alltäglichen Auseinandersetzungen zwischen den Klassen – wie dem unerlaubten Ausdehnen einer Raucherpause auf der Arbeit oder den ritualisierten Tarifrunden sozialpartnerschaftlich verbundener Parteien. Sie kann sich Bahn brechen in Form wilder Streiks oder anderer sozialer Konflikte und sie kann sich, dies zeigt die Geschichte eindrucksvoll, sogar in Revolutionen entladen.

Während sie als konkrete politische Äußerung Gestalt annehmen (oder auch nicht), finden derartige Spannungen immer auch ihren Ausdruck im Feld der Populärkultur. Ob es nun Donna Summer ist, die Würde und Wertigkeit der Protagonistin in ‚She works hard for the Money' über deren Fleiß und Belastbarkeit begründet, oder die Beatles, die in ‚A hard days night' den Trost von der Lohnarbeit spendenden Charakter des Privathaushaltes besingen – die Popkultur plausibilisiert uns die gesellschaftlichen Arrangements, in denen wir leben.

Vor diesem Hintergrund möchte ich mich in diesem Kapitel mit den klassenpolitischen Implikationen der Bildwelten des Gangstarap befassen. Grob gesagt lassen sich dieser zwei unterscheiden: Unter Bedingungen einer fortschreitenden Abwicklung sozialkapitalistischer Arrangements in der Abstiegsgesellschaft (vgl. Nachtwey 2016) finden sich dort immer wieder kritische Bezüge auf prekäre Lebensbedingungen. Gleichzeitig kultivieren Rapper aber auch immer wieder Eigenschaften, die sich als Primärtugenden einer neoliberalen Gesellschaftsordnung verstehen lassen. Schließlich, und das wird in diesem Kapitel zu zeigen sein, hängen beide Äußerungsformen eng miteinander zusammen: Eine Kritik schwieriger, ungerechter Lebensverhältnisse wird in den Darstellungen des Genres häufig nicht durch kollektives Handeln, sondern eine individuelle Bewältigung aufgelöst.

5.1 Gangstarap als Prekaritätskritik

Die Entwicklung der kapitalistischen Gesellschaften des globalen Nordens ist in den letzten Jahren in zunehmendem Maße in die (nicht mehr nur linke) Kritik geraten. Dass die Errungenschaften jahrhundertelanger Klassenkämpfe unter Globalisierungsbedingungen in zunehmendem Maße unter Druck stehen, bewirkt, so bemerken mit Wilhelm Heitmeyer und Peter Imbusch (2005: 9) zwei aufmerksame Beobachter dieser Entwicklungen, „eine Integrations-Desintegrationsdynamik [...], in der sich Zugangs-, Teilnahme und Zugehörigkeitsprobleme mit Anerkennungsverletzungen verbinden und in Ängsten vor und Erfahrungen von Prekarität, Ausgrenzungen und Verunsicherungen ihren Ausdruck finden."

Als sinn- und identitätsstiftende Tätigkeit zur individuellen und kollektiven Daseinsvorsorge (vgl. Pries 2005) speisen sich diese Desintegrationstendenzen vor allem aus einem allgemeinen Formwandel der Erwerbsarbeit. Gemeinsam mit der Auflösung der Arrangements des alten Wohlfahrtsstaats geht unter diesen Bedingungen, wie wir in Kapitel 3.6 dargestellt haben, die Verbreitung atypischer Beschäftigungsformen. Diese Tendenz wird in der Arbeitssoziologie unter dem Begriff der Prekarität (Castel 2009) oder auch Prekarisierung diskutiert. Lassen sich unter Prekarität im allgemeinsten Sinne „unsichere Arbeits-, Beschäftigungs- und Lebensverhältnisse" (Dörre 2013: 393) verstehen[108], bezieht sich der Begriff der Prekarisierung auf ein allgemeines Prinzip des „Brüchigwerdens" (Dörre 2009: 31), welches sich nicht nur auf die unteren sozialen Schichten, sondern auf eine Auflösung gesellschaftlicher Arrangements insgesamt bezieht (Marchart 2013).[109]

Diese Entwicklungen sind in der politischen Öffentlichkeit in verschiedenen Formen aufgearbeitet worden. Doch schon bevor der damalige SPD-Vorsitzende Kurt Beck sie 2006 im Interview mit der Frankfurter Allgemeinen Sonntagszeitung erstmalig vor großem Publikum als gesellschaftliche Problemgruppe[110] identifizierte, war die Trope einer ‚neuen Unterschicht' im (pseudo-)wissenschaftlichen Diskurs vorbereitet und – etwa von Vertretern wie dem Berliner Historiker Paul Nolte (2004) in seinem Buch ‚Generation Reform' – akademisch eingefärbt und

---

108 Ein Erwerbsverhältnis gilt, mit Dörre (ebd.: 393 f.), dann als prekär, wenn es nicht dauerhaft oberhalb eines von der Gesellschaft definierten kulturellen Minimums existenzsichernd ist und deshalb bei der Entfaltung in der Arbeitstätigkeit, gesellschaftlichen Wertschätzung und Anerkennung, der Integration in soziale Netzwerke, den Partizipationschancen und der Möglichkeit zu längerfristiger Lebensplanung dauerhaft diskriminiert."

109 Während wir Prekarität im Folgenden in erster Linie in Bezug auf die spezifische Lebensweise der urbanen Unterklassen (beziehungsweise deren Repräsentation in den Bildwelten des Gangstarap) thematisieren, gilt es diesen Umstand im Hinterkopf zu behalten, um die gesamtgesellschaftliche Tragweite dieser Repräsentationen einordnen zu können.

110 Einen Vertreter dieser Gruppe sollte Beck gegen Ende desselben Jahres noch persönlich adressieren, indem er ihm nahelegte, sich mal zu „[w]aschen und rasieren, dann kriegen Sie auch einen Job" (vgl. Hengst/Volker 2006).

imprägniert worden. Unter Bezug auf populäre Bilder wie das der überheizten Kleinwohnung, dem Fliesentisch oder einer unausgewogenen Ernährung mit Kartoffelchips und Dosenbier konstruierten konservative Intellektuelle das Problem einer „fürsorglichen Vernachlässigung" (Nolte 2003) weiter Bevölkerungsteile.

In dasselbe Horn stieß wenige Jahre später auch Peter Sloterdijk. Aus der von Nolte und anderen Kritikern unterstellten Untätigkeit, wollte der Karlsruher Philosoph politische Konsequenzen ableiten. In der (neo-)liberalen Denktradition proklamierte Sloterdijk (2009) „wie sich der moderne Staat binnen eines Jahrhunderts zu einem geldsaugenden und geldspeienden Ungeheuer von beispiellosen Dimensionen ausformte." Eine ‚Revolution der gebenden Hand', so der Titel seines Textes, solle eine „sozialpsychologische Neuerfindung der Gesellschaft" (unter Abschaffung von Zwangssteuern und ähnlichen freiheitsbeschränkenden Verbindlichkeiten) ermöglichen, in der alle Gesellschaftsmitglieder möglichst unbeschwert ihre vollen Potenziale ausschöpfen sollten.

Im Kontext ihrer Zeit als politisch-ideologische Legitimationsstrategie der Schröderschen Aktivierungspolitik (und darauffolgender Austeritätsmaßnahmen) diente die Verbreitung entsprechender Ressentiments nicht zur systematischen Analyse, sondern, wie Kessl (2012: 187) beschreibt, „als programmatischer Motor für die Etablierung einer spezifischen politischen Behauptung" – die despektierliche Darstellung der unteren sozialen Klassen. Als zentrales Bezugsmoment solcher symbolischen Konstruktionsprozesse bezeichnet Dörre (2017: 78; siehe auch Dörre 2017a) die Zuschreibung mangelnder Leistungsbereitschaft. „Stets", so führt er (ebd.) aus, „schwingt in den Bildern vermeintlich parasitärer Unterschichten oder Unterklassen die Befürchtung mit, der Virus der Leistungsunwilligkeit könne bürgerliche Tugenden zersetzen und den Aufstiegswillen beim Mittelklassennachwuchs zum Erlahmen bringen." Folglich machen, anders als dies Jones (2012: 278) in seiner ansonsten ganz ausgezeichneten Studie über die gezielte Geringschätzung der „Prolls" als Angehörige der unteren Arbeiterklasse bemerkt, sich nicht nur „die Sieger über die Besiegten lustig." Vielmehr lassen sich die Kultivierung und Popularität entsprechender Stereotype als mehrheitlich mitgetragene Abwehrreaktion interpretieren, über die sich die höheren Strata nach unten hin abzugrenzen suchen – leistungsunwillig (oder sogar: unfähig) ist man nicht selbst, aber die unredlichen Anderen am Rande der Stadt.

Aber wer ist sie nun, diese ominöse Unterschicht? Die Einsicht, dass die Gruppe der Lohnabhängigen stark heterogen ist, stellt für die politische Soziologie im 21. Jahrhundert schon lange kein Novum mehr dar. „Es gab", so beschreibt dies Stuart Hall (2000a: 68), „nie eine einheitliche Klasse, mit einer schon existierenden einheitlichen Ideologie. Sie ist durchkreuzt, durchzogen von anderen Determinanten und Ideologien." Als „kulturelle, ökonomische und politische Gebilde" Reckwitz (2019: 67) teilen Klassen „eine gemeinsame Lebensführung mitsamt den entsprechenden Lebensmaximen, Alltagsvorstellungen und Praktiken."

Der Begriff der neuen Unterschicht findet seine Entsprechung innerhalb des Arbeitsmarktes und der Sozialstruktur mit Andreas Reckwitz (2017: 103) in Form der prekären Klasse, deren Situation sich im allgemeinsten Sinne durch strukturell unsichere Lebensbedingungen auszeichnet. Ein erster Teil der prekären Klasse verdingt sich (zumeist im großstädtischen Raum) als Dienstleistungsproletariat (das heißt etwa als Sicherheits-, Logistik- oder Reinigungspersonal). Ein zweiter Teil arbeitet in angelernten, tendenziell ungelernten Jobs im Agrar- oder Industriebereich (und dies auch am ehesten in ländlichen Regionen). Ein dritter Teil geht schließlich keiner (regulären) Beschäftigung nach und bezieht Unterstützung vom Staat oder der Familie und zählt, so Reckwitz, „damit zu jenen, die man soziologisch mit dem Etikett der ‚Ausgeschlossenen' oder der ‚Überflüssigen' versehen hat" (ebd.).

Wie bereits von Bourdieu (2010) am Beispiel der Tagelöhner in der Kabylei herausgearbeitet, fehlt der prekären Klasse auch in Deutschland die vor allem im gesellschaftlichen Mittelstand verbreitete Geisteshaltung (und außerdem schlichtweg die Mittel), langfristige (Status-)Investitionen zu tätigen. „Die Kunst des Lebens in der prekären Klasse besteht gewissermaßen im zähen Durchhalten und geschickten Weitermachen" (ebd.: 104). Als „geradezu exzentrisch" empfinden sie laut Reckwitz „die Motivation der erfolgreichen Selbstverwirklichung der Akademiker" und neigen – nicht zuletzt bedingt durch Prozesse öffentlicher Stigmatisierung wie sie etwa Ege (2013) oder Wellgraf (2012) beschreiben – zur Entwicklung fatalistischer Weltbilder.

Im öffentlichen Diskurs ist die Rede von der neuen Unterschicht häufig mit der (stereotypen) Beschreibung des Lebens in benachteiligten Stadtteilen verbunden. Die Struktur der Stadt wirkt, wie Scambor und Zimmer (2012: 12) in der Einleitung ihrer Kollektivstudie zur „intersektionalen Stadt" beschreiben als „Ausdruck des Gesellschaftlichen". Als symbolische Orte bilden die Räume der „Repräsentationsmaschinerie" (Hall 2014a: 175) bestehende Hierarchien und Machtstrukturen nicht nur ab. Die symbolische Konstruktion dieser Räume (durch Politik, Bewohner, Medien und Zuschauer) wird, so Häußermann und Kronauer (2009: 175), selbst zu einem „Mittel der Herrschaft".

Anschließend an den Stadt- und Ungleichheitssoziologen Loic Wacquant (2009: 97) erfahren entsprechende Stadtbezirke Abwertung und Gewalt „von oben" in dreierlei Weise: Hohe Arbeitslosigkeit verringert nicht nur die lokale Kaufkraft (und damit die Lebensqualität), sondern beeinflusst das gemeinschaftliche Schicksal auch über das Selbstverständnis und die Erfahrung sozialer Zugehörigkeit.[111] Kollektiv herabwürdigend wirkt zweitens die optische Verwahrlo-

111 Politisch äußert sich dieser Umstand jüngst, wie Schäfer (2015) und Elsässer (2019) gezeigt haben, wiederum in der sinkenden Wahlbeteiligung in entsprechenden Stadt- und Bevölkerungsteilen. Die politische Mobilisierungsfähigkeit der Unterklassen stellt – seit Marx' Lum-

sung solcher Quartiere. Eine oftmals zurückhaltende Infrastrukturpolitik korrespondiert hierbei mit allgemeinen Deprivationserscheinungen wie dem öffentlichen Entsorgen des Hausmülls in der Umgebung. Eine dritte Herabwürdigung folgt vor diesem Hintergrund schließlich aus einer allgemeinen Stigmatisierung im Alltagsleben – etwa durch Benachteiligung in Bewerbungsverfahren aufgrund der angegebenen Adresse – und dem öffentlichen Diskurs (man denke etwa an stereotype Phantasiefiguren wie Cindy aus Marzahn).[112]

In den Texten der Gangstarapper finden sich – wie ich bereits an anderer Stelle (Lütten/Seeliger 2017; Seeliger 2012) argumentiert habe – zahlreiche Bezüge auf den hier skizzierten Gegenstandsbereich der soziologischen Prekarisierungsforschung. „Erfahrungen von Unsicherheit und Ausgrenzung, instabile soziale oder geschlechtliche Identitäten, Gerechtigkeitsansprüche und Oben-Unten-Wahrnehmungen [und] gescheiterte Anpassungsleistungen" stehen, wie ich gemeinsam mit John Lütten (2017: 89) am Beispiel ausgewählter Songtexte gezeigt habe, genauso im Zentrum der Genre-Inszenierungen wie Erfahrungen von „Entkoppelung und Devianz, veränderte Wertestrukturen, ethnische Stigmatisierung, Absagen an die Mehrheitsgesellschaft sowie die Wahrnehmung der eigenen Lebenswelt als System dauernder Bewährungsproben".[113] Um diesen Zusammenhang näher zu erörtern, wende ich mich im Folgenden der Analyse von drei Songs aus dem Feld des deutschen Gangstarap, zweier genre-begründender Tracks – und einem aktuellen zu.

Textanalyse – Gheddo (Eko Fresh, Bushido)

Genau wie Haftbefehl gehören die Rapper Eko Fresh und Bushido zu den bekanntesten Vertretern des Gangstarapgenres in Deutschland. Anders als Haftbe-

---

penproletariats-These – einen Gegenstand kontroverser Diskussionen dar. Während etwa Bescherer (2012: 244) der „Einbezug der Unterschicht in die sozialen Bewegungen" etwa unter Aspekten „politische[r] Korrektheit" oder den „ethisch-moralischen Maßstäben und den Prinzipien der ‚Selbstregulierung einer sozialen Bewegung'" als „keineswegs unproblematisch" (Bescherer 2012: 244) erscheint, betont Castel (2009) in seinem Buch zu den Aufständen in den Banlieues im Herbst 2005 deren starken politischen Charakter.

112 Auf welche Stadtteile entsprechende Zuschreibungen zutreffen, ist – dies zeigen die Entwicklungen der letzten Jahrzehnte – keine über die Zeit hinweg fixierte Angelegenheit. Während periphere Stadtteile wie Köln-Chorweiler oder Hamburg-Mümmelmannsberg ihren zweifelhaften Ruf auf absehbare Zeit hin genießen werden, haben Prozesse der Gentrifizierung mit dem Stadtbild ehemaliger Problembezirke wie Berlin-Kreuzberg, Köln-Kalk oder der Hamburger Sternschanze über die letzten Jahre in zunehmendem Maße auch deren öffentliche Thematisierung beeinflusst. Indem Angehörige der prekären Klasse hier mit Vertretern der akademischen Mittelklasse zusammentreffen, entstehen Synergien, deren Ausprägungen wir in Kapitel 8.5 genauer betrachten wollen.

113 Siehe auch Knüttel und Seeliger (2010).

fehl konnten beide vor allem in der Frühzeit seit Beginn der 0er Jahre einen prägenden Einfluss auf die weitere Entwicklung des Genres entfalten. Ihr gemeinsamer Song ‚Gheddo' aus dem Jahr 2005 nahm, was Ästhetik und Inhalt betrifft, viele Elemente vorweg, die in den folgenden Jahren zu den wesentlichen Bestandteilen typischer Gangstarapsongs gehören sollten.

Strophe 1 (Eko Fresh)

Eko Fresh Ghetto Chef junge denn es muß sein.
Köln Kalk Hartz 4 komm in meine Hood rein.
Komm und guck was es heißt im Block hier zu Wohnen,
Wo man Leben muß von Drogen oder Prostitution.
Ey jo der GD Präsident is wieder in der Branx,
Hier is man schon mit 16 Dealer oder Stenz.
Ob Viva oder MTV ich komme groß raus,
E.K.O. Sound Direkt aus dem Hochhaus.
Von Berlin bis nach Killer Cologne,
Ich träume nur davon mir irgendwann ne Villa zu holn.
Denn ich bin es gewohnt in der Scheiße zu stecken,
Und mir bleibt nichts anderes übrig außer weiter zu rappen.
In diesen einsamen Nächten wirst du ein Harter Mann,
Warum guckt sich Peter Hartz nich meine Strasse an?
Fünfzehn Jahre Deutscher Rap aber keiner machts wie Eko,
Ihr habt alle reiche Eltern und sagt Deutschland hat kein Ghetto

Refrain:

Junge denn ich leb im Gheddo,
Grembranx oder Tempelhof.
Es sind Sonny Black und Eko,
Hebt jetz alle Hände hoch.
Und ich bete jeden Tag, Fresh
Dass ich nich hier bleiben muss.
Bitte Mister Peter Hartz,
Komm doch mal in meine Hood.

Strophe 2 (Bushido)

Ihr wolltet nich an mich glauben,
Doch ich seh die Sachen anders,
Vieler meiner Freunde sind schon in den Knast gewandert.
Das is meine Hood, Tempelhof is so geil,
Außer wenn es heißt Hände hoch die Polizei.
Es is Showtime ich komm in den Boxring,
Der Junge der schon früher dealend um den Block ging.

Ich komm aus Berlin,
Ich habs mir verdient,
Das weiße Pulver hier is bestimmt kein Persil.
Ich machte sehr viel doch jetzt is die Gegenwart,
Ich weiß das Peter Hartz nie in meiner Gegend war.
Ich sehe jeden Tag die Mädchen an der Ecke stehen,
Komm vorbei vielleicht kannst du mich und Ek verstehn.
Es is 6 nach 10 ich steig in den 7er,
Das Ändert nichts aber es macht mich zufriedener.
Von heute an hört ihr alle wieder Techno, Alle
Ihr habt alle reiche Eltern und sagt Deutschland hat kein Ghetto.

Refrain:
Junge denn ich leb im Gheddo,
Grembranx oder Tempelhof.
Es sind Sonny Black und Eko, Fresh
Hebt jetzt alle Hände hoch.
Und ich bete jeden Tag, Gheddo
Dass ich nich hier bleiben muss.
Bitte Mister Peter Hartz,
Komm doch mal in meine Hood.

Strophe 3 (Eko Fresh/Bushido)
(Eko) Das is der German Dream Er isguterjunge Gangbang,
Denn ich komme mit Bushido und der Stenz Gang.
(Bushido) Auch in der Grembranx bin ich Staatsfeind Nr.1,
Der junge hier der auf deinem Grabstein Unterschreibt.
(Eko) Mag sein und ich weiß es doch schon seid Geburt,
komm wir Treffen uns mit deinen Jungs um 13 Uhr.
(Bushido) Für Euch heißt es nur macht die Anlage an
für mich heißt es ich sitz wieder auf der Anklagebank.
(Eko) Und ich trags wie ein Mann ich bin Eko der Don,
das is Ekos Beton ich bin jetzt ins Ghetto gekomm.
(Bushido) Siehst du die Tatoos hier vorn? Hier steht Electro Ghetto,
Sonny Black ich bin Back auf dem track mit Eko.
(Eko) Was is jetz los wir zeigen wie das Blockleben läuft,
Für alle meine toten Brüder Gott segne euch.
(Bushido) Ja ich Box Jeden Toy und schicke ihn sofort Heim,
Tempelhof, Gangsterflows, Skyline oder Bordstein.
Junge denn ich leb im Gheddo,
Grembranx oder Tempelhof.
Es sind Sonny Black und Eko,

Hebt jetz alle Hände hoch.
Und ich bete jeden Tag,
Dass ich nich hier bleiben muss.
Bitte Mister Peter Harz,
Komm doch mal in meine Hood.

Refrain:

Junge denn ich leb im Gheddo,
Grembranx oder Tempelhof.
Es sind Sonny Black und Eko, Fresh
Hebt jetz alle Hände hoch.
Und ich bete jeden Tag, Gheddo
Dass ich nich hier bleiben muss.
Bitte Mister Peter Harz,
Komm doch mal in meine Hood.

Im Text zu dem Song nehmen beide, wie bereits Haftbefehl, die Rolle des Berichterstatters ein, der aus dem Alltagsleben verarmter Stadtquartiere – dem „Gheddo“ (mit jugendsprachlich eingefärbtem, weich ausgesprochenen Doppel-D) – berichtet.[114] In Form einer stereotypen Darstellung beschreiben die beiden Rapper über drei Strophen hinweg das harte Leben vor Ort und wie sie es bewältigen. Dass der Text mit der Aufforderung an die Hörer*innen beginnt, mal vorbeizukommen, um sich selbst von den Zuständen in Köln Kalk zu überzeugen, deutet auf eine klare Rollenverteilung zwischen Künstler und Rezipienten hin, denen die beiden auf diese Weise Fremdheit und Ortsunkenntnis zuschreiben.

Der Verweis auf Hartz IV dient gleich zu Beginn des Textes als Verweis auf die prekäre Lebenssituation. Die Darstellung korrespondiert also insgesamt mit der Tatsache, dass die Umgebung ihren Bewohnern nicht viele Chancen im Leben bietet. Die Verbindung „von Berlin bis nach Killer Cologne“ dient nicht nur dazu, die Kooperation des Hauptstadtbewohners (Bushido) mit dem Rheinländer (Eko) zu beschreiben. Gleichzeitig, so unterstellt die Bezugnahme, finden wir im Osten wie im Westen der Nation dieselben Lebensbedingungen vor. Eko und Bushido erheben damit einen allgemeinen Anspruch, die Abgehängten der Nation zu repräsentieren.

Der (Aufstiegs-)Traum, sich eine „Villa zu holen“ gewinnt seine Bedeutung

114 Das Wort ‚Ghetto‘ wurde im 16. Jahrhundert in die Sprache zur Bezeichnung jüdischer Stadtbezirke eingeführt. Eine besondere Konnotation gewinnt der Begriff im deutschen Sprachraum einerseits vor dem Hintergrund der deutschen Segregations- und Vernichtungspolitik im Nationalsozialismus. Anschließend an die Szenesprache des (US-amerikanischen) Hip-Hop-Jargons begannen auch deutsche Rapper, die häufig einen Migrationshintergrund aufwiesen, sich den Begriff anzueignen, um damit benachteiligte Armenquartiere zu bezeichnen.

vor eben diesem Hintergrund des harten Lebens in der Brenx.[115] Schon als Jugendliche sind viele hier gezwungen, sich mit krummen Geschäften über Wasser zu halten. Eko Fresh lässt sich hiervon aber nicht aufhalten – er wird groß rauskommen und aus der Brenx stammend eine Bekanntheit im deutschlandweiten Maßstab erlangen – beziehungsweise hat er dies zu jenem Zeitpunkt bereits getan: „Der EKO-Sound direkt aus dem Hochhaus" ist mittlerweile im populären Musikfernsehen zu hören. Zum Ende der Strophe hin verweist Eko dann nochmal auf die rigide Rollenstruktur. Während die Zuhörer reiche Eltern haben – von den Widrigkeiten des Lebens in Gremberg also nichts wissen können – leugnen sie die Problemlagen und missachten die Interessen und Verletzlichkeiten der prekären Klasse auf systematische Weise.

Der Refrain des Liedes untermauert dann nochmal den allgemeinen Deutungsrahmen. Das Gheddo – egal ob in Berlin oder Köln – versinnbildlicht moderne Stigmatisierung und Ungleichheit in Deutschland. Die Bewältigung dieser Situation setzen sich Eko und Bushido („Ich bete jeden Tag, dass ich nicht hier bleiben muss") in Form eines sozialen Aufstiegs zum Ziel. Der Verweis auf Peter Hartz und die (vermeintliche) Tatsache, dass dieser sich für die spezifischen Problemlagen der Gheddo-Bewohner nicht interessiert, fungiert gleichzeitig als politische Referenz. Hierhin lässt sich ein bemerkenswerter Widerspruch erkennen – während den beiden Rappern die Verantwortlichen einerseits bekannt zu sein scheinen und sie diese auch auf die jeweiligen Probleme hinweisen, scheinen sie handfeste Konsequenzen nicht zu erwarten und letztlich fordern sie diese auch nicht ein. Wer aus Gremberg oder Tempelhof rauskommen will, muss das – so scheint es – selbständig bewerkstelligen.

Die zweite Strophe des Textes beschreibt auch nochmal das harte Leben im Viertel. Kriminalität und Konfrontation mit der Polizei sind hier an der Tagesordnung. Die Tatsache, dass Bushido (aus diesem Grund?) durch die Mehrheitsgesellschaft weder Vertrauen noch Anerkennung genießt, nimmt der Deutsch-Tunesier keineswegs zum Anlass, aufzugeben. Indem er Drogen verkauft (i.e. „dealend um den Block ging"), arbeitet er sich entgegen aller Widerstände nach Oben. Wie er – genau wie Eko zum Abschluss seiner Strophe und damit mit besonderer Prägnanz – betont, empfindet er hierbei dieselbe Geringschätzung und Ignoranz einer Mehrheitsgesellschaft, welche die von ihm repräsentierte Problemsituation nicht zur Kenntnis zu nehmen bereit ist.[116] Die Bewältigungsstrate-

115 Das Wort „Brenx" bezeichnet den Kölner Stadtteil Gremberg. Im Zuge einer spielerischen Weiterentwicklung im Umfeld des Kölner Rappers wurde hier aus Gremberg ‚Grembranx' – eine Mischung aus den Namen des Kölner Stadtteils und der New Yorker Bronx – und schließlich die ‚Brenx'.

116 Bei dem Zitat „Ihr habt alle reiche Eltern und sagt, ‚Deutschland hat kein Ghetto'" handelt es sich um ein intertextuelles Zitat des Songs ‚Yo Peace Man' von Bushido und Fler (siehe auch Knüttel/Seeliger 2010).

gie Bushidos ist hierbei eine individuelle, von Statussymbolen versinnbildlichte – „Ich steig' in den 7er[117], das ändert nichts, aber es macht mich zufriedener". Während der Kampf um Anerkennung ein kollektiver ist, bleiben die Anstrengungen aufzusteigen individuelle Probleme.

Diesen Eindruck bestätigt Eko auch zu Beginn der von den beiden in abwechselnder Reihenfolge vorgetragenen dritten Strophe. Mit dem ‚German Dream' verweist er hier nicht nur auf den Titel seines Plattenlabels, mit dessen (unternehmerischem und aufmerksamkeitsökonomischem) Erfolg er nicht nur sein wirtschaftliches Auskommen, sondern auch allgemeine Anerkennung erreichen will. Die Übertragung des ‚American Dream' als Glücksversprechen der US-amerikanischen Einwanderungsgesellschaft, die über eine flexible Sozialstruktur Aufstiegs- und Teilhabechancen gewährleisten will, lässt sich hier als Verweis auf seinen Glauben an eine liberale Gesellschaftsordnung interpretieren. Eine ähnliche Aussagekraft impliziert auch Bushidos Verweis auf sein Label ‚Ersguterjunge', dass die selbstbewusste Identitätsbehauptung zweier Einwanderersöhne gewissermaßen im Titel trägt. Als erfolgreiche Unternehmer haben die beiden es aus dem Problembezirk zu Geld und Anerkennung gebracht. Diese gewinnt ihre konkreten Ausprägungen jedoch – zumindest im Falle Bushidos – im ständigen Konflikt mit der Mehrheitsgesellschaft („Für Euch heißt es nur macht die Anlage an / für mich heißt es ich sitz wieder auf der Anklagebank"). Indem er (scheinbare) Zugehörigkeit erlangt – also letztlich doch nur in anhaltender Differenz – behält er gleichzeitig seine Authentizität als Gangsta.[118]

Textanalyse ‚Mein Block' (Sido)

Als weiteren Song wählen wir mit dem 2004 erschienenen ‚Mein Block' einen genreprägenden Titel des deutschen Gangstarap, der seine Bedeutung im Kontext der gesellschaftspolitischen Debatte um die neue Unterschicht in der Bundesrepublik und die Einführung der Agenda 2010 gewinnt. Der als reißerische Sozialreportage aufgemachte Song ebnete den Weg für den Charterfolg von Sidos Albums ‚Maske', welches als erster Tonträger von Aggro Berlin mit einer goldenen Schallplatte ausgezeichnet wurde. In ‚Mein Block' beschreibt Sido die Lebensbedingungen in einem als sozialem Brennpunkt bekannten Stadtteil im Norden Berlins, dem Märkischen Viertel (oder, wie Sido auch abgekürzt formuliert, dem MV). Ähnlich wie bei Eko und Bushido in ‚Gheddo' nimmt auch Sido hier-

117 Beim 7er handelt es sich um eine Oberklassenlimousine von BMW, vergleichbar mit den Premiumfahrzeugen der S-Klasse von Mercedes oder dem A 8 von Audi.

118 Dieses Paradox der gleichzeitigen Teilhabe und Verschiedenartigkeit zieht sich als Grundmotiv durch die theoretische Reflexion der Rolle des Fremden in der Soziologie des frühen 20. Jahrhunderts bei Simmel (1908), Park (1969) und Schütz (1972).

bei die Rolle des Berichterstatters aus „seinem Block" ein, indem er nacheinander – jedoch nicht in linearer Reihenfolge – die typischen Geschehnisse in den verschiedenen Stockwerken darstellt.

Refrain:

Meine Stadt, mein Bezirk, mein Viertel, meine Gegend
Meine Straße, mein Zuhause, mein Block, mein Block

Strophe 1:

Du in deinem Einfamilienhaus lachst mich aus
Weil du denkst du hast alles, was du brauchst
Doch im MV scheint mir die Sonne aus'm Arsch
In meinem Block weiß es jeder, wir sind Stars
Hier bekomm' ich alles, ich muss hier nicht mal weg
Hier hab' ich Drogen, Freunde und Sex
Die Bullen können kommen, doch jeder weiß Bescheid
Aber keiner hat was gesehen, also könnt ihr wieder gehen
Ok, ich muss gestehen: Hier ist es dreckig wie 'ne Nutte
Doch ich glaub', das wird schon wieder mit'n bisschen Spucke
Mein schöner weißer Plattenbau wird langsam grau
Draufgeschissen! Ich werd' auch alt und grau im MV

Refrain:

Meine Stadt, mein Bezirk, mein Viertel, meine Gegend
Meine Straße, mein Zuhause, mein Block
Meine Gedanken, mein Herz, mein Leben, meine Welt
Reicht vom ersten bis zum sechzehnten Stock
Meine Stadt, mein Bezirk, mein Viertel, meine Gegend
Meine Straße, mein Zuhause, mein Block
Meine Gedanken, mein Herz, mein Leben, meine Welt
Reicht vom ersten bis zum sechzehnten Stock

Strophe 2:

Der Kerl aus'm Ersten war früher mal Rausschmeißer
Seitdem er aus dem Knast ist, ist er unser Hausmeister
Er ist oft bei der Nutte aus dem Zweiten
Jetzt verkauft sie Fotos von ihm beim Arschausweiten
Der Fetischist aus dem Fünften kauft sie gerne
Er sagt, „Rosetten sehen aus wie kleine Sterne"
Obwohl die von dem Schwulen aus dem Elften immer aussieht
Als wenn man den Schwanz gerade frisch rauszieht
Und davon sing' ich dir ein Lied, du kannst es kaufen

Wie die Sekten-Fans aus dem Neunten, die immer drauf sind
Genauso wie der Junkie ausm Vierten
Der zum Frühstück erst mal zehn Bier trinkt
Dann geht er hoch in den Siebten zum Ticker
Er bezahlt für zehn Teile, doch statt Gras kriegt er 'nen Ficker
Damals war der Drogenstock noch der zehnte
Der aus'm Siebten ist der, der überlebte

Refrain:

Meine Stadt, mein Bezirk, mein Viertel, meine Gegend
Meine Straße, mein Zuhause, mein Block
Meine Gedanken, mein Herz, mein Leben, meine Welt
Reicht vom ersten bis zum sechzehnten Stock
Meine Stadt, mein Bezirk, mein Viertel, meine Gegend
Meine Straße, mein Zuhause, mein Block
Meine Gedanken, mein Herz, mein Leben, meine Welt
Reicht vom ersten bis zum sechzehnten Stock

Strophe 3:

Yeah, ah, hier kriegst du alles
Im Zwölften bei Manne kriegst du Falschgeld
Und ein Bootleg von Eißfeldt
Ein Stock höher hat so'n Kerl sein Studio
Er rappt und macht Tracks auf die Beats von Coolio
Ganz zur Freude der Hausfrau darüber
Die sagt „Männer ficken auch nicht mehr wie früher"
Deshalb trifft man sie oft im fünfzehnten Stock
Bei der Hardcore-Lesbe, mit dem Kopf unter ihrem Rock
Wenn ich ficken will, fahr' ich runter in den Dritten
Aber die Braut fick' ich nur zwischen die Titten
Denn der Pornostock befindet sich im Achten
Hier könnt' ich jeden Tag woanders übernachtn
Im sechzehnten Stock riecht der Flur voll streng
Aus der Wohnung, wo so'n Kerl schon seit drei Wochen hängt
Ich häng' im Sechsten rum, in meinem Stock
Mit meinen übergeilen Nachbarn in meinem Block

Refrain:

Meine Stadt, mein Bezirk, mein Viertel, meine Gegend
Meine Straße, mein Zuhause, mein Block
Meine Gedanken, mein Herz, mein Leben, meine Welt
Reicht vom ersten bis zum sechzehnten Stock

Meine Stadt, mein Bezirk, mein Viertel, meine Gegend
Meine Straße, mein Zuhause, mein Block
Meine Gedanken, mein Herz, mein Leben, meine Welt
Reicht vom ersten bis zum sechzehnten Stock
Deine Villa, dein Boot, deine Frauen, deine Karriere
Dein Geld, dein Leben, kein Bock

Der Text beginnt mit der einprägsamen Aufzählung des Refrains. Mit der Aneinanderreihung der sieben Synonyme für die Umgebung gibt Sido den Deutungsrahmen des Songs auf eine äußerst plakative Art und Weise vor: Es geht um seinen Block als dasjenige Gebiet, dem er sich besonders verbunden fühlt. Sechzehn im Text beschriebene Stockwerke eines Wohnblocks voller verschiedener Einzelhaushalte spiegeln die Diversität und Exotik der Berliner Trabantenstadt des Märkischen Viertels.[119] Warum diese von Sido proklamierte Verbundenheit für viele Adressatinnen und Adressaten womöglich etwas merkwürdig anmuten mag, erklärt Sido in den folgenden drei Strophen anhand zahlreicher Beispiele.

Die Konstellation zwischen ihm als Erzähler und dem lyrischen Adressaten stellt Sido gleich zu Beginn der ersten Strophe dar. Während dieser Adressat in seinem Einfamilienhaus – hier sinnbildlich für einen bürgerlichen Lebensentwurf – denkt, er habe alles, was er zum Leben brauche, stellt Sido diese grundsätzliche Zufriedenheit in Frage, indem er diese bürgerliche Existenz mit einem abweichenden Lebensentwurf kontrastiert.[120] In seinem eigenen Referenzrahmen ist Sido nicht nur glücklich („im MV scheint mir die Sonne aus dem Arsch"). Hier genießt er auch Verständnis und Anerkennung für seine exponierte Position als Rapper.

Die Zeile „In meinem Block weiß es jeder, wir sind Stars" impliziert eine interessante Abgrenzung, ganz so als stelle die Umwelt des Märkischen Viertels eine (popkulturelle) Teilöffentlichkeit dar, in der einer Existenz als Gangtarapper Wertschätzung entgegengebracht würde. Man sollte ja schließlich meinen, dass ein Star überall als Star anerkannt wird. Dass dies, so suggeriert zumindest die Zeile, hier nicht der Fall ist, deutet auf die Existenz gegensätzlicher Referenzrahmen hin – eine Dichotomie, die sowohl Sido als auch Eko und Bushido immer wieder bemühen. Anders als die beiden verspürt Sido aus den genannten Grün-

119 Auffällig erscheint, dass in dieser Aufzählung die Perspektive immer präziser wird – ähnlich einem Zoom, der das Objekt aus immer größerer Nähe fokussiert. Hiermit rekonstruiert Sido die (von ihm konstatierte) Sichtweise des externen Adressaten.

120 Psychoanalytisch inspiriert könnte man sogar sagen, dass sich Sido hier als Sprecher für die (räumlich) Verdrängten zum Repräsentanten der unbewussten (niederen) Bedürfnisse macht. Was im MV passiert (s. u.) hat schließlich – zumindest gemäß der Darstellung – viel mit devianten Lebens- und Sexualpraktiken zu tun, von denen die Bürgerlichen möglicherweise gar nicht wissen, dass diese auch sie antreiben oder zumindest beeinflussen.

den keinerlei Drang, seinen Block zu verlassen („Hier kriegst Du alles, ich muss hier nicht mehr weg"). Ein relevantes Referenzsystem außerhalb des Blocks scheint es aus seiner Sicht gar nicht zu geben.[121] Gegenüber Eindringlingen von außen, so der Schluss der Strophe, die (wie etwa die im folgenden Teil beschriebene Polizei) die Eigenlogik des Blocklebens in Frage stellen, halten die Bewohner zusammen „aber keiner hat was gesehen, also können sie wieder gehen". Mit dem Stigma („ich muss gestehen, hier ist es dreckig wie 'ne Nutte") geht Sido pragmatisch um, ja ist sogar stolz. Auf andere mag das Leben im Block (auch) abstoßend wirken, aber Sido findet es prima dort.

Mit dem (ehemaligen) Rausschmeißer bemüht Sido zu Beginn einen Charakter, der gewissermaßen die ultimative Figur des Gatekeepers verkörpert. Eine besondere Distanz zur bürgerlichen Existenz stellt er her, indem er auf einen vergangenen Gefängnisaufenthalt des jetzigen Hausmeisters verweist. Wer in der soliden Welt nicht mal als Sicherheitsbediensteter zu taugen scheint, dem kann jedoch im Block ohne Probleme die Verantwortung für die Einhaltung der Hausregeln zugesprochen werden.

Dass die Bewohner des Blocks, wie in den folgenden Zeilen dargestellt, alle möglichen devianten Sexualpraktiken mit einer ausgeprägten Selbstverständlichkeit praktizieren, passt insofern ins Bild, als auch hier die Konsequenzen einer restriktiven Sexualmoral der bürgerlichen Milieus adressiert werden. Was den Block aus dieser Perspektive so interessant werden lässt, ist die Tatsache, dass hier Dinge möglich, ja sogar selbstverständlich sind, die man sich woanders gar nicht vorzustellen wagt.

Und davon singt Sido nun ein Lied und der Adressat kann es kaufen. Und wenn er das macht, dann ist er genauso wie die ausgeflippten Sekte-Fans[122] „aus dem Neunten, die immer drauf sind." Die Drogen-Referenzen verweisen hierbei nicht nur auf die schattenwirtschaftlichen Aktivitäten im Block. Auch die rauschhafte Vergemeinschaftung – anstatt zur Arbeit zu gehen trinkt der Junkie aus dem vierten morgens erstmal drei bis fünf Liter Bier – symbolisiert hier einen Gegensatz zur biederen Existenz des relativ standardisierten (Erwerbs-)Lebens im Bürgertum.[123]

Die Schattenwirtschaft als Ort einer alternativen Ökonomie, in der nicht nur Vertriebswege jenseits staatlicher Kontrolle, sondern auch Produkte eine Rolle

121 Es stellt sich, im Umkehrschluss, die Frage, was man eigentlich außerhalb des Blocks bekommt. Wenn Freunde, Drogen und Sex, so wie Sido das suggeriert, besonders im Block erhältlich sind, dann muss die Welt ‚da draußen' ja ziemlich langweilig sein – eine spießbürgerliche Existenz eben.

122 ‚Die Sekte' ist der Name von Sidos alter Rapgruppe, mit der er Musik gemacht hat, bevor er begann, seine Platten über Aggro Berlin zu veröffentlichen.

123 Angesichts einer fortschreitenden Liberalisierung im Feld der Drogenpolitik erscheint der Skandalcharakter dieser Zeilen im Rückblick auf das Jahr 2004 noch erheblich stärker als heute.

spielen, die den regulären Standards nicht entsprechen (*Falsch*geld, ein *Bootleg* von Eißfeldt), symbolisieren hier einmal mehr die Eigenlogik des Lebens im Block. Auch die erneute Darstellung freizügiger, von der Norm abweichender Sexualität im Anschluss verstärkt diese Konnotation. Die Tatsache, dass er – bevor er seinen Nachbarn grüßt und nochmal darauf hinweist, wie zufrieden er mit seiner Residenz im Block ist – noch schnell erwähnt, dass ganz oben im Sechzehnten Stock ein Selbstmord stattgefunden hat, für den (und dessen olfaktorische Konsequenzen) sich aber niemand wirklich interessiert, unterstreicht zum Abschluss der dritten Strophe nochmal, wie abgebrüht die Leute im Block sind. Die letzten Zeilen („Deine Villa, dein Boot, deine Frauen, deine Karriere, dein Geld, dein Leben, kein Bock") verdeutlichen schließlich nochmal die von Sido proklamierte Gegenidentität. Externe Bewertungsmaßstäbe zählen hier nur insofern, als man sich von ihnen abgrenzt.

Beide Texte, die die Lebensweise in den verarmten Quartieren deutscher Großstädte thematisieren, gewinnen ihre Bedeutung im Kontext der Debatte um die neue Unterschicht Anfang der 0er Jahre. Nachdem anschließend an die Jahrtausendwende die in Kapitel 3.6 geschilderte Abwicklung des deutschen Sozialkapitalismus über die Einführung der Hartz-Gesetze für weite Teile der Bevölkerung (unmittelbar oder doch zumindest im Radius des alltäglichen Lebens) zu greifen beginnt, findet die vormals, wenn überhaupt als Randphänomen, wahrgenommene Prekarität über die Bildwelten des Gangstarap ihren Weg in den Mainstream der Abstiegsgesellschaft.

Während Eko und Bushido diese Gegebenheiten in ihrem Song ‚Gheddo' auf anschauliche Weise wiedergeben, stellen sie gleichzeitig klar, dass für sie der soziale Aufstieg einen Ausweg aus diesem Leben darstellt. Dieser Aufstieg, den die beiden Sprecher als populäre Rapper augenscheinlich bewältigt haben dürften, erscheint so als besonders bemerkenswert, weil die Bedingungen von Anfang an so widrig waren. Auf diese Weise stilisieren sich Eko und Bushido zu Vermittlern zwischen den entfernten sozialen Welten und der pluralen Gesellschaft.

Eine ähnliche Rolle nimmt in seinem Song ‚Mein Block' auch Sido ein. An die Stelle der kontemplativen Darstellung bei Eko und Bushido proklamiert Sido mit seiner reißerischen, teilweise bewusst überspitzten Darstellung jedoch eine Gegenidentität. Seinem Block fühlt er sich verbunden, weil er das Leben dort als authentisch und interessant empfindet – Eigenschaften, die er dem Alltag im bürgerlichen Bevölkerungssegment mehr oder weniger pauschal abzusprechen scheint. Diese selbstbewusste Form der Identitätsbehauptung korrespondiert gleichzeitig mit einem – verglichen mit Eko und Bushido – eher impliziten Verweis auf die eigene Belastbarkeit. Um im Viertel bestehen zu können, hat Sido eine hartgesonnene Routinehaltung kultivieren müssen. Das Leben in seinem Stadtteil, so lässt sich bis hierhin schließen, stellt metaphorisch zweierlei Topoi bereit: Zum einen eine Blaupause für sozialen Aufstieg und zum zweiten den Nachweis für einen speziellen Charakter der Bewohner und der lokalen Kultur.

Eine weitere Form der Auseinandersetzung mit prekären Lebensverhältnissen finden wir drittens im Schaffen der Hamburger Rapcrew 187-Straßenbande. Die unter anderem aus den Rappern Bonez MC, GZUZ (steht für ‚Ghettozeug Unzensiert') und LX (steht für den Vornamen Alex) bestehende Formation gründete sich 2006 in Hamburg und tritt seit 2009 durch die Veröffentlichung von Gangstarap in Erscheinung. In den letzten Jahren hat das Schaffen der Hamburger – nicht zuletzt durch das von Bonez MC mit dem Wiener Rapper RAF Camorra inszenierte Afro Trap-Projekt ‚Palmen aus Plastik' – eine genreprägende Wirkung entfalten können.

Die Zahl 187 im Namen steht hierbei für den Mord-Paragraphen aus dem Strafgesetzbuch des US-Bundesstaates Kalifornien, der auch als Abkürzung im US-Polizeifunk verwendet wird und daher von zahlreichen Gangstarappern aufgriffen wurde. Die Inszenierung des ständigen Konfliktes mit dem Staat und insbesondere der Exekutive stellt damit eine Art Markenkern der Gruppe dar. So werden in den Texten nicht nur dauernd Straftaten (wie etwa Verstöße gegen das Betäubungsmittelgesetz, Aneignungsdelikte oder Körperverletzung) und eine ablehnende Haltung gegenüber der Obrigkeit thematisiert. Mitglieder mussten im Verlauf der letzten Jahre immer wieder Haftstrafen antreten, was den Aufstieg der 187-Straßenbande aber nicht besonders zu hemmen schien, sondern zur Popularität und Glaubwürdigkeit der Gruppe beitragen konnte. Als (klein-)kriminelle Wiederholungstäter sind hierbei vor allem die beiden Miturheber des im Folgenden zu analysierenden Songs ‚Schnapp' LX und GZUZ in Erscheinung getreten.

Songtext ‚Schnapp!'

Strophe 1 (LX):

Neunziger Nikez, 'n paar Beutel verteilen
Steuerfrei-Style, meine Freunde sind high
Ich will Gold um mein Hals und Erfolg in der Schweiz
Ausbildung yok ja, sollte nicht sein
Guck, er raubt deine Kasse, haut auf die Kacke
Kauft deiner Frau eine Traumlederjacke
Yeah LX, ich brauch keine Masche
Nur ein Haus mit Terrasse und 'ne Faustfeuerwaffe
A ich hab 'ne Klatsche, B du bist 'ne Fliege
Ich lebe diese Schiene mit alles inklusive
Meine tägliche Devise, eine eklige Routine
Rede nicht von Liebe, gib mir Knete für die Miete
Jeden Tag Ott drücken, jeden Tag Krise
Jeden Tag Kopf ficken, wegen der Schmiere
Guck, ich bin frei heute, leg mich auf die Wiese

Morgen dreh ich Ziese hinter schwedischen Gardinen
Schnapp! macht das Krokodil, Krokodil Schnapp!
Egal was du hast, Digger gib ihm was ab
Alle Leute wissen, was das Krokodil macht
Das Kroko dealt wieder in der Nachbarschaft

Refrain (Bonez MC):

Schnapp! macht das Krokodil, Krokodil Schnapp!
Egal was du hast, Digger gib uns was ab
Alle Leute wissen, was das Krokodil macht
Das Kroko, es dealt in der Nachbarschaft

Strophe 2 (GZUZ):

Wow, Gzuz, Topscout Habibi
Runde um den Block, kein Bock auf die Zivis
A Frische Nikes, B Lipton Ice Tea
B.I.G. Hypnotize Me
Top-Ten Rapper, ihr Fotzenlecker
Immer noch kein Label, aber trotzdem besser
Mir geht's nicht um Fame, nein mir geht es um Klunker
Kiez hoch und runter Mercedes 500
CL 500, Mädels wollen Nummer
Bei Fans wird gebunkert
Kundschaft, Umsatz, steuer mein Schwanz
Kinder werden Gangster, statt Feuerwehrmann
Digga, was wollen alle diese Leute von mir?
Morgen bin ich tot, also heute riskieren
Euros kassieren, polnisches Bier
Joints konsumieren', ah volltätowiert

Refrain (Bonez MC)

Schnapp! macht das Krokodil, Krokodil Schnapp!
Egal was du hast, Digger gib ihm was ab
Alle Leute wissen, was das Krokodil macht
Das Kroko dealt wieder in der Nachbarschaft
Schnapp! macht das Krokodil, Krokodil Schnapp!
Egal was du hast, Digger gib uns was ab
Alle Leute wissen, was das Krokodil macht
Das Kroko, es dealt in der Nachbarschaft

In der ersten Strophe stellt der Rapper LX seine Umgebung und den dort gepflegten Lebensstil mit assoziativen Bezügen auf typische Aspekte und Gegenstände dar. In sportlicher, bequemer Markenkleidung geht der junge Mann seinem Tagesgeschäft nach: dem Rauschgifthandel in kleinerem Maßstab („Neunziger Nikez, 'n paar Beutelz verteilen"). All dies geschieht mit einer gewissen Lockerheit, aber ohne größere Ambitionen und am Staat vorbei. Im glorifizierenden Bezug auf die eigene Delinquenz besteht, wie oben ausgeführt, eines der zentralen Momente in der Imagekonstruktion der Gruppe.

Der Arbeitsmarkt und das (prekäre) Erwerbsleben bieten LX, so führt er im Text aus, keine ausreichende Perspektive.[124] Das Dasein als Kleinkrimineller öffnet ihm hingegen mehr Möglichkeiten – beispielsweise die, den Adressaten bloßzustellen, indem er dessen Partnerin mit seiner Kaufkraft, Großmütigkeit und seinem guten Geschmack beeindruckt („kauft deiner Frau eine Traumlederjacke"). Er lebt in den Tag hinein, kann sich aber gleichzeitig keine Sentimentalitäten erlauben. Die Illegalität seines Gewerbes belastet ihn und er kann nur von Tag zu Tag planen, weil er immer mit einem Fuß im Gefängnis steht. Ähnlich wie in den bereits besprochenen Texten stehen Härte, abgeklärtes Auftreten und Belastbarkeit im Zentrum des hier inszenierten Lebensentwurfes.

Der Refrain des Liedes wird von Bonez MC, dem Kopf der Gruppe, gesungen. Der Slangbegriff Schnapp (stammt von ‚schnappen, sich schnappen') steht hier für die Aneignung eines Gewinns durch meist illegale Handlungen wie Raub. Ästhetisch wie symbolisch interessant erscheint hier die Krokodil-Metapher. Als prähistorisches Raubtier steht das Krokodil für das Archaische, Triebhafte, das den Drang und die Durchsetzungskraft der Sprecher begründen soll. Über die sonst übliche Hustler-Metaphorik geht das Bild des Krokodils aber insofern hinaus, als sich die Jagdpraktiken dieser Art durch besondere Tücke und Brutalität auszeichnen. Krokodile in freier Wildbahn üben auf Menschen eine große Faszination aus. Man ist allerdings gut beraten, deren Anblick aus einem gehörigen Abstand zu genießen. Gleichzeitig, und hierin findet sich eine zweite Bedeutungsdimension, fügt es der Darstellung eine spielerische, beinahe alberne Note hinzu. So ist im Video zu Schnapp! immer wieder auch eine Stofftierpuppe zu sehen, wie man sie etwa aus dem Kasperletheater kennt. In der Brechung der ansonsten auf Härte und Brutalität abzielenden Darstellung des Alltagslebens der 187-Straßenbande liegt ein interessantes künstlerisches Moment, das die Gruppe in verschiedenen Liedern und Videos aufgreift. Auf einer dritten Ebene lässt sich die Krokodil-Symbolik schließlich auch als Hommage an die gehobene Sportextilienmarke Lacoste interpretieren, der im Kontext des Gangstarapgenres eine hohe Wertigkeit zugeschrieben wird.

---

124 Wie von LX in verschiedenen Interviews – und auch von Chris Renner (2019: 19 ff.) in der inoffiziellen Biografie der 187 Straßenbande dargestellt – hatte der Rapper zum Zeitpunkt seines Einstiegs bei der Gruppe bereits eine Reihe abgebrochener Berufsausbildungen hinter sich.

Das gefräßige Krokodil, das für die Mitglieder der 187-Straßenbande steht, treibt sich in der Nachbarschaft herum, verteilt dort seine Drogen (es „dealt wieder") und das weiß auch jeder (sie sind also bodenständig glaubwürdig). Dass sich Gangstarapper, wie in diesem Fall, immer wieder auch als Dealer in Szene setzen, hat – jenseits der Tatsache, dass viele tatsächlich für sich beanspruchen, vor ihrem musikalischen Erfolg mit Rauschgift gehandelt zu haben – eine weitere metaphorische Dimension: Im übertragenen Sinne, stilisiert sich der Rapper als Verbreiter seiner Musik und Message ebenfalls zum Dealer: Beide verteilen umstrittene Ware, die das Bewusstsein der Konsumenten verändern soll und als so kontrovers gilt, dass offener Konsum sich unmittelbar auf den sozialen Status auswirkt.[125]

Auch GZUZ beschreibt in der zweiten Strophe des Songs das alltägliche Leben in seiner Umgebung. Nikes, Lipton Ice Tea und US-amerikanische Rap-Klassiker sind die Insignien des hier kultivierten schlichten Lebensstils. Integrität begründet GZUZ, indem er auf seine ausschließlich wirtschaftlichen Motive verweist („Mir geht's nicht um Fame, nein mir geht es um Klunker"). Darf man GZUZ glauben, genügt diese Maxime, um den Ruhm trotzdem – gewissermaßen als Nebenprodukt – einzuheimsen. Dass die Frauen nach seiner Telefonnummer fragen und er die für den Verkauf bestimmten Drogen bei seinen Anhängern einlagern kann, steht hier sinnbildlich für die große Popularität des Rappers (und ist zumindest im zweiten Fall nicht wörtlich zu nehmen).

Ähnlich wie schon im Text von Sido geht es auch bei LX und GZUZ immer wieder um den Zugriff auf weibliche Sexualität (beziehungsweise dessen Möglichkeit). Anders als in ‚Mein Block' dient dieser Verweis hier weniger dazu, die Umgebung der beiden als interessant darzustellen – eventuell, weil dies in Bezug auf das Stadtviertel St. Pauli ohnehin nicht mehr nötig ist –, sondern untermauert deren gegenüber Frauen und anderen Männern privilegierten Status. Als Kernelemente eines proletarischen Maskulinitätsideals mischen sich in der Inszenierung Bodenständigkeit, Wehrhaftigkeit, Devianz und künstlerisches Ausdrucksvermögen. Die besondere Kultivierung (klein-)krimineller Handlungen als Resultat sozioökonomischer Perspektivlosigkeit spielt in diesem Zusammenhang ebenfalls eine wichtige Rolle für die symbolische Konstruktion eines Typus der Auseinandersetzung mit Randständigkeit, den ich als rebellische Prekarität bezeichnen möchte.

Der rebellische Gestus, der – etwa im Falle der Aneignungskriminalität teilweise (wenn auch vage) – sogar klassenpolitische Konturen annimmt, lässt sich

---

125 Der Vorwurf, dass Gangstarap die Jugend verdürbe, ähnelt von der Anlage der Argumentation nicht zufällig der immer wieder geäußerten Befürchtung, dass etwa Cannabis als Einstiegsdroge die Rauschgiftkonsumentenkarriere zahlreicher Jugendlicher befördern könnte.

als antibürgerlicher Habitus interpretieren, den die Mitglieder der Straßenbande etablieren, um ihre eigene gesellschaftliche Randständigkeit zu verarbeiten. Die Herabwürdigung und Objektivierung von Frauen ist hierbei als Rückgriff auf die männliche Überlegenheit, aber auch als Kompensation der gesellschaftlichen Randständigkeit und Stigmatisierung als ‚Proll' interpretierbar. Anders als im symbolischen Ideal der im nächsten Kapitel eingehender vorzustellenden migrantischen Aufsteigermännlichkeit zielt die Inszenierung rebellischer Prekarität weniger unmittelbar auf soziale Teilhabe, sondern operiert über Abgrenzung, bedrohliche Gesten und Schockeffekte.

Kapitel 6
Gangstarap als neoliberale Alltagskultur

Wie vor allem in der Schnittmenge soziologischer Zeitdiagnosen und der (linken) Kulturkritik in den letzten Jahrzehnten immer wieder betont wurde (vgl. Sennet 1998; Rosa 2013), verbindet die Menschen im spätmodernen Kapitalismus eine neoliberale Alltagskultur. Ein zunehmender Aktivierungs- und Optimierungsdruck, der von der Dokumentation der eigenen Beweglichkeit per Smartwatch über den Zwang zur Gesundheitsprävention bis hin zur effizienten Organisation von Liebe und Sexualität über Tinder, Grinder und andere Plattformen reicht, prägt das gesellschaftliche Leben nicht mehr nur in den reichen Industrienationen.

Vor diesem Hintergrund speist der neoliberale Kapitalismus einen guten Teil seiner Legitimation aus dem ideologischen Prinzip der Meritokratie, demzufolge gilt, „dass Positionen, Güter und Belohnungen nach individueller Leistung vergeben werden sollen“ (Mau 2017: 67). Als besonders „wirkmächtige Figur“ (Degele/Winker 2011: 26) wird Leistungsfähigkeit zum normativen Prinzip erhoben. Ansehen und Status hängen unter diesen Bedingungen von der Zuschreibung entsprechender Eigenschaften ab.[126]

Als Ausdruck dieser bereits in Kapitel 3.6 beschriebenen Alltagskultur wollen wir im Folgenden auch die Bildwelten des Gangstarap interpretieren. Im Genre, so meine These, treten die Elemente dieser Kultur vor allem in Form einer symbolischen Konstruktion bestimmter Idealtypen von Männlichkeit zu Tage. Den traditionellen Typus stellt hierbei das Idealbild einer migrantischen Aufsteigermännlichkeit dar, wie sie seit der Frühzeit des Genres von Vertretern wie Bushido, Massiv oder auch Xatar verkörpert wurde. Indem die Vertreter dieses Idealbildes den eigenen sozialen Aufstieg gegen Widerstände skizzieren, verweisen sie auf die eigene Leistungsfähigkeit als Kernelement hegemonialer Männlichkeit. In den letzten Jahren ist dieses Ideal vor allem durch die Selbstdarstel-

126 Was nicht unbedingt heißen muss, dass sogenannte ‚Leistungsträger‘ besonders viel zur kollektiven Leistungserstellung beitragen – die symbolische Konstruktion von Leistung ist komplex und folgt unterschiedlichen Prinzipien. Dass der Arbeitsmarkt bestimmte Leistung in besonderer Höhe honoriert, lässt beispielsweise nicht unbedingt den Schluss zu, dass diese tatsächlich einen besonderen Wirkungsgrad entfaltet hätte. Inwiefern die schauspielerische Leistung von Til Schweiger, die fußballerische Leistung von Mesud Özil oder die gesprächsmoderierende Leistung von Markus Lanz ein Millionengehalt rechtfertigen, ist umstritten – Marktergebnisse spiegeln nämlich nicht in erster Linie irgendeine Leistung, sondern die Konstellation von Angebot und Nachfrage (vgl. Neckel 2008).

lung des Rappers Kollegah unter Druck geraten. Auf die entsprechenden Entwicklungsdynamiken möchte ich anschließend an eine knappe Ausführung zum Zusammenhang von (Gangsta-)Rap und neoliberaler Kultur in den folgenden Abschnitten genauer eingehen.

6.1 Zum Zusammenhang von Rap und Neoliberalismus

Dass Rap eine der wichtigsten und vielleicht sogar die wichtigste Popkulturform im neoliberalen Kapitalismus ausmacht, ist sicherlich kein Zufall.[127] Mit seiner starken Fokussierung auf den Sprecher transportiert Rap eine individualistische Haltung zur Welt gewissermaßen bereits im ihm eigenen Format. Eine kompetitive Ausgangshaltung ist dem Genre über die Battle-Kultur inhärent. Dass MCs über andere MCs und deren Verfehlungen und Inkompetenzen in Relation zur eigenen Großartigkeit berichten, war und ist Gegenstand zig-tausender Raptracks und stellt ein absolutes Kernelement des Genres dar. Auch die Kultivierung sogenannter ‚Beefs' als andauernde Auseinandersetzungen zwischen unterschiedlichen Genrevertretern macht einen substanziellen und beliebten Bestandteil des kulturindustriell vermarkteten Geschehens im Rapkosmos aus. Auch die große Popularität, derer sich Freestyle- und Battlerap-Veranstaltungen seit einigen Jahren in zunehmendem Maße erfreuen, untermauert die These einer wettbewerbsgetriebenen Alltagskultur, die ihren Ausdruck eben auch in den Bildwelten des HipHop und hier vor allem des Sprechgesangs findet.[128]

Ein zweiter Berührungspunkt zwischen Rap und der neoliberalen Alltagskultur liegt, in der Schilderung prekärer Lebenslagen und ihrer Bewältigung durch widerständige Subjekte. Bei der Versinnbildlichung entsprechender Verhaltensweisen steht im Rap häufig die Figur des Hustlers im Mittelpunkt. Dieser Begriff – im Englischen bedeutet ‚to hustle' sich drängeln oder auch sich beeilen – steht hier im symbolischen Repertoire der US-amerikanischen Ecksteherkultur für jemanden, der sich im Milieu der Straßenkriminalität bewegt und dort mit kleinen, eventuell auch illegalen Geschäften sein Geld verdient.[129]

---

127 Kritische Stimmen finden sich hierzu nicht nur in der einschlägigen Fachliteratur (Ernsing 2017), sondern auch im Rap-Journalismus (Greife 2019).

128 Inwiefern Battle-Rap diese in ihren gesamtgesellschaftlichen Auswirkungen verstärkt und verbreitet oder als Ventil fungiert, über welches gebeutelte Aktivsubjekte den Leistungsdruck der neoliberalen Gesellschaft mal mehr und mal weniger kontrolliert ablassen können, ist eine wichtige Frage für die zukünftige empirische Forschung

129 Erinnern wir uns an das Szenario aus Sidos ‚Mein Block' wären wohl am ehesten Manne, bei dem man Falschgeld und ein Bootleg von Eißfeldt, sowie der Ticker aus dem siebten Stock als Hustler zu bezeichnen – möglicherweise aber auch die Frauen aus dem achten „Pornostock", die für ihre sexuellen Dienste Geld oder auch eine andere Bezahlung verlangen (Drogen, Eißfeld-Bootlegs, oder woran sonst gerade Bedarf besteht).

Den Zwang, wirtschaftlich aktiv – oder mit Lessenich (2008) und dem Hustler gesprochen „in Bewegung" – bleiben zu müssen, spiegelt das neoliberale Leistungsprinzip demnach im moralischen Repertoire des Gangstarap. Ob die prekäre Erwerbssituation hierbei gerecht oder ungerecht ist, spielt keine Rolle – ausgehalten werden muss sie ohnehin („Hilft ja nix!"). Diese etwas lapidare Sichtweise birgt, wie in diesem Kapitel darzustellen sein wird, weitere moralische Implikationen. „Wenn", so schreibt Ulrich Bröckling (2007: 245) zur Erfolgskultur des Neoliberalismus, „das Verdienst des Erfolgreichen einzig darin besteht, dass er viel verdient, erscheinen die Schulden des Erfolglosen als persönliche Schuld".

Ganz in diesem Sinne folgt die Logik der kulturindustriellen Inszenierung und Vermarktung im Feld des Gangstarap einer Winner-Take-All Logik, bei der es – sowohl hinsichtlich der Inszenierung als auch mit Blick auf die materiellen Verteilungskonsequenzen – für die einzelnen Rapper darum geht, zu den wenigen Genrevertretern zu gehören, die besonders viel Geld und Anerkennung (oder zumindest: Aufmerksamkeit) akquirieren.[130] „Weder innerhalb der Popkultur noch gesamtgesellschaftlich", so schließen Bendel und Röper 2017: 105), „tritt der Neoliberalismus als Diskurs deutlicher in Erscheinung. Materialismus, Individualismus, Konkurrenzaffinität, körperliche Selbstoptimierung, Entrepreneurmentalität und der Glaube an Leistungsgerechtigkeit umreißen gleichermaßen das zugrundeliegende Wertesystem von Gangsta-Rap und Neoliberalismus" (vgl. auch Fröhlich/Röder 2017; Seeliger 2013).

Mit der kulturindustriellen Vermarktungslogik markiert also ein dritter Berührungspunkt die Überschneidungen von Gangstarap mit der neoliberalen Alltagskultur. Dass diese auch in zunehmendem Maße Einzug in die Selbstvermarktung vieler Rapper hält, zeigt die Kapitalisierung zahlreicher Repräsentationen, etwa über Werbeverträge. Ob offiziell oder informell sind viele Gangstarapper zu Markenbotschaftern genreaffiner Produkte geworden oder bieten diese auch selbst an.[131]

All diese Implikationen werden uns in der folgenden Darstellung der symbolischen Konstruktion von Männlichkeitsidealen im deutschen Gangstarap begegnen. Zum einen stütze ich mich hierbei auf die – chronologisch den Erscheinungsterminen der Bücher entsprechend strukturierten – Analyse von vier

130 Siehe für den Schauspielerarbeitsmarkt Lutter (2013).

131 Die kritisch-theoretische Anmerkung von Adorno und Horkheimer, die Inszenierungen der Kulturindustrie „glichen Werbebildern für ungenannte Markenartikel" (Horkheimer/Adorno 1988: 165) erscheint angesichts dieser neuen Entwicklungen als zu schwach gewählt. Dass eine entsprechende Diskretion heute nicht mehr zwangsläufig verbreitet ist, zeigen im Feld des Gangstarap zahlreiche Genrevertreter, die sich durch das Angebot eigener Produkte wie Shishatabak, Fitnessprogrammen, eigenen Magazinen oder Designerkleidung neue Geschäftsfelder erschließen und diese auch offensiv bewerben.

Autobiografien der Rapper Bushido, Fler, Massiv und Xatar (vgl. auch Seeliger 2017a). Für ein Verständnis der in den Bildwelten des Gangstarap inszenierten Relevanzsysteme und Handlungslogiken ist die Analyse autobiografischer Literatur besonders deswegen ergiebig, weil hier – jenseits der oft lapidar und auf aggressiv-pointierte Darstellungen heruntergebrochenen Erzählweise in Raptexten – Wert auf die Kontextualisierung des Geschehens gelegt wird. Im narrativen Rahmen ihrer Lebensgeschichte erscheinen die Rapper eingebunden in zahlreiche ‚soziale Kreise' (Simmel 1890), so dass ihre Entwicklung nachvollziehbar wird. Gleichzeitig, und das gilt es ebenfalls zu beachten, lassen sich die Bücher nicht als biografische Primärdaten, sondern weiterhin als Kulturindustrieprodukte analysieren. Die Fragestellung richtet sich also weiterhin aus einer intersektionalen Perspektive auf die symbolische Konstruktion der Gangstarapimages unter Bezug auf die gesellschaftlichen Kategorien Geschlecht, Ethnizität, Klasse und Körper. Im Anschluss an meine älteren Arbeiten (Seeliger 2013) verfolge ich hierbei die These, dass die besagten Images den Versuch einer Aktualisierung hegemonialer Männlichkeit darstellen. Die „Stilisierung des eigenen Aufstiegs zum erfolgreichen erwerbsbiografischen Projekt" (Seeliger 2017a: 56) ist demnach im Kontext der neoliberalen Post-Einwanderungsgesellschaft als Nachweis der eigenen Leistungsfähigkeit zu verstehen. Als Vertreter eines alternativen, in Abgrenzung hierzu kultivierten Männlichkeitstypus rückt im Anschluss hieran der Rapper Kollegah in den Fokus, dessen Schaffen ich ebenfalls unter Bezug auf seine Musik sowie auf ein von ihm verfassten Buch analysieren werde.

6.2 Autobiografien deutscher Gangstarapper

Bushido – Bushido

Für die Entwicklung von deutschem Gangstarap ist der Berliner Rapper Bushido (Japanisch für ‚Weg des Kriegers') eine prägende Figur. Insofern überrascht es auch nicht, dass er mit seinem Buch ‚Bushido' (2008) die erste wesentliche Veröffentlichung[132] aus dem Genre ‚Autobiografien deutscher Gangstarapper' vor-

132 Das Buch ‚Ich will mein Lied zurück', des ebenfalls über das Label Aggro Berlin bekannt gewordenen Rappers Feige/Sido (2006), war zwar schon ein paar Jahre veröffentlicht, allerdings – und dies wohl auf Grund der damals noch nicht weit fortgeschrittenen Entwicklung des Genres – in der deutschen Öffentlichkeit eher weniger beachtet worden. Mittlerweile sind eine ganze Reihe ähnlicher Bücher erschienen, die hier keine besondere Erwähnung finden, weil sie für den Argumentationsgang nicht von Bedeutung sind. Hierzu zählen unter anderem (Silla 2016, Sun Diego 2018 oder auch Shindy 2016). Gemeinsam mit Marcus Staiger hat Bushido (2013) außerdem ein integrations- und gesellschaftspolitisches Sachbuch mit dem Titel ‚Wir sind Deutschland' veröffentlicht.

legt. Bereits im Kindesalter verbindet Bushido mit seiner Mutter eine sehr enge Beziehung, die durch häusliche Gewalt seines Vaters und später seines Stiefvaters geprägt ist. Da die Mutter die Familie aus einer prekären Beschäftigung heraus praktisch allein ernährt, übernimmt Bushido bereits im jungen Alter eine verantwortungsvolle Rolle zu Hause. „Für meinen Bruder war ich schon immer mehr als nur der große Bruder" (2008: 78). Die Eigenschaft einer quasi-selbstverständlichen Dominanz soll seinen Charakter in der weiteren Darstellung immer wieder beschreiben – etwa, wenn er sich ohne besondere Anstrengungen zum Schulsprecher wählen lässt.

Die schwierigen wirtschaftlichen Verhältnisse im Haushalt härten den Jungen ab. Um die Familie zu ernähren, und weil er – unter anderem auf Grund institutioneller Diskriminierung in der Schule – keine andere Perspektive sieht, beginnt er eine – besonders für einen Jugendlichen – sehr erfolgreiche Karriere als Rauschgifthändler (Marihuana, Ecstasy, Kokain). Bemerkenswert erscheint hierbei, dass der Einstieg ins Geschäft mit Hilfe der Mutter erfolgt, die ihm – so stark ist ihr Vertrauen in den Jungen – ein Startkapital zur Verfügung stellt (wie auch später, wenn sie ihm Geld für Musik-Equipment überlässt).

Ein weiterer prägender Erzählstrang entspringt aus der romantischen Beziehung, die ihn mit Selina, einer der beiden Töchter einer reichen Berliner Familie verbindet. Von den Eltern Selinas, die ihn nicht zuletzt wegen seines draufgängerischen Benehmens zu mögen scheint, erfährt Bushido auf Grund seiner sozialen Herkunft, aber auch seiner dunklen Haut- und Haarfarbe und seiner muslimischen Religionszugehörigkeit eine starke Ablehnung. Als sie und er von Selinas Mutter im Wohnzimmer ihres Hauses beim Sex auf einem dekorativen Teppich erwischt werden, tritt eine kulturkämpferische Konstellation zu Tage, die die als fremd konnotierte Unterschichten-Sexualität Bushidos als Bedrohung der bourgeoisen Lebensweise rahmt.[133] Eine ähnliche Interpretation legt auch der spätere Gewaltausbruch Bushidos gegenüber Selinas neuem Freund nahe. Die soziale Kluft, die Bushido von Selina und ihrer Familie trennt, bringt ein Satz auf den Punkt, der in diesem Zusammenhang fällt: „Ich bin nicht so ein Scheiß-Kanacke, den man das Klo runterspülen kann!", ruft Bushido ihr im Streit zu. Die Geringschätzung von Selina und ihren Eltern will er nicht auf sich sitzen lassen. Seinen delinquenten Lebensentwurf als krimineller Gangstarapper kultiviert er demgegenüber als Gegenidentität.

Als eine gerichtliche Verurteilung seine Tätigkeit als Drogenhändler beendet, besteht ein Teil des Resozialisierungsprogramms darin, dass der Teenager eine Lehre zum Maler und Lackierer absolviert. In einer ‚Ausbildungsstätte für Be-

133 Mit dem Satz „Du willst doch mich ficken, nicht die Gesellschaft", setzte Bernd Eichinger im auf dem Buch basierenden Biopic ‚Zeiten ändern Dich' Selina in Szene. Anders als sie annimmt, ist vermutlich beides der Fall.

nachteiligte Jugendliche' lernt Bushido seinen späteren Rap-Partner Fler kennen und beschließt nach Abschluss seiner Ausbildung, sich in Zukunft nur noch als Rapper zu verdingen. Schnell gelangt er an einen Vertrag mit dem Berliner Label Aggro Berlin, welcher sich unter wirtschaftlichen Gesichtspunkten jedoch als nachteilig für Bushido erweist. Aus der misslichen Situation hilft ihm der deutsch-arabische ‚Clanchef' Arafat Abou-Chaker unter Androhung von Sanktionen heraus. Diese Unterstützungsleistung markiert Bushidos Eintritt ins Milieu der organisierten Kriminalität. Seine vormals individuelle Durchsetzungsfähigkeit wird nun durch die Macht der Großfamilie um ein Vielfaches potenziert.[134]

Als Eckpunkte strukturieren Bushidos (dargestellte) Persönlichkeitsentwicklung demnach eine frühe Verantwortung für seinen kleinen Bruder und die Mutter, die Stigmatisierungserfahrungen durch die Gesellschaft (versinnbildlicht vor allem durch die Schule und Selinas Eltern), die unternehmerische Erfahrung der Drogendealertätigkeit sowie das disziplinierende Moment der Berufsausbildung. Vor diesem Hintergrund entsteht das Bild des ehrgeizigen Bushidos, der sich die Demütigung, ausgegrenzt zu werden, nicht gefallen lassen will, sondern diese – mit welchen Mitteln auch immer (und in seinem Fall eben mit einer Mischung aus Rap und ‚Clankriminalität') – erkämpfen, ja sogar ihre jeweiligen Maßstäbe an Erstrebenswertem übertreffen will.

Bushidos Haltung gegenüber Frauen erscheint im Buch durchweg ambivalent. Während ihn mit seiner Mutter eine bedingungslose Liebe verbindet, begegnet er anderen Frauen mit Gefühllosigkeit und/oder aggressiver Geringschätzung und dies vor allem in sexueller Hinsicht. Diese Haltung begründet er immer wieder mit der Kränkung durch Selina. Diese habe ihn zu einem „skrupellosen Sex-Gangster" gemacht, der auf den Tourneen seine Groupies nötigt und ihnen sexuelle Gewalt zufügt, um im Anschluss deren Ehrlosigkeit zu kritisieren (ebd. 289). Einen erstrebenswerten Lebensentwurf stellt Bushido unter der Kapitelüberschrift „Schwuchtel oder Mann?" vor: „Die perfekte Beziehung gibt es sowieso nicht. Ganz ehrlich: Würde die Fickerei nicht so viel Laune machen, gäbe es keinen Grund, überhaupt mit einem Mädchen zusammen zu sein" (2008: 126).[135]

---

134 Dies verdeutlicht auch die starke Koketterie, die die Medienpräsenz Bushidos auch über das Buch hinaus lange Jahre hinweg prägte. „Die Polizei zählt das Café Al Bustan [Treffpunkt der aus dem Milieu organisierter Kriminalität bekannten Abou Chaker-Familie, M.S.] zu den gefährlichsten Plätzen Berlins. Für mich ist es der einzige Zufluchtsort, an dem ich mich wirklich wohl fühle" (Bushido 2008: 205).

135 Entweder, so heißt es dort weiter, „du hältst das Schiff über Wasser" oder „du öffnest dich vollkommen und kannst hundertprozentig davon ausgehen, dass deine Freundin oder Frau eines Tages zur Hure wird, ein Messer tief in dein Herz sticht und ganz langsam darin herumstochert" (ebd.: 127). Den auf seinem rechten Unterarm tätowierten Namen ‚Luise Maria' trug derweil seine mittlerweile verschiedene Mutter.

Insgesamt lässt sich die Story Bushidos als Geschichte eines Mannes lesen, dem der soziale Aufstieg zum erfolgreichen Rapper gegen viele gesellschaftliche Widerstände gelungen ist. Eine entsprechende Ankündigung erfolgt im Verlauf des Buches relativ früh (ebd.: 11): „Ich wollte immer nur das Beste aus meinem Leben machen, deshalb bereue ich auch im Nachhinein keinen einzigen Tag und keine einzige Tat." Und weiter: „Glaube an dich und du kannst alles erreichen, was du willst" (ebd. 14). Der Markenkern Bushidos besteht also in seiner genuinen Dominanz und Durchsetzungsfähigkeit gegenüber seinen Mitmenschen im Kleinen und der deutschen Gesellschaft als ganzer.

Fler – Im Bus ganz Hinten

Anders als in den anderen drei Biografien erzählt der Protagonist Fler in seinem Buch ‚Im Bus ganz Hinten' eine Geschichte ohne Migrationserfahrung. Erste Gewalterfahrungen sammelt Fler, wie Bushido, über den alkoholabhängigen Vater, der seine Mutter verprügelt. Dies härtet ihn einerseits ab. Anders als Bushido geht Fler in seinem Buch mit den eigenen Pathologien und Schwächen jedoch andererseits sehr offen um – einige Kapitel widmen sich den Aufenthalten in der Psychiatrie, im Kinderheim sowie dem Kontakt mit seiner Psychologin. Seine Aufmerksamkeitsdefizit-Hyperaktivitätsstörung und deren Behandlung mit verschiedenen Medikamenten thematisiert er im Buch ebenfalls sehr offen. Bemerkenswert erscheint dieser transparente Umgang mit den eigenen Schwächen und der Verletzlichkeit vor allem im Vergleich mit der Darstellung Bushidos.

Ähnlich wie bei diesem steht im Zentrum von Flers Buch auch dessen Verhältnis zur eigenen Mutter. Gebrochene Versprechen – etwa kündigt sie an, ihn bei der ‚Mini Playback Show' anmelden, tut dies aber nicht – belasten das Vertrauensverhältnis genauso wie ein Hang zur narzisstischen Selbstverwirklichung der Mutter über die Anschaffung schicker Kleidung bei emotionaler Vernachlässigung des Jungen, den sie außerdem immer wieder mit Vorwürfen herabwürdigt: „‚Du bist echt zu nichts zu gebrauchen', war einer ihrer Lieblingssätze" (Fler 2011: 20).

Bei seiner Mutter wächst Fler zwar nicht in Armut auf, wohlhabend ist die Familie aber auch nicht. Um Geld zu sparen, unterbricht diese sogar die Behandlung des Jungen mit Ritalin, woraufhin dieser einen Zusammenbruch erleidet. Die später immer wieder aufgeworfenen Enttäuschungserfahrungen finden in diesem Zeitabschnitt ihren Höhepunkt: „Ich stand auf der Straße im Regen und stand kurz davor, mich aufzugeben" (ebd.: 87).

Seine Zeit im Heim und die Ausbildung zum Maler und Lackierer lassen ihn jedoch später in der Biografie immer wieder materiellen Mangel erleben. Mit der deutschen „Minderheit" (ebd. 36) in seinem Viertel findet er bereits im Kindesalter keine Gemeinsamkeiten: „Die Deutschen waren mir einfach zu langweilig –

die meisten hatten einen Stock im Arsch und waren komplett uncool." Das „Zusammengehörigkeitsgefühl" (Fler 2011: 38) der (post-)migrantischen Jugendlichen weiß er jedoch zu schätzen: „Sie waren alle wie Brüder. Und: Sie waren stolz auf ihre Herkunft. Die Ausländer waren die Kings der Hood" (ebd.). Seine Verbindung zur ethnischen Minderheit erlebt Fler bemerkenswerterweise über den Zugang zum Bildungssystem, als er auf eine Schule in Zehlendorf wechseln muss:

> „Das bedeutete: Raus aus dem Getto, hin zu den reichen Kids! Schon im Bus dahin merkte ich, dass ich komplett anders war als der Rest. Die Kinder, die auf diese Schule gingen, waren arrogant und kamen sich supergeil vor" (2011: 49).

Den „einzige[n] Lichtblick" erkennt der Junge (ebd.: 50) in der Freundschaft zu seinem Mitschüler Yazid. Die beiden Jungs ähneln sich nicht nur insofern, als sie mit ihrem aggressiven Verhalten immer wieder bei den Klassenkameraden anecken – sie halten auch zusammen und verteidigen einander gegenüber Dritten – „In den Gemeinschaftsduschen verarschten wir die anderen Jungs wegen ihrer lächerlichen Miniaturschwänze" (ebd.). Der Übergang zur weiterführenden Schule markiert den Beginn einer Jugend, die geprägt ist durch abweichendes Verhalten und Gesetzesübertretungen, beispielsweise hält er Wache als zwei seiner Freunde ein Mädchen vergewaltigen (ebd.: 80).

In der gemeinsamen Ausbildung zum Maler und Lackierer lernt Fler schließlich Bushido kennen, mit dem gemeinsam er – anders als der Deutsch-Tunesier ohne die Ausbildung abzuschließen – zu rappen beginnt. Ähnlich wie Bushido beschreibt Fler nun seine Karriere als Rapper, im Zuge der er über einen Vertrag beim Label Aggro Berlin zu nationaler Berühmtheit gelangt. Nach einem Streit mit den Betreibern verlässt er das Label und versöhnt sich schließlich mit Bushido. Zwischen den beiden Büchern finden sich wesentliche Unterschiede einerseits in der biodeutschen Geschichte Flers, die eine Zentralstellung ethnischer Diskriminierungserfahrungen (scheinbar) verunmöglicht.[136] Eine Storyline, die auf der Bewältigung entsprechender Formen der Stigmatisierung und Ausgrenzung beruht, findet sich im Buch nicht. Ein zweiter wesentlicher Unterschied folgt daraus, dass Fler seine Schwäche und Verletzlichkeit deutlicher thematisiert als dies Bushido tut. Während letzterer, so scheint es, wie selbstverständlich über den Dingen steht, muss Fler immer wieder kämpfen und sich durchsetzen.

---

136 Oder dies eben insofern, als man von Diskriminierungen von Fler als Vertreter einer deutschen Minderheit im Rap absieht – diese hat es sicherlich gegeben.

Massiv – Solange mein Herz schlägt

Das dritte hier vorgestellte Buch handelt von Massiv (mit bürgerlichem Namen Wasim Taha) – dem in Pirmasens aufgewachsenen Sohn palästinensisch-libanesischer Flüchtlinge. Eine anhaltende Missachtung seiner Fähigkeiten durch den Vater lassen bei dem jungen Wasim früh Selbstzweifel entstehen. Aggressive Herabwürdigungen („Wenn Baba lachte, dann nur über mich"; Massiv 2012: 33) und eine Bevorzugung der Schwester durch beide Eltern machen ihn nicht nur zu einem schlechten Schüler, sondern prägen seine Persönlichkeit für die kommenden Jahre.

Wie bei vielen Familien Geflüchteter arbeitet der Vater sehr viel, auf Grund der schlechten Beschäftigungssituation allerdings nicht besonders ertragreich. Indem er, wie Massiv beschreibt, immer engagiert zu Werke geht – einmal reinigt er die Toilette im Betrieb mit den Händen – vermittelt er seinem Sohn Tatkräftigkeit, Stärke und Härte als genuin männliche Werte. „Er meinte, Menschen die auf Sozialhilfe leben oder illegal arbeiten würden, müsste man umbringen; auf der faulen Haut liegen sei beschämend und eine Schande für jeden Menschen" (Massiv 2012: 34). Als der Junge im Kindesalter von einem erwachsenen Mann missbraucht wird, wächst mit dem Leidensdruck auch die Diskrepanz gegenüber den Erwartungen des Vaters, der – ohne davon zu wissen – erklärt: „Arabische Männer sind stolze Männer. Sie weinen nicht. Sie geben nicht auf. Sie sind bereit, für ihre Überzeugung zu sterben. Sie sind bereit, für ihre Heimat zu sterben" (2012: 107).

Die palästinensische Herkunft der Familie stellt für die Erzählung einen wichtigen Bezugspunkt dar. Als Teil der gemeinsamen Biografie verbietet die Fluchtmigration der Eltern Massiv eine klare Identifikation mit einer der beiden Kulturen (der deutschen und der palestinensischen), schon als kleiner Junge fühlt er sich, wie er sagt, „als nichts Halbes und nichts Ganzes" (ebd. 2012: 60).

Schlechte Noten in der Schule bewirken, dass er von den Eltern zur Nachhilfe in eine christliche Betreuungseinrichtung geschickt wird. Da die Schwestern ihn nicht beim Namen, sondern „Du da" nennen, ihn zur Strafe zwingen, das Vaterunser abzuschreiben und ihm gegen seinen Willen Schweinefleisch zu essen geben, begehrt er auf und verlässt das Heim. Für seinen symbolischen Bruch der Auflagen der Ankunftsgesellschaft erhält der Junge von den Eltern jedoch keinerlei Anerkennung – die Mutter ist enttäuscht und der Vater wird böse.

Anschließend an eine (unvollständige) Schulbildung beginnt Massiv eine Reihe von Ausbildungen, von denen er jedoch keine zu Ende führt. Erfolg hat er hingegen – wie bereits Bushido – in einer Tätigkeit als Rauschgifthändler. Massiv spart das verdiente Geld, trainiert regelmäßig seine Muskeln und beginnt sich – im Sinne Bröcklings (2007) – als ‚unternehmerisches Selbst' zu profilieren.

Eines Tages wird sein bester Freund in Pirmasens wegen der Drogenkriminalität vor Gericht gestellt und zu einer langen Haftstrafe verurteilt. Im Gericht trifft Massiv auf seinen Vergewaltiger, verprügelt ihn und erlebt eine weitere Enttäuschung über die soziale Ordnung des sozialen Rechtsstaats: „Jemand, der einem Kind die Kindheit stahl, kam ungestraft davon, doch wehe dem, der den Staat beklaute – der musste bluten" (ebd. 2012: 195).

Nachdem er seine Begabung für die Rapmusik mit Hilfe in der Nähe stationierter US-Soldaten entdeckt hat, beschließt Massiv, das Hobby zum Beruf zu machen, nimmt eine Demo-CD auf und wird kurz darauf entdeckt von dem Berliner Rapper MC Basstard. Gemeinsam mit den Eltern zieht er nach Berlin, dreht mit dem Geld des Vaters (plötzlich vertraut er ihm doch) ein Video und meistert so den Aufstieg zu einem der erfolgreichsten Rapper des Landes.

Die ansonsten typische Aufstiegserzählung ist, anders als bei Fler und Bushido, im Falls Massivs besonders stark auf die Beziehung zu den Eltern hin zugespitzt. Ein wichtiger symbolischer Moment entsteht, als er nach dem Umzug in die Hauptstadt die Familie in ein schickes Steakhaus einlädt. Was dem Vater auf Grund einer schlechten Arbeitsmarktsituation in Pirmasens verwehrt geblieben war, gelingt dem Jungen nun in Berlin!

Xatar – Zähl' so viele Scheine Du kannst, bevor Du sitzt

Giwar Hajabi (der Rappername Xatar stammt vom kurdischen Wort für Gefahr) kam Mitte der 1980er Jahre als Kind kurdischer Flüchtlinge aus dem Irak nach Bonn. Trotz eines hohen Bildungsstandes der Eltern, ist auch Xatars Kindheit von Armut geprägt. Über kleinere Anstellungen bringt die Mutter nach der Trennung vom Vater das Geld auf, um dem Jungen Klavierunterricht zu bezahlen. Auch in anderen Bereichen zeigt der Junge Begabung und Fleiß, spielt erfolgreich Basketball und geht aufs Gymnasium.

In der Schule erfährt er jedoch von Beginn an Ablehnung. So verliert er in der Grundschule einen Malwettbewerb, den – aus Prinzip – ein deutsches Kind hätte gewinnen sollen. Dass die Pädagogen von ihm überfordert sind, scheint immer wieder durch. Als einmal fremde Schüler an seine Schule kommen und seine Mitschüler bedrohen, bitten ihn die Lehrer, sich um die Situation zu kümmern. „In diesem Moment wurde mir klar: Egal, was ich gemacht oder versucht habe – diese Leute haben in mir immer nur den Asi-Kanaken gesehen" (Xatar 2015: 31).

Mangels Anerkennung und Erwerbsperspektiven muss Xatar sich für seine weitere Entwicklung andere Möglichkeiten suchen:

> „Und da niemand etwas anbot, nahmen wir uns irgendwann einfach das, was wir glaubten, was uns zustehen würde. Weil es alle hatten, außer wir. Das Leben schenkte uns nichts. Also fingen wir an, mit dem Leben zu dribbeln. So, wie es die Älteren machten. Wir sahen sie auf dem Brüser Berg mit ihren Benzern stehen, mit ihren goldenen Uhren. Während andere den ganzen Tag schufteten und am Ende des Monats

trotzdem jeden Pfennig umdrehen mussten, hatten diese Jungs immer ein paar Batzen auf Tasche" (ebd.: 36).

Gemeinsam mit Freunden aus seinem Bonner Viertel gründet er die Gang der Brüser Berg Asis. Während diese einerseits Straftaten begeht, um Geld, Anerkennung und Zeitvertreib zu organisieren, untermauert Xatar seine Patriarchenstellung im Viertel, indem er etwa Grillfeste ausrichtet. Xatars kriminelle Tätigkeiten werden hierbei, und hierin liegt auch eines der wesentlichen Alleinstellungsmerkmale gegenüber den anderen Büchern, relativ detailgetreu beschrieben. Ausführlich stellt er dar, wie man Drogen zubereitet und vertreibt, die entsprechenden Kontakte unterhält, Schutzgeld einsammelt oder einen Gefängnisaufenthalt absolviert. Während die Erzählungen einerseits eher lapidar ausfallen, verweist Xatar andererseits immer auch auf inhärente Widersprüche.[137]

Schon immer Fan der Musik, beginnt Xatar in dieser Zeit auch selbst mit dem Rappen. Als er sich nach einem gescheiterten Drogengeschäft ins Londoner Exil aufmachen muss, nutzt er den Ortwechsel, um ein Studium des Musikmanagements zu absolvieren, um – kaum zurück in Deutschland – sein Label ‚Alles oder Nix-Records' zu gründen. Nach einem Überfall auf einen Goldtransporter flieht Xatar, wird schließlich im Irak gefasst und absolviert eine viereinhalbjährige Haftstrafe. Aus dieser betreibt er sein Label weiter, über das er unter anderem den Rapper SSIO und die Rapperin Schwesta Ewa (vgl. Kap. 7) beschäftigt und während seiner Gefängniszeit ein eigenes Album veröffentlicht.

Nachdem er im Dezember 2014 aus der Haft entlassen wird, produziert Xatar ein Album, beginnt intensiv mit der Labelarbeit und eröffnet eine Shisha-Bar auf den Kölner Ringen. Zum Ende des Buches – Xatar fährt gerade im Sonnenaufgang aus seiner Bar nach Hause – informiert ihn einer seiner Partner über ein erfolgreiches Finanzgeschäft. Der ehemalige Kriminelle ist heute ein seriöser Unternehmer.

Wie die anderen Rapper besetzt Xatar die Hauptrollen seines Plots ausschließlich mit männlichen Charakteren. Anders als in den anderen Rapperbiografien billigt er Frauen in der Geschichte – abgesehen von ein paar knappen Auftritten der Mutter – überhaupt keine Rolle zu. Nicht ohne Selbstironie verweist auch Xatar im Buch auf diese homosoziale Dimension des Kampfes um hegemoniale Männlichkeit im Sinne Connells (2006):

> „Bei uns ging es eigentlich nur um ein einziges Thema: Wer ist ein Pisser und wer hat Eier? […] Ein Pisser ist jemand, der kassiert. Eier hat, wer Eier hat. Ich wollte zeigen,

---

137 Etwa als ein Komplize während dem Zubereiten einer größeren Menge von Drogen plötzlich eine Pause einlegt, um sich auf dem Gebetsteppich an Gott zu wenden – als Sünder will man schließlich auch nicht sterben.

dass ich Eier habe. Darum habe ich verteilt. Man musste mich nur blöd angucken und schon gab's Schläge. Und je mehr Pisser von mir kassierten, desto mehr Anerkennung bekam ich auf der Straße" (Xatar 2015: 29).

Anders als den anderen drei Rappern steht es Xatar immer wieder offen, seine unzweifelhafte Härte und Durchsetzungsfähigkeit im Auftreten durch eine humoristische Komponente zu ergänzen. Es lässt sich vermuten, dass dies auf eine habituelle Sicherheit, die sich aus physischer Stärke, seinem Bildungshintergrund und der Tatsache, dass er sich im kriminellen Milieu bewiesen hat, zurückzuführen ist. Einen eingehenderen Vergleich der vier Autobiografien will ich im folgenden Abschnitt anstellen.

Vergleich der vier Autobiografien

Eine erste, zentrale Gemeinsamkeit der Bücher liegt in der recht einfachen Erzählstruktur und Stilistik. Die Erzählstränge folgen der Aneinanderreihung einzelner Anekdoten, in deren Verlauf die Protagonisten von (Scheidungs-)Kindern benachteiligter Haushalte zu erfolgreichen Rappern werden. Außer im Fall von Fler haben alle einen Migrationshintergrund und verdingen sich als Drogendealer.[138] Ethnische Diskriminierung und Ausschluss von materiellem Wohlstand legen hier eine Laufbahn in kriminellen Geschäftsfeldern nahe. Während diese Form von Stigmatisierung in Bezug auf die Gesamtgesellschaft für Fler als „unmarkiert" (Di Blasi 2013: 9) auftretenden weißen Mann nicht gilt, dreht dieser die Begründungslogik im migrantisch geprägten Straßenmilieu um. Sein Deutsch-Sein wird zum Makel und er muss sich ebenfalls in Abgrenzung behaupten.

Ein weiteres gemeinsames Merkmal aller vier Biografien stellt die Gründung eigener Musiklabels durch die Protagonisten dar. Nachdem, außer Fler, der in seiner Akte lediglich illegales Graffiti-Malen vorzuweisen hat, alle im Vorfeld bereits mit Drogen gehandelt haben, erkennen sie im Laufe ihrer Rap-Karriere, dass eine eigenständige Produktion von Musik wirtschaftliche Vorteile in sich birgt. Gleichzeitig, so lässt sich vermuten, entsprechen die vier damit einer allgemeinen Erwartung nach unternehmerischem Denken. Die Inszenierung als unabhängiger Labelbetreiber kann so als Weiterführung der individuellen Branding-Strategie als Rapper interpretiert werden. Auch diese Kultivierung unternehmerischer Tugenden gewinnt ihre Bedeutung im Kontext der deutschen Klassenstruktur. Alle vier haben es gegen Widerstände von unten nach oben geschafft und machen diesen Aspekt der Geschichte zum besonderen Selling Point. Unternehme-

138 Für die entsprechende Konnotation von arabischem Migrationshintergrund und Rauschgifthandel siehe die Textanalyse von Haftbefehls ‚069' in Kap. 4.2.

risches Denken und Selbstverwirklichung gegen Widerstände lassen sich demnach als zentrale Merkmale des hier kultivierten Männlichkeitsideal erkennen. Bemerkenswert erscheint hier vor allem, dass die Gewichtung der unternehmerischen Tätigkeit – im chronologischen Verlauf der Erscheinungsabfolge – von Buch zu Buch zunimmt. War es bei Bushido eher ein Nebenprodukt, gewinnt die Inszenierung als Selfmade-Man bei Fler und Massiv wesentlich an Bedeutung und avanciert bei Xatar zum Kernelement der Geschichte. Diese Tendenzen aufnehmend, so will ich im nächsten Abschnitt argumentieren, versucht sich der Rapper Kollegah in seiner Selbstinszenierung an einer systematischen Weiterentwicklung des hier kultivierten Ideals einer – außer im Fall von Fler – migrantischen Aufsteigermännlichkeit. Das erfolgreiche erwerbsbiografische Projekt dient in seiner Inszenierung der Selbstbehauptung seiner Protagonisten gegenüber der als repressiv und verächtlich erlebten Mehrheitsgesellschaft.

6.3 Die heroische Inszenierung des Rappers Kollegah

Mit dem Rapper Kollegah wende ich mich im Folgenden einer Figur zu, die die Szenerie des deutschen Gangstarap – wie die deutsche HipHop-Kultur als Ganze – in den letzten Jahren geprägt hat wie kaum eine andere. Die Selbstdarstellung Kollegahs lässt sich mit Ulrich Bröckling (2020) als „heroische Inszenierung" interpretieren. Mit dem Heroischen, so führt Bröckling (ebd.: 9) aus, „assoziieren wir gemeinhin kämpferische oder auch tragische Gestalten, die Exzeptionelles leisten und sich mächtigen Feinden entgegenstellen, die Katastrophen abwehren, Widrigkeiten überwinden und sich um der guten Sache Willen in Gefahr begeben, ohne sich dabei um Regeln und Konventionen zu scheren – und die für all das verehrt und bewundert werden."

Über die Erschaffung einer solchen Figur, so die im Folgenden vertretende These, versucht Kollegah, die Erzählung von der migrantischen Aufsteigermännlichkeit in fünf Dimensionen zu übertreffen. Indem ich die Selbstdarstellung Kollegahs vor diesem Hintergrund analysiere, möchte ich, ebenfalls mit Bröckling, die „gegenwartsaufschließende Kraft" (ebd.: 10) der Analyse heroischer Narrative entfalten. Anschließend an einen einführenden Teil zur Vorstellung Kollegahs und einem Abschnitt zu seiner Musik untersuche ich sein Buch ‚Das ist Alpha' mit Blick auf die oben proklamierte These.

Kollegah, mit bürgerlichem Namen Felix Blume, begann seine Rap-Karriere im Jahr 2004, indem er sich an Battle-Wettbewerben im Internet beteiligte. Mit seiner charakteristischen Kunstfigur, einer prägnanten Weiterentwicklung von Reim- und Vortragsstil sowie der Erschließung neuer Medienformate war Kollegah an der Prägung der Folgegeneration deutscher Gangstarapper nach der Konsolidierung des Genres (vor allem durch Aggro Berlin) in Deutschland wesentlich beteiligt. Die Figur ‚Kollegah, der Boss' durchläuft im Prozess seiner Karriere eine

Transformation von einer fiktiven Kunstfigur, die der damals Anfang-Zwanzigjährige erschafft, hin zu einer Pop-Persona, die – so zumindest die Inszenierung – dem realen Menschen Felix Blume immer ähnlicher wird – bisweilen scheint es, als würden sich beide im Laufe ihrer Karriere aufeinander zu entwickeln.

Während Kollegah der Boss, ein Zuhälter aus dem Ghetto, von Drogengeschäften lebt und – teils überspitzt und teils realitätsnah dargestellt – alle möglichen krummen und geraden Dinger dreht, ausschweifende sexuelle Kontakte mit Frauen pflegt, Drogen konsumiert, verkauft und damit einen Haufen Geld verdient, erarbeitet sich Felix Blume langsam aber sicher ein besonderes Standing im Feld des deutschen (Gangsta-)Rap.

Ein besonderes Alleinstellungsmerkmal entwickelt Kollegah über seinen besonderen Rap-Stil, welcher sich vom Großteil der Stile anderer deutscher Rapper – vor allem zu Beginn seiner Karriere – im Wesentlichen durch zwei Elemente unterscheidet. Zum einen arbeitet Kollegah in seinen Texten mit abwegigen Bildern und Vergleichen, welche wiederum auf komplexen Assoziationen – sowohl phonetischer als auch inhaltlicher Art – beruhen. Ein häufig zitiertes Beispiel für diese Art des Schreibens stellt etwa die Zeile „Kid, und du hast sächsischen Dialekt? Der Boss nicht, er hat sechs Ischen, die er leckt“ von Kollegahs Track ‚Hoodtales II‘ dar. Das fiktive Gegenüber wertet Kollegah hier ab, indem er ihm eine im Kosmos des Straßenrap über das Stigma des Ostdeutschen mit niedrigem sozialen Status, schlechtem Geschmack und einer geringen Kaufkraft assoziierte Mundart zuschreibt. Entsprechende Probleme und Einschränkungen von sich weisend bezieht er sich im Anschluss auf die eigene Promiskuitivität – er hat sechs Frauen, mit denen er sexuell verkehrt. Dieser Art von Wortspielen lassen sich bei Kollegah in großer Zahl finden.[139]

Ein zweites Kriterium ergibt sich aus der elaborierten Rap-Technik Kollegahs. Im sogenannten Double-Time Rap erhöht sich die Anzahl der pro Takt gerappten Silben und damit auch die Möglichkeit, die Komplexität von Reim-Muster zu erhöhen, indem man die Anzahl aufeinander bezogener Silben erhöht und/oder die Abfolgen der Reime variiert. In beiderlei Hinsicht kann Kollegah, der außerdem über eine markante, tiefe Stimme verfügt, für den deutschen Sprechgesang insofern als Pionier angesehen werden, als er hier den Standard von Beginn seiner Rapkarriere an erhöht hat. In seiner musikwissenschaftlichen Untersuchung würdigt ihn der Lüneburger Musikwissenschaftler Michael Ahlers (2019), indem er Kollegah – anschließend an die Typologie von Bourdieu (1986) – die Verfügungsmacht über ein außerordentliches akustisches Kapital bescheinigt.

139 Passend zum Anliegen des Buches heißt es etwa im Song ‚Aventador‘: „Wie will man soziologisch den *Boss einordnen? Erklär ich dir kurz*! Ich steh‘ noch über der Oberschicht wie *Hochzeitstortenpärchenfiguren*.“ Die kursiv gesetzten Silben markieren einen neunsilbigen Reim – vielen Dank an Gerrit für diesen Hinweis.

Seine Entwicklung vom Newcomer zum etablierten Künstler im Umfeld des deutschen (Gangsta-)Rap-Genres beschreibt Kollegah auch in seinem auf dem 2014 erschienen Album ‚King' erhaltenen Song ‚Alpha'.

Yeah
2005, das erste Zuhältertape im Netz
Keiner hat mich auf dem Schirm wie'n New-Era-Etikett
Neun Jahre später, eine Battle-Rap-Saga
Und bis heute kommt keiner technisch an mein Level von damals
Ich habe Punchline-Rap revolutioniert
Ich habe Doubletime-Rap revolutioniert
Ich habe Deutsch-Rap an sich revolutioniert
Während der Rest vergeblich versucht, meine Technik zu kopieren
Sie bleiben chancenlos, ey ich mach Party mit paar Bombem-Hoes
Und wach' am nächsten Tag mit 'nem Kater auf wie Beyonce Knowles
Und wenn sie meinen, die Songs sind dope, aber der Typ ansonsten bloß
Ein zu viel Kokain ziehender, G spielender Bonzensohn
Dann zünde ich den Blunt an und lache
Denn ich bin durch die Hölle gegangen, auch wenn ich's mir nicht anmerken lasse
Die Narben sind verheilt, doch die Seele hart und kalt
Wie der Asphalt, durch lange Jahre voller Armut und Gewalt
Nichts als Leid, jedes Mal im Herz ein Stich, Mutter weint
Vater weg, keiner da, der mir 'ne Richtung aufzeigt
Also ging ich raus und tickte, 'ne verfickt dunkle Zeit
Voller Missgunst und Neid, Streit, Bitchmoves und Fights
Als Deutscher unter Kanaks, tickte Dope in dunkler Nacht und war
Schon damals nicht der Junge, der im Drogensumpf absackt
Sondern so hohen Umsatz macht am Drogenumschlagplatz
Dass bei der Übergabe beinahe der Drogenumschlag platzt
Deshalb bin ich ihn gewohnt, den stumpfen Hass
Der wohl der Grund ist, dass ich heute die Chrome-Rims funkeln lass'
Und zwar demonstrativ, ey so demonstrativ
Dass bei dir Dreckslauch die Netzhaut brennt, wenn du das siehst
Es ist seit den RBA-Battles viel geschehen
Jungs, die meine Homies waren, woll'n mich heut unter'm Sargdeckel liegen sehen
Denn mein Leben dreht sich heut um Chartplätze, Kies und Fame
Während sie noch heut die gleichen Gras-Packets dealen gehen
Ich lass mich nicht runterziehen deswegen
Sondern push' mein Business auf unterschiedlichen Ebenen
Das ist G-Rap, ich kille sie, scheiß auf Realness, ich chille nie
Auch wenn Studium für dich heißt, keine Street Credibility
Denn ich will nie mehr zurück, und nutz' jede Chance dazu

Stehe schweißnass im Fight Club mit Trainingsboxhandschuh'n
Und keine Angst, dass ich jetzt Depri-Songs versuche
Doch hier spricht gerade nicht Kollegah, sondern Felix Antoine Blume
Und jetzt scheiß mal auf Boss-Gelaber, scheiß mal auf Bling und Cash
Real Talk, scheiß mal auf Coke-Lines und Image-Rap
Doch wer sonst hat so nice Flows, Rhymes und klingt so fresh
Showtime Bitch, mach den Thron frei, der King ist back

Der ohne Refrain in einem Stück vorgetragene Text beschreibt die Errungenschaften von Kollegah vor dem Hintergrund seines Werdegangs. Mit über 300.000 verkauften Einheiten stellt das Album ‚King' nicht nur Kollegahs meistverkauften Solo-Tonträger dar. Es markiert auch insofern einen Wendepunkt in seiner Karriere, als er hier erstmals das Verhältnis der Kunstfigur und seiner originalen Identität ‚Felix Blume' thematisiert. Indem er auf eine Kindheit ohne Vater sowie auf eine Vergangenheit als Dealer verweist, will Kollegah mit Vorurteilen aufräumen, denen zufolge er – mit privilegiertem Hintergrund und ohne kriminelle Vergangenheit – keine authentische Sprecherposition einnehmen könne. Die ästhetische Weiterentwicklung, so ein vielfach geäußerter Einwand, könne nur einen begrenzten Wert entfalten, weil sie nicht durch reale Taten untermauert und demnach auch nicht authentisch durch Kollegah verkörpert werden könne.

Indem er sich hier nun als Felix Blume zu Wort meldet, läutet Kollegah gewissermaßen eine neue Schaffensphase ein. Die oftmals überzeichnete Kunstfigur von Kollegah, dem Boss, gewinnt durch Verbindung seiner Pop-Persona mit dem realen Charakter Blumes realistische Konturen. Die Konsequenzen dieser Entwicklung möchte ich im nächsten Abschnitt anhand von Kollegahs Buch ‚Das ist Alpha' untersuchen.

6.4 Das ist Alpha – Gangstarapper als Lebensratgeber

Mit seinem Buch ‚Das ist Alpha' legt Kollegah 2018 einen Text vor, der einerseits als Unterhaltungslektüre und andererseits als Lebensratgeber gelesen werden kann. Das Buch erschien, wie auch die anderen hier behandelten Texte (außer dem vom Massiv) im Münchener Riva-Verlag. Während die Rezensionen in der Presse sehr kritisch ausfielen (vgl. exemplarisch Liebert 2018), erzielte Kollegah mit seinem Buch außerordentlich hohe Verkaufszahlen und landete unmittelbar nach Veröffentlichung auf Platz 1 der Media Control-Charts.[140]

140 Mittlerweile liegen die Verkaufszahlen bei über einhunderttausend Exemplaren.

Die Analyse des Buches kann uns helfen, Implikationen der Selbstdarstellung Kollegahs noch einmal genauer nachzuvollziehen.[141] Während der Musik und den Lyrics als spezifischer Kunstform eine transzendente Dimension zugesprochen werden muss, deren konkrete Ausgestaltung den Rezipienten in subjektiver Weise offensteht, lässt ein dezidiert als Coaching-Tool[142] konzipierter Ratgebertext, so die forschungsleitende Annahme, eindeutigere Rückschlüsse zu. Die Interpretation des Buches erfolgt unter Bezug auf die Modi der symbolischen Konstruktion eines Idealbildes von Männlichkeit, mit dem sich Kollegah von dem vorherrschenden Image der migrantischen Aufsteigermännlichkeit abzugrenzen sucht. Diese erfolgt innerhalb von vier Dimensionen – körperliche Fitness und Disziplinierung (a), unternehmerisches Denken (b), Dominanz und Paternalismus (c) sowie eine kriegerische Haltung zur Welt, die mit Verschwörungstheorien untermauert wird (d).

a) Körperliche Fitness/Disziplinierung

Liest man das Buch als Lebensratgeber (und nicht in erster Linie als Unterhaltungsprodukt oder Gegenstand kultursoziologischer Literaturanalyse), erfolgen die Ratschläge im Rahmen eines auf längere Zeit hin angelegten Disziplinierungsprojekts. Über ein paar Tipps für alltägliche Tätigkeiten wie das Einkaufen, Kochen oder Meditieren hinaus soll der (geneigte) Leser – das Buch wendet sich dezidiert an Männer – das ganzheitliche Ziel verfolgen, ein ‚Alpha' zu werden.[143] Zu diesem Zweck stellt Kollegah im Buch eine Reihe von Regeln auf, an die es sich auf dem Weg dorthin zu halten gilt. Als Vorbild fungiert er selbst als Rapper, Geschäftsmann, Buchautor (sic!) und so weiter, denn er hat in vielerlei Hinsicht nachgewiesen, dass er ‚es' geschafft hat.

Der „wahre Schlüssel zum Erfolg im Leben" (Kollegah 2018: 22), so eine der ersten Lektionen im Buch folgt einem „starke[n] Alpha-Mindset" (ebd.). Dieses zu entwickeln, will Kollegah dem Leser nun helfen. Der Umgangston hier-

141 In einem Interview mit dem Stern erklärt Kollegah, in seinem Buch spreche „Felix Blume. Der Mensch hinter dem Künstler Kollegah" (Roß/Siemens 2018: 94).

142 „Wer Alpha-Potenzial hat", so beschreibt Juliane Liebert (2018) den Impetus des Buches treffend in der Süddeutschen Zeitung, „soll unter der Peitsche des Meisters den wahren Anführer aus sich herausholen."

143 Was genau das ist, wird im Buch nicht ganz klar – vermutlich, weil eine interindividuelle Varianz zwischen unterschiedlichen Unterarten von Alphas durchaus vorkommen kann. Eine Art anthropologisches Typenmodell entwickelt Kollegah im Buch allerdings schon: Ihm zufolge lässt sich die Menschheit in Alphas, Bosse, Lauchs, Schlampen und echte Frauen (welche man jedoch als solche erkennen muss) einteilen. Die Daseinsform des Bosses ist in der Hierarchie noch über der des Alphas angesiedelt und stellt in Kollegahs Modell die vollendete Persönlichkeitsentwicklung dar.

bei ist ein rauer, der dem Leser gleich vor Augen führt, dass die Lektüre nichts für Waschlappen wird: „Dieses Buch“, so Kollegah (2018:10), „packt dich nicht mit Samthandschuhen an, sondern spricht harte Wahrheiten aus, die wehtun.“[144]

Auf dem Weg zum Alpha arbeitet Kollegah mit allerlei Motivationstricks wie etwa der „Macht des Unterbewusstseins“ (ebd. 64). Unter Bezug auf das „Resonanzgesetz“ (ebd.) erklärt er beispielsweise, dass sich die Wahrscheinlichkeit Millionär zu werden, immer weiter erhöht, je öfter man sich vorstellt, einer zu sein. Kraft und Motivation schöpft man aus dieser Perspektive also vor allem aus sich selbst. Um die eigenen Ressourcen möglichst effektiv zu mobilisieren, vermittelt Kollegah ein radikal-individualistisches Weltbild:

> „Kümmere dich nicht um die Erwartungen anderer an dich. Gehe deinen eigenen Weg. Du hast nur ein Leben, gestalte es selbst. Höre nicht auf die Miesmacher und lass dich von niemandem von deinem Ziel abbringen, beeinflussen oder runterziehen. Ob andere an dich glauben oder nicht, ist egal: DU glaubst an dich“ (ebd.: 75, Hervorh. i. O.).

Was folgt, ist die bekannte neoliberale Aktivierungs-Strategie: „[A]nstrengende Aufgaben im Leben“ wollen wir als „Geschenke und Chancen“ ansehen. Wir wachsen an ihnen, sie formen den Charakter und so weiter und so fort. „Stahleier festschrauben“, so heißt es im maskulinistisch-militaristischen Duktus, „und auf in den Kampf, Junge!“ Vorbild bei diesem Unterfangen ist Kollegah, der mit bemerkenswerter Kompromisslosigkeit gegen sich selbst berichtet, dass er – im Zuge seiner Entwicklung zum ‚Boss‘, „absichtlich nur noch in einer äußerst unbequemen Liegeposition einschlief, und zwar genau auf dem sogenannten ‚Musikantenknochen‘ am Ellbogen liegend. Mein Ziel dabei war es, Schmerz und Widrigkeiten nicht zu umgehen, sondern stattdessen mit offenen Armen zu empfangen und sie als Mittel zum Fortkommen im Leben zu nutzen, indem ich mich nicht in Komfortzonen flüchte, sondern diese absichtlich vermeide, wo es geht“ (ebd.: 47).

Diese Zentralstellung von Disziplin als symbolischem Rohstoff der Pop-Persona Kollegahs manifestiert sich in seiner Körperinszenierung. Im „Zeitalter der Fitness“ (Martschukat 2019) ist der Körper mehr denn je ein Medium neoliberaler Verwirklichungstugenden. Selbstdisziplinierung wird hier als Trend am (eigenen) Körper plausibel gemacht. Die (unter anderem auch von Kollegah in sei-

---

144 Indem Blume (oder Kollegah? – die Grenzen zwischen den Sprecherpositionen sind mittlerweile vollkommen verschwommen) sich hier zum allwissenden Erzähler stilisiert – was „Wahrheiten“ sind, bestimmt er – eignet er sich nicht nur die Deutungsmacht über die Situation des Rezipienten an. Er unterstreicht damit auch seinen Status als Boss (siehe den Abschnitt zur Dominanz weiter unten).

nem Buch) beschworene Energie- und Anerkennungsquelle entspringt aus dem beglückenden Gefühl, sich selbst nach gelungenem Workout im Spiegel bewundern zu können. Belohnt wird man nicht mehr, belohnen muss man sich zuallererst mal selbst.

Um diese Haltung unter seinen Anhängern zu verbreiten, seinen boss-haften Beitrag zur Volksertüchtigung zu leisten (und nebenbei ein paar Millionen Euro umzusetzen), hat Kollegah mit der ‚Boss-Transformation' – in Kooperation mit anderen Ernährungs- und Sport-Experten – ein eigenes Fitnessprogramm ins Leben gerufen. Im Jahr 2014 startete das online erhältliche Programm, mit dessen Hilfe man seinen Körper (zum Preis von knapp 200 Euro) über zwölf Wochen hinweg mit Hilfe von Sportübungen und Ernährungstipps in Form bringen sollte. Eine Zahl von über zehntausend Abnehmern (Ahlers 2019: 469) illustriert die große Reichweite von Kollegahs Sportsgeist.[145]

In der systematischen Kultivierung von Disziplin, welche sich vor allem in Form der fleißigen und regelmäßigen Körperarbeit manifestiert, besteht, so möchte ich schließen, nicht nur der erste und wichtigste Schritt zum Alpha-Mindset. Sie stellt gleichzeitig ein erstes Merkmal des Männlichkeitsideals dar, welches Kollegah gegenüber den Vertretern der migrantischen Aufsteigermännlichkeit in Stellung bringt.

b) Unternehmerisches Denken

Wie das Beispiel der Boss-Transformation zeigt, denkt die Figur Kollegah also nicht nur wie ein Fitness-Freak, sondern auch unternehmerisch. Und um dessen Entwicklung zum Alpha voranzutreiben, soll dieses Denken nun auch dem Leser vermittelt werden. Eine wichtige Orientierung hierbei bietet der im Buch (ebd.: 62) geäußerte Grundsatz „Sei gierig!"[146] Nur durch einen starken Drang, Besitz-

145 Dass das Produkt am Ende nur aus einem personalisierten PDF-Dokument besteht, geht angesichts der aufwändigen Werbemaßnahmen oftmals ein bisschen unter. Ich habe es allerdings nicht selbst ausprobiert und spare mir daher auch jede Einschätzung zur tatsächlichen Effektivität des Trainingsprogramms.

146 Für alle, die vor der Lektüre noch kein ungezügeltes Verlangen nach allem Erstrebenswerten – „Geld ist wichtig", (ebd. 38) – verspüren, erfolgt im ersten Teil des Buches eine Kritik des ‚Lauchs'. Der Begriff Lauch bezeichnet ursprünglich eine Unterart der Lauchgewächse, welche sich allgemein durch ihren dünnen Wuchs und ihre Flexibilität auszeichnen – gegenteilige Attribute zu denen eines standhaften Bodybuilders wie Kollegah. Der Lauch ist der stille Abgrenzungspartner in allen Selbstdarstellungen Kollegahs und auch die Rolle, die Kollegah dem Leser seines Buches zugedenkt. Beständiges Beleidigen und Herabwürdigen des Rezipienten zum Lauch soll – so die pädagogische Formel – dazu führen, dass dieser sich nicht länger mit dieser untergeordneten Rolle zufrie-

tümer (ungeachtet ihres tatsächlichen Nutzens) anzuhäufen, lässt sich, so Kollegah, die Energie mobilisieren, die es zum Alpha braucht. Als ständige Triebfeder fungiert die Unzufriedenheit mit dem bislang Erreichten: „Meine Unzufriedenheit nutze ich als Antrieb. Selbstmitleid ist ein Fremdwort für mich. Wenn mich etwas in meinem Leben abfuckt. Jammere ich nicht herum. Sondern ändere es zum Positiven" (ebd.: 56).

Seinen für sich genommenen relativ unverbindlich wirkenden Worten verleiht Kollegah Gewicht unter Verweis auf eine beachtliche Reihe von (nicht nur unternehmerischen) Errungenschaften, wie seiner Rapkarriere mitsamt seiner genreprägenden Rolle über die Gründung eines eigenen Musiklabels und einer Kleidermarke, seinem trainierten Körper – kurz: seine gesamte Pop-Persona. All dies, zumindest Ähnliches oder – wer weiß – sogar noch mehr, so suggeriert nun die Darstellung, könnten die Leser ebenfalls erreichen.

Die Entwicklung des unternehmerischen Denkens im Alpha-Mindset stützt sich hierbei weiter auf zwei Prinzipien. Zum einen soll die Herausbildung über ein gezieltes Training des Vorstellungsvermögens, der logischen Kombinationsgabe und des betriebswirtschaftlichen Verständnisses (sic!) erfolgen. Zur Übung, so empfiehlt Kollegah (ebd.: 147), solle man sich beispielsweise mal vor Augen führen, wie ein Fußballverein funktioniert:

> „Überlege, welche Posten mit welchen Funktionen besetzt sein müssen. Und überlege dir, wie der Verein Geld generiert. Wenn du dir das Grundgerüst des Unternehmens ‚Fußballverein' einigermaßen abstrakt zusammengereimt hast, fange an, über mögliche Verbesserungen der Firma nachzudenken: Denk dir ein besseres Trikotdesign aus. Überlege, welcher Spieler eines anderen Vereins besser in die Position des Linksaußen passen würde. Und so weiter und so fort. Tue dies in jeder Alltagssituation, egal wo du dich gerade befindest und was du gerade tust, und versetze dich immer in die Lage eines Unternehmers und Managers."

Dieses ‚unternehmerische Brainstormen' soll sich dann, so die Überlegung, nach einer Weile im Unterbewusstsein verselbständigen und man beginnt, die Welt mit den Augen eines Entrepreneurs zu sehen.

Neben dem Organisationsmanagement für Autodidakten zielt das Programm weiterhin auf eine (vermeintlich) unspezifische Weiterbildung. Kollegah (ebd.: 117) empfiehlt: „Beschäftige dich auch mit Dingen, die dir auf den ersten Blick vielleicht gar nicht zu mehr Erfolg oder Geld im Leben verhelfen!" Einmal, so berichtet Kollegah, habe er etwa, so ganz spontan, einen Sprachkurs im Empire State Building belegt und dort seinen „Mentor im Bereich Aktien und Tra-

---

dengeben, sondern sich stattdessen mit seinem Idol – dem Alpha-Boss – identifizieren soll.

ding“ (ebd.: 118) kennengelernt: „Alleine dieser Kontakt hat mir über die Jahre Tradingprofite in Millionenhöhe beschert. Der viel größere Gewinn für mich ist jedoch der einer wahren Freundschaft, die sich nie ergeben hätte, wenn ich mich damals nicht entschieden hätte, den Sprachkurs in New York zu belegen“ (ebd.). Das ist Alpha![147]

Auf dieser Grundlage – so das Persönlichkeitsentwicklungskonzept des Alpha-Unternehmers – lässt sich für den Leser schließlich auch ein neues, optimiertes Verhältnis zu sich selbst gewinnen. Anstatt lauchhaft-saturierte, womöglich sogar bescheidene Sätze zu formulieren wie „Ich mag meine Freundin“, „Meine Freunde sind nett“, „Geschlechtsverkehr befriedigt mich“ oder „Meine Meinung wird gern gehört“ (ebd.) könne eine Selbstbeschreibung im Sinne des Alpha-Mindset etwa wie folgt lauten:

> „Ich liebe meine Freundin, denn sie ist das schärfste Stück Weib auf diesem Planeten. Ich krieg’ schon einen Ständer, wenn irgendwer ihren Namen ausspricht. Mein Job ist der geilste, trotzdem bin ich sofort weg, wenn er mich irgendwann abfuckt. Meine Homies sind immer da, wenn ich sie brauche, denn wir sind eine verdammte Familie und haben zusammen schon so ziemlich jede Bar und jeden Club dieses Landes abgerissen. Und alles, was ich sage, ist Gesetz für jeden, der in der Nahrungskette unter mir steht. Denn ich bin der Boss hier!“ (ebd.).

Interessant, und das ist der letzte Aspekt, den ich mit Blick auf die Vermittlung des unternehmerischen Denkens in ‚Das ist Alpha‘ diskutieren möchte, erscheint mir schließlich Kollegahs Verhältnis zu abhängiger Erwerbsarbeit. Auf seinem Weg, erst Alpha und dann Boss zu werden, hat er schon eine ganze Reihe prekärer Beschäftigungsverhältnisse durchlaufen. Er arbeitete, wie er (ebd.: 89 f.) berichtet, als Kellner, Rezeptionist, am Fließband, als Putzmann oder auch als Tankstellenkassierer. Dort lernte er, wie er (ebd.: 90) beschreibt, „dass ein solches Angestelltenverhältnis nichts weiter als moderne Sklaverei ist. Es raubt einem lediglich Energie und Zeit, während irgendein Chef gerade Golf spielt und dabei durch deine harte Arbeit reicher und reicher wird.“

Anstatt die recht explizit geäußerte Kapitalismuskritik gegen das System zu wenden, interpretiert er sie in seinem Sinne gegen sich selbst. Dass ein Leben in abhängiger Erwerbsarbeit „nicht wirklich lebenswert“ ist, rechnet Kollegah (ebd.: 40) am normalen Tagesverlauf eines abhängig Beschäftigten mit 40-Stunden Woche vor, in welcher diesem – alles in allem – nur drei Stunden Freizeit pro

147 Die esoterisch anmutende Moral von der Geschichte folgt nicht zuletzt aus der Tatsache, dass ein Boss – so scheint es – seine „wahren Freunde“ im Kontext seiner high-end-Geschäfte kennenlernt. Geld, Stil, Durchblick, Leistungsbereitschaft, etc. verbinden einfach und schaffen so die Grundlage für etwas noch Wichtigeres: Wahre Freundschaft. Das ist Alpha!

Tag offen stehen. Er gelangt zu dem Schluss, im Grunde seien wir „wie im Film ‚Matrix' nichts als angezapfte Energieressourcen, an denen sich andere bereichern" (ebd.).

Anstatt sich über Leute, die ein besseres Leben nicht auf die Reihe bekommen, zu amüsieren, sollten wir also lieber aus ihr lernen, denn: „Nur wenn du deine Umwelt begreifst und dich ihr anpassen kannst, wirst du dich durchsetzen" (ebd.: 27). Deshalb gilt für einen Alpha (beziehungsweise den, der einer werden will): „Sehen wir erfolglose Menschen, gescheiterte Existenzen oder einfach Leute, die Fehler machen oder sich in irgendeiner Weise blamiert haben, dann machen wir uns nicht über sie lustig. Stattdessen analysieren wir, was die Person falsch gemacht hat und ziehen daraus für uns selbst eine Lektion" (ebd.: 15). Kapitalismus, so lässt sich schließen, bringt etwa über die Arbeitsorganisation systematische Probleme mit sich. Zu bewältigen sind diese jedoch auf individueller Ebene.

c) Dominanz und Paternalismus

Um das Verhältnis des (angehenden) Alphas geht es auch in der dritten Dimension des von Kollegah vermittelten Wertekodex. Was sich in Kollegahs Verhältnis zur abhängigen Erwerbsarbeit bereits abgezeichnet hat, offenbart sich hier mit noch größerer Deutlichkeit. Unter der Zwischenüberschrift „Sei ein Anführer" (ebd.: 190) erklärt er, welche Eigenschaften es braucht, um genauso einer zu werden.[148]

Aber warum nochmal das alles? „Ein Boss", so erklärt Kollegah das ultimative Stadium seiner anthropologischen Stufenleiter, „ist FREI. Er muss auf niemanden Höhergestelltes hören und tut im Leben nur noch, was er wirklich will." Diese Freiheit, so legt Kollegah fest, „ist das Endziel deiner Reise in diesem Leben, auf der dieses Buch der erste Schritt sein möge" (ebd.).

Und wie kriegt man das nun am besten hin? Hierzu gibt Kollegah, der ja bereits ein Boss ist, eine Reihe von Tipps: Ein Boss, so erklärt er (ebd.: 129), „zeichnet sich durch eine starke Körpersprache aus." Man solle daher „nie zu oft und übertrieben" lächeln, weil dies sonst „als Unsicherheit und Unterwürfigkeit gedeutet" (ebd.) werden könne. Außerdem stellt ein „gesunder, männlicher, fester Händedruck [...] die beste Basis für ein privates oder berufliches Gespräch auf Augenhöhe" (ebd.) dar. Schließlich, so ein weiterer Ratschlag zum Auftreten, täte man gut daran, morgens nach dem Aufstehen die Stimme aufzuwärmen, damit sie in der mündlichen Kommunikation nicht krächze (ebd.: 131).

148 Man muss eine Vision haben (1), für deren Verwirklichung man Leidenschaft (2) empfindet, und die man diszipliniert (3) verfolgt. Empathie (4) ist ebenfalls wichtig, aber nicht, damit man zwangsläufig Anteil an der Situation anderer nimmt, sondern um sie nachvollziehen zu können. Ausgeglichen (5), lernwillig (6), integer (7), humorvoll (8) und großzügig (9), ergibt sich die positive Lebenseinstellung (10) dann praktisch von alleine.

Dominanz, so lässt sich als Zwischenfazit ziehen, bedeutet also erstmal Kontrolle gegenüber der eigenen Person. Nur, wer sich selbst im Griff hat, kann auch andere in den Griff bekommen. Die ständige Hab-Acht-Stellung gegenüber den bürgerlichen Etiquette ist hierbei vor allem eines: Vorauseilender Gehorsam. Etwa soll man auch an freien Tagen nicht in Jogginghose herumgammeln:

> „Vielleicht läuft dir deine Traumfrau über den Weg, die dich aber keines Blickes würdigt in deiner schäbigen Uncle Sam-Hose, die du eigentlich nie trägst, nur jetzt eben beim Einkaufen, weil's schneller ging. Und vielleicht zahlst du für dein neues Auto mal eben 5.000 Euro zu viel, weil du keinen Bock hattest, dir ein Hemd anzuziehen, sodass dich der Händler als Geschäftspartner nicht ganz für voll nimmt, wenn du in deinem 50 Cent-Hoodie vor ihm stehst. Und womöglich kriegst du die Wohnung, die du gern gemietet hättest, trotz grundsolider Finanzen nur deswegen nicht, weil du eine Knoblauch-Fahne vor dir herschiebst, dass sich jeder Makler angewidert von dir abwendet" (ebd.: 238).

Denken Sie daran: Hier spricht nicht Kurt Beck, sondern einer der prominentesten Vertreter des deutschen Straßen- und Gangstarapgenres.

Aber warum müssen wir so sein? An einer Stelle im Buch gewährt Kollegah einen Einblick in sein Weltbild, der vielleicht Aufschluss über seine Orientierung im Umgang mit anderen geben kann. „Von Natur aus", so schreibt er (ebd.: 180), „sind die meisten Menschen so fest in ihrer Weltansicht verankert, dass sie eher einen Lkw hochheben würden, als ihre Glaubenssätze zu hinterfragen oder gar zu ändern." Die Idee, der zufolge eine offene und demokratische Gesellschaft nach dem Prinzip funktioniert, dass Menschen bereit und in der Lage sind, sich miteinander zu beschäftigen und voneinander zu lernen, überzeugt Kollegah nicht. Er (ebd.) rät: „Sei dir aber im Klaren, dass der Versuch, andere von deinen Ansichten zu überzeugen, in 99 Prozent der Fälle aussichtslos ist, egal wie sehr die Argumente auf deiner Seite liegen." Das autoritäre Weltbild und das Sich-Wappnen, um in einer feindlichen Welt bestehen zu können (siehe dazu den nächsten Absatz), scheint hier aus der Annahme zu folgen, dass man es ohnehin fast nur mit eigensinnigen Vollidioten zu tun habe.

Demgegenüber betont Kollegah gleichzeitig auch den Gedanken des gemeinnützigen Handelns und eine Moral des „giving something back" (ebd.: 182). „Dem nächsten Bedürftigen oder Obdachlosen gibst du einfach mal einen 20-Euro-Schein, ohne dass jemand es mitbekommt und ohne ein ‚Danke' zu erwarten" (ebd.). Wie jetzt gerade *dieser* Bedürftige[149] zu seinem Glück kam, und ob es auch möglich ist, sich jenseits monetärer Zuwendungen mit Bedürftigen (oder

149 Und woran erkennt man eigentlich einen Bedürftigen? Vielleicht handelte es sich ja auch nur um einen ganz normalen Lauch im Jogginganzug.

denen, die man im Vorbeigehen für welche hält) zu befassen, darüber sagt Kollegah nichts. Der Grund, aus dem man den Aufwand auf sich nehmen sollte, so führt er (ebd.) aus, ist aber ohnehin ein anderer: „Dich wird ein erhabenes Gefühl erreichen, du spürst geradezu, dass du gerade deinen Charakter ‚veredelt' hast." Vermeintlich gemeinnütziges Handeln entspringt demnach also keinem Altruismus sondern Egoismus.

Man soll also Gutes tun. Worin dieses Gute besteht, legt man selbst fest (Geld zu spenden, markiert, so scheint es, zumindest schon mal einen geeigneten Ankerpunkt). Die Subjektivierung als dominanter Alpha erfolgt also über die Inszenierung von Überlegenheit durch Wohltaten. Hiermit einher geht, wie Kollegah implizit vermittelt, immer auch die Verabsolutierung der eigenen Perspektive. „In der Grundschule und den ersten paar Gymnasiumjahren", so führt er (ebd.: 93 f.) aus, „war ich zwar noch ein absoluter Lausebengel, der die Lehrer und Mitschüler zur Verzweiflung trieb, aber ich war auch der, der den schwächeren gemobbten Kindern in der Schule gegen die stärkeren half". Wer Hilfe verdient und wer zur Verzweiflung getrieben wird, entscheidet der junge Felix Blume – wird schon stimmen (und wen soll man auch fragen? Die Leute hören ja eh nicht!).

Dieses Weltbild rundet schließlich eine affirmative Moralvorstellung nach dem Motto „Gutes zieht Gutes an, Schlechtes zieht Schlechtes an" (ebd.: 86) ab: „Alles Negative, was du in der Welt tust, kommt irgendwann zu dir zurück. Tust du Positives, bekommst du auch Positives zurück und zwar in vielfacher Form." Und deshalb ist – am Ende des Tages – wohl auch alles so in Ordnung wie es ist und bedarf keinerlei weiterer Begründung. Was besteht, besteht auch zurecht, denn ansonsten wäre es ja irgendwie anders.

Wenn man, dies hat Kollegah ganz richtig erkannt, auf dem Weg zum Alpha-Dasein dominant sein will, dann braucht man auch jemanden, den man dominieren kann. Neben den Bedürftigen rücken so die Frauen in den Fokus der Lebensberatung. Unter der Überschrift „Frauen als Spiegel" (ebd.: 124) stellt Kollegah seine Auffassungen des Geschlechterverhältnisses dar. „Zunächst einmal", so wird (ebd.: 188) dargelegt, „behandelt ein echter Boss Frauen grundsätzlich wie die gleichberechtigten und ebenbürtigen Menschen, die sie ja nun einmal sind." Nach allem, was man bislang erfahren hat, mag das beruhigend klingen. Die Einschränkung folgt jedoch auf dem Fuße – keine Gültigkeit besitzt die Prämisse für den Fall, es handele sich „bei der betreffenden Frau um eine Bitch." Hierunter versteht Kollegah (ebd.) „[D]umme, kleine Schlampen, die für Geld oder ein bisschen Ruhm alles machen würden und sich nichts sehnlicher wünschen, als ohne jegliche Anstrengung ein sorgenfreies und finanziell unabhängiges Leben führen zu können." Solche Frauen seien zwar nicht ernst zu nehmen, aufpassen müsse man aber trotzdem, damit sie einen nicht mit falschen Versprechungen einlullen können.

Einer grundsätzlichen Regel zufolge unterteilen Frauen Männer laut Kollegah (ebd.: 33) in drei Kategorien: Nice Guys, Arschlöcher und Alphas. Um in die letzte Sparte einsortiert zu werden, sind einige Dinge zu beachten. Zum einen muss man ihnen direkt zeigen, wer der Boss (oder zumindest der angehende Alpha) ist: „Wenn du einer Frau die Hand gibst, dann spricht auch nichts dagegen, deine zweite Hand auf ihre zu legen, während du sie anlächelst. Eine kleine, aber feine Geste deiner Dominanz, die sie erkennen wird" (ebd.: 131). Etwaige Schüchternheiten legt man hierbei am besten ganz schnell ab, denn sie machen „einen Mann zu einem Lappen und verhinder[n], dass er die Frau oder den Job bekommt, der ihm eigentlich zusteht" (ebd.: 80): „Mach deinen Mund auf und zeig selbstbewusst Präsenz!" Scheue dich auch nicht davor, eventuell unsympathisch rüberzukommen. Ein Boss wird lieber respektiert als geliebt!" Gleichzeitig ist man allerdings gut beraten, sich hierbei nicht zu weit aus dem Fenster zu lehnen, und stattdessen an übergeordneten Männern zu orientieren: „Gerade wenn du noch kein richtiger Boss bist, werden dich die anderen dominanten Männer einschüchtern, was auch völlig okay ist, zumindest vorläufig" (ebd.: 246).[150]

Man soll also die Frau bekommen, die einem zusteht, sich aber besser nicht mit den überlegenen Männern anlegen. Doch im Verhältnis zum weiblichen Geschlecht gilt es dabei noch weiteres zu beachten: „Einer ihrer großen Nachteile ist, dass sich in der gesamten Menschheitsgeschichte Männer nie so sehr zum Larry gemacht haben wie beim Frauen-Beeindrucken".[151] Kraft, diese Regel gilt natürlich auch hier, schöpft man aus sich selbst und nicht aus der Anerkennung von anderen (außer, es handelt sich um übergeordnete Männer).

d) Kriegerische Haltung zur Welt

Die Bedeutung von Dominanz für die symbolische Konstruktion des von Kollegah vermittelten Idealbildes klang bereits unter Bezug auf die homosoziale Dimension des Wettbewerbs um hegemoniale Männlichkeit an. Die legitimatorische Herleitung dieses Ideals beruht auf einer Zuspitzung des Prinzips in der Kultivierung einer kriegerischen Komponente des vermittelten Männlichkeitsideals. Der Krieg ist, wie Ulrich Bröckling (2020: 165) bemerkt „traditionell eine Heldenmaschine, die gleichermaßen Heroisierungsbedarf wie Heroisierungsgelegenheiten erzeugt."

Die Wurzeln der kämpferischen (und später: kriegerischen) Grundhaltung Kollegahs gegenüber der Welt lassen sich im Buch bis in seine Kindheitstage zu-

150 Der Verweis auf den homosozialen Wettbewerb um die Vertreterschaft hegemonialer Männlichkeit erfolgt hier also nahezu explizit, so als hätte Kollegah selbst Connell (2006) gelesen.

151 Bemerkenswert erscheint, dass er die Ursache über die Zuschreibung der Nachteiligkeit bei den Frauen und nicht bei den Männern selbst ansiedelt.

rückverfolgen. Die dargestellte Aufsteiger-Story nimmt ihren Anfang in einer prekären Lebenslage, die er (ebd.: 63) wie folgt beschreibt:

> „Wir hatten nicht mal ein Auto. Und so ging ich alle paar Tage mit meiner Mutter zu Fuß den weiten Weg zum Supermarkt und schleppte schwere Tüten zurück. Meine Mutter war eine studierte Frau mit einem gut bezahlten Job gewesen, aber sie hatte bei meiner Geburt entschieden, den Job an den Nagel zu hängen, um für ihre Kinder da zu sein. Mein Vater brachte das Geld nach Hause. Im Alter von sechs ließen sich meine Eltern scheiden. Mein Vater war auf einmal weg. Meine Mutter musste wieder ins Berufsleben einsteigen, aber das Geld reichte vorne und hinten nicht. Ich sah, wie sie jeden Tag einen unterbezahlten Job machen musste, der sie auslaugte, und wie sie an Wochenenden für etwas Zusatzgeld putzen ging. Ich selbst konnte nicht mal auf Klassenfahrt mitkommen, weil wir die 600 Euro für Busreise, Unterkunft und Skikleidung nicht hatten. Was für ne abgefuckte Scheiße!“

Kollegah, soviel wird bis hierhin klar, ist also – genau wie die anderen vier (selbst-) porträtierten Gangstarapper – unter widrigen Bedingungen groß geworden. Dieser Topos des Nichts-geschenkt-Bekommens stellt gewissermaßen die Essenz des Daseins als Gangstarapper dar. Wer hier etwas gelten will, muss alles, was er verkörpert, auch selbst erkämpft haben. Ein Selfmade-Man zu sein, der jederzeit bereit ist, seine eigene Leistungsfähigkeit nachzuweisen, seinen Stolz zu verteidigen, sich zu holen, was ihm zusteht und so weiter, stellt gewissermaßen die Primärtugend des von Kollegah vermittelten Idealbilds der neoliberal-autoritären (Gangstarap-)Männlichkeit dar. Dass man sich damit nicht nur Freunde macht, sollte zwar klar sein, aber: „Ein Würfel mit Kanten steht stabiler als eine glatt geschliffene Kugel, die beim kleinsten Antippen in die Richtung rollt, in der der Antippende sie haben will“ (ebd.: 80 f.).

„Viel Feind, viel Ehr'“ also. Damit man, wie etwa der Schöpfer dieses Wahlspruchs Georg von Frundsberg nach der Schlacht von La Motta von 1513, viele Feinde besiegen und auf diese Weise einen Haufen Anerkennung erlangen kann, braucht man aber erstmal welche. Dieses Problem löst Kollegah – abseits des Rap-Kosmos, in dem Wettbewerbe, Beefs oder sogar handfeste Auseinandersetzungen an der Tagesordnung sind, – etwa, indem er kontroverse politische Botschaften verbreitet, die sich auf antisemitischen Verschwörungstheorien stützen. Ein besonders plakatives Beispiel stellt hierbei sein Musikvideo zum Song ‚Apokalypse‘ dar, in dem er die Menschheitsgeschichte als ständige Auseinandersetzung zwischen den Mächten des Bösen auf der einen und – den Mächten des Guten, deren Anführer selbstverständlich Kollegah selbst ist, auf der anderen Seite.

Eine bemerkenswerte Analyse der antisemitischen Implikationen des Songs leistet Jakob Baier (2020: 189). Den Inhalt fasst er folgendermaßen zusammen:

> „Kollegah, der sich in einer zerstörten Welt wiederfindet (Akt I Postapokalypse), wird die destruktive Kraft der ›schwarzen Magie‹ offenbart (Akt II Die alten Mysterien). Dazu auserwählt, die Menschheit zu retten, zieht er als Anführer einer Armee des Guten gegen eine Teufelsarmee in eine finale Schlacht (Akt III Showdown): Nur so kann der schwarzen Magie Einhalt geboten und durch einen Sieg gegen das Böse Friede auf Erden hergestellt werden (Akt IV Eden)."

Die Umstände, dass diese finale Schlacht am Tempelberg in Jerusalem stattfindet, dass den Anführer der Bösen eine Teufelsgestalt aus der City of London darstellt und dass die jüdische Religion nicht mehr mit aufgezählt wird, als Kollegah beschreibt, wie nach dem Sieg des Guten die Menschen aller Glaubensrichtungen in Frieden zusammenleben, dienen Baier als Indizien, eine antisemitische Implikation zu proklamieren.[152] „In Kollegahs Apokalypse", so schließt er (2020: 192), „wird dem (dämonischen) Zersetzungs-Attribut idealisierend das Gemeinschaftsprinzip und damit ein gemeinsamer, apokalyptischer Kampf zum Wohle der Allgemeinheit gegenübergestellt."[153] Und weiter: „Aus der Annahme, den Anderen als das Böse ausgemacht zu haben, folgt die Selbstpositionierung auf der Seite der Guten" (ebd.: 196).

In diesem letzten zitierten Satz steckt ein für das Verständnis von Kollegahs Inszenierung ganz wesentlicher Punkt: Um sich selbst als Vertreter des Guten darzustellen, der sich seine ganzen Überheblichkeiten herausnehmen kann, muss nun irgendein deutlich erkennbarer Antagonist herhalten. Eine ähnliche Dynamik findet sich auch in anderen Bereichen des (inszenierten) gesellschaftspolitischen Engagements von Kollegah. In seinem 2016 erschienen Dokumentarfilm ‚Palästina' beschäftigt er sich mit dem Nahostkonflikt, in einer Weise, die besonders die Verwerfungen der israelischen Sicherheitspolitik betont. Indem er hier vor allem die Verletzlichkeiten schwacher Bevölkerungsteile auf Seiten der Palästinenser in Szene setzt, suggeriert er eine einseitige Verantwortung des israelischen Staates. Als er im Fernsehinterview auf seine parteiische Darstellung angesprochen wird, präsentiert sich der Rapper als „Opfer falscher Anschuldigungen" (Baier 2020: 115) und moniert, man wolle ihn auf Grund seines Engagements „mundtot" machen.

Sein hier zur Schau gestellter Einsatz für die Schwachen – Kollegah hat sie natürlich wieder sofort erkannt – gegen einen übermächtigen Feind illustriert

152 Der Diener des Teufels trägt im Video einen Ring mit einem darauf abgebildeten Davidstern.

153 Kollegahs Darstellung, derzufolge die Juden das Volk zersetzen, die Finanzwirtschaft kontrollieren, den Teufel anbeten und so weiter, lassen hierbei eindeutig auf ein antisemitisches Weltbild schließen. Im Sinne des hier verfolgten Argumentationsgangs möchte ich diesen Aspekt jedoch nicht weiter vertiefen und hierfür auf die aufklärerischen Arbeiten von Baier (2019; 2020) verweisen.

einmal mehr die narzisstische Logik der Selbstinszenierung. Auch das Expertenwissen, das Kollegah mit seinen verschwörungstheoretisch unterfütterten Darstellungen zu haben vorgibt, lässt sich als Teil der Inszenierung einer wehrhaften und durchsetzungsfähigen Kriegermännlichkeit interpretieren. Kollegah weiß, was gespielt wird, und lässt sich nicht an der Nase herumführen.

Ich fasse zusammen: In diesem Kapitel habe ich das Verhältnis von Gangstarap und Neoliberalismus unter Aspekten hegemonialer Männlichkeit untersucht. Da die Konstitution von Idealbildern hegemonialer Männlichkeit (beziehungsweise konkurrierenden Projekten mit Anwärterschaft auf hegemoniale Männlichkeit) in enger Verbindung zum Wirtschaftssystem funktioniert, eignet sich diese Perspektive besonders, um entsprechende Implikationen in den Bildwelten des Genres herauszuarbeiten. Auf diese Weise konnte ich zeigen, inwiefern Gangstarap als Teil einer neoliberalen Alltagskultur angesehen werden kann.

Eine erste charakteristische Verbindung findet sich hier in der Kultivierung des Ideals einer ‚migrantischen Aufsteigermännlichkeit'. Indem Gangstarapper der Post-Aggro Berlin-Generation den eigenen sozialen Aufstieg gegen die Widerstände mehrheitsgesellschaftlicher Stigmatisierung beschreiben, versuchen sie, ein bestehendes Ideal hegemonialer Männlichkeit zu aktualisieren, das sich an der Sozialfigur des *weißen* Managers orientiert (vgl. Seeliger 2013; 2017a).

Vor diesem Hintergrund lässt sich die symbolische Konstruktion der Figur ‚Kollegah' wiederum als Versuch interpretieren, das Idealbild einer ‚migrantischen Aufsteigermännlichkeit' zu übertreffen. Indem er zentrale Konstitutionsmomente der migrantischen Aufsteigermännlichkeit adaptiert und systematisch weiterentwickelt, konstruiert Kollegah ein eigenes Idealbild innerhalb von fünf Dimensionen. Neben einer innovativen Art zu reimen und zu rappen (1), fügt sich dieses Ideal aus der Kultivierung von Disziplin und außerordentlicher Fitness (2), unternehmerischer Tugenden (3), einem hyperdominanten Auftreten gegenüber Frauen und anderen (untergeordneten) Männern (4) sowie der Einnahme einer kriegerischen Haltung zur Welt auf Basis von Verschwörungstheorien zusammen. Diese Facetten und Aspekte verdichtet Kollegah, mit Ulrich Bröckling (2020) gesprochen, zum Ideal der heroischen Figur des Bosses.

Mit Blick auf die gesellschaftspolitischen Implikationen wirft die Konstruktion dieser Figur im Schaffen eines der bekanntesten und beliebtesten (aber auch unbeliebtesten und für am merkwürdigsten befundenen) Rapper im deutschen Sprachraum einige Fragen auf. Nehmen wir Kollegahs Versprechen auf Selbstverwirklichung, Handlungs- und Durchsetzungsfähigkeit in Folge seines Programms zur Persönlichkeitsentwicklung ernst, bliebe beispielsweise offen, wer in einer Welt voller Bosse einfache Arbeiten verrichtet oder – ganz banal formuliert – eigentlich beherrscht würde. Kinder? Frauen? Andere Männer? Oder würden sich sukzessive alle Leute den Vorgaben und Empfehlungen des Bosses angleichen, um die Menschheit insgesamt auf eine neue Entwicklungsstufe zu heben?

Oder sind das in der Rezeption – und das wäre meine Vermutung – nicht eher kompensatorische Erzählungen für Leser und Hörer, die in ihrem realen Leben weit entfernt davon sind, ein ‚Alpha', geschweige denn ein ‚Boss' zu sein? Kurz: Was sind die utopischen Potenziale der von Kollegah inszenierten Geschichte, die sie für so ein breites Publikum so attraktiv erscheinen lassen? All diese Fragen lassen sich vom Blickpunkt einer Kultursoziologie der Bildwelten des Gangstarap kaum beantworten und erfordern empirische Untersuchungen der Rezeptionsweisen.

Kapitel 7
Frauen im deutschen Gangstarap

Nicht zu Unrecht bestand in den Jahrzehnten seit ihrer Entstehung die Auffassung, bei der HipHop-Kultur handele es sich, wie Gabriele Klein und Malte Friedrich (2003: 24) dies beschreiben, um eine „Männerwelt, von Männern – für Männer." HipHop galt und gilt als androzentrische Kultur, in der Männer sowohl auf, als auch hinter der Bühne sowie in den Produktionsstrukturen der Kulturindustrie das Geschehen quantitativ dominieren und die wesentlichen Entscheidungen treffen. Frauen treten dort zwar auf und durchaus existieren seit Beginn seiner Entwicklung Ausnahmen wie Sylvia Robertson, die mit Sugar Hill Records das erste HipHop-Label der Welt führte. Im Großen und Ganzen jedoch erscheinen Frauen – als hübsches Beiwerk, Anhängsel, Prestige- oder Sexobjekt, Schlampe, etc. – im HipHop im Allgemeinen und im Gangstarap mit seinen häufig besonders misogynen Tendenzen im Besonderen als den Männern untergeordnet.

Im Laufe der letzten Jahre haben sich die Geschlechterverhältnisse im Feld der HipHop-Kultur – wie in der Gesellschaft insgesamt – wesentlich zu ändern begonnen. Nicht nur treten immer mehr Frauen – nicht nur als Rapperinnen, sondern auch als Labelbetreiberinnen, Journalistinnen oder Moderatorinnen – in Erscheinungen. Auch die Darstellungen von Frauen in Rap-Texten und mit ihr die allgemeine Haltung vieler männlicher Genrevertreter gegenüber dem weiblichen Geschlecht werden seit einiger Zeit in zunehmendem Maße zum Gegenstand öffentlicher Diskussionen.

Der Restrukturierung der Geschlechterverhältnisse im Rap möchte ich in diesem Kapitel unter Bezug auf die Protagonistin Schwesta Ewa nachgehen. Seit ihrem ersten Auftreten im Jahr 2012 nimmt die deutsch-polnische Künstlerin in der deutschsprachigen Rap-Landschaft einen festen Platz ein und trägt wesentlich dazu bei, die Darstellung weiblicher Pop-Personae in den Bildwelten der HipHop-Kultur zu konsolidieren. Ihre Sichtbarkeit ist insofern eine „ambivalente Größe" (Hark/Villa 2010: 8), als ihr Erscheinen von Anfang an auch Gegenreaktionen von Genrevertreter*innen und Fans nach sich gezogen hat.

7.1 Misogyne Tendenzen im Gangstarap

Die Thematisierung sexistischer Inhalte im Gangstarap ist, wie im Laufe dieses Buches bereits des Öfteren angemerkt, nicht neu. Texte und Bilder, die Frauen objektivieren, werden hier seit den Anfängen in den 1980er Jahren immer wieder geäußert und prägen den schlechten Ruf des Genres in der öffentlichen Debatte. Dass der stereotype Gangstarapper mit seiner frauenverachtenden Ausdrucksweise und den leicht bekleideten Tänzerinnen im Video, die vor allem dazu da sind, restriktive Schönheitsideale und sexuelle Verfügbarkeit zu signalisieren, hierbei oft als Projektionsfläche mehrheitsgesellschaftlicher Ressentiments herhalten muss, ändert nichts an der „männlich dominierte[n], chauvinistische[n] Struktur" (Sahin 2019: 61) des Genres.

Einer „androzentrischen Grundtendenz" (Leibnitz 2014: 41) entsprechend, erfolgt die Legitimation von Sprecherpositionen im Genre über „männlich konnotierte Strategien wie den Rückbezug auf körperliche Überlegenheit, Mut, Omnipotenz und physische Gewalt" (Lenz/Paetau 2012: 114). Eine besonders günstige Gelegenheit, entsprechende Tugenden in Szene zu setzen, stellt für Gangstarapper die Herabwürdigung von Frauen und Homosexuellen dar.[154]

Die Objektivierung von Frauen in Rap-Texten nimmt hierbei verschiedene Formen an, die von der Reduktion auf Äußerlichkeiten über die Zuschreibung mangelnder Intelligenz und Schwäche bis hin zu Vergewaltigungsphantasien reicht. Einen wesentlichen Punkt in der öffentlichen Debatte um sexistische Texte im Gangstarap markiert die Auseinandersetzung um den ‚Arschficksong' des Rappers Sido. Der Text, in dem der Berliner gewaltförmigen Geschlechtsverkehr mit einer Frau und anderen Rappern beschreibt, hat in der deutschen Öffentlichkeit viel Widerspruch ausgelöst. Während die Journalistin Alice Schwarzer (2008) im Song einen Aufruf zu „klassischen Foltermethoden" erkannte, forderte die Sozialdemokratin Monika Griefhahn (2007) ein Verbot der öffentlichen Ausstrahlung des Songs. Einen weiteren Höhepunkt der öffentlichen Auseinandersetzung um sexistische Texte im Rap stellt eine Talk-Runde ‚Menschen bei Maischberger' dar, in der Alice Schwarzer den Rapper King Orgasmus One mit seinen sexistischen Inhalten konfrontierte (vgl. Zylka 2007).

Neben die lyrische Degradierung von Frauen konstituiert das misogyne Moment des Gangstarap deren bildliche Darstellung in den Plots und Videos. Indem Frauen hier vor allem auf ihre „Sexualität und Körperlichkeit" (Völker/Menrath 2007: 9) reduziert werden, schreibt man ihnen eine Statistinnenrolle zu, die einer Bestätigung der Überlegenheit männlicher Rapper dient. Auch Mode, Schönheitsnormen und die in Szene gesetzten Körperpraktiken operieren hier „im Sinn der patriarchalen Autorität und stell[en] so die Stabilität der heterosexuellen Matrix sicher" (McRobbie 2010: 108).

Dass sich die Ausübung männlicher Herrschaft nicht auf symbolische Gewaltanwendung reduziert, zeigte im Laufe der letzten Jahre eine Reihe öffentlich

154 Eine Zuspitzung haben diese Formen der Darstellung in Deutschland über die letzten Jahre im Zuge der wachsenden Popularität von Battle-Rap-Veranstaltungen erfahren. Sexistische und homophobe Metaphern sind hier in fast jedem Beitrag zu finden.

bekannt gewordener Übergriffe, deren Chronologie die Linguistin und Rapperin Reyhan Şahin (2019: 97 f.) in ihrem Buch ‚Yalla, Feminismus!' aufarbeitet. Ein weiteres Beispiel für die gewaltförmigen Ausprägungen männlicher Dominanz im Feld des Gangstarap stellt die öffentliche Auseinandersetzung um zwei Fälle häuslicher Gewalt im Umfeld der Hamburger Rap-Crew 187-Straßenbande dar. Nachdem der Rapper GZUZ die Mutter seiner beiden Kinder angeblich unter Anwendung körperlicher Gewalt misshandelt haben soll, veröffentlichte diese ein anklagendes Statement über die Plattform Instagram. Bonez MC, dem ebenfalls vorgeworfen wird, Gewalt gegen eine ehemalige Partnerin angewandt zu haben, verspottete sie daraufhin in Postings auf seinem Instagram-Kanal (siehe auch Senger 2019).

Derartige Demonstrationen misogyner Denk- und Handlungsmuster erlangen über die Social Media-Kanäle der Rapper eine große Reichweite und strahlen damit weit in die Gesellschaft hinein. Wer für Inspiration zu sexistischem Gewalthandeln offen ist, kann sie hier leicht finden. Für die Vertreter eines Genres, das die Authentizität der Sprecherpositionen so hochhält, wie der Gangstarap, kann die tatsächliche Anwendung von in den Songtexten angedeuteter oder in Aussicht gestellter Gewalt – ganz nach dem Motto ‚Wenn der König König sein will, muss er ab und zu auch mal einen köpfen' eine lohnende Image-Investition darstellen. Denn wenn in den Texten immer wieder – mal mehr und mal weniger scherzhaft – darauf verwiesen wird, dass Frauen keine vollwertigen Menschen und eigentlich vor allem für die Hausarbeit und zur Befriedigung sexueller Bedürfnisse da sind, dann muss, wer authentisch sein will, auch ab und zu mal medienwirksam vermitteln, wer da zu Hause die Hosen anhat.[155]

Bemerkenswert erscheint die kritische Resonanz, die die Vorfälle im Umfeld der 187-Straßenbande im deutschen Rap-Journalismus nach sich gezogen hatten.[156] Hier meldete sich unter anderem der Berliner Journalist Oliver Marquart zu Wort, der eine Neuauflage der #metoo-Debatte im deutschen Rapkosmos forderte.[157] Eine weitere wichtige Kampagne gegen Hate Speech und Übergriffigkeit im Rap rief Anfang 2020 die Organisation Terre des Femmes unter dem Titel

---

155 Gleichzeitig, und hier liegt ein zentrales Problem bei der Interpretation solcher Vorfälle, ist die machistische Inszenierung der Rapper gleichzeitig Teil eines Gesamtkunstwerks. Während Authentizität einerseits einen Leitwert darstellt, wird die reale Abwertung von Frauen als Teil einer künstlerischen Performance gerechtfertigt. Die Wahrheit liegt hier wohl häufig irgendwo in der Mitte oder, wahlweise, wie man sie eben gerade braucht.

156 Die Soziologin Heidi Süß wies mir gegenüber in einem Gespräch im März 2020 kritisch und zu Recht darauf hin, „wie viele Jahre all das seitens männlicher Rap-Journalisten kritiklos abgefeiert wurde."

157 Inwiefern dies eine sinnvolle Forderung darstellt, erscheint jedoch fraglich, würde es doch bedeuten, die Last der Aufarbeitung einmal mehr den weiblichen Betroffenen aufzubürden. Gerechter (und eventuelle auch wirksamer) wäre es im Rahmen des männerdominierten Gangstarap wohl eher, den männlichen Zusammenhalt aufzubrechen.

‚Unhate Women' ins Leben, im Zuge derer sie frauenverachtende Texte verschiedener deutscher Rapper öffentlich kritisierte.

Neben solchen symbolischen und körperlichen Momenten männlicher Dominanz bildet sich die androzentrische Struktur von HipHop und Gangstarap schließlich auch in den Produktionsstrukturen des Genres ab. Von den Ghostwritern zu den Produzenten, von den Bookern zu den Labelbetreibern und Tourmanagern, von den Merchandise- zu den Sicherheitsfirmen und von den Videoregisseuren bis hin zu den Journalisten sind die Schlüsselpositionen der ökonomischen HipHop-Infrastruktur, von wenigen Ausnahmen abgesehen, mit Männern besetzt. Frauen, so beschreibt dies Sahin (2019: 63), nehmen demgegenüber „in den männlich dominierten Strukturen des Musikbusiness – wie in der mehrheitsgesellschaftlichen Industrie sicherlich auch – fast immer nur bestimmte Abhängigkeitsrollen ein. Assistentin vom Plattenboss zum Beispiel oder von A & Rs, denjenigen, die sich in Plattenfirmen um den Artist & sein Repertoire kümmern." Diese „cis-männliche Dominanz im Musikgeschäft" (ebd.: 65) bedinge, so Sahin weiter, die patriarchale Rekursivität des Genres.[158] Rapperinnen, so schließt Antonia Baum (2019) vor diesem Hintergrund, „bewegen sich in einem Feld, das von Männern gemacht wurde und in dem Frauen vor allem als nach der Fantasie der Männer gestaltete Objekte ihren Auftritt hatten."

Als Grundproblem einer Kultivierung von Frauenrollen im Kosmos des HipHop gilt, dies zeigt sich angesichts der bis hierhin getroffenen Darstellung, der bereits von Klein und Friedrich (2003: 208) herausgearbeitete Umstand, „daß Frauen den Spieß zwar umdrehen können, der Spieß aber eigentlich nicht ihrer ist." So wichtig eine Kritik patriarchaler Muster im HipHop hierbei erscheint, so unvollständig bliebe sie ohne den Verweis auf die Präsenz und Wirksamkeit weiblicher Gegencharaktere. Hierunter verstehe ich Genrevertreterinnen, die den dargestellten Stereotypen nicht entsprechen und sich HipHop-Kultur auf ihre eigene Weise aneignen. Während dies in unterschiedlichen Funktionsrollen – wie der der Journalistin (etwa Visa Vi, Miriam Davoudvandi), der Labelbetreiberin (etwa Sylvia Robertson) oder Produzentin (etwa Melbeatz) geschehen kann – vollzieht sich die Etablierung weiblicher Gegencharaktere im Gangstarap unter Bezug auf einen klassischen Topos – die Figur der Bitch.

158 Weiter und illustrativ führt sie (ebd.) aus: „Sabrina Setlur war unter der Vertragsobhut von Moses Pelham aka 3p, Kitty Kat war zunächst bei Aggro Berlin gesignt, bis sie ihr eigenes Label Deinemama Records, gründete. Schwesta Ewa ist bei Xatar aka Alles oder Nix, ehemals SXTN wurden von den beiden Jungs Claus Capek und Guy Gross aka Spike Management (ehemals Band ohne Namen) entwickelt. Antifuchs und Pilz stehen bei Wolfpack Entertainment unter Vertrag, das dem ehemaligen Rapper D-Bo aka Dany Bokelmann gehört. Und die Rapperin Eunique wird von einem Fotografen und Video-Produzenten namens Michael Jackson gecoacht und gemanagt."

Die Figur der Bitch hat in den Bildwelten des HipHop eine Tradition, die bis in die Anfänge des US-Rap zurückreicht. Sogenannte 'Queen Bitches' wie etwa die US-Rapperin Lil' Kim, so rekonstruieren Völker und Menrath (2007: 11), verschaffen sich „Macht und Einfluss, indem sie ihren Sex-Appeal als Kapital begreifen und ihn strategisch gegenüber Männern, aber natürlich auch gegenüber Frauen einsetzen." Dementsprechend ist die Figur der Bitch erstens wesentlich über ihren Körper und ihre Sexualität definiert. Ihre sexuelle Unabhängigkeit, so führen die beiden aus, eröffnet der Bitch auf männlichem Territorium eine Chance der Selbstermächtigung

> „Wer ihren Körper haben möchte, muss dafür zahlen – und zwar mit Geld, Designerkleidung oder anderen Luxusgütern. Mit ihrer sexuellen Unabhängigkeit geht für die ‚Queen Bitch' auch eine Selbstermächtigung einher: Sie hat alles unter Kontrolle, das heißt vor allen Dingen ihre Männer und ihre finanzielle Situation" (ebd.).

Eine andere, nicht weniger sexualisierte, aber von der Verfügbarkeit für zahlungsfähige Männer emanzipierte Konzeption der Bitch-Figur findet sich bei Sahin (2019) an der Schnittstelle von HipHop-Studies und HipHop-Aktivismus. In der Figur der Lady Bitch Ray versucht Sahin, männliche Dominanz zu dekonstruieren, indem sie die androzentrische Sexualitätsnorm im Rap ins Lächerliche zieht und mit einer weiblich-zentrierten Perspektive konfrontiert. Dass sie hierbei auch immer wieder patriarchal gerahmte Schönheitsnormen und sexuelle Standardmuster des männlichen Blickes bedient, verweist auf eine grundsätzliche Ambivalenz in der symbolischen Konstruktion der Bitch-Figur:

> „Ob es sich bei der Darstellung als ‚Bitch' um die tatsächliche Erlangung von Unabhängigkeit handelt oder eher um eine Scheinunabhängigkeit, da sich die Protagonistinnen in der Regel weiterhin den im HipHop vorgegebenen und standardisierten Ästhetik- und Verhaltensnormen anpassen, ist eine Frage, mit welcher sich Kritiker_innen regelmäßig auseinandersetzen" (Bifulco/Reuter 2017: 69).

Dieser Frage wollen wir im Folgenden am Beispiel der Rapperin Schwesta Ewa behandeln.

7.2 Schwesta Ewa als Form weiblichen Empowerments im deutschen Gangstarap

Mit der Figur der Schwesta Ewa bedient der Topos der Bitch einer der zentralen Charaktere des deutschen Gangstarap-Geschehens im letzten Jahrzehnt. Erstmals in Erscheinung trat die deutsch-polnische Rapperin im Jahr 2012 als Featurepartnerin des Bonner Rappers Xatar, auf dessen Label ‚Alles oder Nix-Records‘ sie 2012 ihr Mixtape ‚Realität‘ und seitdem noch drei weitere Alben veröffentlichte. Ein charakteristisches Merkmal ihrer Inszenierung ist ihr offener, oder sogar: konfrontativer Umgang mit ihrer Vergangenheit als Sexarbeiterin. Als „Künstlerin, die den Männerbund des Gangstarap vordringt“ (Emermacher 2018) und sich die Identität als Sexarbeiterin auf offensive und positive Weise aneignet, fällt die „Resonanz, die sie auf ihre Inszenierung als Straßen-Rapperin erfährt, […] höchst unterschiedlich aus“ (Bifulco/Reuter 2017: 76).[159]

Um die Wirkung der Figur im Rahmen der kulturellen Repräsentationen des Gangstarap sowie im Kontext der deutschen Mehrheitsgesellschaft insgesamt angemessen verstehen zu können, erscheint es geboten, (zumindest kurz) auf den gesellschaftlichen Umgang mit Sexarbeit einzugehen. Zum einen stellt Prostitution, wie Löw und Ruhne in ihrer Untersuchung des Frankfurter Bahnhofsviertels konstatieren, grundsätzlich „eine *verheimlichte, tabuisierte und aus dem Alltagsleben verdrängte Grauzone*“ (Löw/Ruhne 2011: 41, Herv. i. O.) dar. Einher mit der Verdrängung aus weiten Teilen des öffentlichen Raumes geht hier die Stigmatisierung von Menschen, deren Erwerbstätigkeit dem Bereich der Prostitution zugeordnet wird, von Seiten der Mehrheitsgesellschaft. Auf der anderen Seite, und hierin liegt die Ambivalenz des Diskurses um Sexarbeit begründet, stellt die „Prostitutionsdebatte“ mit Sanyal (2014: 67) gesprochen „immer ein Spektakel [dar], egal, wie gelassen oder empathisch die Diskutierenden sie zu führen vorgeben.“ Die semantisch aufgeladene Sphäre des ‚Rotlichtmilieus‘ wird hier zur dichotomen ‚Gegenwelt‘ der ‚Soliden‘ und Projektionsfläche der Mehrheitsgesellschaft (vgl. Howe 2006)._Die Auseinandersetzung um die Legitimität von Sexarbeit bewegt sich hier zwischen einem „Opferdiskurs“ (Affront 2011: 188) und einem ein Set von Vorurteilen gegenüber Sexarbeiterinnen, das Phipps (2014: 92) als „Hurenphobie“ bezeichnet. Dieses Stigma basiert auf einem verbreiteten kulturellen Muster, weibliche Repräsentationen zwischen den Figuren einer ‚Heiligen‘ und einer ‚Hure‘ zu deuten, welches sich sowohl im konservativen als auch im radikalfeministischen Spektrum finden lässt (ebd.: 92 f.). Sexarbeiterinnen erscheinen aus dieser Sicht nicht „als autonome Subjekte“ (Sanyal 2014: 18), sondern als Projektionsfläche gesellschaftlicher Moralvorstellungen. Gegenüber solchen Stereotypen kultiviert Schwesta Ewa in ihrer Inszenierung eine Pop-Persona mit ‚Sexarbeiterin‘ als offensiv angeeigneter Identität (vgl. Phipps 2014: 91). Im Folgenden will ich Ewas Inszenierung anhand eines Songs und ihrer Autobiografie untersuchen.

Der Song ‚Schwätza‘ erschien als erste Single von Schwesta Ewa, mit der sie Ende 2012 größere Bekanntheit im Kontext der deutschen Rapszene erlangte. Durch ihren prägnanten, weil akzentuierten, Rapstil generiert sie nicht nur pho-

159 Für eine Auseinandersetzung mit den ersten verunsicherten Reaktionen deutscher Rapper auf das Auftreten Ewas siehe Goßmann/Seeliger (2014).

netisch sofort einen Wiedererkennungswert. Über einen offensiven Umgang mit dem Thema macht sie ihren Hintergrund als Sexarbeiterin zum Selling Point ihres Images. Weiterhin sticht bei ihr stilistisch die bereits durch den Rapper Haftbefehl bekannte Mischung deutscher und nicht-deutscher Wörter hervor.

[Part 1]

Cześć, du Pičko, her mit dem Mikro
Rotlicht auf mein Göt, komm zu meiner Peepshow
Ich bin Frankfurterin aus Bahnhofsviertel
Lilane durch Freier aus'm Banken-Business
Doch ab und zu kommt ein Hassan wie du
Versucht zu pussieren und ich lasse es zu
Weil er groß ist, Anabol spritzt, Koks tickt
Mit Glatze und Batzen plus Schwarzen
Porsche Tech-Art, darauf steht Ewa
Und er verspricht mir die besten FKKs
Erzählt was von Privatadressen mit Überumsätzen
Ich will zu dir, doch mein Peso wird stressen
Normal, mein Peso will 20 Abstand
Doch ich will dein' Namen tätowiert über mein Arsch haben
Und dann mach ich dir locker 'ne Mille am Tag
Ein Monat und du hast deinen Abstand
Danach wird Profit gemacht, was ich verdien'
Geb ich komplett dir ab
Jetzt kriegt Hassan auf einmal ganz dicke Cojones
Er will mich erkaufen und holt zwanzig Tausend
Ich ruf bei SSIO an und sag ihm die Lage
Er versteht und sagt: Die Pump ist geladen
Hassan ist zurück, überglücklich, hab 20 dabei
Grinst nett, statt mich kriegst du nur ballerndes Blei

[Hook]

Zu viele Schwätza machen auf Baba
Zu viele Stricher machen auf Krasser
Zu viele Pissers wollen Nutten rippen
Bitte hört auf, Deca in den Kopf zu spritzen
Zu viele Schwätza machen auf Baba
Zu viele Stricher machen auf Krasser
Zu viele Pissers wollen Nutten rippen
Bitte hört auf, Deca in den Kopf zu spritzen

[Part 2]

Alle meine Schwestern sagen: Lass das Schuften
Schicksal, trag die Last auf Schultern
Papa ist drin, LL mit SV
Mein Bruder hat Glück, kommt zwei Drittel raus
Scheiße, ich brauch Geld zum Überleben
Also hör auf mit mir über Leben zu reden
Alles oder Nix, Para vom Strich
Laber kein Driss, was Rapper sind Pesos?
Brennpunkt Bahnhof bis Konstabler Wache
Benz von Brabus, weil ich konstant anschaffe
Und bei SSIO zahlst du 50 Euro pro Gramm
Bei mir gibt's ein 50-Euro-Programm
Französisch Verkehr
Damit mach ich Geld wie Pariser Donier
Realität, Schwesta, geh du den g'raden Weg
Ich kann das nicht, denn zu zu zu zu

[Hook]

Zu viele Schwätza machen auf Baba
Zu viele Stricher machen auf Krasser
Zu viele Pissers wollen Nutten rippen
Bitte hört auf, Deca in den Kopf zu spritzen

Indem Ewa in der ersten Strophe über ‚Peepshow' früh mit den Symboliken des Rotlichts kokettiert und auf ihre Herkunft aus dem Frankfurter Bahnhofsviertel hindeutet, macht sie dann mit dem Verweis auf ihr Gegenüber als „Freier" klar, wie sie ihr Geld verdient. Sie beschreibt, wie sie dem Freier ‚schöne Augen macht' und ihm in Aussicht stellt, für ihn zu arbeiten, wenn er sie von ihrem Zuhälter freikauft. Für 20.000 Euro, gibt sie an, würde dieser sie gehen lassen. Anschließend würde sie dann für den Freier anschaffen gehen und diesem das Geld binnen eines Monats zurückzahlen. Überzeugt von dem Vorschlag besorgt Hassan, der Freier, das Geld. Ewa hingegen hat die Situation nur ausgenutzt, um einen Überfall zu arrangieren. Ihr Freund und Labelkollege SSIO, so beschreibt sie, taucht auf ihre Weisung hin mit geladener Waffe auf und nimmt dem Freier das Geld ab.

Bereits hier im Text wird klar, dass Ewas Form der Machtausübung stark von männlicher Unterstützung abhängig ist. Anders als dies im homosozialen Wettbewerb unter Männern der Fall ist, kann (oder will) Ewa ihre Überlegenheit nicht durch selbständig ausgeübte Gewalt begründen. Ihre Form der Machtausübung beruht, wie im Text dargestellt, auf Überzeugung und geschickten Bündnispolitiken, die Ewa mal aufrichtig (SSIO) und mal weniger aufrichtig (der Freier) gestaltet. Es stellt sich die Frage, inwiefern sie hierbei ebenfalls gezwungen ist, sich an Mustern (beziehungsweise Vertretern) hegemonialer Männlichkeit zu orientieren. Diese Frage will ich weiter unten wieder aufgreifen.

Im Refrain beschreibt Ewa die Selbstüberschätzung vieler männlicher Figuren aus ihrem Umfeld – den Schwätzern, den Strichern und den Pissern. Indem sie sich jenseits ihrer tatsächlichen Fähigkeiten profilierten, so Ewa, machten sie sich unglaubwürdig und, dies zeigt die Geschichte, angreifbar. Die Metaphorik erscheint in diesem Zusammenhang als eindeutig: Als sich prostituierende Frau wird Ewa unterschätzt, am Ende geht sie jedoch aus der Konfrontation als Siegerin hervor. Was einerseits die Bewältigung prekärer Situationen im Kontext des Rotlicht- und Kriminellenmilieus beschreibt, lässt sich andererseits auch auf ihr Standing in der Rap-Szene und den Wettbewerb zwischen den zahlreichen (zumeist männlichen) Rappern beziehen, in dem sie sich ebenfalls profilieren muss.

In der zweiten Strophe beklagt Ewa die schweren Belastungen, die ein Leben im Kriminellenmilieu mit sich bringen kann. Während ihr Vater eine lebenslange Haftstrafe mit anschließender Sicherheitsverwahrung absitzt, wurde ihr Bruder vorzeitig entlassen. Geäußert in szenetypischer Sprache, tragen diese Informationen zur Authentifizierung von Ewas Sprecherposition bei. Dass sie für ihr Auskommen sorgen muss, führt sie als Begründung dafür an, von anderen keinerlei Beurteilungen über ihren Lebensstil annehmen zu müssen. Während SSIO (männlich codiert) hier als Drogendealer tätig sei, müsse sie eben Sexarbeit nachgehen.

In ihrer Autobiografie mit dem Titel ‚Enthüllungen – Das Leben fickt am härtesten' (Schwesta Ewa 2019) beschreibt die Frankfurter Rapperin ihren Werdegang vom Flüchtlingskind zur Rapperin. Einen Schwerpunkt der Erzählung machen hier – wie bei der Konstruktion der Figur Ewa insgesamt – ihre Erfahrungen als Sexarbeiterin aus.[160]

Ewa wird im Sommer 1984 in der polnischen Hafenstadt Koszalin geboren. Weil ihr Vater Probleme mit lokalen Kriminellen hat, muss sie als kleines Kind gemeinsam mit der Mutter aus Polen nach Deutschland fliehen. Die beiden wollen in die USA auswandern, doch als die Mutter in Berlin beim Ladendiebstahl erwischt wird, streichen die US-Behörden die bereits bewilligte Greencard. Daraufhin werden die beiden als Obdachlose in Kiel ansässig, leben zwischenzeitlich bei einem Partner der Mutter und im Frauenhaus, bis sie nach einigen Jahren in eine eigene Wohnung ziehen.

Bereits in der Kindheit sammelt Ewa auf diese Weise zahlreiche Vernachlässigungs-, Gewalt- und Mangelerfahrungen. Im Kindergartenalter wird sie von anderen Kindern fremdenfeindlich beleidigt, ein älterer Kinderbetreuer miss-

---

160 Die (autobiografische) Aufarbeitung von Erfahrungen in der Sexarbeit erfreut sich auf dem Literaturmarkt in den letzten Jahren zunehmender Popularität (vgl. Kaleimi 2010; Rossi 2010).

braucht sie sexuell und auch die Mutter ist gegenüber dem Kind aggressiv, launisch und gewalttätig. Die besondere Rolle der Mutter für die Biografie Ewas erschließt sich zum einen aus deren eigener Lebensgeschichte. Schon sie war, wie Ewa (2019: 16) beschreibt, „eine Art Star der Halbwelt" und kellnerte in der Koszaliner Hafenkneipe ‚Das Rote Herz' – einem „Ort, an dem alles aufeinandertraf, ein Marktplatz gescheiterter Existenzen" (ebd.: 15). Unter dem Spitznamen ‚Das Wildschwein' war sie bekannt, bei Kneipenschlägereien mitzumischen. Gleichzeitig studierte sie aber auch Kunst bis zum Diplom und erhält so einen Exotinnenstatus, den auch Ewa für sich im Buch immer wieder beansprucht.[161]

Über geringfügige Delikte wie Ladendiebstähle und den Handel mit Cannabis im Kieler Kleinkriminellenmilieu entwickelt sich Ewa auch als Jugendliche jenseits einer bürgerlichen Bildungs- und Erwerbsbiografie. Über eine Anstellung in einer lokalen Rotlichtkneipe lernt sie die Möglichkeiten einer Tätigkeit als Sexarbeiterin kennen, der sie kurz nach ihrem achtzehnten Geburtstag auch nachzugehen beginnt. „Dass ich dafür mit wildfremden Kerlen ins Bett musste", so schreibt sie (ebd.: 60), „war mir bewusst. Ich fand die Vorstellung ziemlich krank. Aber die Vorstellung, sehr viel Geld zu verdienen, war für mich entscheidender. Ich war bereit, die Sex-Sache dafür in Kauf zu nehmen." Das Geld verdient sie hierbei nicht allein für den eigenen Gebrauch: Mit der erworbenen Kaufkraft plant sie, ihre Familie (das heißt ihre Brüder in Polen und ihre Mutter) zu unterstützen.

In den nächsten Jahren beginnt für Ewa eine Laufbahn als Sexarbeiterin. An unterschiedlichen Orten in Deutschland und Europa sammelt sie berufliche Erfahrungen. Lehrreich erscheinen hierbei immer wieder Momente weiblicher Solidarität, etwa als sie von der „Alt-Hure" (ebd. 82) Elise die Regeln der „Nutten-Solidarität" (ebd.: 83) erfährt. „Hör Mal, Mädchen. Treib mir bloß nicht die Preise runter, nur weil du glaubst, Cash machen zu müssen, hörst du? Wir sitzen hier alle im selben Boot", sagt ihr Elise bei ihrem ersten Treffen in einem Bonner Bordell. Als Ewa unwirsch reagiert und Elise bedroht und beleidigt, zeigt sich diese beeindruckt. Das Beweisen von Durchsetzungsfähigkeit spielt, dies lernen

161 In einem Interview mit der tageszeitung (Aydemir 2015) beschreibt sie das Verhältnis wie folgt: „Meine Mutter hatte mir nichts zu sagen. Sie hat mich ja auch alles machen lassen. Ich bin nach der Schule nie nach Hause gekommen, war jeden Tag in der Stadt mit meinen ganzen Jungs. Dort haben wir Kameras geklaut und sie dann weiterverkauft. Jeden Tag bin ich mit zwei, drei Tüten gekommen. Meine Mutter wusste ganz genau, was los war, ich meine, sie hat mir beigebracht, so zu sein. Ich liebe meine Mutter über alles. Aber sie war halt ne crazy Frau. […] Ich habe jeden Tag Schläge von meiner Mutter bekommen, jeden Tag. Auch so unnötig. Einmal hat sie mir die Haare gewaschen und sie danach mit dem Föhn getrocknet. Als sie dann mal die Blumen mit Wasser bespritzt hat und kurz aus dem Haus war, habe ich den Föhn genommen und die Blumen getrocknet, weil ich Mama helfen wollte. Als sie wiederkam, hat sie mir in die Fresse gehauen, anstatt mit zu erklären, dass man das nicht macht, weil die Blätter braun werden".

wir im Buch immer wieder, also auch für die Konstruktion von Ewas Weiblichkeitskonzept eine wesentliche Rolle.

Elise vermittelt Ewa, dass Männer, die ins Bordell kommen, um Sex zu kaufen, es nicht verdienen, fair und ehrlich behandelt zu werden. Wenn möglich, solle man ihnen so viel Geld aus der Tasche ziehen, wie es nur geht.[162] Hierfür, so Elise, müsse man sich nicht schämen. Vielmehr ginge auch mit der Tätigkeit als Prostituierte eine Berufsehre einher: „Du musst", so bringt Elise Ewa bei, „lernen, stolz darauf zu sein, was du tust. Du bist eine Hure. Trag den Titel mit Würde." Diese Würde besteht nun eben darin, sich den Männern nicht zu unterwerfen, sondern diese zu dominieren.[163]

Weniger solidarisch als mit Elise geht es für Ewa im Zuge ihrer weiteren Laufbahn zu. „Straßenstrich", so berichtet sie (Schwesta Ewa 2019: 112), „war verdammt nochmal Krieg. Immer wieder musste man sich beweisen. Immer wieder musste man sich seinen Platz erkämpfen. Und immer wieder musste man einstecken. Mal verlor man eine Schlacht und mal gewann man sie. Am Ende hatte ich sie aber immer alle überzeugt." Auf der Kurfürstenstraße im Berliner Milieu muss sie sich verschiedentlich gegen die Übermacht feindlicher Prostituierter behaupten. Die besonders schlimmen Bedingungen führt sie auf die Abwesenheit von Nuttensolidarität im europäischen Arbeitsmarkt zurück:

> „In Berlin fiel mir besonders auf, wie viele Ausländerinnen auf dem Strich standen. Blutjunge Mädchen, die kein Wort Deutsch konnten. Rumäninnen, Bulgarinnen. Ostblocknutten. Die anderen Huren hatten extremen Hass auf diese Mädchen, weil sie die Preise drückten und den ganzen Service ruinierten. Die ließen sich für fünf Euro ficken. Und das auch noch ohne Kondom, Mir taten diese Mädel eher leid. Ich kannte keine von ihnen, hatte mit keiner von ihnen etwas zu tun, aber in Berlin konnte ich das erste Mal beobachten, dass da irgendwas nicht stimmte."

Weitere belastende Erfahrungen umfassen die erwerbsbedingte Beteiligung an pädophilen Sexfantasien und anderen toxischen Praktiken. Über längere Zeit wird sie von einem Freier verfolgt und schließlich niedergeschlagen. Andererseits hält sie sich ebenfalls mit Hilfe von Gewaltanwendung schadlos an den Frei-

---

162 Im besagten taz-Interview (Aydemir 2015) beschreibt Ewa den typischen Ablauf dieses Vorgangs wie folgt: „An der Tür versprichst du einfach alles. Und wenn er drin ist, sagst du: Ja, nee, Schatzi, da hast du ein bisschen was falsch verstanden. Umdrehen kostet extra, andere Position kostet extra. Viele werden dann sauer und müssen gehen. Wenn sie aber bleiben, dann versucht man sie noch mehr abzuziehen. Am besten bringt man sie am Ende dazu, dass es nur beim Handverkehr bleibt."

163 Eine Konsequenz aus dieser kriegerischen Haltung, die Ewa im Rahmen ihrer Tätigkeit aus Selbstschutzgründen hat einnehmen müssen, beschreibt sie als „Puffschaden" (Aydemir 2015): Männern könne sie auf Grund der Erfahrungen, die mit ihnen gemacht hat, grundsätzlich nicht mehr vertrauen.

ern – so etwa als sie einen von ihnen auf schmerzhafte Weise mit einem Analdildo vergewaltigt (ebd. 107).

Bei der Bewältigung der Ohnmacht, Frustration und des Schmerzes beginnt Ewa, sich regelmäßig zu berauschen: „Um den ganzen Wahnsinn irgendwie zu ertragen, nahm ich jede Menge Drogen. [...] Ich brauchte das Zeug. Nicht weil ich süchtig war. Ich brauchte das Zeug, weil es mir half, zu verdrängen, wie beschissen der Job als Nutte doch eigentlich war" (ebd.: 125). Über eine Kollegin gelangt sie an die Droge Crack und wird nach kurzer Zeit abhängig. Fortan geht es für sie rapide bergab.

Die Erfahrungen als Crackabhängige auf dem Straßenstrich versucht sie (ebd.: 100) fortan zu verdrängen:

> „Dass ich mit Fäkalien an den Beinen am Strich stand. Dass meine Zähne verfault wären. Dass ich die Krätze bekam. Dass ich gestunken habe. Ich magerte völlig ab. Wog irgendwann nur noch vierzig Kilogramm. Hatte Abszesse und offene Wunden am ganzen Körper. Ich war kein Mensch mehr. Ich war ein Zombie. Ein reiner Zombie, der sich ficken ließ, um sich berauschen zu können."

Doch auch als sie sich im Laufe der Zeit wieder von der Droge lösen und sich gesundheitliche erholen und wirtschaftlich konsolidieren kann, bleibt ihr Leben von Enttäuschungen geprägt. Als sie – mittlerweile wieder kaufkräftig – in eine gehobenere Frankfurter Nachbarschaft zieht, findet sie dort auf Grund ihres Berufs und Lebenswandels keinen Anschluss, sondern bleibt eine Randständige. Immer wieder drängen sie ihre Erfahrungen und Verletzungen in eine melancholische Lebenshaltung: „Das Gefühl von Glück ist ein Gefühl, das man genießen muss, denn es ist vergänglicher als alle anderen Gefühle, die ein Mensch in der Lage ist zu fühlen" (ebd.: 147).

Der Kontakt zu Xatar, über den Ewa schließlich ihre Karriere als Rapperin beginnt, reicht in der Biografie bis in ihre Zeit im Bonner Bordell zurück, in dem Ewa auch Elise kennengelernt hat. Bereits damals verbindet die beiden ein guter Draht, sie feiern und geben ihr unter zwielichtigen Bedingungen verdientes Geld in Diskotheken aus. Im Rückblick auf die Zeit formuliert Ewa (ebd.: 94) in ihrem Buch den folgenden Satz: „Wir lebten das Leben, das uns niemals jemand zugetraut hätte."

Mit der Unterstützung Xatars gelingt Ewa schließlich der Einstieg ins Rapgeschäft. Nachdem viele Hörer und Fans zu Anfang irritiert oder sogar feindselig auf ihre Präsenz reagieren (vgl. Goßmann/Seeliger 2014), gelingt es ihr, mit Durchhaltevermögen und nicht zuletzt ihrem charakteristischen Musikstil, mittelfristig einen festen Platz in der Szene einzunehmen. Als vor dem ‚Roten Haus' – dem Bordell, in dem Ewa in Frankfurt zu Beginn ihrer Karriere als Rapperin tätig ist – eine Schlange von Fans steht, die nach Autogrammen fragen wollen, entscheidet sie, dass sie aus der aktiven Sexarbeit aussteigen muss. Dass sie dem

Milieu als Betreiberin eines illegalen Escort-Service verbunden bleibt, führt schließlich zur Verhaftung und Anklage Ewas, im Zuge derer ihr unter anderem Menschenhandel und Körperverletzung vorgeworfen werden. Noch während des Prozesses wird ihre Tochter Aaliyah geboren. Den Rest ihrer insgesamt zweieinhalbjährig veranschlagten Haftstrafe muss Ewa nun getrennt von ihr absitzen. Im Interview mit der Zeitung ‚Die Welt' gibt sie sich im Rückblick geläutert: „Am liebsten würde ich mit meiner Tochter in ein Kloster ziehen, damit sie niemals so wird wie ich" (Toprak 2018).

7.3 Zwischenfazit – Androzentrische Strukturen und weibliches Empowerment

In diesem Kapitel habe ich die androzentrische Struktur des Gangstarap im Kontext der Hiphop-Kultur dargestellt. Misogyne Texte und Bilder gehen hier einher mit einer männlichen Dominanz in den Produktionsstrukturen des Genres und einer Kultur, die immer wieder auch körperliche Übergriffe von Rappern auf Frauen hervorbringt und teilweise goutiert. Gleichzeitig regt sich demgegenüber seit einer Weile eine dezidierte Kritik der Frauenfeindlichkeit. Mit Schwesta Ewa haben wir den wichtigsten (und meines Erachtens einzig weithin wahrnehmbaren) Gegencharakter aus dem Feld des deutschen Gangstarap näher unter die Lupe genommen.

In ihrer Inszenierung als selbstbewusste Sexarbeiterin orientiert sich Ewa an dem traditionell in der HipHop-Kultur verankerten Topos der Bitch-Figur. Anhand einer Songtextanalyse sowie ihrer Biografie habe ich dargestellt, wie es Ewa gelingt, sich im Feld des Gangstarap gegen wesentliche Widerstände eine legitime Sprecherinnenposition zu sichern.

Auffällig in ihrer Lebensgeschichte ist die kontinuierlich problematische Beziehung Ewas zu Männern. Dies lässt sich mit der Abwesenheit des Vaters und der Vergewaltigung im Kindergarten einerseits biografisch erklären. Eine Bestätigung ihres negativen Männerbildes erfährt Ewa dann weiter im Zuge ihrer Arbeitserfahrungen in der Prostitution. Während sie dort immer wieder die Erfahrung macht, dass Männer ihre Sexualität gegen Geld ausleben und nicht davor zurückschrecken, Frauen zu erniedrigen und zu verletzen, beginnt sie, ihre (diesbezüglich und anderweitig bedingten) Aggressionen an den Freiern auszulassen – indem sie sie betrügt oder sogar selbst verletzt.

Die Herabsetzung ‚schwacher' Männer durch Ewas Überlegenheit scheint hierbei teilweise die Muster des homosozialen Wettbewerbs um die Vertreterschaft hegemonialer Männlichkeit zu spiegeln. Da Ewa ihre Handlungsfähigkeit im Wege einer weiblichen Subjektivierung – das heißt als Sexarbeit erbringende Frau – erlangt, eignet sie sich die hierbei bedeutsamen Attribute eigenständig an (vgl. Bifulco/Reuter 2017: 83).

„Ist das feministisch?“, fragt Martin Eimermacher (2018) nun im Untertitel seines ZEIT-Artikels über Schwesta Ewa. Diese Frage kann und will ich nicht beantworten. Ebenfalls anschließend an Bifulco und Reuter (2017: 62) verdienen zwei Aspekte der Inszenierung Ewas besondere Aufmerksamkeit. Erstens entwickelt die Figur weibliche Gegenmacht im Feld des Gangstarap auf männlich dominiertem Terrain. Dies geschieht über die selbstbewusste Aneignung von Begriffen und Identitäten (vgl. Toprak 2019). Indem sie sich ihre Sprecherposition als weibliche Prostituierte erkämpft, unterläuft sie nicht nur das geltende Stigma gegenüber dem Berufsstand der Sexarbeit, sondern profiliert sich entgegen der feindlichen Haltung vieler männlicher Genrevertreter (vgl. Goßmann/Seeliger 2014). Zum anderen ist Ewas mächtige Sprecherinnenposition stets abhängig von der Unterstützung anderer Männer. Weder gelingt es ihr, den Freier allein zu überfallen, noch kann sie eine Karriere als Rapperin eigenständig aufbauen. Dies ist grundsätzlich nicht überraschend. Wie in allen Zweigen der Ökonomie beruht auch die funktionale Differenzierung in den Feldern der Kriminalität und der Musikwirtschaft auf dem Prinzip der Arbeitsteilung. Heroische Geschichten von Leuten, die es ‚ganz allein‘ geschafft haben, sind hier in den allermeisten Fällen zumindest stark ausgeschmückt. In diesem Falle ist es jedoch so, dass wesentliche Schlüsselpositionen in ihrer Aufstiegsgeschichte eben nicht weiblich, sondern männlich besetzt waren. Von einem Empowerment im Sinne einer vollständig autonomen, weiblichen Handlungsfähigkeit kann in diesem Zusammenhang daher nicht gesprochen werden. Vielmehr scheint es so, als schlösse sie sich mit Vertretern der migrantischen Aufsteigermännlichkeit zusammen.[164]

Ein zweiter wesentlicher Punkt, den Reuter und Bifulco (ebd.) betonen, bezieht sich auf die Sichtbarmachung der untergeordneten Sexarbeiterinnenweiblichkeit und ihrer spezifischen Problemlagen. „Durch ihre schonungslose Offenheit“, so Bifulco und Reuter (2017: 83), „gibt sie einen Einblick in bislang marginalisierte Bereiche des Prostitutionsfeldes und seine ‚unbequemen‘ Wahrheiten und Lebensformen.“ Im Vergleich mit den im vorherigen Kapitel diskutierten Autobiografien schildert Ewa in ihrer Geschichte die mit Abstand prekärste Lebensweise.

Indem sie die auf Migrationshintergrund und Klassenzugehörigkeit beschränkte Prekaritätskritik des Gangstarap gewissermaßen intersektional erweitert, lässt sich Ewas Selbstinszenierung auch als Beitrag zum geschlechterpolitischen Agenda-Setting jenseits der Bildwelten des Gangstarap interpretieren. Für den weiter oben skizzierte Prostitutionsdiskurs kann die prominente Präsenz einer in der Sexarbeit tätigen Genrevertreterin durchaus eine progressive Wir-

164 In einer patriarchal organisierten Gesellschaft, die Komplizenschaft mit Männern in einem Großteil der relevanten Machtpositionen unabdingbar macht, ist dies schlichtweg nicht anders möglich.

kung entfalten, indem sie die Erwerbs- und Lebensrealitäten von Angehörigen der Branche ins öffentliche Bewusstsein zu rücken hilft.

Gleichzeitig – und hierin liegt wiederum ein Argument gegen eine derart positive Wirkung – trübt das Bild einer Aufklärerin über prekäre Daseinsformen in der Prostitution die Tatsache, dass sich Ewa im Laufe ihrer Karriere selbst als Betreiberin in diesem Bereich engagiert hat. Anders als der Schluss, zu dem Bifulco und Reuter gelangen, spricht der Umstand, dass sie sich selbst an der Ausbeutung junger Sexarbeiterinnen bereichert haben soll, nicht unbedingt für eine eindeutig feministische Interpretation ihres Schaffens – auch wenn entsprechende Aspekte deutlich zu Tage treten.

Kapitel 8
Deutscher Gangstarap und die Medien

8.1 Einleitung

Gangstarap ist ein Phänomen pluraler Gesellschaften, für das sich viele Menschen interessieren. Ein wesentlicher Grund für dieses gesellschaftlich relativ breit (das heißt, auch jenseits des Hörer*innenkreises) gestreute Interesse besteht darin, dass Gangstarap – ähnlich wie entsprechende Romane, Filme oder auch Reportagen – aus einem bestimmten, kriminell und migrantisch geprägten Milieu berichtet. Es sind nicht zuletzt diese Berichte, die im Verlauf der letzten Jahrzehnte im deutschsprachigen Raum auch in bürgerlichen Kreisen eine Faszination für das Genre ausgelöst haben. Ein wesentlicher Aspekt ist hierbei die alarmierende, teilweise auch schockierende Wirkung der Plots und Bilder. Delinquente Verhaltensweisen wie Schutzgelderpressung, Gewalt, Drogenhandel und -konsum oder Hehlerei erregen hier genauso Aufmerksamkeit, wie es die von vielen Rappern offen zur Schau gestellte Misogynie und Homophobie tun. Besonders kontrovers erscheint die migrantische Prägung des Genres weiterhin vor dem Hintergrund des von Stuart Hall (1989: 150) konstatierten „rassistischen Alltagsbewusstseins“ (vgl. Kapitel 3.3).

Das alles ist nicht grundsätzlich neu. Dass die Kulturindustrie (aufmerksamkeits-)ökonomischen Erfolg mit Schockeffekten generiert, wissen wir nicht erst seit Ozzy Ozbourne Anfang der 1980er Jahre einer Fledermaus den Kopf abbiss. Pop schockiert – auch wenn Michael Jackson sich zwischen die Beine greift, Britney Spears und Madonna sich küssen oder Sid Vicious im Heroinrausch Nancy Spungen ersticht. Das alles ist nicht selbstverständlich, sondern hat – selbstverständlich – kontingente gesellschaftliche Gründe und damit auch eine politische Dimension (in den zuletzt genannten Fällen seien in diesem Zusammenhang mit einer repressiven Sexualmoral und einer misogynen Alltagskultur nur zwei gemeinwohlrelevante Elemente genannt). Das Besondere am Gangstarap ist, so habe ich in den vorangegangenen Kapiteln zu belegen versucht, dass dieses Genre wie kein anderes Feld der Popmusik die zentralen Konfliktlinien der neoliberalen (Post-)Einwanderungsgesellschaft abbildet.

Ein wichtiger Ort, von dem aus die Gesellschaft das popkulturelle Geschehen beobachtet, evaluiert und reflexiv interpretiert, ist das Feuilleton. Indem ich die Berichterstattung über Gangstarap im deutschen Feuilleton über den Verlauf der letzten 20 Jahre hinweg analysiere, möchte ich versuchen, die Bedeutung des Genres in diesem gesellschaftlichen (Beobachtungs-)Zusammenhang zu interpretieren. Im Rahmen dieser wissens- und mediensoziologischen Analyse der

Berichterstattung will ich im Folgenden vier Typen der Thematisierung des Genres im deutschen Feuilleton herausarbeiten – Gangstarap als Bedrohung (1), verwehrte Verbürgerlichung (2), Exotisierung (3) und Subversion (4).[165]

8.2 Deutscher Gangstarap im Feuilleton

Der wichtigste Ort, an dem demokratische Gesellschaften sich selbst beobachten, ihre Probleme orten und definieren, um diese schließlich nach Relevanz und Lösbarkeit zu ordnen, ist die politische Öffentlichkeit (Neidhardt 1994). Die Modi dieser Beobachtung und Ordnung sind, wie in den Kapitel 3.2. und 3.3. dargestellt, machtgebunden und erfolgen durch die Filter der Kultur und des Mediensystems.[166]

Wie ich in den vorangegangenen Kapiteln aus einer intersektionalen Perspektive dargestellt habe, thematisiert Gangstarap Ungleichheits- und Dominanzverhältnisse auf lakonische, verherrlichende, aber immer wieder auch auf kritische Art und Weise. Indem das Genre gesellschaftliche Konfliktlinien abbildet, affirmiert aber auch beklagt und in Frage stellt, transportieren die Bildwelten des Gangstarap starke politische Implikationen. Das im Theoriekapitel (vgl. Kap. 3) angeführte Spannungsverhältnis zwischen der skeptischen Kulturindustriethese der Kritischen Theorie und der optimistischeren Perspektive der Cultural Studies, bietet einen Rahmen zur Interpretation des politischen Gehaltes von Gangstarap in den Medien. Während die Populärkultur aus Sicht der Frankfurter Schule eine Affirmation gesellschaftlicher Dominanzverhältnisse reflektiert, lässt sich im Anschluss an Hall, Willis und die anderen Birminghamer eine offenere Perspektive etablieren, die auch Ambivalenzen und sogar subversive Momente in der Produktion und Rezeption popkultureller Formen in Betracht zieht.

Die Auseinandersetzung mit Gangstarap in den Medien nimmt verschiedene Formen an. Während der Boulevard das Genre oftmals in Form plakativer und reißerischer Darstellungen zur Bestätigung gesellschaftlich vorherrschender Ressentiments nutzt und alternative Szenemedien eine relativierende, verteidigende oder sogar glorifizierende Form der Auseinandersetzung wählen, findet sich im deutschsprachigen Feuilleton eine differenziertere (wenn auch nicht unbedingt sachgemäßere) Spannweite von Beiträgen.

---

165 Der Fokus auf den Beitrag des Feuilletons zur symbolischen Konstruktion der Bildwelten des Gangstarap hebt also auf den komplementären Teil der in den letzten Kapiteln dargestellten Mediendynamik ab. Dass Gangstarapper sich in ihrer Selbstdarstellung auf Klischees beziehen, ist die eine Seite, das Aufgreifen dieser Klischees durch die Medien die andere.

166 Siehe hierzu auch die an Habermas (1962) anschließenden Beiträge in Seeliger/Sevignani (2021).

Als diejenige Instanz im (Print-)Mediensystem, welche für sich beansprucht, die gesellschaftspolitischen Implikationen der (Pop-)Kultur herauszuarbeiten und zur Debatte zu stellen, ist das Feuilleton für eine Analyse gesellschaftlichen Bedeutung von Gangstarap von besonderem Interesse.[167] Der (sozialstrukturelle und politische) Sprechort seiner Vertreter ist nicht klar angebbar. Zum Feuilleton tragen RepräsentantInnen der bürgerlichen Mitte genauso bei, wie Neoliberale, (Rechts-)Konservative oder mitunter sogar Vertreter der radikalen Linken. Als eine der wenigen grundsätzlichen Gemeinsamkeiten der – oftmals meinungsstarken – Beiträge ist eine bildungsbürgerliche Färbung im Duktus. Gleichzeitig zeichnet sich auch die HipHop-Kultur im Allgemeinen, wie Schröer (2012: 61) bemerkt, durch ein spezifisches normatives Referenzsystem aus: „Praxen szeneorientierter Inszenierung vollziehen sich vor dem Hintergrund gemeinsam geteilter ästhetischer Präferenzen und damit verbundener kulturell geprägter Attitüden, welche mit der HipHop-Kultur verbunden sind."

Entsprechend wenig überraschend sind vor dem Hintergrund solcher Diskrepanzen die Interpretations- und Verständigungsprobleme, die auftreten, wenn Feuilletonjournalist*innen über Gangstarap schreiben. Ein wesentlicher Grund hierfür ist die (bereits in den Abschnitten 2.3 und 2.5) diskutierte Bedeutung von ‚Authentizität' im Wertekodex des Gangstarap (beziehungsweise seiner kulturindustriellen Inszenierung). Als ‚normale' Pop-Musik ist Gangstarap nicht als ein primär fiktionales Unterhaltungsprodukt zu begreifen, sondern unterläuft in seiner Funktionsweise den „spezifischen Modus des Als-ob, der in der Pop-Musik herrscht" (Diederichsen 2014: 133).

Die proklamierte Authentizität der Genrevertreter zu beurteilen, stellt die Feuilleton-Berichterstattung insofern vor ein Problem, als hier nie ganz klar ist, inwiefern sich Rapper als Kunstfiguren oder als reale Akteure äußern – beides kann der Fall sein. Denn während etwa die allermeisten der in den Songs beschrieben Verbrechen ausgedacht und der Großteil der Auseinandersetzungen zwischen Rappern vermarktungsstrategisch geführt werden mag, kommt es auch immer wieder vor, dass ein über Social Media verbal geführter Schlagabtausch sich plötzlich in Form handfester Gewaltanwendung entlädt.[168]

167 Zur Analyse der deutschsprachigen Presse haben wir mit dem Tool WISO der Universitäts- und Staatsbibliothek Hamburg gearbeitet. Damit war es uns möglich nach Schlagworten 758 herauszufiltern und zu analysieren. Die Zeitungen, die wir durchsucht haben waren: Die Zeit, Spiegel, Welt, Neue Zürcher Zeitung, Frankfurter Allgemeine Zeitung, tageszeitung (taz) und der Stern. Es wurde ein Zeitraum von Januar 2000 bis Januar 2020 gewählt. Die Ergebnisse haben wir anschließend weiter gefiltert. Artikel, die nur sehr randständig etwas mit Gangsterrap zu tun haben, wurden aussortiert.

168 Beispielhaft sei hierfür der Angriff auf den Manager des Rappers KC Rebel durch mehrere Personen aus dem Umfeld des Rappers Xatar angeführt (vgl. Frigelji 2016).

Für die Reputation des Genres insgesamt nehmen solche Vorfälle die Form eines Kollektivgutes an. Indem hin und wieder mal ein Gangstarapper jemanden öffentlichkeitswirksam verprügelt, sich mit einem sogenannten ‚Clanchef' fotografieren lässt, eine Hausdurchsuchung über sich ergehen lassen oder sogar ins Gefängnis gehen muss, zahlt er einen Beitrag in die symbolische (Authentizitäts-)Gemeinschaftskasse des Genres. Und genau diese Fälle sind es dann auch, die – oftmals in Szene gesetzt durch die sozialen, die Boulevard- und eben auch die nun zu behandelnden Feuilletonmedien – das öffentliche Image des Genres prägen. Oder anders gesagt: Damit Gangstarap auf Dauer nicht seinen Selling-Point verliert, müssen hin und wieder auch mal ein paar ‚authentische' Sachen passieren, über die zu berichten sich lohnt.[169] Wie der deutsche Feuilleton-Journalismus diesem Problem begegnet, wollen wir uns im folgenden Abschnitt genauer ansehen.

8.3 Gangstarap als Bedrohung

Eine erste typische Form der Darstellung des deutschsprachigen Feuilletons zielt auf den bedrohlichen Charakter des Genres ab. Eine allgemeine Geringschätzung prägt hier die Berichte über die „insgesamt schon tragische Erscheinung namens ‚deutscher Gangsterrap'", „einer Musik, die jungen Mädchen gefallen will und gleichzeitig die stumpfsinnigsten, reaktionärsten und langweiligsten Werte perpetuiert" (Richter 2008). Indem die Autor*innen Auftreten und Äußerungen der Rapper kritisieren, stellen sie sich selbst, mal mehr und mal weniger explizit, als Repräsentanten einer moralisch integren Mehrheitsgesellschaft dar. Ein anschauliches Beispiel für diese Art der Auseinandersetzung findet sich etwa in den Berichten über den Hamburger Rapper GZUZ. Dieser erscheint, so schreibt ein Journalist der Süddeutschen Zeitung (2018), „auf seinem neuen Album – in diesem ekelhaft kapitalistischen Sinne – eher wie ein Mangelwesen. Einer, der ein Zuwenig an quasi allem an sich festgestellt hat: an Geld, Erfolg, Frauen, Zu-

169 Es ließe sich nun vortrefflich diskutieren, ob – unter Bedingungen kulturindustrieller Inszenierung – in diesem Zusammenhang überhaupt sinnvoll von Authentizität im Sinne von Wahrhaftigkeit die Rede sein kann – tatsächlich geht es hier, wenn man es genau nimmt, wohl eher um Plausibilität. Da die Adäquanz des proklamierten Beschaffenheitsversprechens in den meisten Fällen der Rezeption einer Gangstarapperperformance nicht überprüfbar ist, muss das Attribut ‚plausibel' als subjektives Kriterium genügen. Und auch andersherum gedacht spricht etwas gegen die Verwendung des Authentizitätsbegriffes: Denn um Plausibilität herzustellen, ist Authentizität im Sinne von tatsächlicher Wahrhaftigkeit in einer kulturindustriell inszenierten Umgebung nur ein Mittel von vielen – und vielleicht noch nicht einmal das probate: Eventuell sind ja etwa besonders authentische Sachen so speziell und kontrovers, dass sich gar nicht mehr plausibel vermittelt werden können, etwa weil sie sich dem ‚gesundem Menschenverstand' der Rezipientinnen entziehen.

spruch, Unterstützung, Lob oder Liebe (‚Hab es mit Liebe probiert, aber da war ich noch klein / Denn niemand erwiderte sie, deshalb ließ ich es sein – egal ich bin reich!") Und das jetzt mit einem manischen Zuviel an quasi allem kompensiert. Ohne dabei Glück zu finden oder auch nur Erfüllung" (Biazza 2018).

Seine kulturkritische Haltung stabilisiert der Autor hier, indem er sich an den moralischen Verfehlungen von GZUZ aufrichtet. Dem Hamburger Rapper schreibt er dabei bedrohliche Züge zu; dieser strahle, „ja tatsächlich eine kalte, nackte Gewalt aus" (ebd.), die ein geregeltes Zusammenleben mit ihm – und wohl auch mit den Vertretern des prekären Milieus, das GZUZ repräsentiert – erschwert, wenn nicht sogar unmöglich macht. Verweise dieser Art finden sich in zahlreichen Berichten. So beschreibt etwa Itzek (2008) in ihrem Porträt des Berliner Rappers Massiv dessen „Krawallvita" und seine „Aufenthalte in U-Haft". Die Rahmengeschichten in diesen Artikeln schließen in der Regel an den bereits in vorherigen Kapiteln skizzierten Brennpunkt-Diskurs an, der die Lebensverhältnisse in benachteiligten Stadtteilen zumeist in einer dramatisierenden Weise beschreibt. „Das Berliner Landeskriminalamt", so berichtet etwa Oehmke (2007: 181), könne „Straßen in Neukölln, Kreuzberg oder Schöneberg benennen, die für die Polizei kaum noch kontrollierbar sind – die Rapper bestätigen dies."

Welche Straßen das sein sollen, und wie genau die Polizei diesen Kontrollverlust begründet, bleibt in der Regel offen. Die klassenpolitische Dimension dieser Form von Stigmatisierung greifen Journalist*innen hierbei immer wieder in ironisch gebrochener Form und mit deutlicher klassistischer Note auf, so wie hier etwa Tittel (2004) in Bezug auf Sidos ‚Mein Block': „Draußen, zwischen Billig-Discountern und Alkoholikertreffs überkommt einen dann selbst so etwas wie Dankbarkeit – deutschen Behörden gegenüber. Dankbarkeit dafür, dass Sidos Nachbarn weiter das Sozialamt bescheißen dürfen, anstatt Riots anzuzetteln."

Bemerkenswert erscheint, wie die Feuilleton-Vertreter*innen immer wieder die eigene Sprecherposition markieren. „Das Drohpotenzial", so führt etwa Gross (2005) aus, „das diese Kultur von unten für die Majorität entfaltet, liegt weniger in der obszönen Sprache als in der Ungewissheit, ob hier Werte der Zukunft generiert werden." Die Sorge um eine Erosion der bürgerlichen Wertegemeinschaft treibt auch den Zeit-Feuilletonisten Daniel Haas (2018), der am Beispiel des Lebenswandels von GZUZ bemerkt, „dass, anders als vom sozialliberalen Milieu lange angenommen, die Einwanderung in eine bürgerliche Umgebung als oberstes Klassenziel womöglich ausgedient hat."

Vor einer Umkehrung der bürgerlichen (Deutungs-)Machtverhältnisse warnt ebenfalls Jens Balzer (2019: 46), der bemerkt, dass „Gangsta-Rap in den Nuller Jahren gewissermaßen ein Ghetto und ein Laboratorium der politischen Inkorrektheit von rechts" geworden sei. Dieser biete „einen klar umgrenzten Freiraum, in dem reaktionäre Fantasien, Haltungen und Vokabulare ausprobiert werden können, die im gesellschaftlichen Mainstream jener Zeit noch nicht erlaubt sind, aber im Verlauf der folgenden Jahre in diesen Mainstream einsickern werden" (ebd.). Eine eindeutige Problemanalyse lässt hier nicht auf sich warten: Die Tatsache, dass Gangstarapper mit dem in den vorangegangen Kapiteln umfangreich beschriebenen Kanon an Misogynie, Materialismus und Gewaltverherrlichung mehr Anklang als Kritik finden, führt Balzer (ebd.) darauf zurück, „dass es sich bei den Akteuren zum weit überwiegenden Teil um Männer mit Migrationshintergrund" handele:

> „Wegen ihres von ihnen ausgiebig gepflegten Status als soziale und kulturelle Außenseiter werden ihnen grobe und gewalttätige Texte und scheinbar rückständige Verhaltens- und Denkweisen zugestanden, die bei Männern ohne Migrationshintergrund [...] wesentlich schärfer kritisiert würden" (ebd.).

Einen ähnlichen Bezug zur Migrationsfrage stellt auch Haas (2015) her, wenn er proklamiert, die Rapper Bushido und Shindy lieferten mit ihrem Album ‚Classic' „den Sound zur Flüchtlingskrise". Die argumentative Verbindung zwischen der Integrationsfrage und dem Gangstarapgenre als sozialisatorischem Risikofaktor für den gesellschaftlichen Zusammenhalt begründet er wie folgt: „Wer Deutschland im November 2015 als Zielort für Flüchtlinge aus dem Mittleren Osten wahrnimmt, der muss sich fragen, was diese neue Heimat für Jugendliche oder junge Erwachsene in popkultureller Hinsicht zu bieten hat" (ebd.).

Schlecht integrierte Migranten produzieren aus dieser Perspektive also Musik für noch schlechter integrierte Migranten (oder solche, die es noch werden wollen): „Denn das ist das neue Bushido-Album: die Rollenprosa zweier Migrantensöhne – der eine ist Nachkomme von Tunesiern, der andere (Shindy) von Einwanderern aus Griechenland – , für die Männlichkeit kein Bündel kultureller Normen darstellt, sondern ein essenzielles Konzept, hörbar, sichtbar, deutlich ausgestellt in Form von Muskeln und Zwölfzylindermotoren" (ebd.). Die Flüchtlinge kommen als einsame arabische Männer, hören Bushido und werden so zur Gefahr für die offene, freie Gesellschaft.[170]

170 Ein ähnliches, jedoch noch aggressiveres Argumentationsmuster findet sich beim ehemaligen FAZ-Redakteur und späteren Autor des im rechten und rechtsradikalen Spektrum einzuordnenden Kopp-Verlages Udo Ulfkotte. Dieser erkennt den „Werteverfall deutscher Journalisten und Medien gut am Beispiel der ‚Rapper'" (2009: 202). „Da avancieren Verbrecher zu neuen Idolen. Da werden Rauschgiftsüchtige zu Vorbildern. Da werden Schwulenhasser und Frauen-Verprügler angehimmelt." Gangstarapper stellen für ihn „rappende Multi-Kulti-Primat[en]" (ebd.: 207) dar und der „Gossenstar" (ebd. 202f) Massiv, so Ulfkotte weiter, gestehe „in seinem Wortgestammel am Mikrofon ein, dass er sich selbst zumindest kulturell zum Bodensatz einer Unterschicht zählt."

Es gibt einen Kanon der Berichterstattung, in dem Gangstarap als Bedrohung dargestellt wird. Mit misogynen, homophoben, gewaltverherrlichenden und (hyper-)materialistischen Texten bedroht das Genre die (europäischen? deutschen? linksliberalen? – richtig klar wird das nicht) Werte und den gesellschaftlichen Zusammenhalt. Als plastisches Beispiel für eine entsprechende Form der Darstellung möchte ich im Folgenden die Debatte um den Auftritt der Rapper Kollegah und Farid Bang beim Musikpreis ECHO aus dem Jahr 2018 rekonstruieren.

Beispiel für Gangstarap als Bedrohung: Der Skandal um die ECHO-Verleihung 2018

Die Geschichte zum ECHO ist relativ schnell erzählt. Für ihr besonders häufig verkauftes Album ‚Jung, Brutal, Gutaussehen 3' erhielten die beiden Rapper Farid Bang und Kollegah im April 2018 den von der Deutschen Phono-Akademie, dem Kulturinstitut des Bundesverbandes der Musikindustrie, verliehenen ECHO-Award im Bereich ‚HipHop/Urban National'. Bereits im Vorfeld der Verleihung hatte sich eine Debatte um die Inhalte des Albums entwickelt, im Zuge derer eine Reihe von Beiträgen die menschenfeindlichen Texte kritisierten. Besonderen Anstoß nahmen zahlreiche Sprecher*innen der deutschen Öffentlichkeit an der von Farid Bang gerappten Zeile ‚Mein Körper definierter als von Auschwitzinsassen" (für eine ausführliche Darstellung siehe Baier 2019: 116 ff.). Das Bild der Auschwitzinsassen dient in diesem Zusammenhang dem Verweis auf einen niedrigen Körperfettanteil des Sprechers.[171]

Als zur ethischen Reflexion der Vorgänge im Umfeld des Musikpreises zuständiges Gremium veröffentlichte der Beirat des ECHO eine Stellungnahme, in der Beiratssprecher Wolfgang Börnsen (2018) seine „deutliche Missbilligung gegenüber der Sprache und den getroffenen Aussagen" äußerte. Anstatt die beiden Rapper von der Veranstaltung auszuschließen, empfahl der Beirat, den Preis wie geplant zu verleihen und dies mit einer Debatte um die Kunstfreiheit zu verbinden.

Nachdem eine entsprechende Diskussion in den deutschsprachigen Medien bereits seit einigen Tagen im Gange war, fand die Verleihung am 12. April 2018 in Berlin statt. Im Rahmen eines abendfüllenden Programms gaben die beiden Rapper ihren gemeinsamen Song ‚All Eyez on Us' zum Besten, nahmen die Aus-

171 Ein geringer Anteil angelagerten Fetts an der körperlichen Gesamtmasse entspricht dem Schönheitsideal vieler Bodybuilder, zu denen sich auch die beiden Rapper zählen. ‚Um die Ecke gedachte' Vergleiche dieser Art sind im Genre des Battle-Rap, zu dem auch das im Rahmen des ECHO prämierte Album zählt, nichts Ungewöhnliches.

zeichnung entgegen und lösten eine noch stärkere Debatte aus, die den deutschen Kulturjournalismus über einige Wochen hinweg beschäftigen sollte.

Um auf die Möglichkeit einer schädlichen Wirkung der genannten Textzeile aufmerksam zu machen, äußerte sich die Vorsitzende der Bundesprüfstelle für Jugendgefährdende Medien Monika Hannak zu der umstrittenen Auschwitz-Line gegenüber der deutschen Presseagentur wie folgt: „Der Vergleich ist sozialethisch desorientierend und kann bei Jugendlichen zum Empathieverlust führen, also verrohend wirken" (Kölner Stadtanzeiger 2017). In Folge einer Reihe von Strafanzeigen im Anschluss an die Preisverleihung stellte die Düsseldorfer Staatsanwaltschaft fest, dass das Rappen der entsprechenden Zeile durch Farid Bang keinen Straftatbestand erfüllt. Bereits vor der ECHO-Verleihung hatte das Internationale Auschwitz Komitee erklärt, die Teilnahme der beiden Rapper sie „für alle Überlebenden des Holocaust ein Schlag ins Gesicht und ein für Deutschland beschämender Vorgang" (Feuerbach 2018).

Die Reaktion der Bertelsmann Music Group, dem Unternehmen, das die Produktion des Albums verantwortet, fiel in diesem Zusammenhang differenziert aus: „Wir nehmen Künstler und künstlerische Freiheit ernst, und wir sagen unseren Künstlern nicht, was ihre Texte enthalten sollten und was nicht" (Westfalen Blatt 2018), ließ das Unternehmen einerseits verlauten, spendete aber gleichzeitig 100.000 Euro an das ‚Programm gegen den wachsenden Antisemitismus in Deutschland' und nahm wenig später Abstand von einer weiteren Zusammenarbeit mit Farid Bang und Kollegah (vgl. Buß 2018).

Die Reaktionen der Rapper selbst fielen ebenfalls recht unterschiedlich aus. Auf Einladung der Internationalen Auschwitz Komitees besuchten die beiden die Gedenkstätte des Konzentrationslagers Auschwitz Birkenau.[172] Die Idee hierzu stammt nicht etwa von den Rappern selbst, sondern geht auf eine Anregung zurück, die der Sänger Marius Müller-Westernhagen im Interview mit der Süddeutschen Zeitung äußerte (vgl. Zips 2018). Auffällig erscheint, dass die soziale Konstruktion von Empörung (vgl. Seeliger et al. 2020) im Zusammenhang des ECHO-Skandals nicht nur hier in einem arbeitsteiligen Wechselspiel von Feuilletonjournalist*innen und Prominenten aus dem Musikbereich erfolgt.

Eine zentrale Rolle in diesem Konstruktionsprozess nimmt auch Campino, Sänger der bekannten Punkrockband ‚Die toten Hosen', ein. Nachdem die Gruppe seit Beginn der 1980er Jahre immer wieder über emblematische Normverletzungen wie Drogenmissbrauch, Nacktbilder oder Blasphemie in Erscheinung getreten war, konnte der – wie Farid Bang, Kollegah und Westernhagen

---

172 Die Zeitung Die Welt spricht in diesem Zusammenhang von einem „Überraschungsbesuch" (Zwinzscher (2018). Dass Kollegah dort im Hugo Boss-Anzug, also einem Kleidungsstück der Firma, die auch die Uniformen der SS angefertigt hat, bleibt im Artikel unerwähnt.

ebenfalls in der Nordrhein-Westfälischen Landeshauptstadt Ansässige – mit einiger Plausibilität die Deutungsmacht darüber beanspruchen, welche Provokationen im Rahmen des popkulturellen ECHO-Spektakels noch legitim sein dürften. Die Grenze sei hier, so Campino, in einer spontan vorgetragenen Protestrede im Rahmen des Echo, „überschritten, wenn es sexistisch ist, homophob, rechtsextrem, antisemitisch" (Balzer 2018).[173]

Die beherzte Rede erzeugte in der deutschen Öffentlichkeit eine Menge positiver Resonanz. Beeindruckt von so viel Zivilcourage und seiner Fähigkeit, die Grenzen der Grenzüberschreitung so sensibel und treffsicher zu markieren, forderte der Antisemitismusbeauftragte der Bundesregierung die Verleihung des Bundesverdienstkreuzes für den Düsseldorfer Sänger (vgl. Roth 2018). Angesichts einer unausgewogenen Medienaufmerksamkeit – Campinos Rede war am nächsten Tag 60.000 Mal angesehen worden, während der Auftritt von Farid Bang und Kollegah über eine Million Views aufwies – gelangte tags darauf mit Sven Regener (2018) ein weiterer Vertreter des deutschen (Alternativ-)Kulturbetriebs zu einer weniger positiven Einschätzung der Situation und schloss mit einer kritischen Frage: „Was die mediale Aufmerksamkeit angeht, sind sie [Farid Bang und Kollegah, Anm. M. S.] die Sieger. Wie kann man solche Leute kritisieren, ohne dass sie Profit daraus schlagen?"

Zur moralischen Instanz avanciert im Zusammenhang der Debatte auch der rumänisch-deutsche Schlager- und Musicalsänger Peter Maffay. Die Verleihung, so zitiert ihn die Welt (2018), sei eine „Ohrfeige für das demokratische Verständnis in unserem Land." „Die Konsequenz aus den Vorfällen", so Maffay (ebd.) weiter, „sollte sein: Die Verantwortlichen nehmen ihren Hut, und an ihre Stelle treten glaubhafte Personen, die die nötige Transparenz garantieren." Noch weiter ging Marius Müller-Westernhagen, der – wie ebenfalls in der Welt (2018a) berichtet – seine sieben ECHO-Trophäen zurückgab und erklärte: „Die Verherrlichung von Erfolg und Popularität um jeden Preis demotiviert die Kreativen und nimmt dem künstlerischen Anspruch die Luft zum Atmen. Eine neue Stufe der Verrohung ist erreicht." Die Reihen eines breiten Bündnisses zwischen Hoch-, Pop- und Schlagerkultur schlossen auch der Dirigent Enoch zu Guttenberg (Vater des ehemaligen Verteidigungsministers) und Heinz Rudolf Kunze, der – ebenfalls in der Welt (2018b) – eine kritischen Fundamentaleinschätzung zum Genre des Rap insgesamt formulierte: „Das ist für mich menschenfeindliches Gestammel mit Musikverzicht. Von der ganzen Rapmusik, bei der nur jemand zu Schlagzeug und Bass rumlabert, wird nichts übrig bleiben. Da kann kein Titel ein Golden Oldie werden, weil es keine Melodie gibt und niemand mitsingen oder mitsummen kann."

173 Im Prinzip also eigentlich meistens. Was daraus folgt, bliebt – zumindest in der Regel – jedoch offen.

Große Empörung über die Vorgänge äußerte schließlich die Schlagersängerin Helene Fischer, die an dem Abend ebenfalls mit einem ECHO ausgezeichnet worden war, in einem von Spiegel-Online zitierten Facebook-Eintrag (vgl. Buß 2018):

> „Ich möchte euch sagen, wie unangemessen und beschämend ich es fand, die beiden bei der Preisverleihung auf der Bühne in dieser Art ‚performen' zu sehen. Den ECHO zu gewinnen, ist vielleicht das eine, die beiden dort auch noch auftreten und ihre Show machen zu lassen, fand ich persönlich bedrückend. Schade, dass durch diese Provokation so viel Promotion entsteht – auch jetzt wieder, wenn ich diese Zeilen schreibe. Nicht nur, dass man ihren gewaltverherrlichenden, antisemitischen, homophoben und frauenverachtenden Texten ein Podium geboten hat. [...] Auch die Bedeutung des ECHO ist somit komplett in den Hintergrund geraten und von den Negativ-Berichten überlagert worden" (vgl. Buß 2018).

Worin diese wahre Bedeutung des ECHO (aus ihrer Sicht) tatsächlich besteht, lässt die Musikerin zwar im Unklaren, gibt aber zum Ende ihres Beitrages einen kleinen Hinweis, indem sie schließt: „All den Anhängern dieser Musik möchte ich, so esoterisch es vielleicht auch klingen mag, Licht und Liebe schicken. In diesem Sinne, auf die Verbreitung von Liebe!" (ebd.).[174]

Eine entsprechend negative Resonanz lässt sich auch unter den Journalist*innen des deutschen Feuilletons selbst vernehmen. So konstatiert etwa Thomas Schreiber (2018) ein „dreifaches Versagen der deutschen Musikindustrie" – die „Nominierung der beiden Ekelrapper Kollegah und Farid Bang", den „sinn- und geschmacksfreie Auftritt dieser beiden am Ende der Show" sowie die „Sprachlosigkeit der Verantwortlichen". In der taz kritisiert Felix Zimmermann (2018), dass „Farid Bang und Kollegah für gerappten Antisemitismus einen ECHO bekamen." Und auch Benedict Neff (2018) konstatiert in der Neuen Zürcher Zeitung: „Was von diesem ECHO-Abend bleibt, ist die Erkenntnis, dass man den wichtigsten deutschen Musikpreis gewinnen kann, auch wenn man Auschwitz-Überlebende verhöhnt."

Angesichts der deutschen Geschichte und der Brisanz, die deren Aufarbeitung auch fast neunzig Jahre nach der Machtübernahme der Nationalsozialisten zukommt, fällt der Skandal also besonders schwerwiegend aus. Doch auch jenseits der erinnerungspolitischen Dimension der Zeile, richtet sich die Kritik zahlreicher in der Folge verfasster Beiträge auf die Frage nach dem Kunstcharakter

174 Besonders merkwürdig erscheint dies vor dem Hintergrund der Selektionslogik des ECHO, der zufolge diejenigen KünstlerInnen den Preis gewinnen, die in ihrem Marktsegment am meisten verkauft haben. Die ‚eigentliche' Bedeutung des ECHO ist – zumindest im Selbstverständnis – diejenigen Produkte zu bewerben, die vielen gefallen (oder zumindest: die viele kaufen).

des Schaffens der beiden Rapper. Als „schamlose Selbstüberhöhung und permanente Grenzüberschreitung" bezeichnet etwa Dennis Pohl (2018) nicht nur die Texte von Kollegah und Farid Bang, sondern meint mit seiner Kritik direkt das ganze Genre des Battle Rap.

Der Tenor dieser Kritiken ist klar: Was die beiden da von sich gegeben haben, ist antisemitisch. Und was antisemitisch ist, kann keine Kunst sein. Eine entsprechende Kritik dehnt Balzer (2019: 30) auch auf andere Textteile der beiden Rapper aus, indem er deren Zeile „Dein Chick ist 'ne Broke-Ass-Bitch, denn ich fick' sie, bis ihr Steißbein bricht" in Augenschein nimmt. Hier handele es sich „weder um einen – wie auch immer ironisch gebrochenen oder sonst wie kodifizierten Battle Rap mit einer ‚uneigentliche' Sprache noch um eine Provokation, sondern lediglich um ‚hate speech', um eindimensionale Hassreden" (ebd.).[175]

Den Schritt von der Kunst- zur Gesellschaftskritik tut Volker Boehe-Neßler (2018) in einem Beitrag für die Welt, in welchem er den sozialen Ort der menschenverachtenden Ausdrucksformen zu identifizieren versucht: „Rap", so schreibt er (ebd.), „spiegelt als Kunstform ein Milieu, das von Aggression, Gewalt, Frauenfeindlichkeit, Antisemitismus und Homophobie geprägt ist." Auch zur Frage, wo genau dieses Milieu innerhalb der Sozialstruktur anzusiedeln wäre, finden sich in einer Reihe von Beiträgen: Die „Verharmlosung des Holocaust", so erklärt Neff (2018), folge in der erinnerungspolitischen Praxis vor allem im Hinblick auf die (falsche) Erziehung ausländischer Jugendlicher: „Lehrer versuchen gerade vor allem ihren arabischstämmigen Schülern den Antisemitismus auszutreiben. Deren Vorbilder aber gewinnen damit Preise." Die beiden muslimischen Rapper Farid und Kollegah, so mahnt ebenfalls Balzer (2018), „finden alle Arten von Gewalttaten toll, bei denen Christen und Juden ums Leben kommen." Ein Plädoyer für eine staatlich und zivilgesellschaftlich getragene Gegenbewegung äußert schließlich Boehe-Neßler (2018):

> „Bei aller Freiheit der Kunst: Wir können nicht dulden, dass diese rote Linie der Zivilisation überschritten wird. Die Zivilgesellschaft muss sich wehren. Ein paar wohlfeile Distanzierungen per Facebook reichen sicher nicht aus. Sie fördern nur den kommerziellen Erfolg der Rapper. Da müsste noch viel mehr kommen. Und der Staat muss sich wehren mit der ganzen Härte, die dem demokratischen Rechtsstaat zur Verfügung steht – mit dem Strafrecht und mit staatsanwaltlichen Ermittlungen."

---

175 Der Ausdruck ‚Broke-Ass-Bitch' ließe sich im englischen Slang als Schimpfort für eine Frau verwenden, die kein Geld besitzt. Einer – zugegebenermaßen etwas eigenwilligen – Übersetzung ins Deutsche zufolge könnte der Ausdruck aber auch eine Frau mit gebrochenen Steißbein interpretieren. Es handelt sich also um ein genretypisches Wortspiel. Warum diese Äußerung nicht als lyrische Ausdrucksform und damit als Kunst gelten soll, erklärt der Journalist nicht.

Wie der Fall der Berichterstattung über den ECHO-Skandal deutlich zeigt, lassen sich im deutschen Feuilleton schnell Ressentiments mobilisieren, die eine klare Zuschreibung politischer Verantwortung ermöglichen. Die Vertreter*innen des Feuilleton erhebt hier – gewissermaßen als gesellschaftspolitischer Schutzreflexes – eine wichtige und legitime Kritik gegenüber den menschenfeindlichen Ausdrucksformen im popkulturellen Mainstream.

Bemerkenswert erscheint gleichzeitig, dass zum Themenkomplex ‚Antisemitismus' insgesamt wenig beigetragen wird. Klar ist, dass Kollegah und Farid Bang etwas getan haben, das man aus Sicht der Kommentatoren auf keinen Fall tun darf. Dass sich mit Campino, Helene Fischer und anderen Vertreter der Mehrheitsgesellschaft in arbeitsteiliger Manier arrangieren, zeigt, dass die Fronten des Debattenverlaufs tatsächlich so etwas zu spiegeln scheinen wie die Demarkationslinien verschiedener moralischer Milieus. Entsprechend diffuse Schlüsse ziehen auch diejenigen Journalisten, die die Auseinandersetzung um Antisemitismus im Pop zu einem Problem der (Post-)Einwanderungsgesellschaft stilisieren.[176] Deutscher Gangstarap, so lässt sich schließen, stellt aus der hier rekonstruierten Perspektive eine Bedrohung für eine ansonsten als moralisch intakt und integer erscheinende Mehrheitsgesellschaft dar.

8.4 Gangstarap als Ausdruck verwehrter Verbürgerlichung

Eine zweite typische Form der Auseinandersetzung unterstellt den Gangstarappern, ihren Lebensentwurf der bürgerlichen Oberschicht anpassen zu wollen und thematisiert diese im Feuilleton. Im Folgenden möchte ich zeigen, wie die analysierten Artikel gegenüber entsprechenden Ambitionen verschiedene Formen der Abgrenzung enthalten, welche sich vom Sprechort der Feuilletonjournalist*innen als Repräsentant*innen der deutschen Hochkultur aus betrachtet als soziale Schließung nach unten interpretieren lassen. Als anschauliches Beispiel für das In-Szene-Setzen entsprechender Dynamiken möchte ich anschließend den Fall Bushidos im Kontext der deutschen Öffentlichkeit interpretieren.

Dass Gangstarapper über bestimmte Statussymbole Zugehörigkeit mit gesellschaftlichen Kreisen assoziieren wollen, zu denen sie eigentlich nicht gehören, ist – wie das folgende Beispiel zeigt – ein im Feuilleton häufig bemühter Topos: „Den Listenpreis-Mercedes, für den der Stuttgarter Musiker KC Rebell ‚hundert

176 Der Vorwurf des Antisemitismus, so viel Kritik sei an dieser Stelle erlaubt, muss an dieser Stelle wie ein projektiver Schutzreflex wirken. Der Holocaust und seine erinnerungspolitischen Folgen ist selbstverständlich kein genuines Problem der migrantischen Subalternen. Weder Muslime, noch Araber sind eine homogene Gruppe und die meisten antisemitischen Straftaten werden in Deutschland von Deutschen begangen (vgl. Arnold/König 2018).

Mille bar‘ ins Autohaus trägt“, so Gerhardt (2019), „würde der Geschäftsführer eines anständigen mittelständischen Schwabenbetriebs ebenso wenig stehen lassen“. Indem sich KC Rebell in seiner Auto-Präferenz dem Lebensstil der deutschen Oberschicht angleicht, so der naheliegende Schluss, bestätigt er auch deren geschmackliche Überlegenheit und willigt – interpretiert man die Sequenz weiter – schließlich ein in das Gesellschaftsmodell, gegen das er zu rebellieren vorgibt. Dass dies nur bedingt stimmt, wird offenbar, wenn wir uns ein Detail vor Augen führen, das der Journalist nur am Rande erwähnt: KC Rebell bezahlt den Wagen mit Bargeld, welches er vermutlich unversteuert, da im Wege von Schwarzmarktaktivitäten erwirtschaftet hat. So groß scheint die Zustimmung zum deutschen Gesellschaftsmodell möglicherweise also doch nicht zu sein.

Eine entsprechende Skepsis lässt sich aus der folgenden Darstellung von Rabe (2014) herauslesen: „Wenn man sich den Idealtyp des zeitgenössischen Kapitalisten vorstellen will, kommt dabei ein Gangster-Rapper wie Bushido heraus, der die Tugenden, denen wir bei allerlei Gelegenheiten im Stadion und im Museum besten Gewissens selbst huldigen, einfach nur ein bisschen auf die Spitze treibt.“ Das ästhetische und vielleicht auf zwischenmenschlicher Ebene moralische Ärgernis ‚Bushido‘, beziehungsweise ‚Deutscher Gangstarap‘ stilisiert der Sprecher so zu einem gesellschaftlichen Problem: Auf „der für uns unbequemen Seite der Wahrheit“, so führt er aus, sei das Genre „schließlich die dem Kapitalismus gegenüber opportunistischste Kunstform überhaupt. Seine Protagonisten wollen keine andere Welt, sie wollen ihren Teil von dieser – und zwar einen möglichst großen.“[177] Das grün-bourgeoise Verbrauchermodell – Marcus Wiebusch illustrierte es mal mit den Attributen ‚Sting hören, Spiegel lesen, Grün wählen, Greenpeace spenden, sich bewusst ernähren‘ – bildet die moralische Avantgarde. Auch Pauschalurlaub auf Fuerteventura oder eine Kreuzfahrt an der Adria sind vermutlich noch in Ordnung. Aber Gangstarapper bringen – entgegen all dieser hehren Fortschritte – die Skrupellosigkeit in den Kapitalismus zurück.

Neben solchen moralischen Vorwürfen erfolgt die Grenzziehung gegenüber den Gangstarappern auch über habituelle Bezüge. In hochgestochener Sprache informiert etwa Schwilden (2015) die Leser*innen am Beispiel eines im Artikel rezensierten Bushido-Albums über die im Genre übliche Ausdrucksweise: „Insgesamt gibt es 14 Deine-Mutter-Zeilen (Deine-Eltern-Disses mitgezählt). Am häufigsten versucht er dabei, Mutter und deren Sohn beziehungsweise Tochter durch einvernehmlichen Sex mit dem lyrischen Ich zu demütigen.“ Als Ausdruck

177 Wer dieses ‚uns‘ genau sein soll, bleibt hier genauso offen wie die Frage, inwiefern das Anliegen der Gangstarapper, möglichst schnell und ohne erkennbare Skrupel reich zu werden, sich von den Grundprinzipien des Produktionsmodells der Industrieländer auf der Nordhalbkugel unterscheidet.

der Geringschätzung dient der beißende Spott dem Autoren dazu, die Gangstarapper als Diskursteilnehmer zu delegitimieren.

Es zeigt sich also, wie die Darstellungsform des deutschen Feuilletons sich zu einem Abwehr- oder zumindest Delegitimationsmechanismus gegenüber den popkulturellen Repräsentationen des in Kapitel 5 und 6 herausgearbeiteten Ideals einer migrantischen Aufsteigermännlichkeit verdichten. Besonders anschaulich lässt sich diese Dynamik unter Bezug auf den Berliner Rapper Bushido aufzeigen.

Verwehrte Verbürgerlichung im Fall von Bushido

Seit dem Aufstieg des Genres kurz nach der Jahrtausendwende repräsentiert Bushido deutschen Gangstarap als zentrale Figur in der deutschen Öffentlichkeit. Weil er mit seiner Musik die ästhetischen Normen im Feld des Gangstarap prägte, teilweise sogar bestimmte und daher als zentrale Repräsentationsfigur galt und gilt, bezeichnen ihn die ZEIT-Journalisten Haas und Weisbrod (2014) auch als „wichtigsten Rapper der letzten 20 Jahre". Mit Albumtiteln wie ‚Staatsfeind Nr. 1' (2005) oder ‚Deutschland, gib mir ein Mic!' (2006) hat Bushido schon früh in seiner Karriere die Bereitschaft signalisiert, diese Protagonisten-Rolle zu erfüllen. Die Inszenierung um Anis Mohamed Youssef Ferchichi, so Bushidos bürgerlicher Name, umfasst den Zwist mit Alice Schwarzer, Verstrickungen mit der Mafia und viele andere Episoden, die sich gleichzeitg als Boulevardthemen und als öffentliche Verhandlung gesellschaftspolitischer Probleme lesen lassen. Ein immer wieder aufkommendes Motiv stellt hierbei die Dynamik einer verwehrten Verbürgerlichung dar.

Während Bushido als Enfant terrible der deutschen Medien einerseits Skandale am laufenden Band produzierte, gab er sich in anderen Momenten konservativ, arriviert und teilweise sogar staatstragend. Aus diesem komplexen, widersprüchlichen, ja verwirrenden Wechselspiel – so meine These – lässt sich das besondere Interesse (oder sogar: die Obsession?) weiter Teile des deutschen Feuilletons an Bushido erklären.

Die Liste der hier behandelten Skandale ist lang und kann an dieser Stelle deswegen nur unvollständig wiedergegeben werden: Nicht nur soll er seine Ehefrau geschlagen (Mayer 2014) haben. Verurteilt wurde er außerdem für Versicherungsbetrug, nachdem er einen Einbruch im von ihm im Berliner Stadtteil Steglitz betriebenen Aquaristikgeschäft vorgetäuscht hatte (Frankfurter Allgemeine Zeitung 2017). Nach dem Terroranschlag des Islamischen Staates auf den Pariser Bataclan im November 2015, trat er auf seinem Instagram-Account mit einem Paris-Pullover und der Bildunterschrift ‚Bald geht's wieder rund!' in Erscheinung (Zwinzscher 2015) und postete auf Twitter eine Karte des Nahen Ostens, auf dem der Staat Israel nicht mehr zu sehen war (Das Gupta 2013). Er bedrohte Serkan Tören und Claudia Roth auf einem Song mit dem Tod (Die Welt 2013)[178] und griff einen Mitarbeiter des Berliner Ordnungsamtes an, weil er ihn wegen falschen Parkens registrieren wollte (Mielke 2011). Eine Verletzung des Urheberrechtes verursachte Bushido in 13 Fällen, indem er sich zur Entwicklung seiner eigenen Musik an geistigem Eigentum der französischen Gothic Band ‚Dark Sanctuary' bediente. Im Interview mit der Frankfurter Allgemeinen Zeitung ließ er weiterhin verlauten, dass er gern mal Sex mit Angela Merkel hätte (Prizkau 2013). Bushido, das können wir hier sehen, erfüllt für die deutsche Öffentlichkeit viele Rollen zugleich. Er ist Rebell, Stereotyp des kriminellen Ausländers, Buhmann und Klassenclown.[179]

Ganz im Sinne der im vorherigen Abschnitt herausgearbeiteten Berichterstattung über deutschen Gangstarap als Bedrohung erkennt Balzer (2019: 53) in Bushido einen „Pionier der weltanschaulichen Verschiebung im deutschen Pop der letzten Jahrzehnte." Zur selben Einschätzung gelangt Waltraud Schwab (2007) – folgerichtig – bereits zwölf Jahre früher: „Dumm, sexistisch, homophob sind Bushidos Texte. Darin sind sich alle einig. Weil mit Dummheit, mit Frauen, Schwulen und Menschenverachtung aber viel Geld gemacht wird, bekommt dieses Bürschchen große Aufmerksamkeit."

Neben solchen inhaltlichen Verfehlungen findet sich weiterhin auch eine ästhetische Kritik, wie sie etwa von Pilz (2008) geübt wird: „Niemand wird behaupten, dass Bushido ein gewaltiger Poet wäre, der seine Reime kunstvoll fließen lässt und originelle Beats verwendet."[180] Ähnlich wie im letzten Abschnitt geschildert, unterstellen die Kommentator*innen Bushido weiterhin eine Unantastbarkeit, die sie auf die Herkunft seines Vaters zurückführen: „Bushido kann sich jede Sauerei leisten. Denn ihn schützt das Bild vom antirassistisch bedürftigen Migranten" (tageszeitung 2007). Wie die folgende Interviewpassage aus der ZEIT zeigt, schrecken selbst die profiliertesten Organe des deutschen Feuilletons nicht vor einer Persiflage von ausländischem Akzent und (zugeschriebener) Bildungs-

---

178 Oder zumindest empfand Tören das so. Ob die Todesdrohung ernst oder als Form künstlerischen Ausdrucks zu werten war, wurde anschließend gerichtlich geklärt.

179 Dass er mit dieser Vielschichtigkeit und ihrer Bedeutung im Kontext des nationalen Kulturbetriebs einen durchaus reflexiven Umgang pflegt, beweist er, ebenfalls im Gespräch mit der FAZ, in seiner Antwort auf die Frage, ob es ihm nichts ausmache, dass er mit seinem Auftreten das Klischee des Migrantenjugendlichen bediene: „Ich könnte auch über die Erhöhung der Mehrwertsteuer rappen – aber würde das irgend jemanden interessieren? Die Leute wollen nun mal hören, wie ich Drogen verkaufe und Typen eins aufs Maul haue. Man darf diese Raps nicht für den ganzen Bushido nehmen: Immerhin engagiere ich mich auch gegen Gewalt an den Schulen" (Fischer 2011).

180 Die Tatsache, dass genau dies eine ganze Reihe von Leuten behauptet und Bushido – zugegebenermaßen mit Hilfe einiger Ghostwriter – den Stil eines Genres über ein Jahrzehnt lang geprägt und weiterentwickelt hat, kann diese Aussage zwar inhaltlich, jedoch nicht in ihrer delegitimierenden Wirkung entkräften.

ferne zurück. Nachdem Bushido sich in Folge des Todes seiner Mutter in Therapie begeben hat, karikiert Faller (2009) den „Schlussdialog" wie folgt:

> „Man könnte sich den Schlussdialog der vierten Sitzung etwa so denken: ‚Herr Ferchichi, ich weiß, dass es schwer für Sie ist, über Ihre Gefühle zu reden. Aber was genau ist es, das Sie an meinen Antworten blöd finden?' – ‚Isch habe Freud gegoogelt, Mann. Isch weiß, was Sie denken. Sie denken, isch will meine Mutter f*****.' – ‚Ich glaube, Herr Ferchichi, dass Sie gerade sehr wütend sind. Was genau fühlen Sie?' – ‚Isch fühle, dass du dich selber f***** sollst, Mann.'"

Gleichzeitig erfährt „der arrivierte Porno-Rapper" (Radisch 2013) in den selben Organen eine Menge Anerkennung, die sich in Darstellungen wie der folgenden zeigt: „Er hat von Burda den Integrations-Bambi bekommen und lag in den Armen von Rainer Brüderle. Sein Leben ist verfilmt worden, und seine Memoiren sind auch schon wieder Papier von gestern." Er wird gefeiert als Geschäftsmann mit eigener Plattenfirma und Immobilienmakler (Müller 2009) und sogar Horst Seehofer bittet ihn um einen Wahlkampfspot (Merkur 2014). Nachdem er – gemeinsam mit Marcus Staiger – das Buch ‚Auch wir sind Deutschland!' geschrieben hat (Bushido/Staiger 2013), feiert ihn der Spiegel (2013a) als den „Anti-Sarrazin".

Porträts von Bushido tragen auch immer wieder die Züge des freundlichen Nachbarn und Otto Normalverbrauchers. So erfährt man etwa bei Winkler (2004), dass er gern Bundestagsdebatten auf Phönix oder auch mal Shopping Sender anschaue. Eine weitere typische Darstellungsform kontrastiert eben solche Trivia mit dem zwielichtigen Ruf und dem neureichen Lebensstil:

> „Der Mann, von dem die Rede war, saß unterdessen zu Hause auf seiner Riesenpornocouch für 8.000 Euro vor seinem Superplasmabildschirm für 5.000 Euro – und lachte sich tatsächlich krank. Bushido, der ‚King of Kingz', Rapper aus Berlin-Tempelhof, Vater Araber, Mutter Deutsche, berüchtigt für seine jugendverderberischen Texte, live im ZDF – und dann trifft der Fernsehtyp auch noch den Nagel auf den Kopf! Gern würde Bushido dem Menschen mal die Hand schütteln und sagen: Coole Sache, Alter. Damit er merkt, was jeder merkt, der ihm gegenübersitzt: dass Anis Mohammed Yussuf Ferchichi, wie Bushido bürgerlich heißt, ein angenehmer und gebildeter Gesprächspartner ist, solange man ihm mit Respekt begegnet" (Gross 2005).

Für Kerstin Greiner (2010) in der Süddeutschen Zeitung ist Bushido derweil schließlich „nur ein harmloser Knuddelteddy".

Auch mit Blick auf seine menschenverachtenden Texte gibt Bushido sich im Rahmen verschiedener Interviews immer wieder geläutert. Auf die Frage, ob er eine Zeile wie „Ihr Tunten werdet vergast" bereut, antwortet er: „Die Zeile war ein Fehler. Das habe ich selbst eingesehen. Ich habe damals eine Anzeige wegen

Volksverhetzung bekommen – und sie aus dem fertigen Album gelöscht" (Fischer 2011).

Auch mit Blick auf seine Rolle als deutscher Staatsbürger gibt Bushido sich zugänglich. Zu seinem Song zur Fußballweltmeisterschaft 2010 ‚Fackeln im Wind' erklärt er „Ich bin unglaublich patriotisch" (Diez et al. 2013). Weiter führt er diesen Standpunkt im Interview mit der Welt aus: „Deutschland ist einfach geil. Wir haben eine super geile Infrastruktur, wir haben eine Autobahn ohne Tempolimit. Wir haben Hartz IV. Wir haben für jedes Problem irgendeine Behörde, egal wie lange du auf einen Termin warten musst. Wir haben eine tolle Wirtschaft und tolle Autos" (Toprak 2018a).

Eine differenzierte Haltung und Reflexionsvermögen gegenüber seiner Rolle in den Medien beweist der Rapper im Gespräch mit der Frankfurt Allgemeinen Zeitung:

> „Ich komme von der Straße, da lade ich meine Gegner eben nicht zu einer gemütlichen Diskussionsrunde ein, sondern zeige ihnen den Mittelfinger. Provokation gehört zu meinem Leben dazu. Mein Outfit, meine Tätowierungen, das Nicht-Deutsch-Aussehen in einer deutschen Schule, das hat schon immer andere Leute provoziert. Vielleicht liegt es am tunesischen Temperament, das ich von meinem Vater habe: Aber ich spüre schon immer diese Aggression in mir" (Fischer 2011).

Eine interessante Anekdote stellt in diesem Zusammenhang die Debatte um die Verleihung des Integrationsbambi dar. Dass Bushido den unter der Leitung des Burda-Verlag ausgelobten Medienpreis im Jahr 2011 verliehen bekommen sollte, sorgte in der deutschen Öffentlichkeit, wie Grill (2011) in der Süddeutschen Zeitung formuliert, für „heftigen Ärger". Bereits vor der Verleihung meldeten unter anderem Frauenrechtsorganisationen und Homosexuellenverbände ihre Zweifel an der Angemessenheit der Entscheidung an. Seine misogynen und homophoben Texte, so die Kritik, könnten als Beispiel für eine gelungene Integration nicht herhalten. Nachdem er den Bambi auf der Preisverleihung in den Wiesbadener Rhein-Main-Hallen – anwesend waren unter anderem Thomas Gottschalk, Maria Furtwängler, Hans-Dietrich Genscher, Barbara Becker, Karl Lagerfeld und Uschi Glas – entgegengenommen hatte, äußerte Peter Plate, seines Zeichens Sänger der Band Rosenstolz und bekennender Homosexueller, seine Empörung über die Nominierung (Peltonen 2012). Auch der Schlagersänger Heino tat im Nachhinein seinen Unmut kund: „Der Mann muss in seiner kriminellen Energie dringend gestoppt werden. Bushidos Lieder sind in meinen Ohren menschenverachtend" (Pletl 2013). Als für den Tenor der weiteren Debatte repräsentativ sei hier ein Zitat von Hans Hoff (2011) aus der Süddeutschen Zeitung genannt:

> „Wer Bushido auszeichnet, muss wissen, dass der in seiner Karriere die übelsten Texte kreierte, in denen Frauen und Schwule wie Aussatz behandelt wurden, dass er Erfolg

genau damit hatte und hat. Wer einem wie Bushido die Läuterung glaubt, wird schneller als ihm lieb ist, dessen Stinkefinger sehen. Wer Bushido für Integration belobigt, muss auch Dieter Bohlen als Pädagogen ehren."

Nun ließen sich hier eine Menge kritischer Nachfragen stellen – etwa nach den Kriterien und Aspekten, unter denen so ein Integrationsbambi denn nun verliehen werden solle (beispielsweise hatte ihn im Jahr vorher ja Mesut Özil erhalten). Interessant zu erfahren könnte es ebenfalls sein, wie genau denn ein hier geborener und aufgewachsener Mensch zum erfolgreichsten Rapper eines Landes werden soll, ohne sich dort integriert zu haben. Vieles spricht dagegen, den Integrationsbambi als Maßstab für ein solches – an sich schon zweifelhaftes – Konzept zur Abbildung der Sozialkompatibilität von Menschen oder Menschengruppen überhaupt hinzuzuziehen, geschweige denn diese – im günstigen Fall – mit einem Bambi-Preis des Burda-Verlages (oder womit auch sonst immer) zu prämieren. Dass diese Fragen im Falle der Debatte um den Bambi keine besondere Rolle gespielt haben, belegt einmal mehr die Fixierung der Medien auf Bushido als Gegenstand öffentlicher Skandalisierung.

Eine weitere Episode in der Dauersequenz verwehrter Verbürgerlichung stellt der Umzug Bushidos ins Brandenburgische Kleinmachnow dar. Gemeinsam mit seinem (ehemaligen) Freund und Protegé Arafat Abou Chaker – einer Größe aus dem Milieu organisierter Kriminalität (s. o.) – beschloss er, den Wohnsitz von Berlin ins Umland zu wechseln. Als eine der kinderreichsten Kommunen des Landes stellt die Gemeinde einen attraktiven Wohnort dar und sollte den beiden und ihren Familien Ruhe vor dem anstrengenden Großstadtleben bieten. Auf einem Anwesen mit einer Größe von ca. 16.000 Quadratmetern ließen sie über mehrere Jahre hinweg ein altes Haus restaurieren und ein neues errichten.

Die Ambition, das urbane Eckstehermilieu endlich hinter sich zu lassen und in den Kreis der gehobenen Segmente der Sozialstruktur einzuziehen, zeigt sich deutlich in der Weise, auf die Bushido die beiden ZEIT-Journalistinnen begrüßt, die seine Übersiedlung ins Brandenburgische für die Öffentlichkeit dokumentieren wollen: „Willkommen in meinem neuen Zuhause, schön, Sie zu sehen, ich muss Sie nur bitten, die Schuhe auszuziehen – der empfindliche Holzboden, Sie verstehen" (Blasberg/McMinn 2018).

Im Gespräch geht es dann um die Lebensweise in Kleinmachnow und die Schwierigkeiten, mit denen man als Bauherr in Auseinandersetzung mit den deutschen Behörden so konfrontiert ist. Mit ironisch-süffisantem Unterton berichtet der Artikel über den bürokratischen Aufwand, den der (erst geplante, dann verwehrte und schließlich entgegen der staatlichen Weisung durchgeführte) Abriss eines denkmalgeschützten Eingangstores mit sich bringen konnte. Weiterhin wurden, zum Leidwesen lokaler Umweltinitiativen, eine Reihe älterer Kiefernbäume gefällt.

Doch es kann, wie schon Friedrich Schiller sagte, „der Frömmste nicht in

Frieden leben, wenn es dem bösen Nachbarn nicht gefällt." Bei derlei administrative Auseinandersetzungen mit dem Bauamt sollte es im Verlauf der Besiedelung des Grundstücks nicht bleiben. Nachdem es über einen längeren Zeitraum hinweg „Schmierereien und Vandalismus" (Ender 2013) auf der Baustelle gegeben hatte, und immer wieder Pakete mit Kot an den Zaun des Grundstücks gehängt worden waren, manifestierte sich handfester Widerstand gegen Bauprojekt und Zuzug: Nachdem eines Morgens das Haus in Flammen steht, findet die Polizei drei Brandherde – einen im Treppenhaus, einen im zweiten Stock und einen unterm Dach – sowie Spuren von Brandbeschleuniger. Gegenüber der tageszeitung kritisiert Bushido die Brandstiftung als Teil einer breit angelegten Hetzkampagne der Kleinmachnower: „Die ach so heile Welt in Kleinmachnow, deren Einwohner offensichtlich denken, sie seien etwas Besseres. Obwohl ich derjenigen bin, der die Millionen hat, um dieses Grundstück zu kaufen. Sich dann irgendwo hinstellen und Gebäude anzünden – das ist ein hinterhältiger Akt!"

Doch die Freude über den schließlich doch noch bewältigten Einzug sollte nicht lange währen: Nachdem Arafat, Bushido und deren Familien sich schließlich in Kleinmachnow niedergelassen hatten, zerbrach das Verhältnis zwischen den beiden. Seine Vergangenheit im Berliner Kriminellenmilieu holt den Rapper schließlich doch ein und verhindert (vorerst) ein Leben in der bürgerlichen Idylle des Berliner Speckgürtels.

Die Zusammenarbeit mit Mitgliedern der Abou Chaker-Familie ist für die Entwicklung Bushidos nicht erst seit der Übersiedlung nach Kleinmachnow von Bedeutung gewesen. Die Beziehung nimmt ihren Anfang als Arafat dem Rapper aus einem – für letzteren nachteiligen – Vertrag mit dem Label Aggro Berlin verhilft. Als Teilhaber der gemeinsamen Firma ‚Ersguterjunge' veröffentlichen die beiden in der Folge über ein Jahrzehnt lang gemeinsam Musik von Bushido und Künstlern aus seinem Umfeld. Gleichzeitig begeben sie sich auch in andere Geschäftszweige und profitieren von der weitreichenden Bekanntheit Bushidos sowie von der Durchsetzungsfähigkeit Arafats. Diese hilft dem Rapper etwa, in dem kompetitiven Umfeld der deutschen Rapszene die Deutungsmacht zu behalten. Da möglichen Kontrahenten bewusst ist, dass sie sich im Falle eines Konfliktes möglicherweise auch mit dem kriminellen Arm der Familie anlegen würden, kann Bushido schnell eine Vormachtstellung in der Hierarchie des deutschen Gangstarap einnehmen.

Das enge Verhältnis der beiden sowie die Konsequenzen, die sich hieraus ergeben, beschreibt Bushido im Gespräch mit der Zeit:

> „Arafat und ich sind über die Jahre auf eine Weise zu Freunden geworden, dass wir gemeinsam auf einem 16 000-Quadratmeter-Grundstück leben, dass unsere Frauen und Kinder befreundet sind. Wenn mich also heute jemand bedroht, dann kommt Arafat. Weil er ohne Wenn und Aber hinter mir steht und weil alle Leute, die zu seinem Umfeld gehören, bedingungslos hinter mir stehen, heißt es: Dafür muss Bushido

zahlen. Dass ich aufgrund eines gewissen Status, den ein Freund von mir hat, bestimmte Vorteile genieße, das will ich nicht bestreiten" (Haas/Weisbrod 2014).

Seine Verbindungen in die Kriminalität eröffnen für Bushido auch eine künstlerisch-ästhetische Komponente. Dass Bushido etwa den mittlerweile wegen Anstiftung zum Mord zu lebenslänglicher Haft verurteilten Hells Angel Kadir Padir in seinem Video zum Song ‚Mitten in der Nacht' als Boxer auftreten lässt, unterstreicht die Glaubwürdigkeit seiner Inszenierungen. Dieses „alte Spiel mit der Kunstfreiheit" (Wiele 2014) wird von der Presse immer wieder kritisch thematisiert, „weil Bushidos Person dann gelegentlich sehr wohl in der Rolle aufzugehen scheint", wie eine aufsehenerregende Reportage im Stern über seine Verbindungen zur libanesischen Mafia nahelegte oder eine jüngst gegen ihn erhobene Anklage wegen Körperverletzung.[181]

Nach einer Weile, und wohl auch bedingt durch den Einfluss von Bushidos Ehefrau Anna-Maria Ferchichi, die sich den Weisungen von Arafat nicht länger unterordnen wollte, nimmt das Verhältnis der beiden Familien immer mehr Schaden. Die Anordnung Arafats, Bushidos verstorbene Mutter nach islamischen Bräuchen – das bedeutet unter Bedingungen von Geschlechtertrennung während der Zeremonie – zu beerdigen, kritisiert Anna-Maria im Gespräch mit der Frankfurter Allgemeinen Zeitung: „Ich hatte die Mutter meines Mannes bis zum Schluss gepflegt, und jetzt durfte ich nicht mit meinem Mann zusammen an ihrem Grab stehen. Stattdessen standen da irgendwelche Rocker und halb Neukölln" (Frankfurter Allgemeine Zeitung 2018).

Grundsätzliche Probleme, die den Alltag zwischen den Ferchichis und den Abou Chakers prägten, beschreibt auch Bushido in der Zeitung die Welt: „Es war nicht so, dass ich 20 Jahre meine Klappe gehalten habe. Es gab oft Auseinandersetzungen zwischen uns. Akut war es 2015, da war für mich klar, es gibt kein Zurück mehr. Ich musste bereit sein, das wirklich durchzuziehen, weil ich wusste, dass es sehr anstrengend werden wird. So war und ist es auch" (Reich 2019). Derart öffentliche Kritiken und Auseinandersetzungen, so zumindest die Darstellung in den Medien, lässt Abou Chaker nicht auf sich sitzen und plant einen Säureanschlag auf Anna-Maria sowie die Entführung der Kinder des Paares (Eder 2019). Doch damit nicht genug: Im abgehörten Gespräch mit Arafat äußert der Rapper Shindy den Vorschlag, „die Alte" – gemeint ist Anna-Maria – „umzulegen" (Backes/Dahlkamp 2019). Ob Anfeindungen dieser Art in Zukunft der Vergangenheit angehören sollen, ist unklar. Dafür spricht jedoch, dass sich Bushido mit Ashraf Remmo einen neuen Kompagnon aus dem Feld der organisierten Kriminalität gesucht haben soll, der nun für seinen Schutz verantwortlich ist (vgl. ebd.). Dass Bushido unter diesen Bedingungen seinem Beruf als (ostentativ

181 Für die Reportage siehe Gantenbrink/Rauss (2018).

staatsfeindlicher) Gangstarapper weiter nachgeht, provoziert im deutschen Feuilleton eine Menge Widerspruch: „Der deutsche Rechtstaat", so klagt Eder (2019a), „muss einiges ertragen: Zum Beispiel einem Rapper Polizeischutz zu geben, während der vor Gericht dafür kämpft, Polizisten als ‚Drecksbulle' bezeichnen zu dürfen."

Was wir hier erleben, ähnelt einem astreinen Mafia-Roman – nur eben, dass es kein Roman ist, sondern – medial inszenierte – Realität. Untersuchen wir die Inszenierung auf die im Rahmen des vorliegenden Buches fokussierten Implikationen, erkennen wir eine Zentralstellung des Topos der migrantischen Aufsteigermännlichkeit, wie wir sie in Kapitel 6 kennengelernt haben: Die Schwierigkeit, es unter Bedingungen eines niedrigen sozioökonomischen Status und mit (sichtbarem) Migrationshintergrund ‚zu etwas zu bringen' steht im Zentrum von Bushidos Selbstinszenierung. Während es hier am Anfang noch um den Erwerb teurer Autos und das Protzen mit Luxusgegenständen ging, rückt Bushidos habituelle Entwicklung schnell ins Zentrum der öffentlichen Aufmerksamkeit. Im Laufe der Jahre wird diese Inszenierung immer größer und voraussetzungsreicher. Bushidos Kampf um Zugehörigkeit zum Milieu der bürgerlichen Oberschicht wird hier zum kulturindustriell inszenierten Familiendrama und trägt als Kritik der neoliberalen Postmigrationsgesellschaft streckenweise Züge des epischen Theaters.

8.5 Berichte über Gangstarap als Exotisierung von Fremdheit und Prekarität

Eine dritte typische Form der Darstellung von Gangstarap im deutschsprachigen Feuilleton vollzieht sich als Exotisierung von Fremdheit, Devianz und anderen prekären Lebenslagen. Gemeinsam ist diesen Formen der Berichterstattung, dass sie Gangstarap vom Blickpunkt des Feuilletonjournalismus – das heißt grob unter den moralischen und alltagsweltlichen Prämissen eines liberal-progressiven Milieus – gewissermaßen als Schlüsselloch in eine andere Welt behandeln. Diese voyeuristische Form der Auseinandersetzung ist prinzipiell schon bekannt aus dem sogenannten ‚Unterschichten TV' oder einem von Loic Wacquant (2010: 206) als ‚Law and Order Porn' bezeichneten Fernsehgenre, das – ähnlich dem Ritual der öffentlichen Hinrichtung im Mittelalter – das Absitzen von Gefängnisstrafen theatralisiert. Die Exotisierung der Bildwelten des Gangstarap folgt diesem Prinzip der kulturindustriellen Vermarktung.

Die Vermarktung von Gangstarap als exotischer Popkulturform lässt sich mit Andreas Reckwitz (2017: 298) nicht zuletzt als Ausdruck eines singularistischen Lebensstils in der Gesellschaft der Spätmoderne interpretieren. Dieser Lebensstil zeichnet sich dadurch aus, dass er „der neuen Mittelklasse", die als Hauptadressatin der Feuilletonberichterstattung gelten kann, „die gesamte Welt-Kultur aller

Orte, Zeiten und sozialen Herkünfte als verfügbare Ressource für die eigenen Selbstverwirklichungswünsche" eröffnet. Dieser „Kulturkosmopolitismus", so Reckwitz (ebd.) weiter, impliziere eine „De-jure-Gleichberechtigung kultureller Elemente", welche bewirke, „dass klassische Grenzen des kulturell Wertvollen aufgelöst werden, insbesondere die zwischen Gegenwärtigen (Modernem) und dem Historischen, zwischen Hochkultur und Populärkultur sowie zwischen der eigenen Kultur und der fremden." Die Adaption von Gangstarap als exotischem Kulturelement[182] kann bewundernd, ironisch oder als Mischform erfolgen. Entsprechende Vorlagen bietet die Thematisierung des Feuilletonjournalismus in zahlreicher Weise.

Besonders in der Frühzeit des Genres wurden Journalist*innen nicht müde, die Verbindung seiner Protagonisten in die prekären Halbwelten zu betonen. „Eine Musik", so führt Gross (2005) im Feuilleton der Zeit aus, „steht zur Verhandlung, die nicht gecastet ist, sondern polarisiert, Verrohungsdebatten und Indizierungen inklusive." Als eine der ersten deutschen Gangstarapper steht im Fokus dieser frühen Beiträge neben Bushido auch dessen Labelkollege Sido – beide stehen unter Vertrag bei Aggro Berlin. Diesbezüglich führt Gross (ebd.) weiter aus: „Dealer, Eckensteher und Pitbull-Halter geisterten durch das Video zu seiner gerappten Sozialstudie ‚Mein Block', und plötzlich war es, als habe sich die Tür zu einer Unterwelt geöffnet, in der Gestalten namens King Orgasmus One, Prinz Porno oder Der Soziopathe ihr Unwesen treiben."

Die Exotisierung deutschen Gangstaraps funktioniert – wie die anderen Darstellungen auch – mit dem Krisendiskurs um migrantische Männlichkeit und Delinquenz in sogenannten Brennpunktstadtteilen. Nicht nur gefährlich, sondern irgendwie verrucht und interessant erscheinen diese als Gegenwelten einer bürgerlichen (Kleinstadt-)Idylle: „Plötzlich war deutscher Rap nicht mehr niedlich, wie jener der Fantastischen Vier, sondern öffnete ein Fenster in eine Welt, in der es Rütli-Schulen gab und eine neue Unterschicht, die nicht mehr still sein wollte, sondern stolz, laut und schmutzig" (Greiner 2010).

Als erste deutsche Genrevertreter mit größerer Bekanntheit wurden anfangs vor allem die Rapper von Aggro Berlin auf eine entsprechende Weise vom deutschen Feuilleton entdeckt und über die Inszenierung als neue ‚Popstars von Unten' einem größeren Publikum bekannt gemacht. Die Ursprungsszene von Aggro Berlin, in der die beiden Labelbetreiber Specter und Spaiche die Rapper Sido und B-Tight im Wedding aufspüren, wird mittlerweile in zahlreichen Artikeln und Reportagen rezitiert: „Sie finden die Rapper in einer Sozialwohnung ohne Heizung, zu acht, zwischen Sperrmüllmöbeln und vollen Aschenbechern. Dort sit-

---

182 Ganz neu ist diese Dynamik übrigens nicht: Dass „schwarze Ghetto-Kultur in die weiße Postmoderne erfolgreich inkorporiert worden" sei, bemerkt Neckel (1997: 263) bereits Ende der 1990er Jahre.

zen sie, ungewaschene Pullis übereinandergezogen gegen die Kälte, Joints im Mund“ (Greiner 2010). Die prekären Verhältnisse, unter denen die beiden dort wohnten, beschreibt auch Sido im Interview mit der Süddeutschen Zeitung:

> „Eine Ein-Zimmer-Wohnung mit einem Freund für 180 Mark im Wedding. Toilette war draußen im Treppenhaus. Wenn wir nachts schliefen und die Chips-Tüte neben dem Bett vergessen hatten, sind wir aufgewacht, weil Mäuse neben unseren Köpfen um die letzten Krümel in der Tüte kämpften. Ich muss euch ganz ehrlich sagen, ich habe Hunger gehabt. Ich habe mich eine ganze Woche von einer Stange Toastbrot ernährt, ein paar Zwiebeln drauf. Und für mich ist es jetzt ein gutes Gefühl, dass ich keinen Hunger mehr haben muss. Was mir in den Sinn kommt, kann ich essen. Wie man leider auch merkt. (Legt seine Hand auf seinen Bauch)“ (Conradi 2011).

Die Spannung ihres ambivalenten Verhältnisses zu den Gangstarrappern lösen JournalistInnen immer wieder im Wege über Ironie und Süffisanz in der Darstellungsform, so etwa in der Titelstory des Spiegels Anfang 2020 (vgl. Backes et al. 2020):

> „Zu den ewigen Themen des Gangsta-Rap gehört deshalb die Herkunft (von ganz unten), der selbst gemachte Aufstieg (steil, aber hart), das Rapperleben (geil, aber hart). Als weiteres Textinventar tauchen auf: Frauen (Schlampen, Nutten, Groupies), Autos (Mercedes, Maserati, Lamborghini), Autoteile (Felgen ab 22 Zoll), Goldschmuck (Rolex, Halskette), Drogen (Koks, Marihuana), Waffen (Glock, Makarov). Ansonsten wäre da noch zu nennen: die Einstellung zur Gewalt (muss sein), zur Kriminalität (super Geschäft), zur Polizei (alles Bastarde), zur Strafjustiz (reine Folklore), zum Gefängnis (beste Schule), zu anderen Rappern (diese Lutscher), zu kriminellen Clans (meine Brüder).“

Eine ähnliche Form der beängstigt-beeindruckten Betrachtung findet sich in aktuellen Berichten, etwa wenn Praun (2019) den Raper GZUZ in der Welt als „eine dieser Figuren“ bezeichnet, „die wir bewundern, vor der wir uns aber auch ein bisschen fürchten.“ In ähnlicher Manier fragen Gantenbrink und Roß (2017) den Bonner Rapper Xatar, der eine klassische Musikausbildung genoss, im Stern-Interview: „Sie geben sich zwar als Asi, aber Sie können die Mondscheinsonate spielen.“

Häufig nimmt die Berichterstattung über Gangstarap im Feuilleton auch eine offen spöttische Form an. Während die Darstellung von Gangstarap als Bedrohung (vgl. Abschnitt 8.2.1.) die Schädlichkeit und das aus ihr entstehende Risiko für den gesellschaftlichen Zusammenhalt betont, das von Gangstarap ausgeht, findet sich gleichzeitig eine Reihe von Beiträgen, die zuvor ähnliche Motive aufgreifen, diese jedoch weniger ernst zu nehmen scheinen. Ein Beispiel hierfür findet sich etwa bei Dürrholz (2018), die sich über die ostentative Bösartigkeit vieler Genrevertreter sowie deren körperliche Erscheinung amüsiert:

„Im Video zu ‚In die Unendlichkeit' sieht man natürlich vorrangig Farid Bang oder Kollegah, wie sie, von Muskeln inzwischen so zugepackt, dass sie vermutlich nicht einmal mehr den Kopf zur Seite drehen können, im Halbdunkeln mit todernstem ‚Ich bin der böseste Rapper der Welt'-Gesichtsausdruck in die Kamera schauen und textsynchron die Lippen bewegen (wenigstens die können sie noch rühren)."

Inhaltlich ernst zu nehmen sei das, so Gerhardt (2019), alles nicht: „Wer seine Eltern mit popkulturellem Wagemut erschrecken will, kommt heute nicht mehr an dieser Musik und ihrer harten Gangart vorbei." Wenn es, so Rabe (2015), im Gangstarap überhaupt irgendwas Lustiges zu bieten hätten, dann höchstens unfreiwillig: „Gangster-Rap-Texte klingen nämlich – läse man sie etwa irgendwo nur auf einem Blatt Papier – oft wie ihre eigene Parodie: „Ich ficke Eure Mütter / und die Schwiegermütter auch."[183]

Ein bemerkenswertes Fazit zieht schließlich Rossbach (2005):

„Bei allem Überdruß an den sogenannten F-Worten – schlecht ist es nicht, was einige deutsche Rapper auf CDs pressen. Es ist natürlich auch Stumpfsinn dabei, die ewigen Ghettokind- Geschichten und Prahlereien können einen ermüden. Aber einer wie Sido reimt mit Wortwitz und Selbstironie die verrücktesten Geschichten. Auch bei anderen knallt der Beat, rocken die Samples, funktioniert der Fluß. Gossenlyrik."

Der Exotisierung von deutschem Gangstarap möchte ich mich im Folgenden genauer widmen, indem ich den Song ‚Ich hab Polizei' von Jan Böhmermann analysiere.

Exotisierung von deutschem Gangstatap – Der Fall von Haftbefehl und Jan Böhmermann

Eine besondere Faszination – nicht unähnlich der, die es für die verwehrte Verbürgerlichung Bushidos kultiviert hat – findet sich im deutschen Feuilleton für die Erscheinung des Rappers Haftbefehl. Wie bereits in Kapitel 4.2. dargelegt, verwendet der Frankfurter Rapper in seinen Texten einem spezifischen Straßenslang, der sich aus verschiedenen Landessprachen sowie Ausdrücken aus dem Kriminellenjargon zusammensetzt. Dieser „babylonische Straßenslang – geprägt

183 Warum das so ist, erklärt er leider nicht. Können Gangstarapper etwa keinen Humor haben? Ein ähnliches Beispiel findet sich in einem Interview von Bushido mit der Tageszeitung (Helbig 2003), in dem er erklärt: „Wir haben Männerhandys aus Titan, zum Aufklappen, Geld und Erfolg, so was riechen die Weiber." Dies erscheint in der Darstellung der Journalistin als etwas absurd Machistisches, ließe sich gleichzeitig aber durchaus auch als selbstironische Referenz interpretieren.

von jugoslawischen, arabischen und türkischen Begriffen aus den Milieudialekten deutscher Vor- und Innenstädte“ (Holl 2017) hat unter den deutschen Kulturjournalist*innen rege Begeisterung ausgelöst, die auch in folgendem Zitat von Peikert (2015) aus der Frankfurter Allgemeinen Zeitung zu Tage tritt: „Seine Songs sind clubtauglich, seine Kunst, Deutsch, Türkisch, Zazaisch (die Sprache seines Vaters), Englisch und Arabisch zu mischen, so dass sich am Ende alles korrekt hört, ist wirklich groß.“[184]

Die besondere ästhetische Note in Haftbefehls Schaffen gewinnt ihre Bedeutung freilich nicht abseits des ‚Kerngeschäftes‘ von Gangstarap. Im Interview mit der TAZ beschreibt der Rapper Erinnerungen an seinen Einstieg in den Rauschgifthandel als Teenager und die „offene Drogenszene auf dem Offenbacher Marktplatz, wo früher zwischen fünfzig und neunzig Dealer standen“ (Aydemir 2014). Um die Härte des Alltagslebens dort zu beschreiben, erklärt er gegenüber dem Spiegel, dort am Bahnhof in Offenbach trage „jeder Zweite ein Messer“ (Rapp/Oehmke 2014). Und auch seine spätere Wirkungsstätte, das Frankfurter Bahnhofsviertel, erfährt im Spiegel-Artikel ‚Der Babo von Frankfurt‘ eine reißerische Darstellung: „Nirgendwo prallen die sozialen Widersprüche so unvermittelt aufeinander wie hier, nirgendwo sind Hochfinanz und Verbrechen, koksende Investmentbanker und heroinspritzende Junkies so nah beieinander wie im Schatten der Bankentürme. Nirgendwo lässt sich so gut über dreckiges Geld rappen wie in Frankfurt“ (Rapp 2013).

Haftbefehl ist mit seinem Stil und seinem Auftreten also weit über die Gruppe der Fans von Rap und Gangstarap hinaus bekannt und beliebt. Angesichts seiner großen Popularität verwundert es daher wenig, dass der Kölner Comedian Jan Böhmermann Ende 2015 seine Persiflage ‚Ich hab Polizei‘ unter dem Pseudonym POL1Z1STENS0HN veröffentlichte.

Der Song, in dem Böhmermann seinen Bezug zur Polizei über vier Strophen hinweg in humoristischer Form erläutert, lebt von einer Mehrdeutigkeit seiner Form und Aussagen. Dies stellt sich gleich zu Beginn der ersten Strophe am Beispiel der von Böhmermann benannten Limousine heraus. Tatsächlich sind die meisten Polizei-PKW, außer den Kombis, Limousinen – auch wenn sie ästhetisch nicht den Präferenzen entsprechen, die in Gangstarap-Songs gegenüber Autos aus dem Premium-Segment formuliert werden. Rapstil und Ausdrucksweise orientieren sich – wie beim Auslassen von Artikeln – am migrantisch geprägten Straßenslang und hier insbesondere an der für Haftbefehl typischen Phonetik.

184 Wie bereits erwähnt, avancierte der von Haftbefehl in seinem Song ‚Chabos wissen, wer der Babo ist‘ geprägte Ausdruck ‚Babo‘sogar zum Jugendwort des Jahres 2013.

Strophe 1:

Achtung, muck nicht, sonst hol' ich Polizei
Fährt mit Limousine bei dir zu Haus vorbei
Stehenbleiben, Beine breit, Ausweis dabei?
Hast du was dagegen? Ruf doch Polizei
Polizei kommt, du wechselst Straßenseite
Haust du ein Polizei kaputt, kommen fünfundzwanzig neue
Muskelottos fuchteln mit Butterflys und freuen sich
Doch Polizei hat Panzer und P99
Polizei darf bei rot über Ampel fahren
Du bist Räuber, Polizei ist Gendarm
Brichst du Gesetz, bricht dir Polizei die Beine
Ich wähl' 110, dann lernst du was ich meine

Refrain:

Du hast gut trainiert?
Ich hab' Polizei
Du hast deine Maschtis?
Ich hab' Polizei
Du hast ein Problem?
Ich hab' Polizei
Du hast Schreckschusspistole, ich hab' Polizei
Ich hab', ich hab', ich hab', ich hab', ich hab' Polizei
Ich hab' Polizei, ich hab', ich hab' Polizei
Ich hab', ich hab', ich hab', ich hab', ich hab' Polizei
Ich hab' Polizei
Ich hab', ich hab' Polizei

Strophe 2:

Nix Hurensohn, Polizistensohn mein Schatz
Ich owne Polizei, denn ich zahl' Höchststeuersatz
Fünf Tonnen Koks in der Asservatenkammer
Polizei Partypower fickt Michael Ammer
Polizei hat Pferde und Pferdeschwänze
Flieh doch, Polizei wartet schon an der Grenze
Polizei kennt von jeden BMW den Fahrzeughalter
Guck mal am Gürtel da, mein Gott, Walther
Polizei fickt dich böser Junge und deine Gangsta-Ehre
Denn Polizei, hat Maschinengewehre
Nachtsichtgeräte, Wasserwerfer, Helikopter
Und für Blutentnahme, hat Polizei sogar ein Doktor
Du gehst mit Pitbull, Gassi-Gassi-Runde

Polizei hat in Kaserne hundert Zwinger voll mit Kampfhunde
Heul doch, du Hanswurst, in deiner WhatsApp-Gruppe
Denn ich hab' Polizei, beste Schlägertruppe

Refrain:

Du hast gut trainiert?
Ich hab' Polizei
Du hast deine Maschtis?
Ich hab' Polizei
Du hast ein Problem?
Ich hab' Polizei
Du hast Teleskopschlagstock, ich hab' Polizei
Ich hab', ich hab', ich hab', ich hab', ich hab' Polizei
Ich hab' Polizei, ich hab', ich hab' Polizei
Ich hab', ich hab', ich hab', ich hab', ich hab' Polizei
Ich hab' Polizei, ich hab', ich hab' Polizei

Strophe 3:

Ich ruf' Polizei, Polizei sofort zu Stelle
Kelle raus, Handschelle, gute Nacht, Gewahrsamzelle
Hast du große Fresse, zack
Gehst du Knast, nicht mehr frei
Heb mal bitte Seife auf
Der Boss im Knast heißt Polizei
Polizei ist höflich und immer korrekt
Polizei belauscht heimlich dein LIDL Connect
Polizei macht nur, was Polizei will
Und wenn du dich beschwerst, glauben alle Polizei
Wenn du bisschen frech wirst, holt Polizei SEK
Polizei funkt kurz, tatütata, Verstärkung da
BePo aus Bayern, BePo aus Sachsen
Kommen im VW-Bus, brechen dir Beppo die Haxen
Lutsch am Tonfa, Opfer
Jetzt siehst du Sterne
Widerstand zwecklos, Polizei haut gerne
Mund auf, Augen zu, da fliegen deine Goofies
Liegst schneller flach, als Gina-Lisa auf Roofies
Polizei hat Kommissare, Uniform und Martinshorn
Polizei hat nie Aua, denn Polizei hat Protektoren
Pfefferspray in Auge, Arm verdreht, Polizei hat Spaß
Und das allerbeste ist, Polizei darf das

Refrain:

Du hast gut trainiert?
Ich hab' Polizei
Du hast deine Maschtis?
Ich hab' Polizei
Du hast ein Problem?
Ich hab' Polizei
Du hast nasses Höschen, ich hab' Polizei
Ich hab', ich hab', ich hab', ich hab', ich hab' Polizei
Ich hab' Polizei, ich hab', ich hab' Polizei
Ich hab', ich hab', ich hab', ich hab', ich hab' Polizei
Ich hab' Polizei, ich hab', ich hab' Polizei

Strophe 4:

Polizei hat Richter und Staatsanwaltschaft
Kriminalpolizei untersucht in Untersuchungshaft
Polizei hat Blaulicht, Polizei ist Staatsgewalt
Polizei hat letztes Jahr sieben Leute abgeknallt
Polizei hat Boote, Polizei hat Tränengas
Polizei heißt Torsten, Melanie und Thomas
Polizei sperrt dich ein im Polizeikeller
Polizei ist dein Feind, Polizei ist mein Helfer

Indem er das ritualisierte Imponiergehabe des Eckstehermilieus („Muskel-Ottos") mit dem Gewaltpotenzial der staatlichen Ordnungsmacht vergleicht, bedient sich Böhmermann eines klassischen Stilmittels des Battle-Rap. Da er jedoch die öffentliche Gewalt mit demselben – vulgären – Schema darstellt, wie es in den popkulturellen Repräsentationen des kleinkriminellen Eckstehermilieus üblich ist, fügt er seinen Ausführungen eine staatskritische Dimension hinzu, die er im weiteren Verlauf des Textes noch weiter ausführt.

Als Polizistensohn – der er tatsächlich ist, weil sein Vater im Polizeidienst tätig war – beansprucht Böhmermann in der zweiten Strophe Immunität gegenüber unflätigen Beleidigungen („Nix Hurensohn!"). Die Angabe, genauso er über die Polizei verfügt, weil er den Höchststeuersatz bezahlt, vermittelt erneut eine semantische Doppelbödigkeit. Während er sich in der Form (Parodie) und über Teile des Inhalts (als Zahler des Höchststeuersatzes gehört er zum privilegierten Teil der Bevölkerung) vom Feld des Gangstarap abgrenzt und ihn in Lächerliche zieht, lassen sich die Zeilen gleichzeitig als Kritik einer klassenpolitischen Tendenz der Exekutive interpretieren, etablierte Interessen zu schützen und Schwache zu missachten und zu unterdrücken. Dass der Topos des Polizisten in zahlreichen Gangstarap-Texten als Feindbild auftaucht und die Kritik an Polizeigewalt hier immer wieder zur Sprache kommt, wird in Böhmermanns Text also gleichzeitig bestätigt und verballhornt. Entsprechend transzendent-uneindeutige Darstellungen finden sich auch im Nebeneinander milieuspezifischer Besonderheiten (Pitbull vs. ‚Mein Gott Walther" – wobei ‚Walther' hier sowohl für den Namen als auch für die Schusswaffenserie sowie eine Mike-Krüger-Referenz steht, die den Kontrast zwischen profaner Unterhaltung und dem harten Lebens als kriminellen ironisiert).[185]

In der „Grauzone zwischen ernstgemeinter Sozialkritik und künstlerischer Übertreibung" (Zwinscher 2015a) organisiert Jan Böhmermann in seinem Song einen Kulturtransfer vom HipHop- und Gangstarap-Kosmos in den Bereich der Mainstream-Comedy. Im Sinne von Andreas Reckwitz' These des Kulturkosmopolitismus führt er Elemente der Kultur prekärer Unterklassen dem kulturellen Repertoire der akademischen Mittelklasse zu. Als Accessoire einer Hyperkultur verspricht das Hören von Gangstarap aufregende Rezeptionserlebnisse und einen Distinktionsgewinn. Offen, so wenden mit Güngör und Loh (2017: 219) zwei kritische Beobachter entsprechender Tendenzen ein, bleibt dabei die Frage, „ob diese Form als Ausdruck migrantischen Empowerments gesehen werden kann oder ob sich hier die Gangsta-Rapper nicht lediglich als Stichwortgeber der konsumistischen Mehrheitsgesellschaft andienen, die sich mit den exotischen Codes eines prekären Milieus schmückt".

8.6 Subversion in der Berichterstattung über deutschen Gangstarap

Wir haben mit der Bedrohung, der verwehrten Verbürgerlichung und der Exotisierung drei Formen der Berichterstattung kennengelernt, die jeweils bestimmende Merkmale des Gangstarapgenres fokussieren. Während die Darstellung von Gangstarap als Bedrohung auf Risiken für den gesellschaftlichen Zusammenhalt abhebt, hebt die zweite Form unter Bezug auf die im Genre dargestellten Lebensrealitäten auf die Verwehrung einer bürgerlichen Existenz ab. Die mediale Exotisierung befördert schließlich eine Einpassung der kulturellen Repräsentationen des Genres ins symbolische Repertoire einer Hyperkultur der akademischen Mittelklasse. Diesen drei Darstellungsformen ist gemein, dass sie die gesellschaftspolitischen Implikationen, die ich in den vorherigen Kapiteln unter Bezug auf Theorieelemente der Cultural Studies sowie aus einer intersektionalen

185 Man könnte das jetzt noch weiter interpretieren – etwa entlang der Frage, warum es Böhmermann augenscheinlich so wichtig war, mit Hilfe seiner Redaktion und ein paar aufgeweckten Gag-Schreibern über vier Strophen hinweg zu verdeutlichen, dass ja nun eigentlich er – der Comedian aus dem Öffentlich-Rechtlichen – den viel besseren, interessanteren, usw. Beobachter, Rapper, Kulturkritiker, usw. darstellt. Für unsere Zwecke ist das glücklicherweise nicht nötig.

Perspektive auf die Wechselwirkungen zwischen Klasse, Ethnizität, Geschlecht und Körper herausgearbeitet habe – wenn überhaupt – nur sehr selektiv in Betracht ziehen. Gangstarap wird hier – eher im Sinne der Kritischen Theorie – dargestellt als mal eher bedrohlicher und mal eher kurioser Unterhaltungsgegenstand einer Kulturindustrie, die – im Sinne Adornos[186] – „das Entsetzliche noch irgendwie konsumierbar machen" kann.

Es stellt sich vor diesem Hintergrund die Frage, unter welchen Bedingungen eine Berichterstattung, die die Lebensrealität der Rapper ernst nimmt, ohne sie als Bedrohung darzustellen oder zu exotisieren, überhaupt möglich ist. Als letzten Typus der Thematisierung möchte ich drei Unterformen der Berichterstattung unterscheiden, im Zuge derer dieses Prinzip – auch durch die Rapper selbst – außer Kraft gesetzt wird

Eine erste Form stellt hierbei die schlichte Zurückweisung zugeschriebener Verantwortung durch die Rapper dar. So äußert sich Bushido gegenüber dem Stern zu den Vorwürfen, er würde mit aggressiven, geringschätzigen Texten zur Verrohung der Jugendlichen beitragen wie folgt: „Ich bin nur ein Spiegelbild der Wirklichkeit. Gehen Sie mal auf einen x-beliebigen Schulhof in Berlin. Da sprechen die Kids so. das ist Alltag" (Ross 2018).

Indem Bushido sich hier öffentlich und in den Medien der Mehrheitsgesellschaft gegen die landläufige These positioniert, dass Gangstarapmusik gesellschaftszersetzend wirkt, eignet er sich gegenüber dem Krisendiskurs um deutschen Gangstarap selbst Deutungsmacht an. Eine ähnliche Positionierung finden wir im Fall von Fler, der sich auf die Geschehnisse beim ECHO bezieht, um seinen Freund Farid Bang zu verteidigen. Fler zufolge ist die Auschwitz-Zeile als simpler Trashtalk zu verstehen. Er sagt: „HipHop ist nicht lieb, das ist die Musik der Unterschicht. So redet man auf der Strasse. Bei uns gibt's keine Political Correctness. Wer aus der Scheisse kommt, der muss hart sein. Campino und diese ganzen pseudolinken Gutmenschen haben das nie kapiert" (Neff et al. 2018).

Auf den konkreten Vorwurf des Antisemitismus an Farid Bang, reagiert Fler (ebd.) derweil differenziert: „Das ist geschmacklos, aber Farid ist kein Antisemit. Er kann nichts dafür, was damals passiert ist. Er nimmt das Bild, und er schockiert damit. Das ist absurd. Das ist Kunst. Das ist kein Judenhass." Und weiter: „Manchmal geht es wirklich zu weit. Man braucht aber nicht die Moralkeule auspacken und jammern, dass wir uns nicht so benehmen wie an der Uni." Die Aussagen beim ECHO, so Fler, gewännen also ihre Bedeutung im Referenzsystem

186 Diese Formulierung stammt aus einem Interview mit Adorno in einer Arte/SWR-Dokumentation mit dem Titel „Wer denkt, ist nicht wütend" von Meinhard Prill und Kurt Schneider. Entsetzlich sind in diesem Zusammenhang nicht (nur) die Gangstarapper, sondern vor allem die eklatanten Ungleichheitsverhältnisse einer Gesellschaft, deren Produktivkräfte einen allgemein weit höheren Lebensstandard zuließen.

der HipHop-Kultur und damit nicht etwa im breiteren Zusammenhang der deutschen Erinnerungs- und Sprachpolitik.

Diese Programmatik des Unterlaufens hegemonialer Schemata der Kultur(-industrie) ist im Kontext des HipHop nicht neu. Die migrantische Gruppe Kanak Attack etwa kritisierte die Kommerzialisierung und Exotisierung von (Gangsta-)Rapmusik bereits in den früher 1990er Jahren. Während die „Spürhunde der Kulturindustrie" (Kanak Attack 1998) auf der Suche nach aufsehenerregenden Posen und Motiven authentische Inhalte nur insofern zu schätzen wüssten, als sie diese denn für marktgängig hielten, fänden sich hierunter auch immer wieder eigensinnige Äußerungen von Rappern – so zum Beispiel diese hier von Haftbefehl (auf die Frage, ob er sich in Deutschland denn nicht fremd fühle): „Ich fühle mich nicht fremd in Deutschland. wie sollte ich auch? Ich habe dieses Jahr 100.000 Euro Steuern gezahlt" (Biazza 2018).

Eine andere Variante, hegemoniale Berichterstattung zu unterlaufen, zeigen die Rapper Xatar und Haftbefehl im Interview mit der ZEIT. Hier findet sich der folgende Dialog:

> „ZEIT: Sie beide sind, vor allem mit dem jeweils letzten Album, richtiggehende Lieblinge des Feuilletons und der linksliberalen Boheme der deutschen Großstädte geworden. Wie erklären Sie sich das?"
> „Haftbefehl: Feuilleton? Was ist das nochmal?"
> Xatar: Das ist doch ganz einfach. Wir haben viel Mist erlebt. Wir hatten eine toughe Kindheit. Viele Menschen in Deutschland sitzen ihr Leben lang nur vor dem Fernseher. Die erleben nichts. Ich glaube, dass wir von Seiten von Deutschland erzählen, von denen viele nichts wissen. Wer in einer Bonzengegend oder in einem Dorf wohnt, der kriegt doch von den wahren Zuständen in diesem Land nichts mit.
> Haftbefehl: Merkst du das, Brudi? Wir werden hier gerade feuilletonisiert."

Während Xatar einerseits auf die sozialen Verwerfungen verweist, die den gesellschaftlichen Nährboden für die im Gangstarap thematisierte Devianz bilden, unterläuft Haftbefehl den Vorgang Exotisierung, indem er ihn gleichermaßen scherz- und ernsthaft offenlegt.

Eine andere Variante, die Berichterstattung des Feuilletons in Frage zu stellen, wählt in der Vergangenheit immer wieder der Rapper Fler, indem er Journalist*innen mit Hausbesuchen und Gewalt bedrohte. Im Gespräch mit der Frankfurter Allgemeinen Zeitung (Eder 2019b) erörtert er diese Vorgehensweise wie folgt:

> „ZEIT: Kürzlich haben Sie wieder eine Gefährderansprache der Polizei erhalten, weil Sie einen Journalisten bedroht hatten. Kommen Sie mit Kritik nicht klar?
> Fler: Ich rege mich über jeden auf, der denkt, dass ihn das Internet vor der Realität schützt.

Z: Aber es ist doch die Aufgabe von Journalisten, das Werk oder Handeln öffentlicher Personen zu kritisieren.
F: Es wird nicht kritisiert, es wird geurteilt, ohne mit mir zu sprechen. Dabei stellen sich die Leute über mich und wollen sich dadurch profilieren, dass sie mich niedermachen. In ihrer sozialen Schicht werden sie dafür gefeiert. Das lasse ich mir nicht gefallen. Wer mich beleidigen will, kann das gerne machen, wenn er vor mir steht. Ansonsten komme ich zu ihm.
Z: Es geht doch nicht um Beleidigungen. Wenn eine Journalistin findet, dass ein Lied von Ihnen sexistisch ist, dann ist es doch ihr Recht, das aufzuschreiben.
F: Nein, das ist nicht ihr Recht. Sie ist nicht qualifiziert dafür, weil sie keine Ahnung von Hip-Hop hat. Wenn ich einen Song über Frauen mache, reduziere ich mich auf meine Sexualität und nicht die Frauen. Wir sind eine Subkultur, wir sind keine Popkultur. Nur weil ihr unsere Musik konsumiert, heißt das nicht, dass ihr ein Mitsprecherecht habt."

Gegen die Deutungsmacht des Feuilletons wehrt sich Fler auch hier, indem er den Journalist*innen abspricht, verstehen zu können, worum es im Rap ginge. Das unabhängige Urteilsvermögen, das der Presse im Allgemeinen zugeschrieben und als Grundbestandteil demokratischer Öffentlichkeiten anerkannt und geschätzt wird, akzeptiert er nicht und proklamiert stattdessen, von den Feuilleton-Vertreter*innen auf klassistische Weise instrumentalisiert zu werden (womit er sich sicher nicht im Unrecht befindet).

Die sich hier bereits abzeichnende Reflexion der eigenen Position und Rolle im Produktionszusammenhang der Kulturindustrie stellt eine dritte Form der Thematisierung von Gangstarap im Feuilletonjournalismus dar. Auf die Frage, ob er nicht befürchte, dass seine „Lieder über das Feiern und Reichsein irgendwann langweilig werden" (Baum 2013), antwortet Haftbefehl in der Frankfurter Allgemeinen Zeitung:

„Solange Gucci immer neue Sachen rausbringt, habe ich auch etwas, worüber ich rappen kann. Es verkauft sich halt. Was soll ich denn jetzt machen? Wieder auf die Straße gehen, damit ich wieder etwas zu erzählen habe? Oder nach Afrika reisen, den armen Menschen helfen und darüber rappen? Mal gucken, ob sich das verkauft. Ich glaube nicht."

Den (vermeintlich) stumpfen Materialismus, den ihm Kritiker immer wieder zuschreiben, führt er damit keineswegs auf seine eigene moralische Verdorbenheit zurück. Anstatt selbst Verantwortung für entsprechend ‚falsche Bedürfnisse' zu übernehmen, erkennt er die Ursache der Fetischisierung von Marken- und Lifestyleprodukten als funktionalen Bestandteil kulturindustrieller Inszenierungen.

Die Glorifikation seines typischen Rapstils als authentisch-exotischem Stück Populärkultur kann er, wie er gegenüber dem ZEIT-Magazin äußert, hingegen gut akzeptieren:

„Als ich anfing zu rappen, war mein größter Traum, künstlerisch etwas zu schaffen, das relevant ist und bleibt. Heute bin ich stolz darauf, dass ich mit dem Slang in meinen Texten eine Sprache etabliert habe, die mittlerweile deutschlandweit akzeptiert ist. Wörter wie Babo, Chabo oder Brudi werden von Jugendlichen ganz selbstverständlich benutzt. Wenn mir die Medien deshalb attestieren, Deutschlands Dichter der Stunde zu sein, freut mich das. Es zeigt mir, dass meine Musik als das anerkannt wird, was sie ist: Kunst" (Heymann 2015).

Gleichzeitig fordert er – nun jedoch aus der legitimen Sprecherposition des Künstlers – in der Rezeption als „Straßenreporter", also ein Berichterstatter aus der Welt der Prekären und Devianten, ernst genommen zu werden (ebd.).

„Darüber sollten vielleicht auch mal die Leute nachdenken, die vor Kurzem eines meiner Alben auf den Index gesetzt haben. Meine Texte glorifizieren nichts, sie bilden nur die Wirklichkeit ab. Ich bin ein Straßenreporter. Das, wovon ich rappe, habe ich selbst erlebt. Damit sollten sich die Prüfer und die Politiker mal auseinandersetzen, statt mich zu indizieren. Gerne zeige ich denen mal, was am Frankfurter Hauptbahnhof abgeht."

Diese Aussage birgt starke politische Implikationen, enthält sie doch gleichzeitig eine Anklage an die Mehrheitsgesellschaft, soziale Probleme nicht nur erzeugt, sondern auch aus dem öffentlichen Bewusstsein verdrängt zu haben. Gangstarap, das sollte bis hierhin deutlich geworden sein, kann helfen, diese zu thematisieren. Gleichzeitig, und hierhin ist den feuilletonistischen Kriker*innen uneingeschränkt zuzustimmen, tragen die Gangstarapper mit ihrer Verbreitung menschenfeindlicher Inhalte zur kulturellen Reproduktion gesellschaftlicher Dominanzverhältnisse bei. Diese grundlegende Ambivalenz der politischen Implikationen des Genres möchte ich im nun folgenden Fazit weiter interpretieren.

Kapitel 9
Fazit: Deutscher Gangstarap als Ausdruck gesellschaftlicher Konfliktlinien

In den vorherigen Kapiteln habe ich deutschen Gangstarap – anschließend an frühere Arbeiten (vgl. Seeliger 2013; Dietrich/Seeliger 2012; Seeliger/Dietrich 2017) – als Kulturform „zwischen Affirmation und Empowerment" dargestellt. Als Phänomen der pluralen Gesellschaft steht Gangstarap damit exemplarisch für die Ambivalenzen der Moderne insofern hier Spannungen zwischen Hoch- und Popkultur, Migrationsgesellschaft und Nationalitäten, wirtschaftlichen Erfolgen und künstlerischem Anspruch, strafrechtlich verfolgbaren Beleidigungen und gesellschaftlicher Diskursfähigkeit deutlich zum Tragen kommen.

Um diese Ambivalenzen erfassen und in ihrer gesellschaftspolitischen Wirksamkeit einordnen zu können, habe ich in diesem Bereich zwei theoretische Blickwinkel kombiniert, aus denen wesentliche Aspekte des Phänomens deutschen Gangstaraps als besonders relevant erscheinen. Der Kritischen Theorie der Frankfurter Schule habe ich die These entliehen, dass Popkultur soziale Dominanzverhältnisse bestätigt und so zu einer „Apologie der Gesellschaft" (Horkheimer/Adorno 1988: 153) beiträgt. In den Bildwelten des Gangstarap, so könnte ein durch diese Perspektive informierter Schluss lauten, spiegelt eine brutalisierte Kulturindustrie die sozialen Konflikte der neoliberaler Postmigrationsgesellschaft in einer verharmlosenden oder sogar verherrlichenden Art und Weise. Stereotype werden reproduziert, die in ihrer gesellschaftlichen Wirkung Identitäten in einer repressiven Weise begrenzen (Ausländer sind kriminell, Frauen sind bitches, Männer sind Bodybuilder-Helden oder Lauchs, usw.).

Eine (Kultur-)Kritik dieser Art findet sich in der hier rezipierten Literatur vor allem in den Texten Jens Balzers wieder. Gangstarap, so Balzer (2019: 158 f.), „geht es vor allem um Maskulinität und die aggressive Verteidigung der Ordnung des Patriarchats: Was den weißen Identitären die Rückeroberung der ethnisch formierten Gesellschaft ist, das ist den – wesentlich migrantisch geprägten – Identitäts-Rappern die Rückeroberung der sexuell formierten Gesellschaft." Anders als dies in der Kritischen Theorie der Frankfurter Schule üblich ist, leistet sich Balzer in seinem Buch zum Zusammenhang von Pop und Populismus den Luxus einer Utopie zur gesellschaftlichen Bedeutung der Popkultur. Um deren Pathologien und Probleme verstehen zu können, so Balzer (ebd.: 12), gelte es, „die Polarisierung in unserer gegenwärtigen Gesellschaft zu untersuchen."

Doch was hier auf den ersten Blick auf eine konfliktsoziologisch fundierte Analyse kultureller Ausdrucksformen in Relation zur gesellschaftlichen Ordnung (Verteilung von Einkommen, Reichtum und Bildung, Ortsansässigkeit, Geschlecht, Migrationshintergrund, etc.) hindeutet, bleibt tatsächlich oberflächlich. Die genannten Polarisierungen versteht Balzer (ebd.) als Polarisierung von Ideen – als „den Widerstreit zwischen ‚reaktionären' und ‚emanzipatorischen' Positionen, zwischen Vergröberung und Verfeinerung, zwischen der immer drastischer formulierten Beschwörung identitärer Weltbilder und dem immer offensiver vorgetragenen Einspruch gegen die kulturellen und sozialen Traditionen, aus denen diese Weltbilder entspringen."

Diese Sicht erscheint bemerkenswert, bezieht sie sich doch, zugespitzt formuliert, auf eine (Pop-)Kultur ohne Gesellschaft. Woher die in den Bildern der Popkultur kultivierten Ressentiments stammen, ja, warum die Vertreter einer ‚reaktionären' Kultur denn nun reaktionär sind, muss aus dieser Perspektive im Dunkeln bleiben – sie sind es eben und das ist ein Problem. Demgegenüber kultiviert Balzer (ebd.: 17 f.) ein eigenes Ideal politischer Popkultur, „die nicht im institutionalisierten Ausnahmezustand des Kampfes aller gegen alle zerfällt, in der vielmehr die Utopie einer grenzenlosen Geschwisterlichkeit herrscht, der Wunsch nach Begegnung und Überschreitung, die Sehnsucht nach der Versöhnung des Eigenen mit dem Fremden."[187]

Eine andere, nahezu konträre theoretische Sichtweise habe ich in diesem Buch unter Bezug auf eine Reihe von Vertretern der Cultural Studies etabliert. Betont die Frankfurter Schule die affirmative Wirkung der Kultur, so betonen die Beiträge aus diesem Bereich die kritischen und subversiven Potenziale der Populärkultur als Ort eines symbolischen Empowerment untergeordneter gesellschaftlicher Gruppen. Wie in Abschnitt 3.3. dargestellt, projizieren zahlreiche Positionen aus dem Feld der Cultural Studies in die Bildwelten der HipHop die Rolle einer Instanz zur Formulierung politischer Kritik an gesellschaftlichen Problemen. Neben ihrer informativen Funktion bietet HipHop-Kultur weiterhin einen Pool für die Rezipient*innen von wertvollen Orientierungsmöglichkeiten und Identifikationsangeboten.

Kombinieren wir die beiden hier skizzierten Blickwinkel, erscheinen die gesellschaftspolitischen Implikationen der Bildwelten des deutschen Gangstarap also als widersprüchlich und unklar. Entsprechendes zeigen auch die drei Befunde, welche die intersektionale Perspektive auf die Konstitutionsmodi der kulturellen Repräsentationen des Genres zu Tage gebracht hat. Indem deutscher

---

187 An anderer Stelle (ebd.: 94) lokalisiert Balzer die Möglichkeit einer solchen „Utopie im Kleinen" im exquisiten Rahmen von „Klubs wie dem Berliner Berghain". Diese funktionierten getrieben von der „Idee, dass man die Besucher und Besucherinnen in eine [...] ‚temporäre autonome Zone' versetzt, in der die Regeln und Zuschreibungen der Außenwelt bis auf weiteres nicht gelten." Während also eine kulturelle Avantgarde in den geschlossenen Räumen ausprobiert, wie die ideale Welt am besten aussehen sollte, müssen die Reaktionären, um den innovativen Prozess nicht zu stören, erstmal draußen bleiben.

Gangstarap zentrale Konfliktlinien der neoliberalen Postmigrationsgesellschaft abbildet, transportiert er sowohl affirmative oder sogar regressive, aber auch emanzipatorische Momente.

Als Austragungsort eines Kampfes um Anerkennung in der postmigrantischen Gesellschaft der Bundesrepublik Deutschland spiegelt Gangstarap erstens die stereotypen Kategorien eines Krisendiskurses um migrantische Delinquenz. Gangstarapper bedienen sich dieser Stereotype vom gewaltaffinen jungen Mann mit Migrations- und ohne Bildungshintergrund und bedienen bewusst Klischees, um über Schockeffekte und das Bedienen reaktionärer Wünsche und Phantasien Aufmerksamkeit und Bewunderung zu erzielen. Gleichzeitig erfolgt die Etablierung solcher „Gegenidentitäten als Reaktion auf mangelnde Integrationsleistungen moderner Gesellschaften" (Foroutan 2013a: 97) auch über die die Thematisierung ethnischer Ungleichheiten vor dem Hintergrund der deutschen Einwanderungsgeschichte, über die sich Gangstarapper in ihren Inszenierungen Deutungsmacht aneignen. Ihre „ethnische Ehre" (Weber 1972: 237) folgt hier wesentlich aus der Bewältigung von Hindernissen im sozialen Aufstieg.

Ambivalent stellt sich deutscher Gangstarap zweitens auch als Ausdruck der neoliberal-kapitalistischen Wirtschaftsordnung dar. Indem etwa Sido in ‚Mein Block' das Leben in der Unterschicht beschreibt, konfrontiert er die saturierte Mehrheitsgesellschaft im Wege der Populärkultur mit den Verwerfungen, die der kapitalistische Arbeitsmarkt systematisch produziert. Diese politische Kritik ergänzen zahlreiche Songs und andere Darstellungen aus dem Genre durch die Inszenierung von Widerständigkeit. Während verschiedene Vertreter diese einerseits in ostentativer Abkehr von Kapital und Regierung gewissermaßen als Gegenidentität in Szene setzen, findet sich im deutschen Gangstarap noch häufiger ein auch affirmativer Umgang, der von der Artikulation von Aufstiegsphantasien über die kompensatorische Zurschaustellung materieller Errungenschaften bis hin zu eigener Unterschichtenfeindlichkeit reicht.

Drittens findet sich auch hinsichtlich des Geschlechterverhältnisses im deutschen Gangstarap eine Reihe von Widersprüchen. Mit seiner eindeutig männerdominierten Kultur ist Gangstarap zwar bekannt für seine misogynen Texte und Bilder, deren Skandalcharakter in den letzten Jahrzehnten wesentlich zur Bekanntheit des Genres beigetragen haben. Wie in Kapitel 7 unter Bezug auf den Fall von Schwesta Ewa gezeigt, sind diese Repräsentationsverhältnisse in den letzten Jahren in zunehmendem Maße in Bewegung geraten. Gleichzeitig – und hierin läge dann gewissermaßen eine Ambivalenz der Ambivalenz – profiliert sich Schwesta Ewa mit Unterstützung männlicher Genrevertreter sowie über männlich codierte Verhaltensweisen. Die Auseinandersetzungen mit weiblichen Subjektivierungsstrategien im Feld des Gangstarap stellt aus meiner Sicht einen vielversprechenden Forschungsgegenstand dar (so sich denn ausreichend viele finden lassen!). In genretypischer Manier funktioniert schließlich auch die Auseinandersetzung um die legitime Vertreterschaft hegemonialer Männlichkeit, welche – zumindest im Fall der migrantischen Aufsteigermännlichkeit – einerseits dem Empowerment marginalisierter Gruppen und andererseits der Affirmation gesellschaftlicher Dominanzverhältnisse dient. Wie sich im Wettstreit verschiedener Rapper-Generationen zeigt, zeichnet sich im symbolischen Kosmos des Gangstarap zwischen Männern unterschiedlicher Altersgruppen ab (siehe etwa Fler als ‚Silberrücken' und Capital Bra als ‚Junger Wilder').

Gangstarap, so lässt sich bis hierhin festhalten, transportiert also immer die beiden Momente – die Affirmation bestehender Stereotype und ein mögliches Empowerment subordinierter Identitäten. Seine affirmative Wirkung habe ich weiter oben – anschließend an Gayatri Spivak (1995, 1999), die den Begriff im Kontext der postkolonialen Theorie geprägt hat – als Beitrag zu einem Regime epistemischer Gewalt interpretiert. Unter dieser lassen mit Hall (1994b: 21) „Diskurse über den Anderen" verstehen, „die imperialistischen, orientalistischen, exotischen, anthropologischen und folkloristischen Diskurse, und die über die Kolonisierten und die Primitiven."

In einer durch ausgeprägte Ungleichheit gekennzeichneten Sozialordnung legitimieren solche Diskurse Verteilungsdiskrepanzen und Statusunterschiede. Gleichzeitig, so möchte ich argumentieren, bietet Gangstarap aber auch Material für die symbolische Konstruktion epistemischer Gegenmacht. Mit diesem komplementär zu Spivaks Begriff der epistemischen Gewalt eingeführten der möchte ich Erzählungen und Motive bezeichnen, die hegemoniale Zuschreibungen und Stereotype nicht nur in Frage stellen, sondern ihnen alternative und gegenläufige Konzeptionen entgegensetzen. Der Stigmatisierung migrantischer Delinquenz etwa begegnen Gangstarapper mit dem Verweis auf ethnische Ungleichheit als Struktureffekt der deutschen Einwanderungsgeschichte. Die Verwerfungen der Bildungspolitik und des Arbeitsmarktes kritisieren Gangstarapper, indem sie auf mangelnde soziale Mobilität verweisen. Schließlich thematisieren zahlreiche Songs und Interviews auch ein Anerkennungsdefizit, das das Dasein in der deutschen Unterklasse prägt.

Entsprechende kritische Inhalte finden sich, wie ich in den vorangegangenen Kapiteln herausgearbeitet habe, im Genre in zahlreicher Form. Wirksam, so möchte ich nun abschließend argumentieren, werden sie jedoch nicht aus sich selbst heraus. Als epistemische Gegenmacht müssen sie vielmehr im Rahmen in ihrem gesellschaftlichen Zusammenhang mobilisiert werden. Um einen Vorschlag für das Verständnis entsprechender Mobilisierungsprozesse zu entwickeln, möchte ich abschließend das trittfeste Terrain der Analyse symbolischer Repräsentationen verlassen und mich an die Übertragung der bis hierhin erarbeiteten Erkenntnisse ins Ressort der praktisch orientierten Kultursoziologie begeben.

Betrachten wir Gangstarap im gesellschaftlichen Zusammenhang, lassen sich – grob und lose anschließend an Andreas Reckwitz (2017, 2019) – drei sozialstrukturelle Segmente identifizieren, von denen aus eine Bezugnahme auf die kulturellen Repräsentationen des Genres (das heißt die Songs, Interviews, aber etwa auch den Diskurs um Gangstarap aus dem Feuilleton) erfolgt.

Als Musik einer (migrantisch geprägten) Unterklasse funktioniert Gangstarap erstens als symbolisches Vehikel „plebejischer Authentizitäten" (Reckwitz 2017: 362). Charakteristisch für das Genre als proletarischer Gegenkultur ist für ihn (ebd.) – durchaus im Einklang mit den Befunden dieses Buches – ein „häufig [...] aggressiver, körperbetonter Maskulinismus." Entgegen negativer Klassifikation durch die Mehrheitsgesellschaft handelt es sich hierbei, so Reckwitz (ebd.), „um eine Authentizität der Straße, in der das Bemitleidenswerte sich ins Selbstbewusste umkehrt."

Demgegenüber dient in einem konservativen Milieu Gangstarap zweitens als Projektionsfläche für Ressentiments und Skepsis. Wenn, wie Hall (2014a: 170) bemerkt, die multikulturelle Gesellschaft kein „Nullsummenspiel" darstellt, sondern eine ethnische Diversifizierung der Sozialstruktur auch mit einer Intensivierung sozialer Konflikte einhergeht, lassen sich die Ursachen problematischer Folgeerscheinungen über die Mobilisierung stereotyper Images an bestimmten Bevölkerungsgruppen festmachen. Entsprechende Projektionsleistungen erfolgen hier im Rahmen von sich regelmäßig wiederholenden, krisenhaften Auseinandersetzungen mit einem ‚Fremden'" (el Tayeb 2016: 207), welches sich aus der hier skizzierten Perspektive in den Bildwelten des Gangstarap manifestiert.[188]

Ein drittes Bezugsmuster auf den Gangstarapdiskurs möchte ich schließlich im sozialstrukturellen Segment der neuen Mittelklasse vermuten. Als ProtagonistInnen des gesellschaftlichen Wandels zum Kulturkapitalismus schöpfen die Angehörigen der neuen Mittelklasse, wie in Kapitel 3.7 ausgeführt, einem kosmopolitischen Kulturverständnis folgend aus einem breiten Repertoire kultureller Güter verschiedenster Provenienz (vgl. Reckwitz 2017: 179; 2019: 130). Während die Lebensformen der gesellschaftlichen Unterklassen allgemein als „wertlos markiert" (Ders. 2017: 355) werden und im Kontrast zum Lebensstil der neuen Mittelklasse lediglich als „negative[s] Abziehbild" (ebd.) gelten, findet sich in den sozialen Praktiken bestimmter Teile dieser Klasse alternative, anerkennende Formen der Bezugnahme. Diese stehen, so möchte ich argumentieren, jedoch keineswegs im Widerspruch zu Reckwitz' Theorie. Vielmehr lässt sich die ironisch-kokettierende oder auch sehnsüchtige – so gut lässt sich das ja zumindest oberflächlich betrachtet oftmals nicht so recht unterscheiden – Bezugnahme der kunststudierenden Geschmacksavantgarde hier als theatralische Inszenierung eben jener „plebejischer Authentizitäten" (Reckwitz 2017: 362) interpretie-

188 Es ist weiterhin davon auszugehen, dass Gangstarap den angehörigen Milieus auch zur Rationalisierung der eigenen reaktionären Haltungen dient, welche dann – wie etwa hinsichtlich misogyner oder homophober Züge – zum Zweck der eigenen Entlastung den Gangstarappern, beziehungsweise ihren Fans zugeschrieben werden Satz entschwurbeln.

ren, die sich – in einer anderen Semantik – ebenfalls in den sozialen Gefilden der (migrantischen) Unterklasse beobachten lassen.[189]

Das alles ist nicht skandalös, nein, nicht einmal seltsam. Popkultur bietet, wie in Kapitel 3.2 dargestellt, den Menschen die Möglichkeit, Identitäten in spielerischer Form auszuprobieren und auch Gangstarap ist von dieser sozialen Praxis keineswegs ausgenommen. Interessant erscheint vielmehr, dass der Gangstarapdiskurs in der – hier nur skizzenhaft dargestellten – sozialen Situiertheit gewissermaßen die Perspektivenvielfalt der pluralen Gesellschaft illustriert. Diesen Umstand können wir uns leicht vor Augen führen, indem wir uns vorstellen, wir stünden an einem Bahnsteig in einer beliebigen Groß- oder Kleinstadt irgendwann am späten Nachmittag irgendwo in Deutschland.[190] Wir können nun mit an Sicherheit grenzender Wahrscheinlichkeit davon ausgehen, dass wir mit allen Personen auf diesem Bahnsteig – so sie denn der deutschen Sprache mächtig und halbwegs regelmäßige Konsument*innen der nationalen Mainstreammedien sind – ein Gespräch über Bushido anfangen könnten und vermutlich würden alle eine Meinung zu seinem Schaffen haben. Diese Meinungen können variieren – was dem einen ein Indiz für das Scheitern der multikulturellen Gesellschaft ist, mag der anderen als Beleg dafür gelten, dass man es auch als Sohn eines Tunesiers in Deutschland bis ganz nach oben schaffen kann. Was die eine als Bestandteil einer misogynen und homophoben Hate Culture erkennt, ist für den anderen ein passables Entertainment-Angebot. Gangstarap ist alles Mögliche und spiegelt damit die Vielzahl von Sichtweisen, die unsere heterogene Gesellschaft mit all ihren Lebensformen hervorbringt.

Der Clue einer soziologischen Perspektive besteht nun aber darin, Gangstarap nicht als substanziellen Bezugspunkt zu betrachten, der aus unterschiedlichen Blickwinkeln eben unterschiedlich erscheint. Aufgabe einer relationalen – das heißt für mich anschließend an Georg Simmel (1908) und Norbert Elias (2004) auf die sozialen Wechselwirkungen und Verflechtungszusammenhänge abhebenden – Soziologie wäre es vielmehr, die unterschiedlichen Bezugnahmen auf den Gegenstand Gangstarap als in Bezug aufeinander gegenstandskonstituierend zu interpretieren. Mit anderen Worten: Gangstarap ist nicht, Gangstarap wird gemacht – und das wiederum in Wechselwirkung mit den sozialen Figurationen, die ihn hervorbringen, denn diese existieren wiederum auch nicht autonom, sondern gewinnen ihre kollektiven Identitäten und Bedeutungen – wie oben anschließend an Reckwitz (2017, 2019) skizziert – innerhalb der Lagerela-

189 An anderer Stelle spricht Reckwitz (2017: 12) auch von der „Mystifizierung des Authentischen".

190 Eine ältere Frau steht neben ihrem Trolley, ein Handwerker nimmt einen Schluck aus der Bierflasche, zwei Schülerinnen kommen lachend die Treppe hoch und auf der Rückenlehne der Haltestellenbank sitzt ein junger Mann mit Kurzhaarschnitt, hört Musik aus seinem Handy und rotzt auf die Sitzfläche.

tion des sozialen Raumes. Vor diesem Hintergrund möchte ich nun abschließend argumentieren, dass sich deutscher Gangstarap auch als ein Grenzobjekt der pluralen Gesellschaft verstehen lässt.

Das Konzept der Grenzobjekte (engl. Boundary Objects) stammt originär aus dem Feld der Wissenschafts- und Technikforschung. Anhand einer Fallstudie über das Museum of Vertebrate Zoology zeigen Susan Leigh Star und James Griesemer (1989), wie verschiedene Statusgruppen des Museums (Trapper, Zoologen, Verwaltungsangestellte) sich anhand bestimmter Gegenstände über Professions- und Milieugrenzen hinweg über ihre Arbeit verständigen konnten.[191]

Die Möglichkeit von Kooperation unter Bedingungen sozialer Heterogenität gewährleisten Grenzobjekte auf Grund einer spezifischen Eigenschaft: Während ihre Bedeutung einerseits lose genug definiert ist, um die beteiligten Akteure trotz ihrer unterschiedlichen Ausgangspositionen zu einer belastbaren Einschätzung ihrer Beschaffenheit gelangen können zu lassen, sind sie gleichzeitig ausreichend aussagekräftig, um eine stabile Bedeutungsrahmen beizubehalten. Eine gemeinsame Perspektive, geschweige denn Zielsetzung der beteiligten Akteursgruppen, ist dabei nicht nötig.

Am Beispiel deutschen Gangstaraps lässt sich, so möchte ich nun abschließend argumentieren, zeigen, wie Populärkultur als „Übersetzungsmedium“ (Strübing 2005: 258) wirken kann.[192] Anders als die zum Thema vorliegenden Arbeiten würde eine integrierte soziologische Perspektive auf Gangstarap als Grenzobjekt weder allein auf die handlungspraktischen Binnenansichten der SzeneakteurInnen (Hitzler/Niederbacher 2010), noch – wie etwa im vorliegenden Text ausschließlich – auf die symbolischen Repräsentationen und Debatten von und über Gangstarap fokussieren. Die Untersuchung von Gangstarap als Grenzobjekt im gesellschaftlichen Zusammenhang ließe sich perspektivisch mit Blick auf drei bislang nur unzureichend erforschte Problemkomplexe untersuchen.

Erstens handelt es sich hierbei um die Digitalisierung öffentlicher Kommunikation. Als „Kulturmaschine“ (Reckwitz 2017: 234) bewirkt das Internet eine „digitale Beschleunigung der Kommunikation“ (Gerhardt 2014: 51) und erweitert für seine Nutzer*innen auf diese Weise die Möglichkeiten „kultureller Parti-

---

191 Mit Blick auf die hier angestrebte Übertragungsleistung bemerkenswert erscheint, dass mit der Sozialphilosophie des Pragmatismus (James 2010) sowie der Theorie sozialer Welten (Shibutani 1955) zwei wesentliche Einflüsse auf den Text von Star und Griesemer Reaktionen der Sozialwissenschaft auf gesellschaftliche Modernisierungsschübe darstellen, welche sich – Ende des 19. und Mitte des 20. Jahrhunderts – in einer Pluralisierung der US-amerikanischen Gesellschaft etwa in Form veränderter Wohnverhältnisse oder neuer Medien Bahn brachen (vgl. auch Strübing 2005: 255).

192 Die vier Typen feuilletonistischer Berichterstattung zeigen ausschnittsweise, wie sich die plurale Gesellschaft – hier vom Blickpunkt der bürgerlichen Presse – ihrer Selbst vergewissert.

zipation und steigert die Anzahl kommunikativer Ereignisse, in denen Kunst, Journalismus und Anschlusskommunikation im Rap aufeinandertreffen und in ihrer Wechselwirkung beobachtet werden können" (Androutsopoulos 2016: 197).

Vergesellschaftung und Vergemeinschaftung im Internet, insbesondere mit dem Aufkommen des sogenannten ‚Web 2.0', verändern mit Blick auf die Konstitution und die kulturellen Formen des Gangstarap also erstens das Verhältnis zwischen Konsumenten und Produzenten (vgl. Stalder 2016: 93). Die Möglichkeit für Fans (oder auch: andere Rapper) selbst Reaction-Videos anzufertigen und auf Online-Plattformen zugänglich zu machen, dürfte sich etwa auf die kollektive Entwicklung von Präferenzen und Lesarten unter den Angehörigen der Online-Community auswirken.

In diesem Zusammenhang verändern sich zweitens auch die Inhalte zahlreicher Formate. Ein positives Zwischenfazit zieht vor diesem Hintergrund Stephan Szillus (2016: 91), der bemerkt, dass die Digitalisierung der Medien im HipHop vor allem die Gleichberechtigung zwischen den Teilnehmer_Innen befördert habe: „Frauen dürfen rappen. Mittelstandskinder dürfen rappen, Veganer dürfen rappen, Skater dürfen rappen, Rocker dürfen rappen, vermeintliche ‚Softies' dürfen rappen. Und sie alle finden ein Publikum, wenn sie ihre Narrative überzeugend genug vermitteln."

Hiermit spricht Szillus ein weiteres wesentliches Phänomen an: Die Fragmentierung digitaler Öffentlichkeiten (Seeliger 2021) korrespondiert hier mit einer allgemeinen Ausdifferenzierung der HipHop-Szene (vgl. Dietrich 2016). Angesichts seiner sozialkritischen Implikationen hat Jan Kage (2002: 62) HipHop-Musik als eine „Strategie der Gegenöffentlichkeit" interpretiert. Den vielfältigen Erscheinungsformen dieser Kultur entspricht diese Beschreibung zumindest teilweise: Bemerkenswert erscheint hier zuletzt, dass angesichts fortschreitender funktionaler Differenzierung eine zunehmende Popularität von Verschwörungstheorien in der Gesellschaft (Butter 2018), auch im Bereich des deutschen Gangstarap ihre Protagonisten findet (vgl. Bento 2020). Wie wirkt sich diese Entwicklung auf die politische Sozialisation der Szenegänger aus? Schlägt sich diese Form der thematischen Polarisierung auch in einer weiteren Ausdifferenzierung der Produktionsstrukturen des Genres nieder? Diese Frage leitet uns zum zweiten Problemkomplex – der sozialen Konstruktion von deutschem Gangstarap als Grenzobjekt durch verschiedene gesellschaftliche Agenturen und Professionen.

Wie Niklas Luhmann (1996: 6) in seinem Standardwerk ‚Die Realität der Massenmedien' bemerkt, dienen Medien der Gesellschaft zur Selbstbeobachtung. Die Herstellung einer szenespezifischen Öffentlichkeit der HipHop-Kultur obliegt seit geraumer Zeit einer bestimmten Gruppe von Medienvertreter*innen. In vorderster Reihe verantworten die Berichterstattung über deutschen Gangstarap eine Reihe von Rap-Journalist*innen.

Allgemein lässt sich, anschließend an Bunz (2012: 102), die Transformation des Journalismus im Zuge der Digitalisierung in drei Dimensionen abtragen: Neben den Verbreitungsformen (1) (etwa in Form von Newslettern, Foren, Newsplattformen, Videointerviews oder Livestream-Reportagen) ändert sich auch das Geschäftsmodell (2) (etwa über neue Formen von Werbung und Sponsoring) sowie auch die Inhalte und die Funktionsrolle (3) der Journalist*innen selbst. Mit Ziemann (2006: 72) lässt sich journalistischer Arbeit eine genuine Tendenziösität unterstellen, die Darstellungen „mittels moralischer Kriterien und Beobachtungsweisen" prägt. Genau wie die in Kapitel 8 aufgearbeitete Art und Weise der Thematisierung von Gangstarap im Feuilleton finden sich entsprechende Engführungen, Schwerpunktsetzungen, Verzerrungen und Vernachlässigungen auch in diesem Bereich[193] (genauso wie in den Boulevard-Medien oder anderswo). Wollen wir die soziale Konstruktion von Gangstarap als Grenzobjekt in der pluralen Gesellschaft verstehen, erscheint es unerlässlich, die journalistische Darstellungsform des Gegenstandes in den verschiedenen Genres und Bereichen in Betracht zu ziehen.

Doch auch der Beitrag weiterer gesellschaftliche Agenten und Professionsgruppen wäre hier als an der Konstruktion beteiligte Parteien zu berücksichtigen. Hier spielt etwa der Beitrag der Jurist*innen und Pädagog*innen in der Bundesprüfstelle für jugendgefährdende Medien genau so eine Rolle wie der Einfluss der Politik oder die Arbeit der Musikindustrie und der Rapper selbst. Und schließlich wäre auch reflexiv zu fragen, welche Rolle die sozial- und kulturwissenschaftliche Auseinandersetzung für die Konstitution ihres Gegenstandes spielt.

Ein dritter Problemkomplex, der zum Verständnis von deutschem Gangstarap als Grenzobjekt pluraler Gesellschaften empirisch zu erschließen wäre, offenbart sich schließlich vom Blickpunkt der soziologischen und erziehungswissenschaftlichen Rezeptionsforschung. Wie Albert Scherr (2013) im Vorwort zur aktuellen Auflage der klassischen Studie ‚Learning to Labour' bemerkt, gewinnen „die Versuche der Selbstbehauptung der eigenen sozialen Identität und des eigenen Lebensentwurfs" unter Bezug auf die Bildwelten der Popkultur ihre Bedeutung unter konkreten gesellschaftlichen Bedingungen in der sozialen Praxis. Die „Faszinationskraft heroischer Narrative", so bemerkt auch Ulrich Bröckling (2020: 18), bestimmt spezifische Formen der Anrufung nur in Abhängigkeit von der Frage, „wer Heldenfituren braucht und warum, und wer ebendies bestreitet und warum, verweist nicht zuletzt auf Krisenwahrnehmungen und Normalisierungswünsche" (ebd.: 10 f.).

Lässt das Hören von Gangstarapmusik also die Jugend verrohen? Oder trägt die Rezeption von Sidos ‚Mein Block' bei den Angehörigen der Unterschicht tatsächlich zur Herausbildung eines Kollektivbewusstseins, das dem Prekariat zur

193 Für eine kritische Reflexion entsprechender Praktiken im Feld des Rap-Journalismus siehe Süß (2021).

'Klasse für sich' heranwachsen lässt? Man müsste sie fragen! Die Frage, ob die migrantischen Hörer*innen tatsächlich, wie dies Foroutan (2013a: 97) vermutet, „Gegenidentitäten" entwickeln, ist ebenfalls eine empirische. Und auch welchen Einfluss Kollegahs Ratschläge zum Alpha-Werden tatsächlich entfalten, hängt letztlich davon ab, wer sie liest und wie sie aufgenommen werden.

Mit Douglass Kellners (2020) Arbeiten zur 'Media Culture' spätmoderner Gesellschaften lässt sich die Analyse von Populärkultur als dreifaches Projekt verstehen. Eine integrierte theoretische Perspektive fokussiere ihm zu Folge politökonomische Rahmenbedingungen der (Kultur-)Produktion (und Reproduktion!), die die Handlungskorridore der Menschen vorstrukturieren (1), die Produkte aus dem Feld der Populärkultur – ungeachtet der Frage, ob sie als Sub- oder Mainstreamkulturphänomene auftreten (2) –, sowie die Rezeption eben dieser Texte im Kontext unterschiedlicher Lebenswelten (3). Den ersten beiden der hier programmatisch skizzierten Teilperspektiven hat der vorliegende Text Rechnung zu tragen versucht. Welche Sozialisationseffekte und Eigensinnigkeiten, welche Affirmationen und welche Momente des Empowerments die lebensweltlichen Auseinandersetzungen mit den kulturellen Repräsentationen des Gangstarap sich in der sozialen Praxis ergeben, sollte als nächstes in der empirischen (und das heißt bestenfalls ethnografischen) Forschung überprüft werden!

Literatur

Acikgöz, Muharrem (2014): Die Permanenz der Kritischen Theorie: Die zweite Generation als zerstrittene Generationsgemeinschaft. Münster: Westfälisches Dampfboot.
Adorno, Theodor W. (1950): Studien zum autoritären Charakter. Frankfurt a. M.: Suhrkamp.
Adorno, Theodor W. (1980): Minima Moralia. Reflexionen aus dem beschädigten Leben. Frankfurt a. M.: Suhrkamp.
Affront (2011): Darum Feminismus! Diskussionen und Praxen. Münster: Unrast.
Ahlers, Michael (2019): 'Kollegah the Boss': A case study of persona, types of capital, and virtuosity in German gangsta rap. In: Popular Music 38 (3), 457–480.
Ahrens, Jörn (2016): Film als Öffentlichkeit und nachgeholte Erfahrung Kathryn Bigelows Zero Dark Thirty und die Rekonstruktion von Geschichte im Spielfilm. In: Kritische Öffentlichkeiten – Öffentlichkeiten in der Kritik. In: Hahn, Kornelia, Langenohl, Andreas (Hg.): Wiesbaden: Springer, 133–158.
Aikins, Joshua Kwesi; Supik, Linda (2016): Gleichstellungsdaten: Differenzierte Erfassung als Grundlage für menschenrechtsbasierte Antidiskriminierungspolitik. In: Foroutan, Naika et al. (Hg.): Postmigrantische Perspektiven. Ordnungssysteme, Repräsentationen, Kritik. Frankfurt/New York: Campus, 97–111.
Amir-Moazami, Shirin (2007): Politisierte Religion: der Kopftuchstreit in Deutschland und Frankreich. Bielefeld: Transcript.
Anderson, Benedikt (2005): Die Erfindung der Nation. Zur Erfindung eines erfolgreichen Konzepts. Frankfurt a. M.: Campus.
Anderson, Perry (2018): Hegemonie. Konjunkturen eines Begriffs. Berlin: Suhrkamp.
Anderson, Perry (2018a): The Antinomies of Antonio Gramsci. Verso, London 2018.
Androutsopoulos, Jannis (2003): Einleitung. In: Ders. (Hg.): HipHop. Globale Kultur – lokale Praktiken. Bielefeld: Transcript, 9–25.
Androutsopoulos, Jannis (Hg.) (2003a): HipHop. Globale Kultur – lokale Praktiken. Bielefeld: Transcript.
Androutsopoulos, Jannis (2003): Lyrics und Lesarten: Eine Drei-Sphären- Analyse anlässlich einer Anklage. In: Marc Dietrich (Hg.): Rap im 21. Jahrhundert. Bielefeld: Transcript, 171–200.
Arnold, Sina; König, Jana (2018): „The whole world owns the Holocaust": Geschichtspolitik in der postmigrantischen Gesellschaft am Beispiel der Erinnerung an den Holocaust unter Geflüchteten. In: Foroutan, Naika et al. (Hg.): Postmigrantische Perspektiven. Ordnungssysteme, Repräsentationen, Kritik. Frankfurt/New York: Campus, 173–190.
Aulenbacher, Brigitte et al. (2012): Geschlecht, Ethnie, Klasse im Kapitalismus – Über die Verschränkung sozialer Verhältnisse und hegemonialer Deutungen im gesellschaftlichen Reproduktionsprozess. In: Berliner Journal für Soziologie 22 (1), 5–27.
Aydemir, Fatma (2014): „Teufel im Kopf, Engel im Herzen". In: Tageszeitung 24.11.2014 Quelle: https://taz.de/Rapper-Haftbefehl-uber-das-Boese/!5028080/
Aydemir, Fatma (2015): "Ich kriege das allein hin, Alter". In: taz, 3.1.2015, 24–25.
Backes, Laura et al. (2020): Lebe fett, gierig und rücksichtslos. In: Der Spiegel 25.1.2020.
Backes, Laura; Dahlkamp, Jürgen (2019): Die Alte umlegen. In: Der Spiegel 51, 38–40.
Bade, Klaus (2012): Nach Sarrazin – Hintergründe, Ursachen und Wirkung einer deutschen Debatte. In: Schneiders, Thorsten Gerald (Hg.): Verhärtete Fronten. Der schwere Weg zu einer vernünftigen Islamkritik. Wiesbaden: VS, 119–124.
Baier, Jakob (2019): Die Echo-Debatte: Antisemitismus im Rap. In: Salzborn, Samuel (Hg.): Antisemitismus seit 9/11. Ereignisse, Debatten, Kontroversen, Baden-Baden: Nomos, 109–132.
Baier, Jakob (2020): Judenfeindschaft in Kollegahs Apokalypse. In: Höllein, Dagobert et al. (Hg.): Rap – Text – Analyse. Deutschsprachiger Rap seit 2000. 20 Einzeltextanalysen. Bielefeld: Transcript, 187–203

Balzer, Jens (2018): Verantwortung ist keine Kategorie für sie. In: tageszeitung 14./15.4.2018, 13.
Balzer, Jens (2019): Pop und Populismus: Über Verantwortung in der Musik. Hamburg: Edition Körber.
Barber, Benjamin (1996): Jihad vs. McWorld. New York: Ballantine Books.
Baum, Antonia (2013): Ihr seid nicht mein Vater! In: Frankfurter Allgemeine Zeitung, 27.4.2013.
Baum, Antonia (2019): Die Königin der Shirizzels. In: Die Zeit 2.5.2019, S. 40.
Bauman, Zygmunt (2016): Die Angst vor den anderen – Ein Essay über Migration und Panikmache. Berlin: Suhrkamp.
Beck, Ulrich (1986): Risikogesellschaft. Auf dem Weg in eine andere Moderne. Frankfurt a. M.: Suhrkamp.
Beck, Valentin (2016): Eine Theorie der globalen Verantwortung. Berlin: Suhrkamp.
Beckert, Jens (2018): Imaginierte Zukunft. Fiktionale Erwartungen und die Dynamik des Kapitalismus. Berlin: Suhrkamp.
Beer, Ursula (1990): Geschlecht, Struktur, Geschichte. Soziale Konstituierung des Geschlechterverhältnisses. Frankfurt am Main/New York.
Behrens, Roger (2004): Adornos Rap. Quelle: http://txt.rogerbehrens.net/Rap.pdf
Behrens, Roger (2010): Kritische Theorie. Hamburg: Eva Wissen.
Bendel, Alexander; Röper, Nils (2017): Das neoliberale Paradoxon des deutschen Gangsta-Rap. Von gesellschaftlicher Entfremdung und der Suche nach Anerkennung. In: Seeliger, Martin; Dietrich, Marc (Hg.): Deutscher Gangstarap II. Popkultur als Kampf um Integration und soziale Ungleichheit. Bielefeld: Transcript, 105–132.
Benkel, Thorsten (Hg.) (2010): Das Frankfurter Bahnhofsviertel. Devianz im öffentlichen Raum. Wiesbaden: VS.
Bennett, Andy (2003): HipHop am Main: Die Lokalisierung von Rap-Musik und HipHop-Kultur. In: Andoutsopulos (Hg.): HipHop. Globale Kultur – lokale Perspektiven. Bielefeld: Transcript, 26–42.
Benz, Wolfgang (2012): Deutschlands Muslime im Spiegel des Antisemitismus. Anmerkungen zur Entstehung und Tradition des Feindbildes Islam. In: Schneiders, Torsten Gerald (Hg.): Verhärtete Fronten. Der schwere Weg zu einer vernünftigen Islamkritik. Wiesbaden: VS, 15–25.
Berberich, Frank; Sarrazin, Thilo (2009): Klasse statt Masse, Von der Hauptstadt der Transferleistung zur Metropole der Eliten. In: Lettre International 86/2009, 200 f.
Bescherer, Peter (2013): Vom Lumpenproletariat zur Unterschicht. Produktivistische Theorie und politische Praxis. Frankfurt/New York: Campus.
Beucker, Pascal (2008): Der hessische Hausmeister. In: Jungle World 2, 7.
Biazza, Jakob (2018): Ich bin reich, du Opfer!. In: Süddeutsche Zeitung 25.5.2018, Quelle: https://www.sueddeutsche.de/kultur/wolke-7-von-gzuz-ich-bin-reich-du-opfer-1.3996695.
Bifulco, Tina; Reuter, Julia (2017): Schwesta Ewa – Eine Straßen-Rapperin und ehemalige Sexarbeiterin als Kämpferin für weibliche Unabhängigkeit und gegen soziale Diskriminierung? In: Seeliger, Martin; Dietrich, Marc (Hg.): Deutscher Gangstarap II. Popkultur als Kampf um Anerkennung und Integration. Bielefeld: Transcript, 61–88.
Birken-Silverman (2003) „isch bin New School und West Coast … du bisch doch ebe bei de Southside Rockern“: Identität und Sprechstil in einer Breakdance-Gruppe von Mannheimer Italienern. In: Androutsopoulos, Jannis (Hg.): HipHop. Globale Kultur – lokale Praktiken. Bielefeld: Transcript, 273–297.
Bispinck, Reinhard (Hg.) (2010): Zwischen „Beschäftigungswunder“ und „Lohndumping“? Tarifpolitik in und nach der Krise. Hamburg: VSA.
Blasberg, Anita; McMinn, Lisa (2018): Komm rein, Digga. In: Die Zeit 22.2.2018, 62.
Blumer, H. (1969) Symbolic Interactionism, New Jersey: Prentice-Hall.
Bock, Karin et al. (2007): HipHop meets Academia: Positionen und Perspektiven auf die HipHop-Forschung. In: Dies. (Hg.): HipHop meets Academi. Globale Spuren eines lokalen Kulturphänomens. Bielefeld: Transcipt, 11–15.
Boehe-Neßler, Volker (2018): Was kommt als nächstes? In: Die Welt 26.4.2018, Nr. 97, 2.
Bojadzijev, Manuela (2008): Die windige Internationale. Rassismus und Kämpfe der Migration. Münster: Westfälisches Dampfboot.

Bojadzijev, Manuela (2018): Migration as Social Seismograph: An Analysis of Germany's 'Refugee Crisis' Controversy. In: International Journal of Politics, Culture, and Society 117 (2), 1–22.
Boltanski, Luc; Chiapello, Ève (2003): Der neue Geist des Kapitalismus. Konstanz: UVK.
Börnsen, Wolfgang (2018): Zur Diskussion um das Album „JBG3" von Kollegah & Farid Bang sowie zum Beschluss des ECHO-Beirats, online erschienen am 06.04., http://www.echopop.de/en/pop-presse-detailansicht/controller/News/action/detail/ news/zur-diskussion-um-das-album-jbg3-von-kollegah-farid-bang-sowie-zumbeschluss-des-echo-beirat/.
Bosch, Gerhard (2017): Normalarbeitsverhältnis. In: Hirsch-Kreinsen, Hartmut; Minssen, Heiner (Hg.): Lexikon der Arbeits- und Industriesoziologie. Baden-Baden 2017: Nomos, edition sigma, 246–250.
Bourdieu, Pierre (1986): The Forms of Capital. In: Richardson, John G. (ed.): Handbook of Theory and Research for the Sociology of Education. New York: Greenwood, 241–258.
Bourdieu, Pierre (2005): Die männliche Herrschaft. Frankfurt a. M.: Suhrkamp.
Bourdieu, Pierre (2010): Die zwei Gesichter der Arbeit. Interdependenzen von Zeit- und Wirtschaftsstrukturen am Beispiel einer Ethnologie der algerischen Übergangsgesellschaft. Konstanz: UVK.
Brand, Ulrich; Wissen, Markus (2017): Imperiale Lebensweise: Zur Ausbeutung von Mensch und Natur in Zeiten des globalen Kapitalismus. München: Oekon.
Braun, Sebastian (2010): Integrationsmotor Sportverein. Evaluationsergebnisse zum Modellprojekt „spin – sport interkulturell". Wiesbaden: VS.
Bröckling, Ulrich (2007): Das unternehmerische Selbst. Soziologie einer Subjektivierungsform. Frankfurt a. M.: Suhrkamp.
Bröckling, Ulrich (2017): Gute Hirten führen sanft: Über Menschenregierungskünste. Berlin: Suhrkamp.
Bröckling, Ulrich (2020): Postheroische Helden: Ein Zeitbild. Berlin: Suhrkamp.
Brown, Wendy (2018): Die schleichende Revolution. Berlin: Suhrkamp.
Bude, Heinz (2008): Die Ausgeschlossenen. Das Ende vom Traum einer gerechten Gesellschaft. München: Beck.
Bukow, Wolf-Dietrich (2018): Urbanität und Diversität. In: Hill, Marc; Yildiz, Erol (Hg.): Postmigrantische Visionen. Erfahrungen – Ideen – Reflexionen. Bielefeld, Transcript, 81–96.
Büsser, Martin (2007): Zum Verhältnis von Pop und Politik – Ein Streifzug von den 1960ern bis Heute. In: Krettenauer, Thomas; Ahlers, Michael (Hg.): Pop Insights. Bielefeld: Transcript 25–34.
Bunz, Mercedes (2012): Die stille Revolution: Wie Algorithmen Wissen, Arbeit, Öffentlichkeit und Politik verändern, ohne dabei viel Lärm zu machen. Berlin: Suhrkamp.
Burawoy, Michael (1979): Manufacturing Consent Changes in the Labor Process. Under Monopoly Capitalism. Chicago: University of Chicago Press.
Burkhart, Benjamin (2017): „Warum tun wir uns so was an?". Deutscher Gangsta-Rap im Feuilleton. In: Seeliger, Martin; Dietrich, Marc (Hg.): Deutscher Gangstarap II. Popkultur als Kampf um Integration und soziale Ungleichheit. Bielefeld: Transcript, 173–192.
Buschkowsky, Heinz (2012): Neukölln ist überall. Berlin: Ullstein.
Bushido (2008): Bushido. München: Riva Verlag.
Bushido, Staiger, Marcus (2013): Auch wir sind Deutschland. Ohne uns geht nicht. Ohne euch auch nicht. München: Riva.
Butler, Judith (1991): Das Unbehagen der Geschlechter. Frankfurt a. M.: Suhrkamp.
Butler, Judith (2016): Anmerkungen zu einer performativen Theorie der Versammlung. Berlin: Suhrkamp.
Butter, Michael (2018): „Nichts ist, wie es scheint". Über Verschwörungstheorien. Berlin: Suhrkamp
Butterwegge, Christoph (2019): Die zerrissene Republik. Wirtschaftliche, soziale und politische Ungleichheit in Deutschland. Weinheim, Basel: Beltz Juventa.
Buß, Christian (2018): Helene Fischer kritisiert Ehrung für Kollegah. In: Spiegel Online, 20.4.2018.
Castel, Robert (2009): Negative Diskriminierung. Jugendrevolten in den Pariser Banlieues. Hamburg: Hamburger Edition.
Castles, Stephen et al. (2013): The Age of Migration. Houndmills: Macmillan.
Chamayou, Grégoire (2019): Die unregierbare Gesellschaft. Eine Genealogie des autoritären Liberalismus. Berlin: Suhrkamp.

Chuck D (1998): Fight the power. New York: Delta.
Connell, Robert W. (2006): Der gemachte Mann. Konstruktion und Krise von Männlichkeiten. Wiesbaden.
Connell, Robert; Messerschmidt, James W. (2005): Hegemonic Masculinity. Rethinking the Concept. In: Gender & Society 6: 829–859.
Conradi, Malte (2011): „Ich bin nicht so der Therapie-Typ". In: Süddeutsche Zeitung, 9.12.2011, 28.
Crenshaw, Kimberley (1991): Mapping the Margins: Intersectionality, Identity Politics, and Violence Against Women of Color. In: Stanford Law Review 43 (6), 1241–1299.
Das Gupta, Oliver (2013): Bushido präsentiert Nahost-Karte ohne Israel. In: https://www.sueddeutsche.de/politik/twitter-profil-von-rap-musiker-bushido-praesentiert-nahost-karte-ohne-israel-1.1570823.
Decker, Oliver et al. (Hg.) (2016): Enthemmte Mitte. Autoritäre und rechtsextreme Einstellung in Deutschland, Gießen: Psychosozial.
Degele, Nina; Winker, Gabriele (2011): „Leistung muss sich wieder lohnen".Zur intersektionalen Analyse kultureller Symbole. In: Knüttel, Katharina; Seeliger, Martin (Hg.): Intersektionalität und Kulturindustrie. Zum Verhältnis sozialer Kategorien und kultureller Repräsentationen. Bielefeld: Transcript, 25–52.
Der Spiegel (2013): Gericht lässt Bushido-Alben schreddern. In: https://www.spiegel.de/kultur/musik/plagiatsurteil-gericht-laesst-bushido-alben-schreddern-a-685251.html
Der Spiegel (2013): Der Ausländer-Erklärer. In: Der Spiegel, 16.09.2013, 136.
Der Spiegel (2018): Platte von Farid Bang und Kollegah landet auf dem Index. Quelle: https://www.spiegel.de/kultur/musik/farid-bang-und-kollegah-platte-landet-auf-dem-index-a-1227121.html
Die Welt (2013): Rapper Bushido droht Claudia Roth in Rap-Song. In: https://www.welt.de/vermischtes/prominente/article118002933/Rapper-Bushido-droht-Claudia-Roth-in-Rap-Song.html
Die Welt (2018): Peter Maffay fordert Rücktritte. In: Die Welt: 17.4.2018, https://www.welt.de/print/die_welt/kultur/article175520784/Kompakt-Feuilleton-Kompakt.html
Die Welt (2018a): Westernhagen pfeift auf seine Echos. In: https://www.welt.de/print/welt_kompakt/kultur/article175560237/Westernhagen-pfeift-auf-seine-Echos.html
Die Welt (2018b): Kunze lästert über Rap: „Menschenfeindliches Gestammel". In: https://www.welt.de/newsticker/dpa_nt/infoline_nt/boulevard_nt/article175976235/Kunze-laestert-ueber-Rap-Menschenfeindliches-Gestammel.html
Deutschmann, Christoph (2009): Soziologie kapitalistischer Dynamik. MPIfG Discussion Paper 09/5. Quelle: http://www.mpifg.de/pu/workpap/wp09-5.pdf
Dewey, John (1927): The Public and its Problems. New York: Holt.
Di Blasi, Luca (2013): Der weiße Mann. Ein Anti-Manifest. Bielefeld: Transcrip.t
Diederichsen, Diedrich (2014): Über Popmusik. Köln: Kiepenheuer & Witsch.
Dietrich, Marc (2015): Rapresent what? Zur Inszenierung von Authentizität, Ethnizität und sozialer Differenz im amerikanischen Rap-Video. Bochum: Westdeutscher Universitätsverlag.
Dietrich, Marc (2016): Rap im 21. Jahrhundert. Bestandsaufnahme und Entwicklungslinien – eine Einleitung. In: Marc Dietrich (Hg.): Rap im 21. Jahrhundert. Bielefeld: Transcript, 7–26.
Dietrich, Marc (2016): Rap im 21. Jahrhundert. Bielefeld: Transcript.
Dietrich, Marc; Seeliger, Martin (Hg.) (2012): Deutscher Gangsta-Rap. Sozial- und kulturwissenschaftliche Beiträge zu einem Pop-Phänomen. Bielefeld: Transcript.
Dietrich, Marc; Seeliger, Martin (2012a): Gangstarap im zeitgenössischen Kinofilm. Ein Vergleich von „Get Rich or Die Trying" und „Zeiten Ändern Dich". In: Dies. (Hg.): Deutscher Gangsta-Rap. Sozial- und kulturwissenschaftliche Beiträge zu einem Pop-Phänomen. Bielefeld: Transcript, 345–363.
Diez, Georg et al. (2013): Voll.Macht. In: Der Spiegel 22.4.2013, 116.
Dörre, Klaus (2009): Prekarität im Finanzmarkt-Kapitalismus. In: Castel, Robert; Dörre, Klaus (Hg.): Prekarität, Abstieg, Ausgrenzung – Die soziale Frage am Beginn des 21. Jahrhunderts. Frankfurt am Main/New York: Campus, 35–64.
Dörre, Klaus (2013): Prekarität – ein System ständiger Bewährungsproben. In: Burchardt, Hans-Jürgen et al. (Hg.): Arbeit in globaler Perspektive. Facetten informeller Beschäftigung. Frankfurt/New York: Campus, 29–54.

Dörre, Klaus (2016): Die national-soziale Gefahr. PEGIDA, Neue Rechte und der Verteilungskonflikt – sechs Thesen. In: Rehberg, Karl-Siegbert et al. (Hg.): PEGIDA. Rechtspopulismus zwischen Fremdenangst und ‚Wende'-Enttäuschung? Analysen im Überblick. Bielefeld: Transcript, 259–274.

Dörre, Klaus (2017): Tief Unten. Klassenbildung durch Abwertung. In: Behrendt, Hauke; Misselhorn, Catrin (Hg.): Arbeit, Gerechtigkeit und Inklusion Wege zu gleichberechtigter gesellschaftlicher Teilhabe. Stuttgart: J. B. Metzler, 77–97.

Dörre, Klaus (2017): „Stunde des Raubtiers". Pierre Bourdieu, der Landnahme-Staat und die gefährlichen Klassen. In: Hirsch, Michael/Voigt, Rüdiger (Hg.): Symbolische Gewalt – Politik, Macht und Staat bei Pierre Bourdieu. Baden-Baden: Nomos, 167–196.

Dörre, Klaus et al. (2013): Bewährungsprobe für die Unterschicht. Soziale Folgen aktivierender Arbeitsmarktpolitik. Frankfurt a. M./New York: Campus.

Dubiel, Helmut (1992): Kritische Theorie der Gesellschaft: Eine einführende Rekonstruktion von den Anfängen im Horkheimer-Kreis bis Habermas. München/Weinheim.

Dürrholz, Johanna (2018): Kollegah und Farid Bang zertrümmern ihre Echos. In: FAZ, 11.8.2018.

Durkheim, Émile (2007): Die elementaren Formen des religiösen Lebens. Frankfurt a. M.: Suhrkamp

Eder, Sebastian (2019): Rappen unter Polizeischutz. In: FAZ 30.8.2019.

Eder, Sebastian (2019a): Bushidos Album weiter auf dem Index. In: FAZ, 30.10.2019.

Eder, Sebastian (2019b): „Für mich ist das ein reller Krieg". In: FAZ 4.12.2019; Quelle: https://www.faz.net/aktuell/gesellschaft/menschen/rapper-fler-im-interview-ueber-bushido-und-arafat-abou-chaker-16518885.html?premium=0xb220ef857dd35a9d44c89c824676540f.

Eimermacher, Martin (2018): Alle gegen Alle. In: Die Zeit 30.5.2018, 46.

Elflein, Dietmar (2015): Mostly tha Voice? Zum Verhältnis von Beat, Sound und Stimme im Hiphop. In: Hörner, Fernand; Kautny, Oliver (Hg.): Die Stimme im HipHop Untersuchungen eines intermedialen Phänomens. Bielefeld: Transcript, 7–22.

Elias, Norbert (2004): Was ist Soziologie? München, Weinheim: Juventa.

Elias, Norbert (1976): Über den Prozeß der Zivilisation: Soziogenetische und psychogenetiscche Untersuchungen. Frankfurt a. M.: Suhrkamp.

Elsässer, Lea (2019): Wessen Stimme zählt? Soziale und politische Ungleichheit in Deutschland. Frankfurt a. M./New York: Campus.

Ender, Hanna (2013): Rapper feuert auf Nachbarn. In: tageszeitung, 18.12.2013, 22.

Engels, Friedrich; Marx, Karl (1959): Manifest der Kommunistischen Partei. In: MEW 4. Berlin: 459–491.

Ernsing, Tobias (2017): Ich kann schlafen, wenn ich tot bin – work hard, stack checks. Münster: edition assamblage.

Faller, Heike (2009): Über Bushido beim Therapeuten. In: Die Zeit 27.8.2009, Magazin, 9.

Fanon, Franz (1961): The Wretched of the Earth. New York: Grove Weidenfeld.

Fantasia, Rick (1988): Cultures of Solidarity. Berkeley: The University of California Press.

Feige, Marcel; Sido (2006): SIDO: ich will mein Lied zurück! Berlin: Schwarzkopf & Schwarzkopf.

Fernando, Serath (1994): The New Beats: Exploring the Music, Culture and Attitudes of Hip-Hop. New York: Anchor Books.

Feuerbach, Leonie (2018): „Provokation im Rap muss Grenzen haben". In: FAZ, 14.3.2018.

Fischer, Jonathan (2011): „Das muß auf der Straße ankommen". In: FAZ, 25.7.2011.

Fleig, Anne (2008): Nabelschau – Fitness als Selbstmanagement in John von Düffels Romansatire EGO. In: Villa, Paula-Irene (Hg.): schön normal. Manipulation am Körper als Technologien des Selbst. Bielefeld: Transcript, 85–98.

Fler (2011): Im Bus ganz hinten. München: Riva.

Foucault, Michel (2005): Analytik der Macht. Frankfurt a. M.: Suhrkamp.

Formann, Murray (2007): HipHop meets Academia. In: Bock, Karin, et al. (Hg.): Globale Spuren eines lokalen Kulturphanomens. Bielefeld: Transcript, 17–33.

Forman, Murray; Neal, Anthony (eds.) (2004): That's the Joint. The Hip-Hop Studies Reader. New York/London: Routledge.

Foroutan, Naika (2013): The „New Germany" and Its Transformation Process: Narrating Collective Identity in Times of Transnational Mobility. In: Salvatore, Armando et al. (Hg.): Rethinking the

Public Sphere through Transnationalizing Processes. Europe and Beyond. New York: Palgrave, 233–250.
Foroutan, Naika (2013a): Hybride Identitäten. Normalisierung, Konfliktfaktor und Ressource in postmigrantischen Gesellschaften. In: Brinkmann, Heinz Ulrich; Uslucan, Haci-Halil (Hg.): Dabeisein und Dazugehören. Integration in Deutschland. Wiesbaden: Springer, 85–99.
Foroutan, Naika (2018): Was will eine postmigrantische Gesellschaftsanalyse? In: Foroutan, Naika et al. (Hg.): Postmigrantische Perspektiven. Ordnungssysteme, Repräsentationen, Kritik. Frankfurt/New York: Campus, 269–300.
Foroutan, Naika (2018b): Die postmigrantische Perspektive: Aushandlungsprozesse in pluralen Gesellschaften. In: Hill, Marc; Yildiz, Erol (Hg.): Postmigrantische visionen. Erfahrungen – Ideen – Reflexionen. Bielefeld, Transcript, 15–28.
Foroutan, Naika (2019): Die postmigrantische Gesellschaft: Ein Versprechen der pluralen Demokratie. Bielefeld: transcript.
Frankfurter Allgemeine Zeitung (2017): Bushido kassiert Haftstrafe auf Bewährung. In: https://www.faz.net/aktuell/gesellschaft/kriminalitaet/rapper-bushido-kassiert-eine-haftstrafe-auf-bewaehrung-14879414/kein-unbekannter-im-gericht-14879423.html
Frankfurter Allgemeine Zeitung (2018): Bushido hat sich unterworfen. In: Frankfurter Allgemeine Zeitung 27.9.2018.
Freud, Sigmund (1975): Totem und Tabu. Einige Übereinstimmungen im Seelenleben der Wilden und der Neurotiker. Frankfurt a. M.: Fischer.
Friedrich, Sebastian (Hg.) (2018): Neue Klassenpolitik. Linke Strategien gegen Rechtsruck und Neoliberalismus. Berlin: Bertz + Fischer.
Friese, Heidrun (2012): Y'al babour, y'a mon amour. Raï-Rap und undokumentierte Mobilität. In: Dietrich, Marc; Seeliger, Martin (Hg.): Deutscher Gangstarap. Sozial- und Kulturwissenschaftliche Beiträge zu einem Pop-Phänomen. Bielefeld: Transcript, 231–283.
Frigelj, Kristian (2016): Ein Streit aus dem Rap-Milieu eskaliert. Quelle: https://www.welt.de/vermischtes/article157834840/Ein-Streit-aus-dem-Rap-Milieu-eskaliert.html.
Fröhlich, Alexander (2019): Arafat Abou-Chaker soll Bushido eingesperrt haben. In: Tagesspiegel 7.10.2019 Quelle: https://www.tagesspiegel.de/berlin/anklage-gegen-clan-mitglieder-arafat-abou-chaker-soll-bushido-eingesperrt-haben/25092946.html.
Fröhlich, Gerrit; Röder, Daniel (2017): Über sich selbst rappen. Gangsta-Rap als populärkultureller Biografiegenerator. In: Seeliger, Martin; Dietrich, Marc (Hg.): Deutscher Gangstarap II. Popkultur als Kampf um Integration und soziale Ungleichheit. Bielefeld: Transcript, 133–154.
Fukuyama, Francis (1992): The end of history and the last man. New York: Free Press.
Gantenbrink, Nora; Rauss, Uli (2018): Bushido spricht erstmals über Abou-Chaker: „Wir lassen uns nicht mehr einschüchtern". In: Stern https://www.stern.de/lifestyle/leute/bushido-und-seine-ehefrau---wir-lassen-uns-nicht-mehr-einschuechtern--8374400.html.
Gantenbrink, Nora; Roß, Hannes (2017): „Ich komme aus der Gewalt, aber habe sie nie geliebt." In: Stern 10, 85–89.
Gebesmair, Andreas (2008): Die Fabrikation globaler Vielfalt. Struktur und Logik der transnationalen Popmusikindustrie. Bielefeld: Transcript.
Gerhardt, Volker (2014): Licht und Schatten der Öffentlichkeit: Zu Voraussetzungen und Folgen der digitalen Innovation. Wien: Picus.
Gerhardt, Daniel (2019): Vom Bordstein zur Skyline. In: Zeit-Online, 28.12.2019.
Gehrke, Kerstin (2020): Angeklagte mit Brecheisen und Schlagbohrer im Kofferraum gestoppt. In: Tagesspiegel, 9.1.2020.
Geißler, Rainer (2006): Die Sozialstruktur Deutschlands – zur gesellschaftlichen Entwicklung mit einer Bilanz zur Vereinigung. Wiesbaden: VS.
Geißler, Rainer (2012): Die meritokratische Illusion – oder warum Reformen beim Bildungssystem ansetzen müssen. In: Haller, Michael; Niggeschmidt, Michael (Hg.) (2012): Der Mythos vom Niedergang der Intelligenz Von Galton zu Sarrazin: Die Denkmuster und Denkfehler der Eugenik. Wiesbaden: VS, 193–210.
George, Nelson (2004): Sample This. In: That's the Joint. The HipHop Studies Reader. London/New York: Routledge, 437–441.

Ghadban, Ralph (2018): Arabische Clans. Die unterschätzte Gefahr. Düsseldorf: Ullstein.
Goldmann, Sven (2010): Vorsätzliche Körperverletzung. Tagesspiegel 17.5.2010. Quelle: https://www.tagesspiegel.de/sport/kevin-prince-boateng-vorsaetzliche-koerperverletzung/1839936.html.
Goldmann, Sven; Buntrock, Tanja (2009): Polizei ermittelt gegen Patrick Ebert und Kevin-Prince Boateng. In: Tagesspiegel 18.3.2009, Quelle: https://www.tagesspiegel.de/sport/sachbeschaedigung-polizei-ermittelt-gegen-patrick-ebert-und-kevin-prince-boateng/1476670.html.
Gosewinkel, Dieter (2016): Schutz und Freiheit? Staatsbürgerschaft in Europa im 20. und 21. Jahrhundert. Berlin: Suhrkamp.
Goßmann, Malte (2012): „Witz schlägt Gewalt"? Männlichkeiten in Rap-Texten von Bushido und KIZ. In: Dietrich, Marc; Seeliger, Martin (Hg.): Deutscher Gangstarap. Sozial- und Kulturwissenschaftliche Beiträge zu einem Pop-Phänomen. Bielefeld: Transcript, 85–108.
Goßmann, Malte (2010): Männlichkeitskonstruktionen in deutschsprachigen Rap-Texten. In: Studentische Untersuchungen der Politikwissenschaften & Soziologie 2 (2), 83–101.
Goßmann, Malte; Seeliger, Martin (2014): Männliche Strategien im deutschsprachigen Gangsta-Rap im Umgang mit weiblichem Empowerment. In: Heilmann, Andreas et al. (Hg.): Männlichkeit und Reproduktion. Kulturelle Figurationen: Artefakte, Praktiken, Fiktionen. Wiesbaden: Springer, 291-30.
Greenberg, Amy (2007): Männlichkeiten, territoriale Expansion und die amerikanische Frontier im 19. Jahrhundert. In: Martschukat, Jürgen; Stieglietz, Olaf (Hg.): Väter, Soldaten, Liebhaber. Männer und Männlichkeiten in der Geschichte Nordamerikas. Bielefeld: Transcript, 103–123.
Greife, Mareike (2019): Wie neoliberal ist Deutschrap? Quelle: https://rap.de/meinung/173295-wie-neoliberal-ist-deutschrap/ (18.3.2020).
Greiner, Kerstin (2010): Ein bisschen krass muss sein. In: Süddeutsche Zeitung Magazin 5.2.10, 22–25.
Griefahn, Monika (2007): Rapper haften für ihre Texte. In: die tageszeitung, 19.7.2007.
Grill, Michael (2011): Trostpflaster für einen „Gar-nix-Checker". In: Süddeutsche Zeitung, 11.11.2011.
Gross, Thomas (2005): Avantgarde der Härte. In: Die Zeit 18.08.2005, 34.
Groß, Melanie (2010): „Wir sind die Unterschicht" – Jugendkulturelle Differenzartikulationen aus intersektionaler Perspektive. In: Kessl, Fabian; Plößer, Melanie (Hg): Differenzierung, Normalisierung, Andersheit. Soziale Arbeit als Arbeit mit den Anderen. Wiesbaden: VS, 34–48.
Güngör, Murat; Loh, Hannes (2003): „Wir schreien null-sechs-neun": Ein Blick auf die Frankfurter Szene. In: Androutsopoulos, Jannis (Hg.): HipHop. Globale Kultur – lokale Praktiken. Bielefeld: Transcript, 43–63.
Güngör, Murat; Loh, Hannes (2017): Vom Gastarbeiter zum Gangsta-Rapper. HipHop, Migration und Empowerment. In: Seeliger, Martin; Dietrich, Marc (Hg.): Deutscher Gangstarap II. Popkultur als Kampf um Integration und soziale Ungleichheit. Bielefeld: Transcript, 43–63.
Gugutzer, Robert (2007): Körperkult und Schönheitswahn – Wider den Zeitgeist. In Bundeszentrale für politische Bildung (Hg.): Aus Politik und Zeitgeschichte. 18/2007, 4.
Ha, Kien Nghi (2005): Hype um Hybridität Kultureller Differenzkonsum und postmoderne Verwertungstechniken im Spätkapitalismus. Bielefeld: Transcript.
Haas, Daniel (2015): Pegasus ohne Abschluss. In: Die Zeit, 12.11.2015.
Haas, Daniel (2018): Hart an der Grenze. In: Die Zeit, 24.5.2018, 22.
Haas, Daniel; Weisbrod, Lars (2014): „Alle Bullen stehen in meiner Einfahrt". In: Die Zeit, 14.6.2017, 43.
Habermas, Jürgen (1962): Strukturwandel der Öffentlichkeit. Frankfurt a. M.: Suhrkamp.
Habermas, Jürgen (1985): Der philosophische Diskurs der Moderne. Zwölf Vorlesungen. Frankfurt a. M.: Suhrkamp.
Habermas, Jürgen (1990): Strukturwandel der Öffentlichkeit. Untersuchungen zu einer Kategorie der bürgerlichen Gesellschaft. Frankfurt a. M./New York: Suhrkamp.
Häußermann, Hartmut; Kronauer, Martin (2009): Räumliche Segregation und innerstädtisches Getto. In: Castel, Robert; Dörre, Klaus (Hg.): Prekarität, Abstieg, Ausgrenzung. Frankfurt a. M./New York: Campus, 113–130.

Hall, Stuart (1980): Encoding/Decoding. In: Ders. et al. (eds.): Culture, Media, Language. Working Papers in Cultural Studies, 1972-1979. London: Routledge, 128–138.
Hall, Stuart (1989): Die Konstruktion von ‚Rasse' in den Medien. In: Ders.: Ideologie, Kultur, Rassismus, Hamburg, 150–171.
Hall, Stuart (1989b): Die strukturierte Vermittlung von Ereignissen. In: Ders.: Ideologie, Kulblotur, Rassismus. Hamburg: Argument, 126–149.
Hall, Stuart (1994): Alte und neue Identitäten, alte und neue Ethnizitäten. In: Ders.: Rassismus und kulturelle Identität. Hamburg: Argument Verlag, 66–88.
Hall, Stuart (1994a): Die Frage der kulturellen Identität. In: Ders.: Rassismus und kulturelle Identität. Hamburg: Argument, 180–222.
Hall, Stuart (1994b): Neue Ethnizitäten. In: Ders. Rassismus und kulturelle Identität. Hamburg: Argument, 15–26.
Hall, Stuart (1994c): „Rasse", Artikulation und Gesellschaften mit struktureller Dominante. In: Ders.: Rassismus und kulturelle Identität. Hamburg: Argument, 89–136.
Hall, Stuart (2000): Cultural Studies. Ein politisches Theorieprojekt. Ausgewählte Schriften 3. Hamburg: Argument.
Hall, Stuart (2000a): Postmoderne und Artikulation. In: Ders.: Cultural Studies: Ein politisches Theorieprojekt. Hamburg: Argument. 52-77.
Hall, Stuart (2014): Popular-demokratischer oder autoritärer Populismus. In: Ders.: Populismus, Hegemonie, Globalisierung. Ausgewählte Schriften 5. Hamburg: Argument, 101–120.
Hall, Stuart (2014a): „Die soziale Frage soll nicht gestellt werden". Ein Interview. In: Ders.: Populismus – Hegemonie – Globalisierung. Ausgewählte Schriften 5. Hamburg: Argument, 166–171.
Hall, Stuart (2014a): Die Stadt: kosmopolitische Versprechungen und multikulturelle Realitäten. In: Ders.: Populismus – Hegemonie – Globalisierung. Ausgewählte Schriften 5. Hamburg: Argument, 172–198.
Hall, Stuart (2019): Das verhängnisvolle Dreieck – Rasse, Ethnie, Nation. Berlin: Suhrkamp.
Hall, Stuart (2020): Vertrauter Fremder. Ein Leben zwischen zwei Inseln. Hamburg: Argument.
Haller, Michael; Niggeschmidt, Michael (Hg.) (2012): Der Mythos vom Niedergang der Intelligenz Von Galton zu Sarrazin: Die Denkmuster und Denkfehler der Eugenik. Wiesbaden: VS.
Hamburger, Franz et al. (Hg.) (2005): Migration und Bildung. Über das Verhältnis von Anerkennung und Zumutung in der Einwanderungsgesellschaft. Wiesbaden: VS.
Kölner Stadtanzeiger (2018): Kollegahs und Bangs „JBG 3" als jugendgefährdend eingestuft. Quelle: https://www.ksta.de/kultur/kollegahs-und-bangs--jbg-3--als-jugendgefaehrdend-eingestuft-31231400.
Hark, Sabine; Villa, Paula Irene (2010): Ambivalenzen der Sichtbarkeit – Einleitung zur deutschen Ausgabe. In: McRobbie, Angela: Top Girls.Feminismus und der Aufstieg des neoliberalen Geschlechterregimes. Wiesbaden: VS, 7–16.
Hark, Sabine; Villa, Paula-Irene (2017): Unterscheiden und Herrschen. Ein Essay zu den ambivalenten Verflechtungen von Rassismus, Sexismus und Feminismus in der Gegenwart. Bielefeld: Transcript.
Hauck, Gerhard (2012): Globale Vergesellschaftung und koloniale Differenz. Münster: Westfälisches Dampfboot.
Hearn, Jeff (2010): Vernachlässigte Intersektionalitäten in der Männerforschung: Alter(n), Virtualität, Transnationalität. In: Lutz, Helma et al. (Hg.): Fokus Intersektionalität. Bewegungen und Verortungen eines vielschichtigen Konzeptes. Wiesbaden: VS 105–123.
Hecken, Thomas (2006): Populäre Kultur. Mit einem Anhang „Girl und Popkultur". Bochum: Posth.
Hecken, Thomas (2007): Theorien der Populärkultur. Dreißig Positionen von Schiller bis zu den Cultural Studies. Bielefeld: Transcript.
Hecken, Thomas (2009): Pop. Geschichte eines Konzepts 1955–2009. Bielefeld: Transcript.
Hecken, Thomas (2010): Das Versagen der Intellektuellen. Eine Verteidigung des Konsums gegen seine deutschen Verächter. Bielefeld: Transcript.
Hengst, Björn; Volker, Carsten (2006): „Waschen und rasieren, dann kriegen Sie auch einen Job". In: Spiegel https://www.spiegel.de/politik/deutschland/kurt-becks-arbeitslosen-schelte-waschen-und-rasieren-dann-kriegen-sie-auch-einen-job-a-454389.html.

Heinze, Rolf G. (2006): Wandel wider Willen: Deutschland auf der Suche nach neuer Prosperität. Wiesbaden: Springer.
Heinze, Rolf G.; Streeck, Wolfgang (1999): An Arbeit fehlt es nicht. In: Der SPIEGEL, 11.5.1999
Heitmeyer, Wilhelm (2018): Autoritäre Versuchungen. Signaturen der Bedrohung. Berlin: Suhrkamp.
Heitmeyer, Wilhelm; Imbusch, Peter (2005): Vorwort: Dies: (Hg.): Integrationspotenziale einer modernen Gesellschaft. Wiesbaden: VS, 9–10.
Heymann, Nana (2015): „Ich habe einen Traum“ aus Zeit-Magazin vom 10.12.2015, 30.
Helbig, Silvia (2003): „Berlin ist halt so rau“. In: taz, 8.9.2003, 23.
Hilgers, Mathieu (2012): The historicity of the neoliberal state. In: Social Anthropology 20 (1), 80–94.
Hill, Marc (2018): Eine Vision von Vielfalt: Das Stadtleben aus postmigrantischer Perspektive. Hill, Marc; Yildiz, Erol (Hg.): Postmigrantische Visionen. Erfahrungen – Ideen – Reflexionen. Bielefeld, Transcript, 97–120.
Hill, Marc; Yildiz, Erol (2018): Einleitung. In: Dies.: (Hg.): Postmigrantische Visionen. Erfahrungen – Ideen – Reflexionen. Bielefeld, Transcript, 7–10.
Hirschauer, Stefan (2003): Die soziale Konstruktion der Transsexualität. Über die Medizin und den Geschlechtswechsel. Frankfurt a. M.: Suhrkamp.
Hitzler, Ronald; Niederbacher, Arne (2010): Leben in Szenen: Formen juveniler Vergemeinschaftung heute. Wiesbaden: Springer.
Hochschild, Arlie Russel (2017): Fremd in ihrem Land. Eine Reise ins Herz der amerikanischen Rechten. Frankfurt a. M./New York: Campus.
Hoff, Hans (2011): Bushido und Integration ist wie Bohlen und Pädagogik. In: Süddeutsche Zeitung 12.11.2011.
Holl, Jannis (2017): „Deutschland ist ein richtig schönes Roggenbrot“. In: FAZ, 16.11.2017.
Honneth, Axel (1992): Kampf um Anerkennung. Frankfurt a.M: Suhrkamp.
Horeni, Michael (2012): Die Brüder Boateng: Eine deutsche Familiengeschichte.
Horkheimer, Max (1967): Zur Kritik der instrumentellen Vernunft. München: Fischer.
Horkheimer, Max; Adorno, Theodor W. (1988): Dialektik der Aufklärung. Philosophische Fragmente. München: Fischer.
Hormel, Ulrike; Scherr, Albert (Hg.): Diskriminierung. Grundlagen und Forschungsergebnisse. Wiesbaden: VS.
Howe, Christiane (2006): Bilderwelten – Innenwelten Prostitution und das Verhältnis der Geschlechter. In: Osteuropa 6/2006, 67–86.
Howes, David (1996): Cross-Cultural Consumptions. Global Markets, Local Realities. London: Routledge.
Hüetlin, Thomas (2010): Moks Revier. In: Der Spiegel 6, 50–56.
Huntington, Samuel P. (1996): Kampf der Kulturen. Die Neugestaltung der Weltpolitik im 21. Jahrhundert. Wien/München: Europa-Verlag.
Huq, Rupa (2007): Resistance or incorporation? Youth policy making and hip hop culture. In: Hodkinson, Paul; Deicke, Wolfgang (eds.) Youth cultures: scenes, subcultures and tribes. Abingdon: Routledge, 79–92.
Hüser, Dietmar (2003): – Rap-Musik – Straßen-Politik – Bürger-Republik. Ein populärmusikalisches Aufklärungsprojekt zwischen politisierter Soziokultur und politischer Deutungskultur. In: Androutsopoulos, Jannis (Hg.): HipHop. Globale Kultur – lokale Praktiken. Bielefeld: Transcript, 168–189.
Itzek, Joanna (2008): Wer radikalisiert hier wen? In: tageszeitung, 21.11.2008, 15.
Jäger, Siegfried (2012): Kritische Diskursanalyse. Eine Einführung. Münster: Unrast.
James, William (2010): Philosophical Conceptions Practical Results. Charleston: Nabu Press.
Janitzki, Lena (2012): Sozialraumkonzeptionen im Berliner Gangsta-Rap. Eine stadtsoziologische Perspektive. In: Dietrich, Marc; Seeliger, Martin (Hg.): Deutscher Gangstarap. Sozial- und kulturwissenschaftliche Beiträge zu einem Pop-Phänomen. Bielefeld: Transcript, 285–308.
Joas, Hans (1996): Die Kreativität des Handelns. Frankfurt a. M.: Suhrkamp.
Joas, Hans (1999): Die Entsstehung der Werte. Frankfurt a. M.: Suhrkamp.

Jones, Owen (2012): Prolls. Die Dämonisierung der Arbeiterklasse. Mainz: VAT.

Jung, Simone (2020): Popkultur, Populärkultur, Populismus: Formen der Skandalisierung in der Kulturpublizistik im Spannungsfeld von modernistischen und postmodernistischen Kulturen. In: Berliner Debatte Initial 30 (1), 39–52.

Käppner, Joachim (2008): Das Kind, das nicht zurückkam. In: Süddeutsche Zeitung 29./29.6.208, 8.

Kage, Jan (2002): American Rap. Explicit Lyrics. Us HipHop und Identität. Mainz: Ventil.

Kaleimi, Oxana (2010): Sie haben mich verkauft: Eine wahre Geschichte. Bergisch Gladbach: Bastei Lübbe.

Kanak Attack (1998): Manifest Kanak Attack. Quelle: http://bit.ly/n7QgYX.

Kaya, Verda (2015): HipHop zwischen Istanbul und Berlin. Eine (deutsch-)türkische Jugendkultur im lokalen und transnationalen Beziehungsgeflecht. Bielefeld: Transcript.

Kelley, Robin D.G. (1994): Race Rebels. Culture, Politics, and the Black Working Class. New York: The Free Press.

Kellner, Douglas (2020): Media Culture. Cultural Studies, Identity, and Politics in the Conteporary Moment. London/New York: Routledge.

Kessl, Fabian (2012): Die Rede von der ‚neuen Unterschicht'. In: Haller, Martin; Niggeschmidt, Michael (Hg.): Der Mythos vom Niedergang der Intelligenz. Von Galton zu Sarrazin: Die Denkmuster und Denkfehler der Eugenik. Wiesbaden: VS, 185–192.

Kimminich, Eva (2007): Rassismus und RAPublikanismus. Islamismus oder Weltbürgertum? Geschichte, Wahrnehmung Funktionsmechanismus des französischen Rap. In: Bock, Karin et al. (Hg.): HipHop meets Academia. Globale Spuren eines lokalen Kulturphänomens. Bielefeld: Transcript, 59–74.

Klein, Gabriele (2005): Pop leben. Pop inszenieren. Gefälligkeitsübersetzung: Living pop culture. Staging pop culture. In: Neumann-Braun, Klaus (Hg.): Coolhunters. Jugendkulturen zwischen Medien und Markt. Frankfurt a. M.: Suhrkamp, 44–51.

Klein, Gabriele; Meuser, Michael (Hg.) (2015): Ernste Spiele. zur politischen Soziologie des Fußballs. Bielefeld: Transcript.

Klein, Gabriele; Friedrich, Malte (2003): Is this real? Die Kultur des HipHop. Frankfurt a. M.: Suhrkamp.

Klein, Gabriele; Friedrich, Malte (2003): Populäre Stadtansichten. Bildinszenierungen des Urbanen im HipHop. In: Androutsopoulos, Jannis (Hg.) (2003): HipHop. Globale Kultur – lokale Praktiken. Bielefeld: Transcript, 85–101.

Kleiner, Marcus S.; Nieland, Jörg-Uwe (2007): HipHop und Gewalt: Mythen, Vermarktungsstrategien und Haltungen des deutschen Gangster-Raps am Beispiel von Shok-Muzik. In: Bock, Karin; Meier, Stefan, Süss, Günter (Hg.): HipHop meets Academia. Globale Spuren eines lokalen Kulturphänomens. Bielefeld: Transcript, 215–244.

Klinger, Cornelia (2003): Ungleichheit in den Verhältnissen von Klasse, Rasse und Geschlecht. In: Knapp, Gudrun-Axeli; Wetterer, Angelika (Hg.): Achsen der Differenz. Gesellschaftstheorie und feministische Kritik II. Münster: Westfälisches Dampfboot, 14–48.

Klinger, Cornelia; Knapp, Gudrun-Axeli (Hg.) (2008): ÜberKreuzungen. Fremdheit, Ungleichheit, Differenz. Münster: Westfälisches Dampfboot.

Klinger, Cornelia et al. (Hg.) (2007): Achsen der Ungleichheit. Zum Verhältnis von Klasse, Geschlecht und Ethnizität. Frankfurt a. M./New York: Campus.

Knapp, Gudrun-Axeli; Wetterer, Angelika (Hg.) (2003): Achsen der Differenz. Gesellschaftstheorie und feministische Kritik II. Münster: Westfälisches Dampfboot.

Knapp, Gudrun-Axeli (2012): Traveling Theories: Anmerkungen zur neueren Diskussion über „Race, Class and Gender". In: Dies.: Im Widerstreit. Wiesbaden: VS, 403–427.

Knüttel, Katharina; Seeliger, Martin (2010): „Ihr habt alle reiche Eltern, also sagt nicht, ‚Deutschland hat kein Ghetto!'" Zur symbolischen Konstruktion von Anerkennung im Spannungsfeld zwischen Subkultur und Mehrheitsgesellschaft. In: Prokla 160 (3), 395–410.

Knüttel, Katharina; Seeliger, Martin (Hg.) (2011): Intersektionalität und Kulturindustrie. Zum Verhältnis sozialer Kategorien und kultureller Repräsentationen. Bielefeld: Transcript.

Kollegah (2018): Das ist Alpha! München: Riva.

Kraemer, Klaus (2012): Kapitalismus und Gender. Eine Auseinandersetzung mit der kapitalismuskritischen Intersektionalitätsforschung. In: Berliner Journal für Soziologie 22 (1), 29–52.

Kreckel, Reinhard (2004): Politische Soziologie der sozialen Ungleichheit. Frankfurt/New York: Campus, 13–51.

Kreye, Andrian (1993): Aufstand der Gettos. Die Eskalation der Rassenkonflikte in Amerika. Köln: Kiepenheuer & Witsch.

Leibnitz, Kimiko (2007): Die Bitch als ambivalentes Weiblichkeitskonzept im HipHop. In: Bock, Karin, et al. (Hg.): Globale Spuren eines lokalen Kulturphanomens. Bielefeld: Transcript, 157–170.

Leibnitz, Kimiko; Dietrich, Marc (2012): „The world is yours". Schlaglichter auf das Gangstermotiv in der amerikanischen Populärkultur. In: Dietrich, Marc; Seeliger, Martin (Hg.): Deutscher Gangsta-Rap Sozial- und kulturwissenschaftliche Beiträge zu einem Pop-Phänomen. Bielefeld: Transcript, 309–344.

Leber, Sebastian (2014): Dr. h.c. Rüpelrapper. In: Tagesspiegel 21.2.2014, Quelle: https://www.tagesspiegel.de/gesellschaft/medien/bushidos-online-geniestreich-dr-h-c-ruepelrapper/9519284.html.

Leenen, Rainer; Grosch, Harald (2009): Migrantenjugendliche in deutschsprachigen Medien. In: Ottersbach, Markus; Zitzmann, Thomas (Hg.): Jugendliche im Abseits. Zur Situation in französischen und deutschen marginalisierten Stadtquartieren. Wiesbaden: VS, 215–141.

Leibnitz, Kimiko (2006): Inszenierung von Weiblichkeit. Die Darstellung von Rapperinnen im Musikvideo. In: Schischmanjan, Anjela; Wünsch, Michaela (Hg.): Female HipHop. Realness, Roots und Rap Models. Mainz: Ventil Verlag, 41–60.

Lenz, Ilse (2008) (Hg.): Die Neue Frauenbewegung in Deutschland. Abschied vom kleinen Unterschied. Eine Quellensammlung. Wiesbaden: VS.

Lenz, Ilse; Scheu, Hildegard (2010): Stichwort Männlichkeiten. In: Peripherie 118/119: 309–311.

Lenz, Anne; Paetau, Laura (2012): Nothin' but a B-Thang? Von Gangsta-Rappern, Orthopäden und anderen Provokateuren. In: Dietrich, Marc; Seeliger, Martin (Hg.): Deutscher Gangstarap. Sozial- und kulturwissenschaftliche Perspektiven auf ein Pop-Phänomen. Bielefeld: Transcript, 109–164.

Lessenich, Stephan (2008): Die Neuerfindung des Sozialen. Bielefeld: Transcript.

Lessenich, Stephan (2009): Mobilität und Kontrolle. Zur Dialektik der Aktivgesellschaft. In: Dörre, Klaus et al.: Soziologie, Kapitalismus, Kritik. Eine Debatte. Frankfurt a. M.: Suhrkamp.

Lessenich, Stephan (2016): Neben uns die Sintflut. Die Externalisierungsgesellschaft und ihr Preis. München Hanser.

Liebert, Juliane (2018): Wir sind alle Lauch. In: Süddeutsche Zeitung, 19.9.2018 Quelle: https://www.sueddeutsche.de/kultur/das-ist-alpha-von-kollegah-wir-sind-alle-lauch-1.4136049.

Lill, Max (2011): Neoliberale Alltagsmythologien in der Krise. Zwischen bürgerlichem Ressentiment und Gangsta Rap. In: Sozialismus 5, 1–12.

Lindner, Rolf (2000): Die Stunde der Cultural Studies. Wien: Facultas.

Loh, Hannes, Güngör, Murat (2002): Fear of a Kanak Planet. HipHop zwischen Weltkultur und Nazirap. Höfen: Hannibal.

Löw, Martina; Ruhne, Renate (2011): Prostitution: Herstellungsweisen einer anderen Welt. Berlin: Suhrkamp.

Loh, Hannes (2005): Patchwork der Widersprüche – Deutschrap zwischen Ghetto-Talk und rechter Vereinnahmung. In: Neumann-Braun, Klaus; Richard, Birgit (Hg.): Coolhunters. Jugendkulturen zwischen Medien und Markt. Frankfurt a. M.: Suhrkamp, 111–126.

Loh, Hannes; Verlan, Sascha (2006): 25 Jahre HipHop in Deutschland. Höfen: Hannibal.

Loh, Hannes; Verlan, Sascha (2015): 35 Jahre HipHop in Deutschland. Höfen: Hannibal.

Lütten, John; Seeliger, Martin (2017): „Rede nicht von Liebe, gib' mir Knete für die Miete!" Prekäre Gesellschaftsbilder im deutschen Straßen- und Gangstarap. In: Seeliger, Martin; Dietrich, Marc (Hg.) (2017): Deutscher Gangstarap II. Popkultur als Kampf um Integration und soziale Ungleichheit. Bielefeld: Transcript, 89–104.

Luhmann, Niklas (1997): Die Gesellschaft der Gesellschaft. Frankfurt am Main: Suhrkamp.

Luhmann, Niklas (1996): Die Realität der Massenmedien. Opladen: Westdeutscher Verlag.

Lutter, Mark (2013): Strukturen ungleichen Erfolgs: Winner-take-all-Konzentrationen und ihre sozialen Entstehungskontexte auf flexiblen Arbeitsmärkten. In: Kölner Zeitschrift für Soziologie und Sozialpsychologie 65(4) , 597–622.

Lutz, Burkart (1984): Der kurze Traum immerwährender Prosperität: eine Neuinterpretation der industriell-kapitalistischen Entwicklung im Europa des 20. Jahrhunderts. Frankfurt/New York: Campus.
Lutz, Helma (2010): Fokus Intersektionalität – eine Einleitung. In: Dies. et al. (Hg.): Fokus Intersektionalität. Bewegungen und Verortungen eines vielschichtigen Konzeptes. Wiesbaden: VS, 9–30.
Lutz, Helma et al. (2010): Fokus Intersektionalität. Bewegungen und Verortungen eines vielschichtigen Konzeptes. Wiesbaden: VS.
Lutz, Helma/Leiprecht, Rudolf (2005): Intersektionalität im Klassenzimmer. Ethnizität, Klasse, Geschlecht. In: Leiprecht, Rudolf; Kerber, Anne (Hg.): Schule in der Einwanderungsgesellschaft. Schwalbach/Ts.: Wochenschau Verlag, 218–234.
Lutz, Helma; Amelina, Anna (2017): Gender, Migration, Transnationalisierung. Eine intersektionelle Einführung. Bielefeld: Transcript.
Maase, Kaspar (2019): Populärkulturforschung. Eine Einführung. Bielefeld: Transcript.
Mackert, Jürgen (2006): Staatsbürgerschaft: Eine Einführung. Wiesbaden: VS.
Marchart, Oliver (2008): Cultural Studies. Konstanz: UVK.
Malang, Thomas (2016): Die politische Dimension von Popmusik: theoretische Zugänge, empirische Befunde und Potenzial der politikwissenschaftlichen Analyse. In: Zeitschrift für Politikwissenschaft 26 (2), 229–240.
Malinowski, Robert (1986): Die Rolle des Mythos im Leben. In: Ders.: Schriften zur Anthropologie. Frankfurt a. M.: Syndikat, 139–144.
Manemann, Jürgen; Brock, Eike (2018): Philosophie des HipHop Performen, was an der Zeit ist. Bielefeld: Transcript.
Marchart, Oliver (2012): Die Prekarisierungsgesellschaft Prekäre Proteste. Politik und Ökonomie im Zeichen der Prekarisierung. Bielefeld: Transcript.
Marcuse, Herbert (2004): Der eindimensionale Mensch. Studien zur Ideologie der fortgeschrittenen Industriegesellschaft. München: dtv.
Marquart, Philipp Hanes (2015): Raplightenment Aufklärung und HipHop im Dialog. Bielefeld: Transcript.
Martschukat, Jürgen (2019): Das Zeitalter der Fitness: Wie der Körper zum Zeichen für Erfolg und Leistung wurde. München: Fischer.
Massiv (2012): So lange mein Herz schlägt. Köln: Bastei Lübbe
Mau, Steffen (2017): Das metrische Wir: Über die Quantifizierung des Sozialen. Berlin: Suhrkamp.
Mausfeld, Rainer (2019): Angst und Macht: Herrschaftstechniken der Angsterzeugung in kapitalistischen Demokratien. Frankfurt a. M.: Westend.
Mayer, Verena (2014): Gewaltvorwürfe gegen Bushido. In: Süddeutsche Zeitung 17.12.2014.
McCall, Lesley (2005): The Complexity of Intersectionality. In: Signs: Journal of Women in Culture and Society 30, 1771–1800.
McRobbie, Angela (2010): Top Girls. Feminismus und der Aufstieg des neoliberalen Geschlechterregimes. Wiesbaden: VS.
Mead, George H. (1973): Geist, Identität und Gesellschaft. Frankfurt a. M.: Suhrkamp.
Mecheril, Paul (2007): Politische Verantwortung und Kritik. Das Beispiel Migrationsforschung. In: Figatowski, Bartholomäus et al. (Hg.): The Making of Migration. Repräsentationen, Erfahrungen, Analysen. Münster: Westfälisches Dampfboot, 24–32.
Meinhardt, Birk (2009): Mensch ärgere Dich. In: Süddeutsche Zeitung, 21./22.11.2009, 3.
Menden, Alexander (2008): „Eine Gang ist erstmal nur eine Gruppe von Leuten". 6./7.12.08, 14.
Menrath, Stefanie (2002): ... represent what: Performativität von Identitäten im HipHop. Hamburg: Argument.
Merkur (2014): Unfassbar: Bushido soll CSU-Hymne singen. Quelle: https://www.merkur.de/politik/seehoferbushido-soll-csu-hymne-singen-zr-596917.html
Müller, Stefan (2008): Die Stimme seines Herrn. In: taz 7.10.08, 13.
Meuser, Michael (2010): Geschlecht und Männlichkeit. Soziologische Theorie und kulturelle Deutungsmuster. Wiesbaden: VS Verlag.
Mielke, Michael (2011): Bushido muss zahlen. In: Die Welt, 21.12.2011, 30.

Mikos, Lothar (2000): Göttlich, Udo; Winter, Rainer (Hg.): Vergnügen und Widerstand. Aneignungsformen von HipHop und Gangsta Rap. Politik des Vergnügens: zur Diskussion der Populärkultur in den Cultural Studies. Köln: Halem. 103–123.

Milanovic, Branko (2016): Die ungleiche Welt. Migration, das Eine Prozent und die Zukunft der Mittelschicht. Berlin: Suhrkamp.

Misik, Robert (2019): Die falschen Freunde der einfachen Leute. Berlin: Suhrkamp.

Mikos, Lothar (2003): „Interpolation und Sampling" – Kulturelles Gedächtnis und Intertextualität im HipHop. In: Androutsopoulos, Jannis (Hg.) (2003): HipHop. Globale Kultur – lokale Praktiken. Bielefeld: Transcript, 64–83.

Mitscherlich, Alexander; Mitscherlich, Margarete (2007): Die Unfähigkeit zu trauern: Grundlagen kollektiven Verhaltens. München: Piper.

Möhring, Maren (2012): Fremdes Essen. Die Geschichte der ausländischen Gastronomie in der Bundesrepublik Deutschland. München: Oldenbourg.

Mrozek, Bodo (2019): Jugend – Pop – Kultur Eine transnationale Geschichte. Berlin: Suhrkamp.

Musikexpress Redaktion (2019): Bonez MC verspottet Opfer häuslicher Gewalt. Quelle: https://www.musikexpress.de/bonez-mc-verspottet-opfer-haeuslicher-gewalt-nach-vorwurf-gegen-gzuz-1276591/.

Nachtwey, Oliver (2016): Die Abstiegsgesellschaft. Über das Aufbegehren in der regressiven Moderne. Berlin: Suhrkamp.

Neckel, Sighard (1997): Die ethnische Konkurrenz um das Gleiche. Erfahrungen aus den USA. In: Heitmeyer, Wilhelm (Hg.): Was hält die Gesellschaft zusammen? Bundesrepublik Deutschland: Auf dem Weg von der Konsens- zur Konfliktgesellschaft. Frankfurt a. M.: Suhrkamp, 255–278.

Neckel, Sighard (2008): Flucht nach vorn. Die Erfolgskultur der Marktgesellschaft. Frankfurt a. M./New York: Campus.

Neckel, Sighard (2013): „Refeudalisierung" – Systematik und Aktualität eines Begriffs der Habermas'schen Gesellschaftsanalyse. In: Leviathan 41 (1), 39–56.

Neckel, Sighard et al. (2018): Die globale Finanzklasse: Business, Karriere, Kultur in Frankfurt und Sydney. Frankfurt a. M./New York: Campus.

Neff, Benedict (2018): Ein verheerendes Signal. In: Neue Zürcher Zeitung. 14.4.2018, 11.

Neff, Benedikt et al. (2018): „Farid ist kein Antisemit" – der Rapper Fler verteidigt die Echo-Gewinner. In: Neue Zürcher Zeitung 19.4.2018, 39.

Neidhardt, Friedhelm (1994): Öffentlichkeit, öffentliche Meinung, soziale Bewegungen. In: Neidhardt, Friedhelm (Hg.): Öffentlichkeit, öffentliche Meinung, soziale Bewegungen. Sonderband der Kölner Zeitschrift für Soziologie und Sozialpsychologie. Opladen: Westdeutscher Verlag, 7–41.

Nolte, Paul (2003): Das große Fressen. Nicht Armut ist das Hauptproblem der Unterschicht. Sondern der massenhafte Konsum von Fast Food und TV. In: Die Zeit 52, 2003.

Nolte, Paul (2004): Generation Reform. Jenseits der blockierten Republik. München: Beck.

Oehmke, Philipp (2007): Poesie aus der Siedlung. In: Der Spiegel 16/2007, 180–184.

Park, Robert E. (1969): Human Migration and the Marginal Man. In: Sennett, Richard (Hg.): The Classic Essays on the Culture of Cities. New York: Appleton-Century-Crofts, 131–142.

Pease, Allan; Pease, Barbara (2000): Warum Männer nicht zuhören und Frauen schlecht einparken: Ganz natürliche Erklärungen für eigentlich unerklärliche Schwächen. München: Ullstein.

Peikert, Denise (2015): Lass die Straße brennen. In: Frankfurter Allgemeine Zeitung 12.2.2015.

Peltonen, Boris (2012): Was nicht gerappt werden müsste. In: Die Welt 14.4.2012, 28.

Phipps, Alison (2014): The Politics of the Body: Gender in a Neoliberal and Neoconservative Age. Boston: Polity.

Piketty, Thomas (2013): Das Kapital im 21. Jahrhundert. München: Beck.

Pilz, Michael (2008): Mit Mama in die Bestsellerlisten. In: Die Welt 25.9.2008, 28.

Platon (1949): Der Staat. Stuttgart: Reclam.

Pohl, Dennis (2018): Was ist eigentlich Battle-Rap. In: Spiegel Online 17.4.2018.

Popitz, Heinrich (1961 et al.): Das Gesellschaftsbild des Arbeiters. Tübingen: Mohr.

Popper, Karl (1999): Die offene Gesellschaft und ihre Feinde. Konstanz: UVK.

Poschard, Ulf (1997): DJ Culture. Diskjockeys und Popkultur. Hamburg: Rororo.

Poschardt, Ulf (2011): Mittelfingah für alle! In: Welt am Sonntag 13.11.2011, 15.
Praun, Matthieu (2019): Erlebt der deutsche Hip-Hop sein MeToo? In: Die Welt 4.6.2019, Nr. 128, 22.
Prieberg, Fred K. (1991): Musik und Macht. Frankfurt a. M.: Fischer.
Pries, Ludger (2005): Kräftefelder der Strukturierung und Regulierung von Erwerbsarbeit. Bochum: SOAPS Papers.
Pries, Ludger (2008): Die Transnationalisierung der sozialen Welt. Sozialräume jenseits von Nationalgesellschaften. Frankfurt a. M.: Suhrkamp.
Pries, Ludger (2012): Migration und Ankommen. Die Chancen der Flüchtlingsbewegung. Frankfurt a. M./New York: Campus.
Pries, Ludger; Seeliger, Martin (2012): Transnational Social Spaces between Methodological Nationalism and 'Cosmo-Globalism'. In: Glick Schiller, Nina et al. (eds.): Beyond Methodological Nationalism: Social Science Research Methodologies in Transition. London: Routledge, 219–239.
Prizkau, Anna (2012): Doch, läuft super. In: FAZ, 23.6.2012.
Rabe, Jens-Christian (2014): Bushido als Beruf. In: Süddeutsche Zeitung, 20.2.2014.
Rabe, Jens-Christian (2015): Auf die Fresse, ohne Finesse. In: Süddeutsche Zeitung, 13.2.2015.
Radisch, Iris (2013): Auf der Partymeile des Lebens. In: Die Zeit, 18.7.2013, 39.
Rapp, Tobias (2013): Der Babo von Frankfurt. In: Der Spiegel 7/2013, 121–122.
Rapp, Tobias; Oehmke, Philipp (2014): „Es geht um nichts. Um Scheiß." In: Der Spiegel 50/2014, 130–133.
Reckwitz, Andreas (2017): Die Gesellschaft der Singularitäten. Zum Strukturwandel der Moderne. Berlin: Suhrkamp.
Reckwitz, Andreas (2019): Das Ende der Illusionen: Politik, Ökonomie und Kultur in der Spätmoderne. Berlin: Suhrkamp.
Reckwitz, Andreas (2020): Das hybride Subjekt. Eine Theorie der Subjektkulturen von der bürgerlichen Moderne zur Postmoderne. Berlin: Suhrkamp.
Regener, Sven (2018): Die Zeit: „Wer profitiert eigentlich von dieser Musik?", In: Die Zeit, 19.4.2018, 44.
Reich, Marcel (2019): Der Fall des Arafat Abou-Chaker. In: Die Welt 16.1.2019, 24.
Reichhardt, Sven (2014): Authentizität und Gemeinschaft – Linksalternatives Leben in den siebziger und frühen achtziger Jahren. Berlin: Suhrkamp.
Renner, Chris (2019): Die 187 Story. Die wahre Geschichte. München: Pearl Verlag.
Reuter, Julia (2015): Ordnungen des Anderen. Zum Problem des Eigenen in der Soziologie des Fremden. Bielefeld: Transcript.
Reutlinger, Christian (2009): Jugendprotest im Spiegel von Sichtbarkeit und Unsichtbarkeit - Herausforderungen für die Jugendarbeit. In: Ottersbach, Markus/Zitzmann, Thomas (Hrsg.): Jugendliche im Abseits. Zur Situation in französischen und deutschen marginalisierten Stadtquartieren. Wiesbaden: VS, 285-301.
Richter, Peter (2008): Kannst Du stecken lassen. In: FAZ, 20.1.2008.
Ritzer, George (1993): The McDonaldization of Society. Newbury Park: Pine Forge Press.
Robertson, Roland (1992): Globalization: social theory and local culture. London: SAGE.
Röcke, Anja (2017): (Selbst)Optimierung. Eine soziologische Bestandsaufnahme. In: Berliner Journal für Soziologie 27, 319–335.
Rosa, Hartmut (2005): Beschleunigung. Die Veränderung der Zeitstruktur in der Moderne. Frankfurt a. M.: Suhrkamp.
Rosa, Hartmut (2009): Kapitalismus als Dynamisierungsspirale – Soziologie als Gesellschaftskritik. Frankfurt a. M.: Suhrkamp, 87–124.
Rosa, Hartmut (2013): Beschleunigung und Entfremdung. Berlin: Suhrkamp.
Rosa, Hartmut (2016): Resonanz: Eine Soziologie der Weltbeziehung. Berlin: Suhrkamp.
De La Rosa, Sybille (2018): Die postmigrantische Demokratie: Einige demokratietheoretische Überlegungen. In: Foroutan, Naika et al. (Hg.): Postmigrantische Perspektiven. Ordnungssysteme, Repräsentationen, Kritik. Frankfurt/New York: Campus, 207–224.
Rose, Tricia (1994): Black Noise: Rap Music and Black Culture in Contemporary America. Hanover: University Press of New England.

Rose, Tricia (2008): The wars of Hip Hop. What we talk about when we talk about hip hop--and why it matters. New York: Basic Civitas.
Ross, Hannes (2008): "Ich liebe die Stille". In: Stern, 13.9.2008.
Rossbach, Henrike (2005): Wir sind die schlechte Gesellschaft. In: Frankfurter Allgemeine Zeitung. Quelle: https://www.faz.net/aktuell/feuilleton/pop/hip-hop-wir-sind-die-schlechte-gesellschaft-1256280.html.
Rossi, Sonia (2010): Fucking Berlin: Studentin und Teilzeit-Hure. Berlin: Ullstein.
Roß, Hannes; Siemens, Jochen (2019): „Der Holocaust hat im Rap nichts zu suchen." In: Stern 41, 4.10.2018, 94–97.
Roth, Anna-Lena – Antisemitismusbeauftragter fordert Bundesverdienstkreuz für Campino. In: Spiegel Online 7.5.2018.
Şahin, Reyhan (2019): Yalla Feminismus. Stuttgart: Klett-Cotta.
Saied, Ayla Güler (2012): Rap in Deutschland. Musik als Interaktionsmedium zwischen Partykultur und urbanen Anerkennungskämpfen. Bielefeld: Transcript.
Salomo, Ben (2019): Ben Salomo bedeutet Sohn des Friedens. Berlin: Europa Verlag.
Sanyal, Mithu (2014): Wenn Sex nicht die Antwort ist, was ist dann die Frage? In: Grant, Melissa Gira: Hure spielen. Hamburg: Nautilus, 5–19.
Sarrazin, Thilo (2010): Deutschland schafft sich ab. München: Random House.
Scambor, Elli; Zimmer, Fränk (2012): Einleitung. In: Dies. (Hg.): Die intersektionelle Stadt. Geschlechterforschung und Medienkunst an den Achsen der Ungleichheit. Bielefeld: Transcript, 13–22.
Schäfer, Armin (2015): Der Verlust politischer Gleichheit. Warum die sinkende Wahlbeteiligung der Demokratie schadet. Frankfurt a. M./New York: Campus.
Scharenberg, Albert (2001): Der diskursive Aufstand der schwarzen ‚Unterklassen'. Hip Hop als Protest gegen materielle und symbolische Gewalt. In: Weiß, Anja et al. (Hg.): Klasse und Klassifikation. Die symbolische Dimension sozialer Ungleichheit. Wiesbaden: Westdeutscher Verlag, 243–269.
Scherr, Albert (2013): Vorwort zur aktualisierten Neuauflage. In: Willis, Paul: Learning to Labour. Spaß am Widerstand. Hamburg: Argument, 5–10.
Scherr, Albert; Scherschel, Karin (2019): Wer ist ein Flüchtling? Grundlagen einer Soziologie der Zwangsmigration. Göttingen: Vandenhoek & Ruprecht.
Schildt, Axel; Siegfried, Detlef (2009): Deutsche Kulturgeschichte. Die Bundesrepublik von 1945 bis zur Gegenwart. München.
Schimank, Uwe; Volkmann, Ute (2008): Ökonomisierung der Gesellschaft. In: Maurer, Andrea (Hg.): Handbuch der Wirtschaftssoziologie. Wiesbaden: VS, 382–393.
Schischmanjan, Anjela; Wünsch, Michaela (Hg.) (2007): Femalde HipHop. Erealness, Roots und Rap Models. Mainz: Ventil.
Scholz, Sylka (2007): Der soziale Wandel von Erwerbsarbeit. In: Bereswill, Mechthild; Meuser, Michael; Scholz, Sylka (Hg.): Dimensionen der Kategorie Geschlecht: Der Fall Männlichkeit. Münster: Westfälisches Dampfboot, 51–67.
Scholz, Sylka (2008): Männlichkeit und Erwerbsarbeit. Eine unendliche Geschichte? In: Marburger Gender-Kolleg (Hg.): Geschlecht Macht Arbeit. Münster: Westfälisches Dampfboot, 107–120.
Schönwälder, Karen (2003): Zukunftsblindheit oder Steuerungsversagen? Zur Ausländerpolitik der Bundesregierungen der 1960er und frühen 1970er Jahre. In: Oltmer, Jochen (Hg.): Migration steuern und verwalten. Deutschland vom späten 19. Jahrhundert bis zur Gegenwart (IMIS-Schriften, Bd. 12), Göttingen: IMIS-Schriften, 123–144.
Schrader, Hannes (2016): „Dichter der Neuzeit". In: Die Zeit, 11.8.2016, 38.
Schreiber, Thomas (2018): Ist der Echo am Ende? In: Die Welt 17.4.2018, Nr. 89, 3.
Schröer, Sebastian (2012): „Ich bin doch kein Gangster!" Implikationen und Paradoxien szeneorientierter (Selbst-)Inszenierung. In: Dietrich, Marc; Seeliger, Martin (Hg.): Deutscher Gangstarap. Sozial- und kulturwissenschaftliche Beiträge zu einem Pop-Phänomen. Bielefeld: Transcript, 65–84.
Schroer, Markus (2005): Zur Soziologie des Körpers. In: Ders. (Hg.): Soziologie des Körpers. Frankfurt a. M.: Suhrkamp, 8–45.

Schultes, Hannah; Jäger, Siegfrid (2012): Rassismus inklusive – das ökonomische Prinzip bei Thilo Sarrazin. In: Schneiders, Thorsten Gerald (Hg.): Verhärtete Fronten. Der schwere Weg zu einer vernünftigen Islamkritik. Wiesbaden: VS, 97–117.

Schwarzer, Alice (2008): Leerstelle zwischen Heiligen und Huren. Quelle: https://www.spiegel.de/kultur/musik/hiphop-debatte-mit-alice-schwarzer-leerstelle-zwischen-heiligen-und-huren-a-571100.html.

Schwarzer, Alice (Hg.) (2016): Der Schock – die Silvesternacht in Köln. Köln: KiWi.

El Tayeb, Fatima (2016): Undeutsch: Die Konstruktion des Anderen in der postmigrantischen Gesellschaft. Bielefeld: Transcript.

Schwesta Ewa (2019): Enthüllungen. Das Leben fickt am härtesten. München: Riva.

Schwilden, Fréderic (2015): Auch Rapper brauchen Urlaub. In: Die Welt, 17.2.2015, 22.

Schwab, Waltraud (2007): Kein Satz mehr für den Arschficker. Bushidos Auftritt. In: tageszeitung 27.8.2007.

Schütz, Alfred (1972): Der Fremde. In: Ders.: Gesammelte Aufsätze. Bd. 2: Studien zur soziologischen Theorie. Den Haag: Nijhoff, 53-69.

Scott, Richard W. (2007): Institutions and Organizations. Ideas and Interests. New York: Sage.

Seeliger, Martin (2010): „Das integrierte Spektakel" – Zum Dilemma politisierter Pop-Kultur am Beispiel der Live-Aid-Konzerte. In: Tagungsband „Unsichere Zeiten. 34. Kongress der Deutschen Gesellschaft für Soziologie." Wiesbaden: VS Verlag.

Seeliger, Martin (2011): „We like to close the bar at four in the morning and be at the office a few hours later" – Eine intersektionelle Analyse des 'Business-Punk- Magazins unter Aspekten hegemonialer Männlichkeit. In: Knüttel, Katharina; Seeliger, Martin (Hg.): Intersektionalität und Kulturindustrie. Bielefeld: Transcript, 83–104.

Seeliger, Martin (2012): Kulturelle Repräsentation sozialer Ungleichheit. Eine vergleichende Betrachtung von Polit- und Gangstarap. In: Dietrich, Marc; Seeliger, Martin (Hg.): Deutscher Gangsta-Rap. Sozial- und kulturwissenschaftliche Beiträge zu einem Pop-Phänomen. Bielefeld: Transcript, 165–187.

Seeliger, Martin (2013): Deutscher Gangstarap. Zwischen Affirmation und Empowerment. Berlin: Posth.

Seeliger, Martin (2014): Zwischen Affirmation und Empowerment? Zur Bedeutung von Gangstarap-Images im gesellschaftlichen Repräsentationssystem. In: Müller, Marion et al. (Hg.): Musik und Männlichkeiten in Deutschland seit 1950. Interdisziplinäre Perspektiven. München: Allitera, 181-194.

Seeliger, Martin (2014a): Wenn Gesellschaftskritik in die Hose geht. Ein Kommentar zu Sarrazins Tugendterror. In: Pop-Zeitschrift Link.

Seeliger, Martin (2017): Populistische Popkultur. Warum die Band Frei.Wild ein Verunsicherungsphänomen darstellt. In: Jörke, Dirk; Nachtwey, Oliver (Hg.): Das Volk gegen die (liberale) Demokratie. Die Krise der Repräsentation und neue populistische Herausforderungen. Leviathan Sonderband, 225–245.

Seeliger, Martin (2017a): Autobiografien deutscher Gangstarapper im Vergleich. In: Seeliger, Martin; Dietrich, Marc (Hg.) (2017): Deutscher Gangstarap II. Popkultur als Kampf um Integration und soziale Ungleichheit. Bielefeld: Transcript, 137–160.

Seeliger, Martin (2018): Gewerkschaftspolitik im 21. Jahrhundert. Internationale Perspektiven auf ein umkämpftes Terrain. Wiesbaden: Springer.

Seeliger, Martin (2018a): Gangstarap als Empowerment in der Postmigrationsgesellschaft. In: Aus Politik und Zeitgeschichte 2018/3, 21–26.

Seeliger, Martin (2019): Kapitalismus, Ungleichheit, Demokratie. Eine Literaturstudie. In: Ders: Verhandelte Globalisisierung. Studien zur Internationalisierung von Wirtschaft und Kultur. Wiesbaden: Springer, 33–54.

Seeliger, Martin (2019a): Ambivalenzen der Gegenbewegung. Internationale Erwerbsregulierung zwischen Einbettung und Kommodifizierung. In: Ders.: Verhandelte Globalisierung. Studien zur Internationalisierung von Wirtschaft und Kultur. Wiesbaden: Springer, 75–102.

Seeliger, Martin (2019): Pop als Kulturkampf? Gangstarap und Identitätsrock als Ausdruck sozialer Konflikte im Neoliberalismus. In: Berliner Debatte Initial 29 (3), 53–62.

Seeliger, Martin (2020): „Wer mir Befehle gibt? Nur meine Eier!“ Ungleichheit und Konflikt in Einwanderungsgesellschaften am Beispiel von ‚4 Blocks‘ und ‚Dogs of Berlin‘. In: Berliner Debatte Initial 30, 50–60.

Seeliger, Martin (2021): Zum Verhältnis von Öffentlichkeit und Demokratie. Ein neuer Strukturwandel? In: Seeliger, Martin; Sevignani, Sebastian (Hg.): Ein neuer Strukturwandel der Öffentlichkeit. Leviathan Sonderheft. Baden-Baden: Nomos.

Seeliger, Martin; Dietrich, Marc (2017): Zur Einleitung: Stigmatisierungsdiskurs, soziale Ungleichheit und Anerkennung oder: Gangsta-Rap-Analyse als Gesellschaftsanalyse. In: Seeliger, Martin; Dietrich, Marc (Hg.) (2017): Deutscher Gangstarap II. Popkultur als Kampf um Integration und soziale Ungleichheit. Bielefeld: Transcript, 17–36.

Seeliger, Martin; Dietrich, Marc (2013); Gangstarap als ambivalente Subjektkultur. In: Psychologie und Gesellschaftskritik 37 (3/4),113–135.

Seeliger, Martin; Dietrich, Marc (2012): G-Rap auf Deutsch. Eine Einleitung. In: Dies. (Hg.): Deutscher Gangsta-Rap. Sozial- und kulturwissenschaftliche Beiträge zu einem Pop-Phänomen. Bielefeld: Transcript, 21–40.

Seeliger, Martin; Lütten, John (2017): „Rede nicht von Liebe, gib’ mir Knete für die Miete!“ Prekäre Gesellschaftsbilder im deutschen Straßen- und Gangstarap. In: Seeliger, Martin; Dietrich, Marc (Hg.) (2017): Deutscher Gangstarap II. Popkultur als Kampf um Integration und soziale Ungleichheit. Bielefeld: Transcript, 89–104.

Seeliger, Martin; Gruhlich, Julia (Hg.) (2019): Intersektionalität, Arbeit, Organisation. Zum Verhältnis von Geschlecht und anderen sozialen Kategorien. Weinheim, Basel: Beltz Juventa.

Seeliger, Martin et al. (Hg.) (2020): Die soziale Konstruktion von Empörung – Pop(ulär)kulturanalyse als Gesellschaftsanalyse. Sonderheft der Berliner Debatte Initial.

Seeliger, Martin et al. (Hg.) (2021): Pragmatistische Sozialforschung. Für eine praktische Wissenschaft gesellschaftlichen Fortschritts. Stuttgart: Metzler.

Seeliger, Martin; Sevignani, Sebastian (2021): Ein neuer Strukturwandel der Öffentlichkeit? Sonderheft der Zeitschrift Leviathan. Baden-Baden: Nomos.

Senger, Clark (2019): Das Ende der 187-Ära? Wenn Heroin zur Pointe wird. Quelle: https://hiphop.de/magazin/meinung/bonez-mc-spritze-ende-187-strassenbande.

Sennett, Richard (1998): Der flexible Mensch: die Kultur des neuen Kapitalismus. London/New York: Bloomsbury.

Shibutani, Tamotsu (1955): Reference Groups as Perspectives. In: American Journal of Sociology 60 (6), 562–569.

Shindy (2016): Der Schöne und die Beats. München: Riva.

Sido (2006): Ich will mein Lied zurück. Schwarzkopf & Schwarzkopf: Berlin.

Silla (2018): Vom Alk zum Hulk: Es war einmal in Südberlin. München: Riva.

Simmel, Georg (1890): Über die Kreuzung sozialer Kreise. In: Ders: Über soziale Differenzierung Soziologische und psychologische Untersuchungen. Leipzig: Duncker & Humblot, 100–116.

Simmel, Georg (1908): Soziologie. Untersuchungen über die Formen der Vergesellschaftung. Berlin: Duncker & Humblot, 509-512.

Slobodian, Quinn (2019): Globalisten. Das Ende der Imperien und die Geburt des Neoliberalismus. Berlin: Suhrkamp.

Sloterdijk, Peter (2009): Die Revolution der gebenden Hand. In: FAZ, 13.6.2009.

Sookee (2006): Sookee ist Quing. Rap aktuell und mehrheitlich. In: Schischmanjan, Anjela; Wünsch, Michaela (Hg.): Female HipHop. Realness, Roots und Rap Models. Mainz: Ventil Verlag, 33–41.

Sookee; Melanie, Groß (2014): This is how we purpleize HipHop. In: Franke, Yvonne (Hg.): Feminismen heute. Positionen in Theorie und Praxis. Bielefeld: Transcript, 365–372.

Spindler, Susanne (2007): Im Netz hegemonialer Männlichkeit: Männlichkeitskonstruktionen junger Migranten. In: Bereswill, Mechthild; Meuser, Michael; Scholz, Sylka (Hg.): Dimensionen der Kategorie Geschlecht: Der Fall Männlichkeit. Münster: 119–135.

Spivak, Chakravorty (1999): A Critique of Postcolonial Reason: Towards a History of the Vanishing Present. Cambridge: Harvard University Press.

Spivak, Gayatri Chakravorty (1995): Can the Subaltern Speak? In: Ashcroft, Bill et al. (eds.): The Post-Colonial Studies Reader. London/New York: Routledge, 24–28.

Stahl, Christian (2014): In den Gangs von Neukölln: Das Leben des Yehyia E. Düsseldorf: Hoffmann und Campe.
Staiger, Marcus (2017): Vorwort: Von der Stimme der Unterdrückten zur neoliberalen Selbstoptimierung. Wie der Kapitalismus die Rapkultur gegessen hat. In: Ernsing, Tobias (2017): Ich kann schlafen, wenn ich tot bin – work hard, stack checks. Münster: edition assamblage, 7–9.
Stalder, Felix (2016): Kultur der Digitalität. Berlin: Suhrkamp.
Stankovic, Peter (2007): HipHop in Slovenien: Gibt es Muster lokaler Aneignung eines globalen Genres. In: Bock, Karin, et al. (Hg.): Globale Spuren eines lokalen Kulturphanomens. Bielefeld: Transcript, 89–104.
Star, Susan; Griesemer James (1989): Institutional Ecology, ‚Translations' and Boundary Objects: Amateurs and Professionals in Berkeley's Museum of Vertebrate Zoology, 1907–39. In: Social Studies of Science 19 (4), 387–420.
Steinert, Heinz (2003): Adorno in Wien: Über die (Un-)Möglichkeit von Kunst, Kultur und Befreiung. Münster: Westfälisches Dampfboot.
Steinert, Heinz (2007): Das Verhängnis der Gesellschaft und das Glück der Erkenntnis. Dialektik der Aufklärung als Forschungsprogramm. Münster.
Steenblock, Volker (2004): Kultur. Oder Die Abenteuer der Vernunft im Zeitalter des Pop. Leipzig: Reclam.
Sternburg, Juri (2020): Das ist Germania. Die Größen des Deutschrap über Heimat und Fremde. München: Droemer Knaurr.
Streeck, Wolfgang (2009): Re-Forming Capitalism. Institutional Change in the German Political Economy. Oxford: Oxford University Press.
Streeck, Wolfgang (2012): How to Study Contemporary Capitalism? In: European Journal of Sociology 53 (1), 1–28.
Streeck, Wolfgang (2013): Gekaufte Zeit. Die vertagte Krise des demokratischen Kapitalismus. Berlin: Suhrkamp.
Streeck, Wolfgang; Thelen, Kathleen (2005): Introduction. Institutional Change in Advanced Political Economies. In: Streeck, Wolfgang; Thelen, Kathleen (eds.): Beyond Continuity. Institutional Change in Advanced Political Economies. In: Oxford: Oxford University Press,1–39.
Strick, Simon (2005): „Rap und Tod. Vom Gangster-Rap zu den amerikanischen Rap-Megastars der 1990er". In: testcard 14: 114–117.
Strube, Miriam (2007): Flippin da script: Supa Sistas und Rap Musik. In: Bock, Karin, et al. (Hg.): Globale Spuren eines lokalen Kulturphanomens. Bielefeld: Transcript, 139–156.
Strübing, Jörg (2005): Pragmatistische Wissenschafts- und Technikforschung: Theorie und Methode. Frankfurt a. M./New York.
Süß, Heidi (2020): Vaterschaft, Selbstzweifel, Angeln – Die „Care-Seite" des deutschsprachigen Rap. In: Dinges, Martin (Hg.): Männlichkeiten und Care. Selbstsorge, Familiensorge, Gesellschaftssorge. Weinheim, Basel: Beltz Juventa, 222–243.
Süß, Heidi (2019): „Ich wär' auch gern ein Hipster, doch mein Kreuz ist zu breit" – Die Ausdifferenzierung der HipHop-Szene und die Neuverhandlung von Männlichkeit. In: Böder, Tim et al. (Hg.): Stilbildungen und Zugehörigkeit. Materialität und Medialität in Jugendszenen. Wiesbaden: Springer, 23–44.
Sun Diego (2018): Yellow Bar Mitzvah: Die sieben Pforten vom Moloch zum Ruhm. München: Riva.
Szillus, Stephan (2012): UNSER LEBEN. Gangsta-Rap in Deutschland Ein popkulturell-historischer Abriss. In: Dietrich, Marc; Seeliger, Martin (Hg.): Deutscher Gangsta-Rap Sozial- und kulturwissenschaftliche Beiträge zu einem Pop-Phänomen. Bielefeld: Transcript, 41–64.
Szillus, Stephan (2016): Anything goes. Weirdo-Rap, seine Wurzeln im analogen Untergrund und seine digitale Diffusion. In: Dietrich, Marc (Hg.): Rap im 21. Jahrhundert. Eine (Sub-)Kultur im Wandel. Bielefeld: Transcript, 81–92.
tageszeitung (2007): Generalpardon für alles In: Tageszeitung 28.8.2007, 14.
Terkessidis, Mark (2010): Interkultur. Berlin: Suhrkamp.
Thompson, Edward P. (1987): Die Entstehung der englischen Arbeiterklasse. Frankfurt a. M.: Suhrkamp.

Terkessidis, Mark (2004): Die Banalität des Rassismus Migranten zweiter Generation entwickeln eine neue Perspektive. Bielefeld: Transcript.
Tilly, Charles; Tarrow, Sidney (2007): Contentious Politics. London: Paradigm Publishers.
Tittel, Cornelius (2004): Sido mit Spritzenhänden. In: taz, 19.5.2004, 15.
Toprak, Cigdem (2018): „Die Gummipuppe von mir regt die Verkäufe an". In: Die Welt 5.6.2018, 21.
Toprak, Cigdem (2018a): „Ich feiere Deutschland". In: Die Welt 28.9.2018, 8.
Toprak, Cigdem (2019): Sorry, Schwester. In: Die Welt 13.3.2019, 21.
Tränhardt, Dietrich (2006): Deutsche – Ausländer. In: Lessenich, Stephan; Nullmeier, Frank (Hg.): Deutschland. Eine gespaltene Gesellschaft. Bonn: Bundeszentrale für politische Bildung, 273–294.
Treibel, Annette (2015): Integriert Euch! Plädoyer für ein selbstbewusstes Einwanderungsland. Frankfurt a. M./New York: Campus.
Ulfkotte, Udo (2009): Vorsicht Bürgerkrieg! Was lange gärt, wird endlich Wut. Rottenburg: Kopp Verlag.
Villa, Paula (Hg.) (2008): schön normal. Manipulationen am Körper als Technologien des Selbst. Bielefeld: Transcript.
Villa, Paula-Irene (2010): Verkörperung ist mehr. Intersektionalität, Subjektivierung und der Körper. In: Lutz, Helma (Hg.): Fokus Intersektionalität. Bewegungen und Verortungen eines vielschichtigen Konzeptes. Wiesbaden: VS, 203–221.
Völker, Clara; Menrath, Stefanie Kiwi (2007): Rap-Models. Das schmückende Beiwerk. In: Schischmanjan, Anjela; Wünsch, Michaela (Hg.): Female HipHop. Realness, Roots und Rap Models. Mainz: Ventil Verlag, 9–32.
von Delhaes-Guenther, Andreas (2019): Die deutsche Gesellschaft als Beute. In: Bayernkurier 22.5.2019.
von Eisenhart Rothe, Yannik (2020): Fler, Sido, Kollegah und Co.: Warum ist Verschwörungsglauben im Rap so verbreitet?. In: Bento 12.5.2020 Quelle: https://www.bento.de/politik/corona-virus-warum-verschwoerungstheorien-im-deutschrap-so-verbreitet-sind-a-2c06d306-b25b-4523-80c0-983b48c3d941.
von Uslar, Moritz (2016): „Dichter der Neuzeit". In: Die Zeit, 11.08.2016, Nr. 34, 38.
Wacquant, Loic (2009): Die Wiederkehr des Verdrängten. In: Castel, Robert; Dörre, Klaus (Hg.): Prekarität, Abstieg, Ausgrenzung: Frankfurt a. M./New York, 85-113.
Wacquant, Loïc (2010): Crafting the Neoliberal State: Workfare, Prisonfare, and Social Insecurity. In: Sociological Forum 25 (2), 197–220.
Wallerstein, Immanuel (1974): The Modern World-System. New York: Academic Press.
Webb, Sidney; Webb, Beatrice (1897): Industrial Democracy. London: Longmans, Green & Co.
Weber, Max (1972): Wirtschaft und Gesellschaft. Tübingen: Mohr.
Weber-Menges, Sonja (2005): Die Wirkungen der Präsentation ethnischer Minderheiten in deutschen Medien. In: Geißler, Rainer; Pöttker, Horst (Hg.): Massenmedien und die Integration ethnischer Minderheiten in Detuschland. Bielefeld: 127–184.
Wehn; Jan; Bortot, Davide (2019): Könnt ihr uns hören? Eine Oral History des deutschen Rap. Berlin: Ullstein.
Wehner, Markus; Lohse, Eckart (2016): Gauland beleidigt Boateng. In: Frankfurter Allgemeine Zeitung. Quelle: https://www.faz.net/aktuell/politik/inland/afd-vize-gauland-beleidigt-jerome-boateng-14257743.html.
Weinfeld, Jean (2000): HipHop – Licht und Schatten einer Jugendkulturbewegung. In: Roth, Roland; Rucht, Dieter (Hg.): Jugendkulturen, Politik und Protest. Vom Widerstand zum Kommerz? Opladen: Westdeutscher Verlag, 253–261.
Wellgraf, Stefan (2012): Hauptschüler. Zur gesellschaftlichen Produktion von Verachtung. Bielefeld: Transcript.
Wesche, Tilo; Rosa, Hartmut (2019): Die demokratische Differenz zwischen besitzindividualistischen und kommunitären Eigentumsgesellschaften. In: Berliner Journal für Soziologie 28, 237–261.
Wesfalen Blatt (2018): „Echo"-Debatte: Bertelsmann-Tochter stellt sich hinter Rap-Album. Quelle: https://www.westfalen-blatt.de/OWL/Kreis-Guetersloh/Guetersloh/3259868-BMG-Wir-

nehmen-Kuenstler-und-kuenstlerische-Freiheit-ernst-Echo-Debatte-Bertelsmann-Tochter-stellt-sich-hinter-Rap-Album.

Westhoff, Ben (2017): Original Gangstas: Die unbekannte Geschichte von Dr. Dre, Eazy-E, Ice Cube, Snoop Dogg, Tupac Shakur und der Geburt des Westcoast-Rap. Höfen: Hannibal.

Wetterer, Angelika (2002): Arbeitsteilung und Geschlechterkonstruktion. „Gender at work" in theoretischer und historischer Perspektive. Konstanz: UVK.

Wiele, Jan (2014): Die Drogeriekette hat das Nachsehen. In: FAZ 14.2.2015.

Wiggershaus, Rolf (2001): Die Frankfurter Schule: Geschichte. Theoretische Entwicklung. Politische Bedeutung. München: dtv.

Willis, Paul (2013): Spaß am Widerstand: Learning to Labour. Hamburg: Argument.

Wilke, Kerstin (2009): „Ich fühl mich dann einfach cool!" Inszenierungen von Männlichkeit durch Gangsta Rap. In: Kauer, Katja (Hg.): Pop und Männlichkeit. Zwei Phänomene in einer prekären Wechselwirkung? Berlin, 165–180.

Wimmer, Andreas (2005): Kultur als Prozess. Zur Dynamik des Aushandelns von Bedeutungen. Wiesbaden: VS.

Wimsatt, William Upski (2004): Bomb the Suburbs. London: Atlantic Books.

Winkler, Thomas (2004): „Er macht, was ich will." Tageszeitung, 1.12.2004.

Winter, Rainer; Schiefer, Eve (2016): „La Voix des Sans Voix": Die Politik der Hip-Hop-Bewegung in Mali. In: Marc Dietrich (Hg.): Rap im 21. Jahrhundert. Bielefeld: Transcript, 135–152.

Wolbring, Fabian (2015): Die Poetik des deutschsprachigen Rap. Göttingen: V&R unipress.

Xatar (2015): Alles oder Nix: Bei uns sagt man, die Welt gehört dir. München: Riva.

Yildiz, Erol (2018): Ideen zum Postmigrantischen. In: Foroutan, Naika et al. (Hg.): Postmigrantische Perspektiven. Ordnungssysteme, Repräsentationen, Kritik. Frankfurt/New York: Campus, 19–34.

Yuval-Davis, Nira (2010): Jenseits der Dichotomie von Anerkennung und Umverteilung: Intersektionalität und soziale Schichtung. In: Fokus Intersektionalität. Bewegungen und Verortungen eines vielschichtigen Konzeptes. Wiesbaden: VS, 203–221.

Zaimoğlu, Feridum (1995): Kanak Sprack. 24 Mißtöne vom Rande der Gesellschaft. Hamburg: Rowohlt.

Ziemann, Andreas (2006): Mediensoziologie. Bielefeld: Transcript.

Zimmermann, Felix (2018): Gegen die Wand. In: Tageszeitiung 29.12.2018, 24.

Zips, Martin (2018): Er hat es satt! Quelle: https://www.sueddeutsche.de/panorama/popkultur-er-hat-es-satt-1.3960102?reduced=true.

Zwinzschwer, Felix (2015): Bushidos Makel. In: Die Welt, 17.1.2015, 25.

Zwinscher, Felix (2015): Der vermarktete Klassenkampf. In: Welt Kompatk 3.12.2015.

Zylka, Jenni (2007): Alice und der Orgasmuskönig. Quelle: https://www.spiegel.de/kultur/gesell schaft/schwarzer-bei-maischberger-alice-und-der-orgasmuskoenig-a-476524.html.

Peter Imbusch (Hrsg.)
Soziologie der Hinterhältigkeit
2021, 364 Seiten, broschiert
ISBN: 978-3-7799-6548-0
Auch als E-BOOK erhältlich

Was zeichnet hinterhältige soziale Tatbestände, Verhaltensweisen und Handlungen aus? Wann ist die Klassifizierung eines sozialen Phänomens als hinterhältig gerechtfertigt? Was genau macht ein bestimmtes Verhalten oder Handeln zu einem hinterhältigen? Obwohl hinterhältige Verhaltensweisen in allen Gesellschaften anzutreffen und zu beobachten sind, ist das Phänomen der Hinterhältigkeit soziologisch praktisch ein unerforschtes Gebiet geblieben. In dem Buch soll dieses Forschungsdesiderat behoben und anhand explorativer Fallanalysen zu konkreten Formen und Typen der Hinterhältigkeit ein Beitrag zu einer »Soziologie der Hinterhältigkeit« geleistet werden. Konkret werden spezifische soziale Tatbestände und Handlungsmuster analysiert, die gemeinhin von der Soziologie missachtet werden bzw. den geläufigen handlungs- und interaktionstheoretischen Annahmen der Soziologie widersprechen.

Tilman Reitz
Funktionen der Soziologie
Eine wissenssoziologische Einführung
2021, 258 Seiten, broschiert
ISBN: 978-3-7799-3831-6
Auch als E-BOOK erhältlich

Die Soziologie ist ähnlich vielfältig wie die moderne Gesellschaft selbst. Viele ihrer Methoden und Theorien sind kaum miteinander vereinbar. Die Einführung fragt, welchen sozialen Bedürfnissen die verschiedenen soziologischen Forschungsprogramme entsprechen. Helfen sie Staaten, ihre Bevölkerung zu regieren, loten sie die Erfolgsbedingungen für Unternehmen aus, liefern sie kritische Erklärungen sozialer Ungleichheit? Die Entwicklung solcher Funktionen wird mit (wissens-)soziologischem Anspruch beschrieben. Im Resultat lassen sich Etappen in der Geschichte des Fachs und aktuelle Streitfälle neu begreifen.